제4차 산업혁명의 예술

스마트제조 2판

신동민 정봉주 조현보 공저

이프레스

머/리/말/

제조의 패러다임이 바뀌고 있다. 최근 개발되고 있는 공학기술-특히, 정보통신기술, 제조혁신 기술-들은 기존 제조의 영역을 여러 방향에서 넓히거나 허물고 있음을 보여 준다. 제품은 더 이상 물리적으로만 존재하는 것이 아닌 정보를 가진 매개체로서 가치를 창출하는 것으로 재 정의되어야 하며, 소비자와 생산자는 더 이상 전통적인 역할로 고정되지 않고 제품·서비스의 특성에 따라 역할이 바뀔 수도 있는 공급사슬환경이 나타나고 있다. 소위 4차 산업혁명에 의한 변화는 전통적인 제조업의 개념을 바꾸고 있으며, 혁신적인 기술을 융합한 모습의 제조패러다임이 출현하고 있다. 우리는 이를 '스마트제조'라고 부르고자 한다. 이는 인류역사상 경험해 보지 못한 가장 지능적이고 자율적이며, 지속가능한 미래형 제조방식이 될 것이 분명하다.

본 책은 스마트제조의 정확한 미래모습을 예측하는 것이 아닌, 스마트제조의 바람직한 모습을 기술하고, 그 실현 가능성을 엿보고자 한다. 이러한 관점에서 저자들은 한 해 넘게 깊이 토론하고 의견을 교환하였으며, 서로의 생각을 보정하고 합리적인 결론을 내리려고 노력하였다. 이 과정에서 저자들이 느낀 것은 현재 우리가 보고 있는 변화들은 마치 용광로에서 끓고 있는 비정형 액체같아서 – 현재와 미래가 혼재된 상태 – 다음 공정에서야 그 형태를 갖추게 될 것이라는 점이다. 즉, 현재의 최신 기술들의 융합으로 다음 공정을 어떻게 설계하느냐에 따라 미래 제조 패러다임의 형태가 결정될 것이다. '4차 산업혁명의 혁신 기술들을 사용하는 방식에 따라 우리는 어떤 제조산출물을 얻게 될까?' 이 질문에 대한 답을 본 책에서 기술하고자 하였으며, 그 결과 어렴풋이나마 윤곽을 그리게 되었다.

본 책의 특징은 정형화되지 않은 미래 제조방식인 스마트제조에 대한 개념을 독자들에게 쉽게 전달하기 위하여, 성공적인 음악연주회 무대를 기획하는 흐름으로 총 6부 22장으로 구성하였다. 1부에서는 새로운 무대의 콘셉트를 보여 줌으로써 스마트제조의 배경과 필요성을 설명하였다. 2부는 스마트제조의 바람직한 모습을 기술하는데 이는 곧 좋은 음악에 대한 정의를 의미한다. 3부에서는 필요한 악기의 특징과 역할을 논의함으로써 스마트제조를 가능케 하는 기술들을 파악한다. 이러한 악기들은 연주자를 통해 음악으로 표현되므로, 4부에서는 연주자의 연주능력을 구성하는 요소로써의 스마트제조를 운영하는 기술들에 대해 논의한다. 그리고 5부에서는 음악연주회의 성공적인 무대를 위한 여러 부문의 역할을 보여주는데, 이는 곧 스마트제조가 성공적으로 적용될 수 있는 분야들을 의미한다. 마지막으로 6부에서는 음악연주회 무대의 예술적인 관점에서 그 예술성을 높이는 속성을 파악하고자 했으며, 이는 스마트제조가 갖추어야 할 기본적인 속성을 통찰함으로써 가능하다.

본 책의 사용범위는 상당히 넓다고 생각한다. 대학교재로 사용될 경우, 공과대학 및 경영학과의 학부 3, 4학년생, 또는 대학원생들을 대상으로 하는 제조관련 기본과목에 적합할 것으로 보이며, 일반 제조기업의 경영기획 및 전략, 생산관련 부서, 정보시스템 지원부서 등에 종사하는 대부분의 사원 및 관리자들에게 미래 제조모습에 대한 아이디어 및 통찰력을 갖게 하는데 매우 적합한 참고도서가 될 것이다.

새로운 개념을 전달하고자 하는 책을 낸 다는 것이 마치 설익은 밥을 내놓는 것 같이 부족하고 죄송한 마음이 든다. 그러나 부족한 한 걸음이 곧 시작하는 첫걸음이라면 의미가 있다고 위안해 본다. 많은 분들의 격려와 관심으로 이렇게 출간하게 된 것을 진심으로 감사하게 생각한다. 이러한 감사의 마음은 무엇보다도 교육과 연구의 과정에서 본 책의 필요성을 일깨워 준 한양대(ERICA) 산업경영공학과, 연세대 산업공학과, 포항공대 산업경영공학과의 학부 및 대학원생들에게 먼저 돌아가야 할 것이며, 특히 연세대 산업공학과의 생산시스템경영 연구실, 포항공대 시스템 통합 및 혁신연구실의 대학원생들은 초기 원고에서부터 마지막 검토까지 많은 기여를 했음에 깊이 감사한다. 끝으로 이 책을 내기까지 변함없는 격려와 인내를 보여 주신 도서출판 이프레스의 최용구 대표님을 비롯하여, 편집부 직원분들께 심심한 감사를 표한다. 저자들은 본 책이 우리나라 제조업의 미래에 조금이나마 기여한다면 더할 나위 없는 보람으로 여길 것이다.

2022년 2월

저자 일동

차/례/

머리말 3

PART 1 / 새로운 무대: 들어가면서

1. 제조에서 스마트제조로

제조는 조연배우? 20

스마트제조는 주연배우! 22

2. 스마트제조, 어떻게 다른가?

스마트제조, 그 탄생 배경 26

스마트제조의 속성 1: 다양화 29

스마트제조의 속성 2: 유연화 32

스마트제조의 속성 3: 분산화 36

스마트제조와 공급사슬 38

PART 2 / 좋은 음악: 스마트제조란 무엇인가

1. 스마트제조, 무엇을 어떻게 만든다는 것인가

스마트제조와 소비자 48

스마트제조와 제조기업 51

스마트제조는 스마트한 설비 그 이상이다 55

대화가 필요해: 프로토콜 61

2. 스마트제조로 생각하는 대로 만든다

내가 원하는 것이란 66
사람의 생각을 어떻게 읽을 수 있을까 68
생각하는 대로 설계하고 생산한다 71
미래 시장구조의 변화 76
그 밖의 예상되는 이슈와 미래 79

3. 스마트제조 미리보기

3D 프린팅 기술과 다양화 제품 84
유연한 지능형 설비 86
스마트제조와 사물인터넷(IoT) 89
데이터와 인공지능 93
스마트제조와 클라우드 98
스마트제조와 사이버–물리 생산 시스템
(Cyber–Physical Production System: CPPS) 103

PART 3 / 좋은악기: 스마트제조를 가능하게 하는 기술

1. 어떤 장르의 음악도 연주할 수 있다: 3D 프린팅

3D 프린팅 기술을 통해 진화된 새로운 세상 110
3D 프린팅 기술과 스마트제조 111
3D 프린팅 기술의 미래 116
3D 프린팅 기술의 분류 119
마무리 122

2. 모든 소리를 담자: 사물인터넷

IoT는 현실이다 126
사물인터넷이란 무엇인가? 128
사물인터넷 핵심 기술 131
사물인터넷 시장 동향 및 전망 132

사물인터넷 시대의 우리 모습 136
사물인터넷 vs. 일반 컴퓨팅 137
사물인터넷의 확산과 위협 요소 139
사례: 사물인터넷 기반의 헬스케어 서비스 141
사물인터넷 기반의 스마트제조시스템 143
연결되는 미래사회 151

3. 리허설, 리허설: 사이버-물리 시스템(CPS)

인간의 삶에 큰 변화를 불러일으킬 혁신적인 기술
사이버-물리 시스템(Cyber-Physical System: CPS) 154
사이버-물리 시스템과 스마트공장 161
사이버-물리 시스템의 미래: 원격제어 164
마무리 165

4. 공연실황을 녹화하자: 빅데이터 분석

빅데이터, 큰 데이터? 168
빅데이터 시대가 왔다고 전해라 171
빅데이터에 있는 것 175
빅데이터 분석, 어떻게 하는가 177
빅데이터에 나의 경험을 더하자 180
빅데이터 분석이 만능일까? 187
빅데이터 발표 준비를 마치며 189

5. 생각하는 악기가 가능할까: 인공지능

문제를 푼다는 것은? 192
문제의 이해부터 시작하자 193
기계학습과 인공지능의 문제 풀이 방식 196
인공지능과 딥러닝 199
기업, 제품의 생산지에서 데이터의 생산지로 201
제품중심 경쟁에서 의사결정 경쟁 중심으로 204
자동화제조와 스마트제조, 그리고 인공지능 206
사람을 위한 인공지능 209

PART 4 좋은 연주: 스마트제조를 운영하는 기술

1. 좋은 악기만으로 좋은 연주를 할 수 없다: 스마트기술의 활용

단계별 설비 스마트화 214
사물인터넷과 체계적 데이터 수집 218
데이터 수집과 공개 223
클라우드 컴퓨팅을 통한 협업 227
CPS와 온라인 시뮬레이션 230

2. 악기들과 단원들을 연결하자: 연결과 데이터

초연결 사회와 스마트공장 236
스마트공장의 핵심, 연결과 데이터 240
공정 간 연결 243
공장 간 연결 246
공장과 제품의 연결 249
모든 것이 연결된 제조 환경 252
마무리 255

3. 같은 악보를 보고 연주해야 한다: 표준의 역할

표준의 개요 258
제조시스템 표준 261
스마트제조 표준 265
표준참조모델 267
표준화, 미리 준비하는 자가 승리한다 269

4. 제조 데이터 분석으로 가치창출

스마트 장비 274
운영관리 276
데이터가 모이는 위치 278
데이터 분석 목적 282
Dataware 정의와 의미 285
Dataware를 만드는 절차 289

PART 5 / 좋은 무대: 스마트제조를 적용할 수 있는 분야

1. 스마트제조의 좋은 무대 1: 스마트패션

응답하라 2010! 298
패션 산업의 특성 304
패션 산업의 미래 309
스마트패션 플랫폼 312
풀어야 할 과제 316

2. 스마트제조의 좋은 무대 2: 스마트쿠킹

스마트쿠킹 320
스마트 식당과 소비자 325
원재료 원산지와 소비자와의 연계 330

3. 좋은 공연을 관객에게 전달한다: 스마트로지스틱스

로지스틱스, 무엇이 변하고 있나 336
Who: 맞춤형 제품은 맞춤형 운송으로 338
When: 생산, 스마트로지스틱스의 품으로 340
Where: 복잡하지만 유연해진 경로 343
What: 운송 중인 제품과의 정보교류 345
How: 또 다른 운송수단 348

4. 디지털 전환(Digital Transformation): 스마트제조를 넘어서

어디서 가치(Value)를 창출할 수 있을까? 352
디지털 전환(Digital Transformation) 354
고객 네트워크를 활용하라 360
제품이 아닌 플랫폼을 구축하라 363
데이터를 가치로 변환하라 365

PART 6 / 좋은 예술: 스마트제조와 3C

1. 스마트제조와 3C (Customization, Connectivity and Collaboration)

제조업, 위기인가 기회인가? 372
스마트제조 속성: 3C 374
스마트제조: 미래 제조를 위한 패러다임 376

2. 스마트제조와 Customization

스마트제조와 시장의 변화 380
스마트제조와 개인화 생산(Personalized Production) 381
Customization을 위한 기술 383

3. 스마트제조와 Connectivity

스마트제조 탄생배경 돌아보기 386
연결(Connectivity)과 시스템 오브 시스템즈(System of Systems) 388
광의의 스마트제조 391

4. 스마트제조와 Collaboration

4차 산업혁명 396
기술과 기업 397
협업이란 398
협업의 대상 400
어떻게 협업할 수 있을까? 403
맺으면서 406

참고문헌 408

| 그림 1 | 소비자속성 변화: 제품 개발-제조 프로세스 참여 27
| 그림 2 | 제품속성 변화: 제조 프로세스에서 제품의 스마트화 28
| 그림 3 | 3D 프린팅 기술로 제작된 스마트폰 케이스 30
| 그림 4 | 제품유통 변화: 제품공급 채널의 다양화 31
| 그림 5 | 공급기업과 제조기업 간의 정보 공유 32
| 그림 6 | 가상 객체 기술의 적용 33
| 그림 7 | 가상 객체 기술을 이용한 전자 경매 35
| 그림 8 | 자동 공장 제어 시스템 37
| 그림 9 | 기존의 공급사슬 38
| 그림 10 | 공급사슬에서의 채찍효과 39
| 그림 11 | 클라우드를 이용한 공급사슬 구성원 간의 정보 공유 40
| 그림 12 | 공급사슬 내의 구성원 역할 변화 42
| 그림 13 | 가정용 3D 프린팅 기술 43
| 그림 14 | 3D 프린팅 기술의 개념도 54
| 그림 15 | 댄서 아바타 56
| 그림 16 | 사이버-물리 제조공간 연결 60
| 그림 17 | 영화 '아이언 맨'과 '마이너리티 리포트'의 한 장면 68
| 그림 18 | 뇌-컴퓨터 인터페이스 실행과정 70
| 그림 19 | 미래 스마트제조에서의 제품설계 과정 74
| 그림 20 | 미래 스마트제조에서의 제품제조 프로세스 75
| 그림 21 | 소비자 니즈 vs. 제품 다양성에 따른 시장구조 78
| 그림 22 | 사물인터넷을 통한 장비들 간의 연결 92
| 그림 23 | 사이버 세계와 현실세계를 이어주는 사이버 물리 시스템 105
| 그림 24 | 3D 프린터의 작동 원리 111
| 그림 25 | 3D 프린터 활용을 통한 제조업 부가 가치 창출 114
| 그림 26 | 3D 프린팅 기술 유통플랫폼 구상도 115
| 그림 27 | 기존 제조업 공정과 3D 기술 활용 공정의 비교 116
| 그림 28 | 3D 프린팅 기술 제작 방식 121
| 그림 29 | 3D 프린터에 사용되는 재료 122
| 그림 30 | 스마트 홈 구현의 예 128
| 그림 31 | 만물인터넷(Internet of Everthing: IoE) 130
| 그림 32 | 센서, 네트워크, 인터페이스 기술의 연결 132
| 그림 33 | 연결된 사물의 수 전망(단위: 10억 개) 133
| 그림 34 | 사물인터넷 시장 규모 전망(단위: 1억 USD) 133

| 그림 35 | 사물인터넷 시장 비중의 전망(단위: 10억 USD) 134
| 그림 36 | 사물인터넷 서비스의 영역별 시장 전망 135
| 그림 37 | 스마트 냉장고 139
| 그림 38 | 자동차 원격제어로 인한 보안 문제 발생 141
| 그림 39 | 환자 생체신호 모니터링 및 제어 시스템의 보안 문제 142
| 그림 40 | 롤스로이스 사의 운항 항공기 원격 정비 144
| 그림 41 | 생산정보가 담긴 RFID를 통한 공정 관리 146
| 그림 42 | 공장의 환경 센서를 통한 공정순서 조정 및 품질 향상 프로세스 147
| 그림 43 | 제조시스템 에너지 통합 정보 가상화 시스템 148
| 그림 44 | Wii 게임기에서의 사이버-물리 시스템 활용 예 157
| 그림 45 | Virtual-Physical Tai-Chi 플랫폼 158
| 그림 46 | 의료분야에서의 사이버-물리 시스템 활용 예시: 부정맥 탐지 시스템 160
| 그림 47 | 사이버-물리 시스템을 이용한 원격 장비수리 165
| 그림 48 | 빅데이터 정의 170
| 그림 49 | 시간대 별 스마트 기기의 트래픽 점유율 172
| 그림 50 | 빅데이터 분석의 부상 배경 174
| 그림 51 | 빅데이터 분석의 중요성 175
| 그림 52 | 제조업 관련 기술 트랜드 포지셔닝 183
| 그림 53 | 제조업의 빅데이터 활용 분야 183
| 그림 54 | 빅데이터 분석을 통한 제조업 생산 효율화 185
| 그림 55 | 빅데이터 분석을 통한 제조업의 서비스화 186
| 그림 56 | 인공지능 자율주행 문제 195
| 그림 57 | 기계학습의 기본원리 197
| 그림 58 | 인공지능과 관련분야 199
| 그림 59 | 심층인공신경망 구조 200
| 그림 60 | 기업 데이터와 인공지능 적용 예시 203
| 그림 61 | 기업 경쟁의 변화 206
| 그림 62 | 자동화 로봇과 스마트 로봇 207
| 그림 63 | 악수하는 로봇 손 217
| 그림 64 | 사물인터넷을 통한 연결 223
| 그림 65 | 사이버-물리 시스템 연계 온라인 시뮬레이션 233
| 그림 66 | 소셜 네트워크로 인한 연결 237
| 그림 67 | 스마트공장 개념 239
| 그림 68 | 데이터를 활용한 실시간 이상 대응 242

| 그림 69 | 공정 연결로 가능해지는 것들 245
| 그림 70 | 중견/중소기업의 스마트공장 도입 효과 247
| 그림 71 | 시대별 냉장고의 변화 250
| 그림 72 | 스마트 연결 제품 252
| 그림 73 | 모든 것이 연결된 궁극적인 제조 환경 253
| 그림 74 | 제조 환경 연결로 인한 궁극적 가치 254
| 그림 75 | 한국과 일본 비교: 언어, 콘센트, 자동차, 도로 259
| 그림 76 | ISA-95의 4가지 Level 264
| 그림 77 | 스마트공장 표준 참조 모델 수준 총괄표 268
| 그림 78 | 스마트장비의 개념도 275
| 그림 79 | 스마트 장비의 역할 276
| 그림 80 | 스마트 장비와 운영관리의 관계 277
| 그림 81 | 운영관리의 계층적 구조 278
| 그림 82 | 운영관리 컴포넌트 사이에 모이는 데이터 279
| 그림 83 | 컴포넌트 사이에 흐르는 데이터의 사례 280
| 그림 84 | 스마트 제조 데이터로부터 분석하는 목적과 방법론 283
| 그림 85 | 스마트 제조 데이터의 분석 종류 284
| 그림 86 | 스마트 팩토리 데이터로부터 만들어지는 Dataware 개념도 285
| 그림 87 | 생수병 불량을 처리하는 Dataware 사례 286
| 그림 88 | 표면 불량을 감지하는 Dataware 사례 287
| 그림 89 | 컴프레서 누설을 감지하는 Dataware 사례 288
| 그림 90 | Dataware 개발 절차 290
| 그림 91 | 생수병 불량 감지를 위한 개발 사례 290
| 그림 92 | 사출 부품의 불량 예측 Dataware의 정확도 293
| 그림 93 | 개인화 맞춤형 의류 대쉬보드 예 300
| 그림 94 | 스마트패션 관리시스템 303
| 그림 95 | 패션 산업의 주요 특성 304
| 그림 96 | TTM vs. 리드타임의 관계도 308
| 그림 97 | 패션 산업의 미래 2025 시나리오 311
| 그림 98 | 기존 패션 공급사슬 vs. 스마트패션 공급사슬 313
| 그림 99 | 스마트 후라이팬의 손잡이와 해당 스마트폰 앱 323
| 그림 100 | 요리가 진행되는 동안 앱을 통한 쿠킹 모니터링 화면 323
| 그림 101 | 기존 음식 제조시스템 324
| 그림 102 | 스마트 음식 제조시스템 324

| 그림 103 | 스마트쿠킹에서의 양방향 정보 흐름 327
| 그림 104 | 로지스틱스 관리를 통해 해결하고자 하는 문제들의 변화 338
| 그림 105 | 로지스틱스 산업의 분류 342
| 그림 106 | UPS의 물류센터에 대기하고 있는 3D 프린터들 342
| 그림 107 | 우버택시에서 제공하는 합승서비스 UberPOOL 기업자원 관리 344
| 그림 108 | 스마트로지스틱스: 무선네트워크로 정보가 전달되는 모습 346
| 그림 109 | 운송수단 별 국내화물수송분담률 추이 349
| 그림 110 | The Weather Company: 데이터 서비스 353
| 그림 111 | 브리태니커 백과사전의 마지막 인쇄본(2010) 355
| 그림 112 | 디지털 전환의 전략 영역 357
| 그림 113 | 구글 배너 광고의 설계 359
| 그림 114 | 제품 가치의 속성 변화: 기존 자동차 vs. 자율주행차 360
| 그림 115 | 디지털 고객 네트워크 모델 361
| 그림 116 | 고객 협업을 위한 오픈 플랫폼 362
| 그림 117 | Airbnb의 가치 363
| 그림 118 | 데이터의 가치(Airbnb 플랫폼) 366
| 그림 119 | 스마트 팩토리의 디지털 전환 367
| 그림 120 | 스마트제조의 속성: 3C 375
| 그림 121 | 자동차 제조에서의 소비자의 역할 진화 381
| 그림 122 | 제조방식의 변화 388
| 그림 123 | 제품과 제조의 스마트화 389
| 그림 124 | 광의의 스마트제조 개념 392
| 그림 125 | 노동 생산성의 연간 성장률 추이(1874년~2003년) 398

| 표 1 | 상태기반 정비의 단계별 정의 145
| 표 2 | 에너지 사용량 제어시스템 예시 148
| 표 3 | 기존 데이터와 빅데이터 비교 170
| 표 4 | 빅데이터 활용의 기대 가치 176
| 표 5 | 빅데이터 분석 과정 178
| 표 6 | 스마트공장 표준 라이브러리(예시) 266
| 표 7 | 비콘과 NFC기술의 비교 347
| 표 8 | 주요 산업의 플랫폼 비즈니스 364
| 표 9 | 제조시스템의 발전과정 376

| 표 10 | 전통적 제조 vs. 스마트제조 패러다임 비교 377
| 표 11 | 제조방식의 진화에 따른 특성 비교 382

PART 1

새로운 무대

들어가면서

1

제조에서 스마트제조로

1

제조에서 스마트제조로

제조는 조연배우?

첨단 시설을 갖춘 초고층 빌딩들이 즐비한 도시의 한복판은 그 나라의 경제적인 풍요로움을 상징한다. 뉴욕 맨하튼의 월스트리트 거리나 우리나라의 여의도 혹은 테헤란로를 지나가는 양복 차림의 사람들의 모습에서 우리는 경제적 역동성과 풍요로움을 느끼기도 한다. 깔끔한 양복 차림으로 분주하게 지나가는 직장인들의 모습은 젊은이들이 자신의 미래 모습으로 한번쯤은 꿈꿨을 것이다. 그러나 이것은 화려한 도시인으로 포장된 모습으로, 그들에게 어떤 고민과 걱정이 자리 잡고 있는지에 대한 생각보다 겉모습만을 동경하는 것과 같다. 다시 말해 우리가 살고 있는 시대는 겉으로는 화려해 보이지만, 경제적인 불황의 어려움에 처해 있는 이면의 모습 또한 공존하고 있는 것이다.

90년대 후반, 요란했던 닷컴 열풍이 지나고 2000년대에 접어들면서 미국은 심각한 경제적 침체의 늪에 빠지게 되었다. 이에 대한 다양한 진단점들이 제시되었는데 그중의 하나가 80~90년대 국가 핵심 경쟁력을 제조업보다 금융, 판매, IT 등의 서비스 산업분야로 전환한 점이었다. 서비스 산업 역시 국가의 경제적 발전과 사회적 풍요에 지대한 기여를 하는 것만은 부인할 수 없는 사실이다.

그러나 한 나라의 경제를 뒷받침할 수 있는 기반은 역시 '무엇인가를 만들 수 있는 능력'을 가진 제조업이다. 특히나, 최근 제조기업들은 좋은 물건을 잘만 만들어 놓으면 무조건 잘 팔린다는 사고방식으로는 지속적인 성장을 장담할 수 없다는 점도 잘 인식하고 있고, '어떤 제품'을 만드느냐와 더불어 '어떻게 만드느냐'도 제조업 분야에서 중요한 생존 전략이 되고 있다.

이렇게 제조업은 한 국가의 경제를 든든하게 지탱해 주고, 소비자들이 원하는 제품을 구매할 수 있는 세상을 만드는 데 큰 기여를 하고 있지만, 이런 요구를 만족시켜야만 생존하는 제조기업 입장에서는 그다지 살기 좋은 시절만은 아닌 듯 싶다. 다른 분야의 사람들 못지 않게 열심히 살고 있는데(물론 모든 분야의 사람들이 다들 열심히 살고 있지만), 제조업이라고 하면 블루칼라, 3D, 혹은 굴뚝과 같은 단어들을 떠올리고, 왠지 제대로 된 대접을 받지 못한다고 느끼기도 한다.

그러나 바야흐로 시대는 바뀌고 있다. 미래에는 제조업의 역할이 과거나 현재보다 더욱 더 커질 것이다. 물론 이것은 앞으로 이야기할 '스마트'라는 옷을 입었을 경우에 더욱 그렇다. 제조기술과 정보통신 기술이 어우러지는 새로운 패러다임으로서의 스마트제조가 제조업의 역할을 폭발적으로 넓힐 날이 눈앞으로 다가왔다.

잠시 흥미로운 관점으로 눈을 돌려 보자. 최근 영화들이 1000만 관객 돌파로 연이어 흥행에 성공하면서, 가장 많은 관객을 동원한 배우는 과연 누구인지에 대한 이야기가 회자된 적이 있다. 현재까지 가장 많은 관객을 동원한 영화배우는 누구일까? 바로 아주 미남도 미인도 아닌 오달수라는 배우로, 무려 1억 명을 훌쩍 뛰어 넘는 관객 수를 동원했다고 한다. 그의 어떤 매력이 이런 일을 가능하게 했을까? 이 배우가 가진 매력은 뛰어난 외모가 아니라 어떠한 영화에서나 필요한 '역할'을 담당하면서도 다른 출연자들을 빛나게 하는 인상과 연기력을 가졌다는 점이 영화 평론가들의 설명이다.

이처럼 앞으로의 사회는 독자적으로 어떤 능력을 가졌느냐가 아니라 다른 분야와 어우러져 어떤 역할을 할 수 있느냐에 좀 더 초점이 맞춰지는 사회가 될 것이다. 마치 영화에서 다양한 캐릭터의 역할을 소화할 수 있는 배우들이 많으면 더 다양하고 흥미로운 장르의 영화를 제작할 수 있는 것처럼, 제조업이 가지고 있는 무엇인가를 만들어 내는 역할은 다른 다양한 산업의 발전에도 필수적인 것이다. 첨단 정보기술을 위해서는 스마트 기기, 컴퓨터가 필요하다. 고급 패션 산업의 성공을 위해서도 직물과 의류, 액세서리들을 만들 수 있어야만 한다. 한류라는 문화산업에서도 각종 방송장비, 소품들의 제조가 필요하다. 이렇듯 인류의 삶에 '제조'라는 역할은 필수불가결한 것이다.

스마트제조는 주연배우!

안타깝게도 최근까지는 제조업을 영화에서의 조연 역할처럼 여기고, 이를 중국, 베트남, 브라질과 같은 몇몇 특정 국가에 맡기고 있는 형국이었다. 그러나 이제는 조연이 아닌 주연 역할로서의 제조를 목표로 각 선진국이 앞다투어 자국의 제조업 재부흥을 위해 경쟁하고 있다. 독일과 미국 같은 선진국들이 다른 나라에 이주해 있는 자국의 제조기업을 본국으로 다시 복귀시키고자 하는 리쇼어링reshoring 정책을 추진하는 것도 이와 같은 맥락이다. 물론 이러한 전략의 추진은 자국의 비싼 제조비용을 감안할 때, 인건비와 자원의 가격이 저렴한 다른 국가로의 아웃소싱이나 공장이전으로 얻을 수 있는 기회나 이익보다 더 유리한 자국의 여건이 전제되어야만 한다. 이것이 바로 선진국에서의 '스마트제조' 추진 동력 중의 하나인 것이다.

이 책에서 다루겠지만 스마트제조라는 개념에서는 소비자가 자신이 주문한 제품이 현재 공장 내에서 어떻게 만들어지고 있는지 언제든지 알 수 있고, 때에 따라서는 자신이 원하는 바를 직접 제조 현장에 전달할 수 있는데, 이것은 소비자의 스마트폰과 공장의 기계가 컴퓨터 통신을 통해 연결되고, 서로 데이터를 자유롭게 주고받을 수 있기 때문이다. 심지어 이미 만들어져 소비자에게 운송 중인 제품의 상태에 대한 정보까지 제공되도록 제품과 운송 장비들도 연결되어 있다. 게다가 제품 자체에 다양한 센서가 설치되어 제품이 어떤 환경에서 어떤 패턴으로 누가 어떻게 사용하는지를 지속적으로 알 수 있게 된다. 제조기업은 이 정보를 받아서 더 좋은 제품을 만들 수 있고, 사용자가 더 선호하는 신제품의 개발에도 활용할 수 있다. 얼마나 멋진 이야기인가?

이처럼 스마트제조라는 새로운 변화의 물결이 우리의 삶과 비즈니스 전반에 막대한 영향을 미칠 것으로 예상되지만, 또 하나 간과해서는 안 될 점도 있다. 혹시 스마트 TV라는 매력적인 제품이 처음 출시되었을 당시를 기억하는가? 그때에는 마치 모든 사람들이 스마트 TV를 통해 원하는 프로그램을 아무 때나 시청하고, 쇼핑을 즐길 수 있는 시대가 당장 온 것처럼 여겨졌었다. 그런데 지금 모든 집집마다 스마트 TV가 설치되어 있는가? 모든 시청자가 그 혜택을 누리고 있는가? 아쉽게도 현재 시점에서 모든 가정이 최첨단 스마트 TV를 보유하고 있는 것은 아니다. 10년 전 혹은 20년 전의 TV를 시청하는 사람들도 아직 상당히 많다. 자신의 집에 있는 냉장고가 첨단기술로 식단관리를 해준다는 광고 속 제품인지 스스로 물어보리. 장미빛 기대와 냉혐한 현실 간에는 엄연한 기리가 있는 것이다.

기업도 마찬가지이다. 모든 기업이 유무선 네트워크를 구축하고, 센서를 장착할 수 있는 최첨단의 설비를 갖추고 있는 것은 아니다. 특정 제품을 제조하는 데 필요한 핵심 기술만을 보유한 중소기업은 장비나 기반시설에 투자할 여력도 경제적 타당성도 없을 수 있다. 특히 중소기업 대부분은 설비가 노후화되어 이를 관리, 수리하는 데에도 상당한 비용이 소요되어 설비 운영만으로도 벅찬 상황에서 최첨단 센서나 네트워크, 혹은 빅데이터라는 새로운 기술을 도입하는 것은 현실적으로 쉽지 않다.

스마트제조를 실현하고 이를 통해 국내의 제조업이 스마트제조라고 하는 새로운 패러다임에 발맞추어 글로벌 시장에서 주연급으로 활약하기 위해서는 현재 기업들의 역량과 현실을 정확하게 파악하고 이에 걸맞는 스마트제조 구현 방향을 모색할 필요가 있다. 스마트제조라는 기술적, 산업적 변화의 시점에서 자신에게 걸맞는 옷을 입는 것이다. 그러기 위해서는 스마트제조에 대한 통찰력 있는 이해가 전제되어야 한다. 이제 이러한 제조의 중요성과 스마트제조라는 새로운 패러다임을 염두해 두고 스마트제조에 대한 이야기를 시작해 보자.

2

스마트제조, 어떻게 다른가?

2

스마트제조, 어떻게 다른가?

스마트제조, 그 탄생 배경

첨단기술의 발전은 세상을 빠르게 변화시키고 있다. 기술의 발전은 사람들이 점차 자신만의 고유한 물건을 갖길 원하고, 새로운 제품을 더욱 빨리 만나길 원하도록 만들었다. 이러한 소비자 수요의 변화는 기존의 제조업에도 새로운 변화의 바람을 불어넣고 있다. 아니, 현재 제조업은 급격한 변화를 겪고 있다고 하는 것이 맞겠다.

종래의 제조업은 더 좋은 제품을 만들어 이익과 성장을 추구하였다. 이와 같은 접근은 제품과 기술의 혁신주기가 길었던 과거에는 통용되었지만 제품수명주기Product Life-Cycle가 짧아진 현재와는 맞지 않게 되었다. 또한 기술의 발전과 시장수요의 변화로 인해 상대적으로 규모가 작은 제조기업들에게도 성공의 기회가 주어지고 있다. 이는 제조업의 공급사슬에서 원재료 및 부품과 관련된 상위Upstream 공급사슬 부문의 규모는 확대되고 최종제품의 조립 및 공급에 해당하는 하위Downstream 부문에서는 분산화가 급격하게 진행되고 있기 때문이다. 심지어 이런 분산화 과정에서 늘어나는 중소기업을 대상으로 플랫폼, 부품, 기술 등을 제공하는 대규모 사업자들도 출현하고 있다.

그렇다면 어떤 요인들이 제조업을 변화시키고 있는 것일까?

첫째는 앞서 밝힌 것처럼 소비자 수요 속성의 변화이다. 소비자의 수요는 점차 개인화되고 맞춤화되고 있다. 자신이 원하는 사양의 제품을 원하는 시간과 장소에 적절한 가격으로 공급받기를 원하게 된 것이다. 또한 소비자가 간접적인 제조자로서의 역할도 부분적으로나마 공동으로 수행하고 있다. 소비자 개인맞춤형 제품을 소유하고 싶은 욕구가 증대되면서 제품의 개발과정에 참여하려는 소비자가 늘고 있는 것이다. 특히 자신을 표현하고자 하는 의류패션, 스스로 제작 가능한 가구 산업에서는 이러한 현상이 두드러지게 나타난다.

둘째는 제품 속성의 변화에 있다. 기존의 제조 환경에서는 제품을 가공하기 위한 정보가 기계나 제조 프로세스에 존재하고, 제품 자체는 아무런 정보를 가지지 않는 단지 가공의 대상에 지나지 않았다. 하지만 사물

| 그림 1 | 소비자속성 변화: 제품 개발-제조 프로세스 참여

인터넷Internet of Things: IoT과 같은 정보기술의 발전으로 제품 자체에 정보를 담는 것이 가능해졌으며 이는 제품을 '스마트'하게 만들었다. 더욱이 디지털 인프라가 확장되면서 제조업은 소비자에게 제품만을 공급하는 것이 아니라 제품과 동시에 이와 관련된 일종의 서비스를 포괄적으로 제공하는 형태로 변화되었다. 사물인터넷을 비롯한 관련 정보기술은 이 책의 뒤에서 이해하기 쉽게 설명하도록 한다.

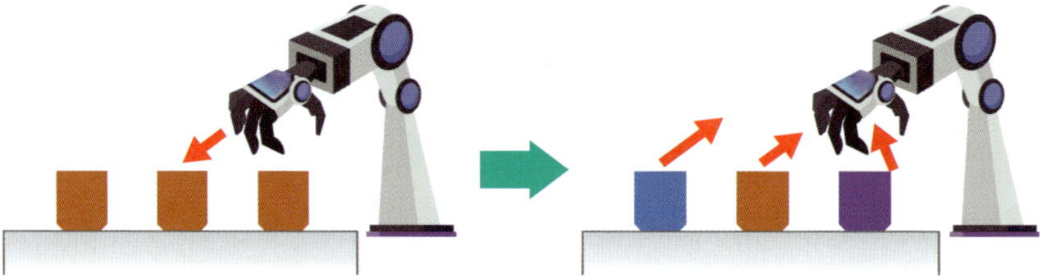

| 그림 2 | 제품속성 변화: 제조 프로세스에서 제품의 스마트화

제조업에서의 이런 변화를 이해하고, 이에 대응할 수 있는 제조업을 정의하기 위해서는 새로운 개념의 용어가 필요하다. 미래의 제조 환경은 제품의 기획 · 설계, 생산, 유통 · 판매의 전 과정을 정보통신기술로 통합하고, 첨단재료의 개발, 맞춤형 제조기술의 발전으로 소비자가 제품수명주기에 직접 참여할 수 있는 개인맞춤형 생산체제로의 전환이 예상된다. 소위 '첨단제조Advanced Manufacturing' 혹은 '스마트제조Smart Manufacturing'로 불리는 제조 환경으로의 변화인 것이다.

그렇다면 스마트제조라 불리는 새로운 제조 환경은 어떠한 속성을 갖게 될까? 이러한 속성을 다양화, 유연화, 분산화의 측면으로 나누어 살펴보도록 하자.

스마트제조의 속성 1: 다양화

다양화는 스마트제조의 가장 눈에 띄는 속성이라고 할 수 있다. 이는 다시 두 가지 측면으로 나뉘는데 하나는 개인맞춤형 제품을 만들 수 있다는 의미의 다양성, 다른 하나는 다양한 채널을 통해 제품을 공급할 수 있다는 측면의 다양성이다.

스마트제조 환경에서 개인맞춤형 제조란 어떤 모습일까? 다음의 간략한 상황을 생각해 보자.

김준락 씨는 PSM 스마트폰 제조공장을 운영하는 공장책임자이다. 이 공장에서는 개인맞춤형 스마트폰을 생산하기 때문에 제품 종류마다 하나의 제품만을 제작하기 위해 필요한 공정들로 이루어져 있으며 각 공정에서 소요되는 시간, 방법 등 무엇 하나 정형화되어 있지 않다. 이런 상황에서 완제품 형태의 제조를 고집하는 것은 사실상 거의 불가능에 가깝다. 그래서 김준락 씨는 스마트제조를 도입하여 소비자와 함께 제품을 공동으로 설계하는 방식으로 공장을 운영하고 있다. 소비자가 원하는 제품 사양에 대한 정보를 입력하면 이와 동시에 제품 제조가 이루어지도록 하는 것이다. 기존의 모듈 제조방식과 소비자와의 소통을 통한 설계 방식을 혼합한 새로운 제조방식을 적용시켜 제품 생산에 소요되는 시간리드타임 또한 최소화시켰다.

소비자는 스마트폰 판매 회사 웹사이트에서 제품의 기본 구조와 사양만을 보고 구매할 제품을 선택한다. 이 정보는 공장의 데이터베이스와 공유되고, 이때 공장은 소비자가 선택한 제품에 맞는 부품의 제조를 준비하고, 소비자는 스마트폰에 대한 세부적인 사양(저장장치의 용량, 화면 해상도, USB, 카메라 화소 등)을 선택하게 된다. 소비자는 회사에서 지원하는 사양을 선택할 수 있음은 물론, 각 세부 사양에 대해 자신이 원하는 수준을 입력하여 요청할 수 있다. 그럴 경우 부품을 전문으로 제조하는 다른 기업으로까지 그 정보가 공유되며 이러한 전문기업은 소비자의 요구에 맞는 부품을 설계하여 부품을 공급하거나 혹은 그 설계도면을 스마트폰 생산 공장으로 보낸다. 설계도면 상태로 전송 받은 부품에 대한 정보를 이용하여 해당 부품은 3D 프린팅 기술이라고 하는 기술을 사용하여 제작되도록 한다.

| 그림 3 | 3D 프린팅 기술로 제작된 스마트폰 케이스

출처: 3ders.org (2014, July 9).

이렇듯 스마트제조 환경에서는 소비자와 제조기업의 직접적인 정보 공유를 바탕으로 소비자가 원하는 제품을 제작할 수 있으며, 이로써 소비자의 수요를 완벽하게 반영한 제품의 제작이 가능하다.

미래의 스마트제조 환경에서 유통 과정은 어떤 모습일까?

과거 인터넷이 없던 시절, 우리는 물건을 사기 위해서 매장을 직접 가야 했다. 이를 싱글채널Single-Channel 유통 방식이라고 한다. 이후 인터넷의 발전으로 오늘날 소비자는 원하는 물건을 웹사이트에서 보고 온라인으로 구매할 수 있게 되었다. 하지만 오프라인과 온라인의 구매에는 가격적인 차이가 있어 소비자가 가격 측면에서 서로 다른 경험을 하게 되는데 이러한 유통 방식을 멀티채널Multi-Channel 유통 방식이라고 한다.

미래에는 소비자가 원하는 '사양'의 물건을 구매하는 것과 같이 소비자이 원하는 '방식'으로 물건을 구매하려는 움직임이 늘어날 것이다. 이는 온라인과 오프라인 매장에서 소비자가 겪는 경험의 차이를 없애는 옴니채널Omni-Channel 유통 방식으로의 발전을 의미한다. 최근에 이와 관련되어 소비자의 소비 패턴을 잘 보여 주는 키워드로는 '쇼루밍'이 있다.

쇼루밍은 오프라인 매장에서 제품을 실제로 보고 구매는 온라인에서 하는 쇼핑 패턴을 말한다. 소비자들이 쇼루밍을 하는 주된 목적은 온라인에서 보다 저렴한 가격에 제품을 구매하기 위함이지만, 오로지 저렴한 가격만이 그 이유가 아니라는 것에 집중할 필요가 있다. 쇼루밍을 통해 소비자는 합리적인 가격을 지불할 의향을 가지고 자신의 취향에 맞고 품질도 좋은 제품을 확인하고 직접 경험한 이후에, 제품을 구매하려는 시도로 해석할 필요가 있는 것이다.

이런 맥락에서 요즘 바쁜 직장인들을 위해 근무 시간에 온라인에서 제품을 주문하고 집과 가까운 오프라인 매장에서 물건을 수령할 수 있는 서비스를 제공하는 서점이 늘어나고 있는 점에 주목할 필요가 있다. 이는 제품에 대한 저렴한 가격과 동시에 자신이 원하는 형태의 제품수령이라는 서비스를 제공받고 싶은 소비자의 요구에 부응하기 위함이다. 현재는 온라인과 오프라인 매장에서 소비자에게 완전히 동일한 경험을 제공하는

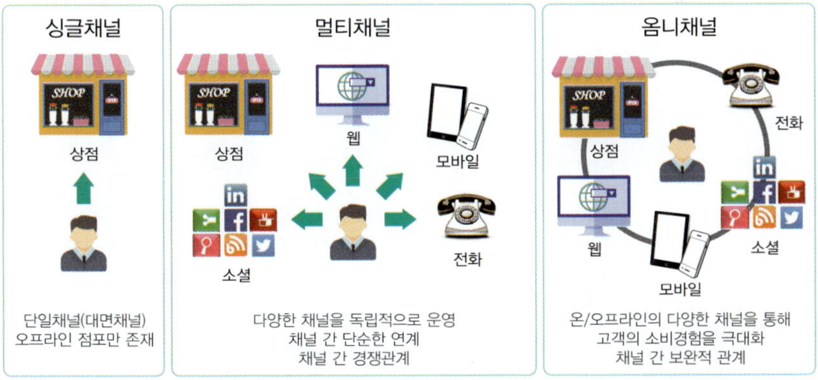

| 그림 4 | 제품유통 변화: 제품공급 채널의 다양화

출처: Golding, I. (2014, April 29).

옴니채널을 채택한 곳이 그리 많지는 않다. 하지만 머지않아 소비자가 어떤 물건을 원할 때 자신이 원하는 다양한 방식으로 구매하되, 가격 측면에서 같은 경험을 할 수 있을 것이다.

스마트제조의 속성 2: 유연화

스마트제조 환경의 다른 속성으로는 유연화를 꼽을 수 있다. 유연화는 다시 공급의 유연성과 시장의 유연성으로 나누어 볼 수 있다. 공급의 유연성은 제품 공급 과정에서 발생하는 불확실한 변동에 대응하는 것이다. 개인맞춤형 제품에 대한 수요의 증가로 제조 프로세스의 복잡도는 더욱 심화되었으며, 제조기업은 더욱 다양한 공급기업으로부터 원재료 및 부품 등을 제공받아야 한다. 이 때문에 제조기업의 공급 불확실성이 높아질 수 밖에 없다. 하지만 스마트제조 환경에서는 공급기업과 제조기업이 공유 데이터베이스를 사용하면서 완벽하게 정보 공유를 할 수 있게 된다.

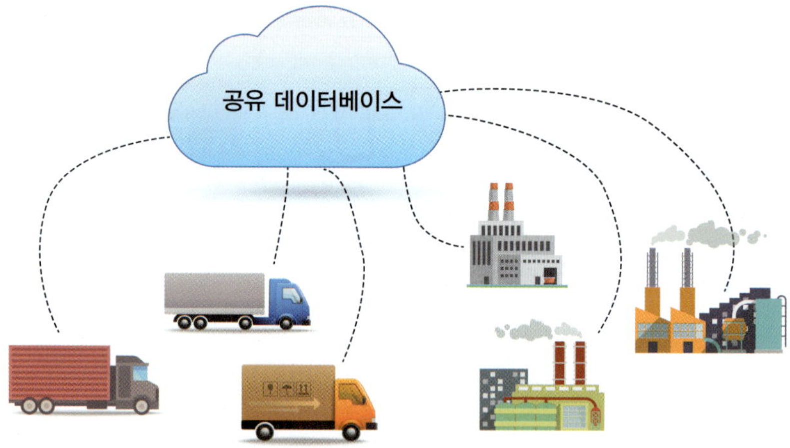

| 그림 5 | 공급기업과 제조기업 간의 정보 공유

이런 정보 공유는 가상 객체 기술의 도입으로 가능해질 것이다. 가상 객체란 실제 물체에 대한 정보를 그대로 디지털화시킨 것으로 물체에 대한 여러 정보(원산지, 작업자, 배송정보, 운송상의 정보)를 포함한다. 이는 앞으로 이야기할 사물인터넷 기술이 발전함에 따라 가능해진다. 한발 더 나아가 이러한 가상 객체를 통해 현재의 상태로부터 미래의 상태를 예측할 수도 있다. 예를 들어, 공급하고 있는 부품을 배송하는 도중에 예상하지 못한 이상 상황이 발생했을 때 부품을 기다리고 있는 제조기업으로 하여금 어느 정도의 공급량이 배송될지에 대한 예측을 가능하게 한다. 이로써 제조기업는 소비자 주문을 충족시키기 위한 우선순위를 재조정할 수 있게 되고, 이는 궁극적으로 소비자에 대한 만족도를 향상시키는 데 기여할 수 있다.

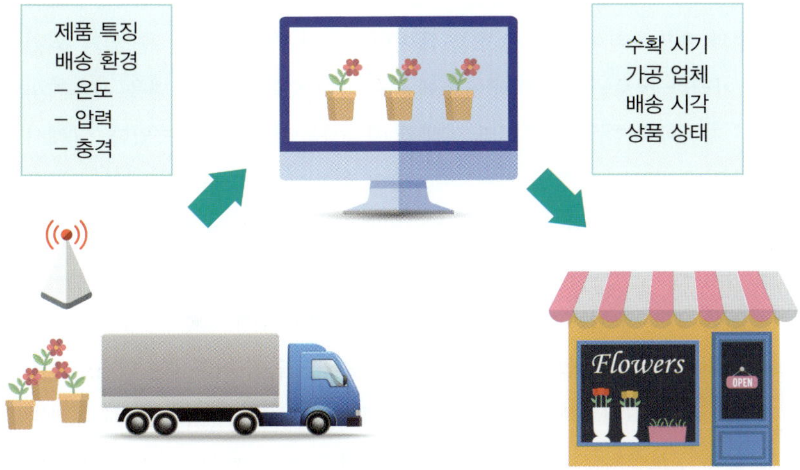

| 그림 6 | 가상 객체 기술의 적용

가상 객체 기술이 활성화된 미래의 모습을 다음의 상황을 통해 생각해 보자.

대형 화원을 운영하고 있는 김성실 씨는 매번 대량의 꽃을 구매하는 일이 항상 골칫거리였다. 꽃은 배송 중에 작은 환경 변화에도 품질이 크게 떨어져 제품가치를 잃을 수 있기 때문이다. 더욱 큰 문제는 김성실 씨가 주문한 꽃을 배송받기 전까지는 배송 중인 꽃들의 품질상태가 어떠한지 알 길이 없다는 것이다.

하지만 최근 가상 객체 기술을 도입하여 이러한 불편함을 해소하게 되었다. 꽃 농장주로부터 재배된 꽃을 수확하여 대형화원에 공급하는 이친절 씨는 배송하는 꽃을 담는 상자들에 센서를 부착해서 온도, 습도 등을 측정한 후에, 측정된 수치들을 꽃 농장주와 꽃집을 운영하는 김성실 씨에게 실시간으로 전송해서 배송 중인 꽃의 환경 정보를 공유하도록 하고 있다.

뿐만 아니라 배송 중에 있는 꽃 종류에 따라 환경요인에 따른 꽃의 변화 특성과 수명주기에 대한 정보를 데이터화하여 함께 공유할 수 있게 되었다. 이러한 정보는 데이터베이스에 구현되어 있는 예측 모델을 이용해서 외부 자극에 대한 꽃들의 미래 상태를 예측하는 데 사용될 수 있다. 그래서 꽃집을 운영하는 김성실 씨는 운송 중의 꽃들이 현재 어떠한 외부 자극을 받고 있으며 그에 따라 배송 시 양품 비율은 어느 정도인지 파악할 수 있게 된 것이다.

또한, 김성실 씨는 매번 싱싱한 꽃을 입찰받기 위해 직접 경매장에 가서 경매에 참여하곤 하였는데, 가상 객체 기술이 도입된 이후에는 인터넷으로 제품의 경매 진행 상황을 알 수 있고, 다양한 꽃 공급기업으로부터 입찰받을 꽃의 정보를 실시간으로 수신할 수 있어 직접 경매장에 가지 않아도 현재 경매에 부쳐진 꽃의 상태에 대해 자세히 알 수 있게 되었다.

| 그림 7 | 가상 객체 기술을 이용한 전자 경매

시장의 유연성은 제조기업들이 변화하는 시장의 요구에 발 빠르게 적응하는 능력을 갖춘다는 것을 의미한다. 개인맞춤형 제품을 개발하고 생산하는 것과는 별개로 소비자들은 계속해서 새로운 제품의 혁신을 원할 것이고 이것은 한 제품수명주기를 지속적으로 단축하게 만들 것이다. 이는 신제품을 출시하는 주기가 점점 짧아질 것을 의미하는데, 스마트제조 환경에서는 앞으로 이야기할 3D 프린팅 기술을 활용하여 신제품의 초안을 빠르고 쉽게 제작할 수 있다.

기존의 제조 환경에서 신제품 제작이 힘들었던 이유는 신제품 제작에 필요한 설비들을 준비하는 시간이 매우 길기 때문이다. 하지만 3D 프린터가 보급된 후에는 신제품의 설계도만으로 실제 제품을 제작할 수 있게 되어 이런 문제점이 해결될 수 있다. 게다가 3D 프린팅 기술은 설계상의 매우 정밀한 부분까지 정확한 구현이 가능해 제품 초안에 대한 정확한 실험을 진행할 수 있어 추후 신제품의 완성도를 높이는 데에도 기여할 수 있다.

스마트제조의 속성 3: 분산화

스마트제조 환경의 또 다른 속성으로 분산화를 꼽을 수 있다. 분산화는 다시 두 가지 하위 속성으로 나뉘는데 하나는 공급의 분산화이고 다른 하나는 의사 결정의 분산화이다. 공급의 분산화란 지방의 공단이 아닌 도심에 가까운 곳에 스마트공장을 설립하고 빠른 대응을 위해 공급 라인을 분산화하는 것을 말한다. 소비자의 수요가 다양해지면서 생산체계가 소품종 대량생산에서 다품종 소량생산으로 변화하고, 3D 프린팅 기술이 발달하면서 기계 설비가 범용적으로 사용된다. 또한 소비자는 자신이 원하는 방식으로 빠르게 제품을 배송받길 원한다. 이는 접근성이 떨어지는 대규모 공장보다 근교의 소규모 공장이 더 경쟁력을 얻게 된다는 뜻이다.

또한 고도로 지능화된 설비가 탑재된 스마트제조 환경에서는 사람이 그때그때 의사 결정을 내리지 않고 제품 정보를 기계 설비가 수신하고 그에 알맞은 의사 결정을 기계 또는 공장 스스로가 내릴 수 있게 될 것이다.

김태평 씨는 PSM 공장의 생산파트 작업반장이다. 항상 작업이 계획대로 진행되고 있는지, 작업자들에겐 문제가 없는지 매번 확인을 해야 했다. 그런데 공장에 스마트제조를 도입하고서는 지시를 내리는 일이 절반으로 줄었다. 기계가 스스로 작업을 처리하기 때문이다.

과거에는 생산계획을 바탕으로 일별 목표량을 산출하여 작업을 진행하였다. 그런데 불량이 발생하기도 하고 원재료의 공급이 제때 이루어지지 않는 등 생산계획에 차질을 일으키는 요인들이 많았다. 이런 요인들의 대부분은 실시간으로 파악하기 힘들기 때문에 약속된 기한에 제품을 납품할 수 없어서 이로 인한 소비자의 불만에 대응하는 데 어려움이 많았다.

그러나 스마트제조 환경에서는 스마트화된 기계들이 현재 생산량, 불량 발생량에 대한 정보를 수집하고 이를 통해 일별 목표 달성률을 산출한다. 이러한 정보는 스마트폰 앱을 통해 모든 작업자들이 실시간으로 확인할 수

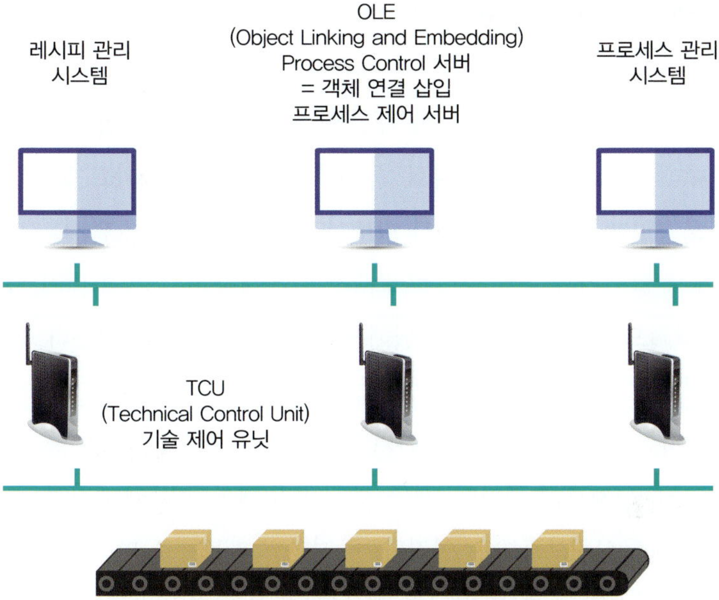

| 그림 8 | 자동 공장 제어 시스템

있다. 불량이 발생하거나 급한 주문이 들어와 작업 스케줄을 수정해야 하는 경우에도 최선의 행동지침을 작업자들에게 알려주니 작업반장인 김태평 씨는 작업자들 간의 분쟁 조절이나 거래처와 관련된 업무만 진행하면 되는 것이다.

공장 내의 작업 진행 현황을 데이터화하여 통합적으로 관리하는 것만으로도 작업자들은 현재 작업 진행 정도와 앞으로 진행해야 할 작업의 정보를 제공받음으로써 훨씬 원활한 작업 진행이 가능해진다. 제조공정에서 벌어지는 일에 대한 모든 데이터가 수집되므로 어느 공정에서 문제가 발생하였는지 바로 알 수 있고, 이에 즉각적인 조치를 취해 제조공정을 유연하게 만들 수 있으며 불량이 발생할 경우 필요 인력을 재배치하도록 정보를 제공해 주기 때문에 소비자 수요를 충족시키는 데 많은 도움이 된다.

스마트제조와 공급사슬

앞서 스마트제조에 대한 설명과 속성을 통해 미래의 제조업이 변화할 모습에 대해 이야기하였다. 다양화, 유연화, 분산화라는 스마트제조의 속성은 제조기업만 변화한다고 해서 이루어지는 것은 아니다. 완제품이 소비자에게 전달되기까지는 제조 프로세스만 존재하는 것이 아니기 때문이다. 본격적으로 제품을 만들기 위해서는 원재료의 조달에서부터 그 과정이 시작되며 완성된 제품을 배송하는 과정을 거쳐 소비자에게 최종적으로 도달하는 것이다. 이러한 일련의 과정을 묶어 우리는 '공급사슬'이라고 한다. 이는 원재료 공급기업, 제품 제조기업, 배송기업, 판매기업, 소비자라는 여러 구성원으로 이루어진다. 하지만 스마트제조 환경이 도래하면 이러한 기본적인 공급사슬의 모습은 크게 변화할 것이다. 이미 현재의 공급사슬은 과거의 모습에서 탈바꿈하고 있다. 그렇다면 스마트제조 환경

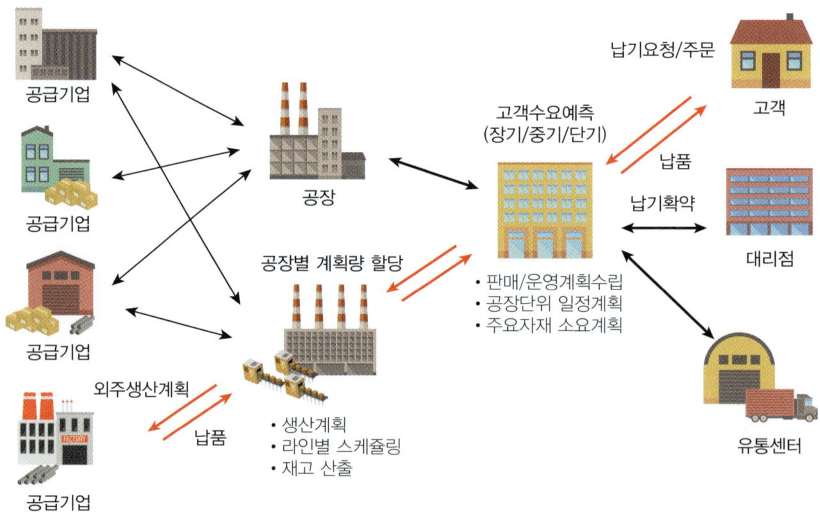

| 그림 9 | 기존의 공급사슬

출처: 임상수 (2011. 8.).

에서 공급사슬은 어떠한 모습이며 그 안의 구성원은 어떻게 달라질까?

기존의 공급사슬과 스마트제조 환경의 공급사슬의 가장 큰 차이점은 정보의 공유에서 비롯된다. 기존의 공급사슬은 구성원 간의 정보 공유가 제대로 이루어지지 않아 구성원 각자의 이익만을 추구하는 현상이 발생하기 쉽다. 또한 정보 공유가 이루어지지 않아 불필요한 낭비도 많이 발생하였는데 이의 예가 바로 채찍효과Bullwhip Effect이다. 소비자 수요의 작은 변동이 상위 공급사슬로 갈수록 그 변동폭이 커지고 제조기업과 공급기업은 이에 대응하기 위해서 잦은 계획 변경이 필요하게 되고 이로 인한 낭비가 발생하게 된다.

이러한 문제를 야기하는 정보 공유의 부재는 지속적인 개선을 통해 점차 나아지고 있다. 그러나 스마트제조 환경에서의 정보 공유는 그것보다 한 차원 위에 있다. 스마트제조 환경에서 정보의 공유는 구성원끼리 상시 상황 정보를 확인하는 데 그치지 않는다. 다시 말해서 정보의 공유는 단순한 정보의 확인이 아니라, 그 공유된 정보를 통해 모든 구성원들이 현재의 상황을 동일하게 이해할 수 있어야 한다. 스마트제조 환경에서는 공

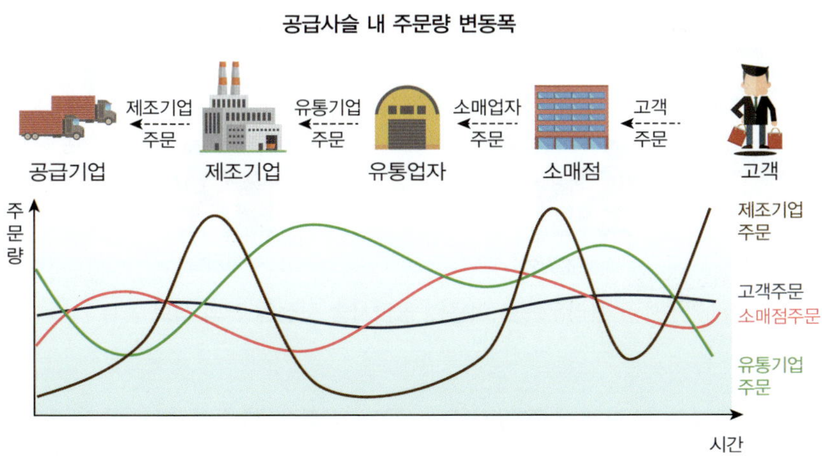

| 그림 10 | 공급사슬에서의 채찍효과

급사슬 내의 모든 구성원들이 공유된 정보 속에 내재되어 있는 '의미'도 함께 공유할 수 있어야 한다는 것이다.

의미 있는 정보 공유를 위한 가장 큰 해결과제는 공급사슬 내 구성원들 간의 언어를 통일시킬 수 있는지의 여부이다. 구성원들끼리 아무리 자신의 정보를 제공한다고 해도 서로 알아듣지 못하거나 의도된 의미를 파악할 수 없는 정보를 공유하는 것은 의미가 없다. 이런 점에서 정보의 표준화는 가장 우선시되어야 할 요소 중 하나이다. 스마트제조 환경에서 정보의 표준화는 클라우드를 구축함으로써 해결할 수 있다. 각 구성원은 스마트 기기를 이용하여 실시간으로 수집한 데이터를 클라우드로 전송한다. 이런 데이터를 다른 구성원이 확인할 경우에는 클라우드 내의 자체 시스템이 해당 구성원의 언어에 맞게끔 데이터를 가공하여 제공한다. 이로써 데이터의 표준화라는 단순한 틀에서 벗어난 새로운 스마트제조에서의 공급사슬 시대를 맞이하게 되는 것이다.

| 그림 11 | 클라우드를 이용한 공급사슬 구성원 간의 정보 공유

스마트제조 환경에서 공급사슬이 겪는 변화는 단순한 정보의 공유 정도가 아니다. 기존의 공급사슬에서는 그 안에 속하는 구성원들의 역할이

대체적으로 하나로 규정되어 왔다. 원재료 공급기업은 원재료를 공급하는 역할만을 수행하고, 제조기업은 제품을 생산하는 일을, 판매기업은 제품의 판매를, 소비자는 소비하는 역할을 담당하는 것처럼 자신이 맡은 영역의 역할만을 수행하였다. 그러나 이제 스마트제조 환경에서는 한 구성원이 여러 역할을 수행할 수 있게 되었다. 바로 3D 프린팅 기술과 고기능 범용 설비의 도입이 이러한 변화를 주도하게 된 것이다.

> 김바쁨 과장은 PSM사의 생산관리 부서에서 일하고 있다. 회사에서 주로 담당하는 업무는 L사로부터 원재료를 공급받아 제품 생산 과정을 관리하는 것이다. 하지만 최근 회사에 스마트제조를 도입하면서 관리해야 할 일이 하나 더 늘어났다. C사와 계약을 체결하면서 C사에 부품을 납품하는 일까지 수행해야 하는 것이다. 기존의 생산 라인에서는 C사에서 원하는 부품을 가공할 수 없어서 L사에서 제공하는 원재료를 통해 제품을 생산하는 업무밖에 수행할 수 없었다. 그런데 최근 스마트제조와 함께 산업용 3D 프린터의 도입과 동시에 고성능 범용 설비를 추가하여, 생산라인 자체를 크게 증설하지 않고도 C사에서 원하는 부품을 생산할 수 있게 되었다. 스마트제조 구현에 필요한 비용보다 더 많은 수익을 낼 수 있는 여유 생산량을 통해 새로운 이익을 창출할 수 있게 된 것이다.

심지어 지금까지 소비의 역할만 할 것으로 여겨졌던 소비자 또한 3D 프린팅 기술이 보급되면서 1인 제조기업의 역할을 할 수 있게 되었다. 과거에는 소비자가 '제품'을 구매하는 방식이었다면, 현재는 원하는 제품의 '설계도'를 구매하는 방식으로 변화되는 것이다. 소비자는 특정 제품에 대해 자신이 원하는 디자인을 가미하기 위해 설계도를 주문 제작하는 기업과 거래한다. 이렇게 자신이 원하는 제품에 대한 설계도가 완성되면 이것을 인터넷에서 내려받아 가정용 3D 프린터기에 입력한다. 그리고 잠시 후 자신이 원하는 제품이 완성된 것을 확인할 수 있다. 이렇게 소비자의

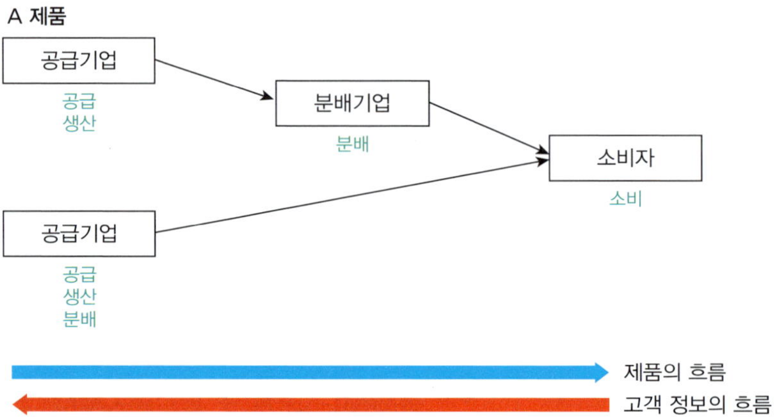

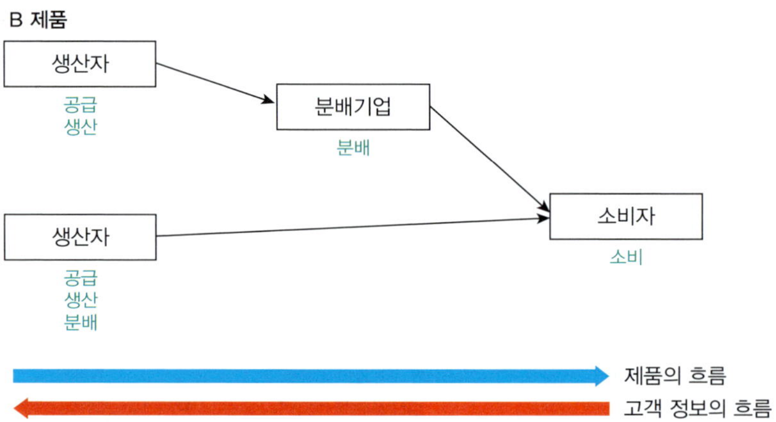

| 그림 12 | 공급사슬 내의 구성원 역할 변화

제조기업화는 공급사슬의 구조를 바꾸는 데 많은 기여를 하였다. 더 이상 판매기업을 통해 제품을 받을 필요가 없어 판매기업의 역할은 자연히 축소되었으며 제조기업은 대규모 공장을 운영하기보다는 유연하고 범용적인 설비를 갖춘 다품종 소량제조가 가능한 공장을 운영하려는 변화를 꾀하고 있다. 공급기업 또한 기존의 제조기업들이 변화하는 소비자의 요구에 맞게 제조가 가능하도록 원재료를 다양하게 공급하려는 노력을 보이고 있다.

| 그림 13 | 가정용 3D 프린팅 기술

출처: 박수연 (2013. 6. 4.).

PART 2

좋은 음악

스마트제조란 무엇인가

1

스마트제조,
무엇을 어떻게
만든다는 것인가

1

스마트제조, 무엇을 어떻게 만든다는 것인가

스마트제조와 소비자

스마트제조에 대한 이야기를 본격적으로 하기 전에 다음과 같은 재미있는 상황을 먼저 생각해 보자.

서울에 사는 자타공인 보험왕 김미래 씨는 보험판매를 계기로 이현재 씨를 알게 되었다. 자동차 관련 파워블로거인 이현재 씨는 TV에 출연할 정도로 유명한 자동차 마니아로 타인에게 자신의 자동차를 자랑하는 걸 삶의 낙으로 여기는 인물이었다. 과시욕이 많고 타인과의 친목을 중요시하는 이현재 씨는 김미래 씨를 자신의 집에 초대하여 과거 자신의 애마이자 이제는 더이상 생산되지 않는 H사의 검정색 P자동차를 보여 주었다. P자동차는 80년대 부와 명예를 상징하는 모델로 격동의 80년대를 살아온 많은 이들에게 로망과도 같은 자동차였다. 80년대를 가난하게 보내야만 했던 김미래 씨는 이현재 씨의 자동차를 본 순간부터 최신 첨단 사양을 장착한 80년대식 P자동차를 가지고 싶다는 열망에 사로잡혔다.

이현재 씨와의 만남을 뒤로하고 돌아오는 길에, 이제는 어느 정도 경제적인 여유가 생긴 김미래 씨는 자신만의 자동차를 갖고 싶었지만 P모델은 이미 단종된 자동차였으므로, 어쩔 수 없는 아쉬움을 삼키고 있었다. 그는 스마트폰을 꺼내어 자동차 동호회 게시판에 P모델 자동차에 대한 향수와 80년대 P모델 외장 디자인에 최신 편의장비, V8엔진을 탑재한 전기 자동차를 가지고 싶다는 글을 남겼다. 혹시나 튜닝을 전문적으로 하는 업체로부터 연락이 오지 않을까 하는 생각이 있었는데, 김미래 씨는 하나의 웹사이트 주소와 함께 그가 원하는 자동차를 새로 제작해 주겠다는 문자 메시지를 받았다. 문자 메시지에는 웹사이트 주소로 접속하면 자동차 부품을 제작하는 공장, 차체 조립이 이뤄지는 일련의 과정이 확인 가능하고, 제작 기간은 두 달이 걸린다는 친절한 설명이 덧붙여져 있었다.

김미래 씨는 '세상 참 좋아졌구나' 감탄하며 먼저 자신이 생각하고 있는 자동차의 스타일링과 세부 사양을 구상하기 시작했다. 아무리 자동차를 좋아해도 멋진 자동차를 구체적으로 표현하는 것이 쉽지만은 않았다. 앞, 뒤 범퍼 모양을 좀 바꾸면 어떨까? 스포티한 운전대는 어떨까? 예전의 투박했던 디자인을 살짝 바꿔보면 어떨까? 생각할 게 한두 가지가 아니었다. 제작을 주문하기 위해서 준비해야 하는 복잡한 절차에 고민하고 있던 김미래 씨는 자동차 제작회사로부터 디자인과 설계를 도와줄 수 있는 또 다른 회사를 소개받게 되었다. 이것은 자동차 제작 회사가 많은 사람들이 이와 비슷한 어려움을 겪고 있다는 것을 이미 파악하고 있었기 때문에 가능했던 것이다.

사실 자동차를 만드는 회사들은 자동차를 판매한 이후에도 자사의 자동차를 구매한 운전자들이 어떤 튜닝을 하고, 또 어떤 기능과 관련된 버튼들을 언제, 얼마나 자주 사용하는지, 자동차 검사와 수리를 하면서 어떤 부품이 자주 고장 나는지, 고장 난 부품을 교체할 때에는 어떤 사양의 부품으로 장착하는지, 언제 중고차 시장에 재판매가 되었는지에 대한 데이터를 꾸준히 모니터링하고 있었다. 이와 같은 정보들은 자동차에 부착된 각종 데이터 수집 센서들을 통해 수집되고 있었는데, 자동차를 판매하면서 이런 정보를 제공하겠다고 동의해 주는 사람에게는 할인 혜택을 제공하고 있었던 것이다. 일단 제품을 만들어 판매하고 나면 판매기업과의 인연은 끝일 것 같았던 많은 제품들이 이처럼 계속 모니터링의 대상이 되는 것은 일반사가 되었다.

김미래 씨는 자신만의 P모델 디자인과 옵션 등을 선택해서 만족스럽게 설계를 마치고 제작을 주문하게 된 후, 독일로 출장을 가게 되었다. 거기서 B사의 코발트블루 색깔의 K모델을 보게 되고 이 색상에 반한 나머지 곧바로 스마트폰으로 자신이 구매계약을 체결한 흰색 P자동차의 외관 색상을 코발트블루 색으로 변경해 줄 것과 코발트블루 색과 어울리도록 헤드램프의 크기도 크게 해달라는 요청을 했고 10분 뒤에 자동차 회사로부터 변경하겠다는 문자 메시지를 받았다. 일주일 뒤, 김미래 씨가 스마트폰으로 자동차 제작작업 지시서를 확인하니 경력이 2년밖에 되지 않은 엔진 조립자가 자신의 엔진을 제작하도록 배치된 것을 알게 되었다. 그는 곧바로 경력 10년 이상의 작업자로 교체를 요청했고, 1시간 뒤 작업자가 교체되었다는 메시지를 받았다.

며칠 뒤, 한국으로 돌아오는 비행기에서 신문을 보던 김미래 씨는 유명한 타이어 제조기업인 X사가 유해물질을 하천에 불법 투기하여 검찰에 고발되었다는 기사를 접했다. 평소 환경단체에 기부도 하고 친환경에 관심이 많은 김미래 씨는 기사를 보고 격노하며 자신의 P모델 자동차에 들어갈 X사의 타이어를 Y사의 타이어로 교체하기로 결정한다. 그리고는 스마트폰을 통해 자동차를 주문한 회사에 이와 같은 결정을 통보한다. 또한 자신이 최근에 앱스토어에서 다운 받은 3차원 이미지 편집 앱을 이용해서 자신의 타이어에 들어갈 특별한 모양의 로고를 만들어 첨부했으니 바퀴 한 가운데에 장착해 달라는 요청을 추가했다.

자동차를 인계받기로 예정된 일주일 전 한국으로 돌아온 김미래 씨는 갑작스럽게 대구로 출장가게 되었는데, 서울의 자택에서 자동차를 인계받기로 했으나 스마트폰을 이용해 인계 장소를 동대구역 앞으로 변경했다. 일주일 후, 김미래 씨는 동대구역에서 자신이 요청한 최신 편의장비와 V8 엔진을 탑재한 코발트블루 색의 P모델 전기자동차를 인계받게 되다. 자신의 SNS에 사진을 올리자 그 글을 본 이현재 씨는 예쁘다는 말과 함께 자기는 베이비핑크 색상의 자동차 타이어를 주문할거라고 댓글을 달았다.

이 이야기에서 김미래 씨가 느낀 것처럼 '세상은 참 좋아졌다'. P모델은 이미 오래전에 단종된 자동차였지만, 그는 자신이 원하는 사양, 색상, 심지어 자신이 디자인한 로고까지 갖춘 P모델의 자동차를 소유하게 되었다.

현실과는 다소 동떨어진 상상의 이야기로 들리겠지만, 머지않아 내가 갖고 싶은 물건은 어떤 제품이든 만들어 낼 수 있는 시대가 열릴 것이다. 개인이 생각하는 대로, 원하는 대로 제품을 만들어 가질 수 있는 세상이 온다는 의미이다. 그렇다면 모든 사람들이 혜택을 누릴 수 있을까? 김미래 씨의 이야기에서 과연 김미래 씨는 자신이 원했던 자동차를 가지기 위해 얼마를 지불해야 했을까? P모델의 자동차를 단 한 대만 주문받아서 제작한 자동차 회사는 이윤을 남길 수 있었을까? 현재로써는 아직 쉽지 않은 이야기이다.

그렇지만 인류는 불가능한 것을 가능하도록 하는 기술 개발을 위해 부단히 노력하면서 발전해 온 것처럼, 실현되기 어려운 이 이야기 속 김미래 씨의 희망은 머지않아 이루어질 것이다. 아니, 벌써 어느 정도는 이루어져 있는지도 모른다. 자동차 주문 제작으로 유명한 로컬모터스와 같은 기업을 생각하면 더욱 그렇다. 이제 '스마트제조'라는 화두를 가지고 어떻게 하면 김미래 씨에게는 그의 오랜동안 로망이었던 P모델 자동차를 갖게 하고, 또 그의 로망을 이루어 준 회사들에게는 수익을 가져다 줄 수 있는지 고민해 보자.

스마트제조와 제조기업

"소비자는 왕이다", "소비자는 항상 옳다"라는 구호는 이제 진부한 표현이 될 정도로 당연하게 받아들여졌고, 소비자의 요구와 기대에 부응하는 것은 모든 기업의 최우선 목표 중의 하나로 인식되어 있다. 이렇게 소비자를 만족 혹은 더 나아가 감동시키려는 목표를 실현하기 위해서 기업들은 하루하루를 더욱더 혁신적이고, 효율적이며, 생산적인 운영을 위해 노력하고 있다. 그럼에도 불구하고 아직도 제조기업은 가격 경쟁력, 품질 우위 확보, 소비자 가치 만족, 지속가능성 등과 같은 내외부 도전과 한계에 직면해 있다. 그렇다면 수많은 제조기업은 이러한 현실을 어떤 스마트한 방법으로 극복해 나갈 수 있을까?

해마다 겨울이 되면 얼음 조각 축제를 알리는 광고를 접하게 된다. 화려하게 만들어진 얼음조각상들은 참으로 멋진 장면들을 연출한다. 때로는 TV를 통해 얼음조각을 하는 예술가들이 작업하는 광경도 보게 되는데, 처음에는 단순히 커다란 얼음 덩어리였던 것이 조각가들의 조각 도구를 통해 멋진 모양의 형상으로 만들어진다.

때때로 우리는 아이들이 눈덩이를 굴려 눈사람을 만드는 장면을 더 자주 볼 수 있다. 처음에는 주먹만 했던 눈덩이가 이리 저리 굴려지면서 점차 커지고 어느새 눈사람의 머리와 몸통이 만들어진다. 몸통과 머리를 만들고 나서는 거기에 코도 만들어 붙이고, 나뭇가지로 팔도 달아 놓으면 그럴싸한 눈사람이 된다. 얼음조각이든 눈사람이든 둘 다 우리의 눈을 즐겁게 해준다는 공통점이 있지만, 그것들이 만들어지는 과정에서는 주목할만한 차이가 있다. 하나는 깎아 내는 과정을 통해서 만들어지고, 다른 하나는 쌓여가는 과정을 거치면서 만들어진다는 점이다.

만약에 얼음조각을 만들 때 눈사람을 만드는 것처럼 조금씩 쌓아가면서 만들 수 있다면 커다란 얼음덩어리를 미리 만들어 둘 필요가 없다. 눈사람을 만들 때에는 그냥 눈만 있으면 된다.

이러한 이점에 착안해서 이미 제조기업에서는 제품을 만들 때 겹겹이 쌓아 만드는 방법을 이용해 왔다. 이런 기술은 대개 초반에는 얼음조각과 같은 완제품을 만들기 위해서라기보다는, '미리보기' 개념의 빨리Rapid 만들어 보기의 목적으로 이용되었다. 실제 크기보다 작게 만들어 본다든지 혹은 대량으로 완제품을 만들어 내기 전에 사전 테스트용의 시제품Prototype 정도의 개념인 것이다. 사전에 테스트해 본 시제품이 판매할 만하다고 판단이 되면 실제 제품을 그대로 만들어 내는 것이다.

판매를 목적으로 하는 완제품과 사전 테스트용의 시제품은 기능과 품질 면에서 많은 차이가 있다. 시제품은 말 그대로 시험적으로 '어떨까' 하는 개념의 '물건'인 것이고 완제품은 판매할 수 있는 '상품'인 것이다. 그런데 만약 이 물건이 그대로 판매할 수 있을 정도의 기능과 품질을 가지고 있다면 이 물건을 직접 판매할 수 있을 것이다. 물론 완제품을 대량으로 만드는 것과 비교해 시간이나 비용 측면에서 경제적 타당성이 담보되어야 한다.

이렇게 원재료를 층층이 쌓아가면서 제품을 만들 수 있는 기술은 우리가 생각하는 것보다 상당히 발전되어 있다. 기존에는 금형이라는 틀을 이용하여 생산하던 핸드폰 보호케이스, 완구류, 신발 등 다양한 제품이 이런 방식으로 만들어지고 있다. 어떤 제품을 만들기 위해서 금형을 제작할 필요도 없고, 제조가 중단된 제품의 금형을 보관할 필요도 없어지는 것이다. 기업마다 이런 금형들을 설계해서 만들고, 수정 · 관리하는 비용이 차지하는 비율은 상당히 높고, 기업에게 큰 부담이 되고 있는 점을 감안하면 상당히 획기적인 것이다.

앞서 소개된 이야기에서 김미래 씨가 원했던 P모델의 자동차 부품들을 금형을 이용해 만들기 위해서는 새로운 금형을 제작하거나 기존의 금형을 수정하기 위해 소요되는 시간이나 비용이 상당할 것이다. 그것도 단 한 개만의 부품을 만들기 위해서 이런 작업들을 해야 한다면 자동차 회사 입장에서는 상당히 어려울 것이다. 자동차의 차체에 필요한 루프, 도어, 트렁크, 후드, 펜더 등은 어느 하나 같은 것이 없다. 더군다나 P모델 자동차 주문도 단 한 대에 불과하다. 이런 상황에 대처하기 위해서는 '스마트'한 기술이 필요하다.

눈사람을 만들 때 눈을 층층이 쌓아가는 방법을 응용할 수 있을지 생각해 보자. 눈사람을 만들 때에는 커다란 얼음덩어리를 만들 필요가 없었다. 이 얼음덩어리를 깎아내기 위한 세세한 도구들도 필요없었다. 이런 방법을 응용한 제품 제조기술을 "3D 프린팅 기술"이라 부른다. 3D 프린팅 기술은 김미래 씨와 P모델 자동차를 만드는 기업 모두에게 아주 유용한 기술이 된다는 것을 알 수 있다. 완제품으로서의 기능과 품질을 갖춘 부품을 신속하고 정교하게 만들어 낼 수 있는 이 3D 프린팅 기술은 스마트제조에서 핵심적인 기술 중의 하나로 자리 잡고 있다. 김미래 씨의 P모델 자동차 부품들은 이 기술을 이용해서 만드는 것이다.

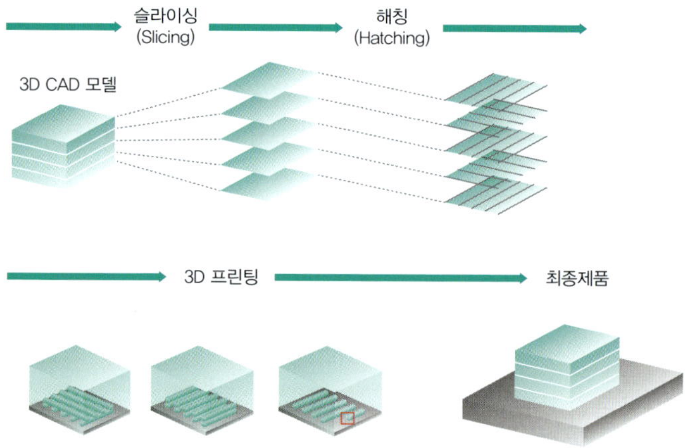

| 그림 14 | 3D 프린팅 기술의 개념도

이 3D 프린팅 기술은 아주 중요한 핵심기술 중의 하나이지만, 실질적으로 스마트제조를 구현하기 위해서는 아직도 풀어야 할 숙제들이 많이 남아 있다. 따라서 아직까지 김미래 씨가 P모델의 자동차를 갖기는 어려워 보인다. 그렇다면 이 3D 프린팅 기술에 어떤 숙제들이 남아 있고, 어떻게 풀어 나가야 할지 이 책을 읽어 가면서 생각해 보도록 하자.

3D 프린팅 기술은 어떤 소비자든 자신만의 제품을 가질 수 있게 하는 기술이 될 수 있다. 그렇다면 제품을 만들기 위해서는 어떤 형태로든 작업을 할 수 있는 작업장, 혹은 공장이 있어야 하고 이를 가동시켜야 한다. 물건 자체를 만들 수 있는 제품제조기술이 필요하다면, 이를 어떻게 경제적으로 만들어야 하는지를 알려줄 생산운영기술도 필요한 것이다.

스마트제조는 스마트한 설비 그 이상이다

잠시 '스마트공장'이라는 단어를 떠올려 보자. 첨단 기계 장비를 통해 제품들이 자동으로 만들어지고, 인공지능을 갖춘 로봇들이 물건들을 여기저기로 옮기고, 공장 내부에 설치되어 있는 컨베이어벨트를 통해 자재들이 운반되는 미래의 무인 공장 모습은 종종 TV 화면이나 소설을 통해 소개되었다. 무인 공장 안에는 작업자가 없을 것이므로 조명이나 창문이 필요하지도 않을 것이고, 냉난방에 필요한 에너지도 불필요할 것이다. 공장 입구에 원재료를 투입하면 자동 로봇이 이를 받아서 공장 내로 운반하고 그 내부에서는 첨단 장비들이 제품들을 척척 만들어 공장 출구에 완제품을 적재해 놓는 소설 같은 모습은 오랫동안 꿈의 공장으로 여겨져 왔다. 이러한 상상의 공장이 과연 김미래 씨의 P모델 자동차를 만들어 내는 똑똑한 로봇들과 최첨단의 장비들로 구성된 스마트공장일까?

IT강국이라고 자부하며 거의 모든 사람들이 스마트폰을 필수품처럼 사용하고 있는 우리나라에 왜 이러한 공장은 아직도 상상 속의 미래로만 여겨지는 것일까? 모든 작업들을 자동으로 처리해 주는 첨단 무인 공장을 꿈꾸지만, 한편으로는 아무리 인공지능에 대한 기술이 발달할지라도 어떻게 기계가 사람을 대체할 수 있을까 하는 의구심이 잠재적으로 깔려 있어 사람이 없는 공장은 비현실적으로 여기고 있기 때문이다. 그럼 어떻게 하면 사람의 생각대로 운영되는 '스마트'한 공장을 실현할 수 있을까? 스스로 생각할 수 있는 기계를 만들 수 없다면 사람이 가르쳐 줄 수밖에 없다. 사람이 생각하는 대로 가상의 공장을 미리 만들어 보고 생각대로 돌아갈 수 있는지 알아보는 것이다.

90년대 TV쇼에서 컴퓨터 그래픽을 이용해서 사람과 비슷하게 춤을 추는 아바타를 보여 주곤 했는데, 그 춤을 추는 모양이 제법 자연스러워 많은 인기를 얻었다. 이는 전문 댄서의 발과 다리, 허리, 어깨, 팔 등에 센서를 촘촘히 달아 이를 컴퓨터에 연결하면 댄서에게 달린 센서들의 움직임을 아바타가 그대로 화면상에서 흉내 내도록 하는 방식이었다. 따라서 춤을 추는 아바타를 구현하기 위해서는 무대 뒤에서 직접 춤을 추는 댄서가 있었던 것이다. 전문 댄서의 움직임이 없다면 그 훌륭한 센서와 세밀한 그래픽 기술은 무용지물이 되지만, 사람이 기계를 가르쳐서 스마트하게 기술을 이용하면 그럴싸한 볼거리를 만들 수 있는 것이다.

이처럼 사람이 기계를 가르칠 수 있을까? 잠시 우리가 자주하는 악수를 생각해 보자. 처음 본 사람과 인사를 할 때나 오랜만에 만나는 사람과의 반가움을 표현하는 악수는 우리가 아주 손쉽게 할 수 있는 흔한 인사의 한 예이다. 상대방이 손을 내미는 행동을 취할 때, 혹은 악수를 해야 하

| 그림 15 | 댄서 아바타

는 분위기라고 생각될 때 우리는 자연스럽게 손을 맞잡고 인사를 나누게 된다. 너무 아프게도 혹은 너무 느슨하게 맞잡지 않고 자신의 예의와 감정이 전달될 수 있도록 손을 잡게 된다.

이제 사람과 악수를 하는 로봇을 만든다고 생각해 보자. 과연 그 로봇은 다양한 크기와 모양을 가진 사람들의 손을 어떻게 알아보고 구분할 수 있을까? 손아귀의 힘을 얼마만큼으로 설정해야 할까? 사람과 악수를 시작하는 시점을 언제부터로 설정해야 하고, 얼마만큼의 시간만큼 맞잡고 있게 하여야 할까? 악수하는 것은 평범한 사람이라면 거의 무의식적으로도 자연스럽게 할 수 있는 행위지만 이것을 로봇이 할 수 있도록 꼼꼼하고 정밀하게 설계하고, 세세하게 구동시키는 일은 생각만큼 쉽지 않다.

이에 더 나아가서 손윗사람과 악수하거나 호의를 표현하기 위한 악수여서 두손으로 잡아야 한다면? 어린아이의 손을 잡아주는 악수라면? 물론 로봇이 약간 어색하고, 오차를 가지고 작동한다 하더라도 맞은편에서 악수하는 사람은 이를 감지하고 판단해서 적절하게 대응할 수도 있을 것이다. 그런데 만약 이 악수의 대상이 사람이 아니고, 서로 다른 두 로봇끼리 해야 한다면 생각해야 할 경우의 수는 너무나 많다. 한 로봇이 다른 로봇에게 물건을 전달해 주는 것을 악수에 비유한다면….

로봇이 아무리 똘똘하더라도 악수라는 단순한 행위조차 자연스럽게 수행하도록 하는 것은 결코 쉽지 않다. 그렇다면 앞서 언급한 첨단 무인 자동 공장을 만든다는 것이 얼마나 어려운 일인지를 상상해 볼 수 있을 것이다. 아주 스마트한 공장을 실현하기 위해서는 간단한 악수뿐 아니라 인사하고 대화하는 것처럼 더 다양하고 복잡한 상호 작동들이 수없이 많이 이루어져야 하기 때문이다.

이러기 위해서는 로봇에게 자연스럽게 악수하도록 우리가 살아가면서 배웠던 악수의 방식을 정교하게 로봇에게 '가르쳐'줄 수 있어야 한다. 악수부터 시작해서 점차적으로 인사하는 법, 대화하는 법 등을 알려주는 것이다. 어떻게 기계에 불과한 로봇에게 사람이 하는 자연스러운 행동을 가르쳐줄 수 있을까?

이렇게 첨단 무인 공장안에 있는 모든 로봇을 작동시키기 위해서는 로봇이 해야 하는 작업들을 사람이 일일이 직접 수행하면서 로봇이 따라하게 해야 하는 것일까? 물론 가능할 수도 있다. 특히 한사람의 움직임을 많은 수의 로봇이 동시에 따라 할 수도 있는 경제적 이점을 고려하면 더욱 그럴듯하다. 공장 내에서 이루어져야 하는 작업을 수행할 수 있는 사람의 팔과 손, 손가락 마디마디에 센서를 달아 정교한 움직임을 따라할 수 있는 로봇을 고안하여 활용하는 것이다. 이전에는 로봇을 제어하기 위해서 프로그래밍을 통해 일련의 명령어를 순차적으로 저장하거나 조이스틱과 같은 장비를 통해 로봇의 메모리에 하나하나 작업 방법과 순서를 저장하는 방식을 이용해 왔다면, 사람의 움직임을 정교하게 따라하는 아바타 개념을 활용하면 이는 상당히 더 직관적일 수 있고 숙련된 사람의 경험이나 노하우를 반영할 수도 있을 것이다.

여기에서 생각해 볼 측면이 있다. 로봇이나 컴퓨터는 그 정확성이나 계산 능력, 속도는 사람과 비교할 수 없을 정도로 뛰어나다. 그러나 중요한 한 가지, 로봇은 '책임감'이라는 개념이 없다. 어떤 일을 반드시 해야만 하는 필요를 깨달아서 작동하는 것이 아니라, 단순히 '그렇게 하도록' 프로그램되어 있기 때문이다. 어떤 작업에 대한 이유와 결과에 대한 책임이 전혀 없는 것이다. 악수를 통해 서로 간의 호의를 표현한다는 '의도'에 대한 개념이 없이 단순히 앞에 있는 손을 잡는 행위에 불과한 것이며, 이는 자연스럽지 않다. 수많은 기계들과 로봇, 컨베이어 등의 장비들을 자연스럽게 연결하는 데 겪는 어려움이 여기에 기인한다고 할 수 있다. 각각 움직임에 대한 '의도'를 전혀 알 수 없는 기계적인 움직임이기 때문이다.

최대한 자연스럽게 사람처럼 흉내 낼 수 있도록 가르쳐주기 위해서는 단순히 사람 신체의 움직임을 감지하는 센서로만은 부족하다. 컴퓨터의 커서를 움직이기 위해서 마우스를 사용하는 것과 터치 스크린에서 손가락을 이용하는 것의 차이를 생각해 보자. 어떤 것이 더 실감나게 커서를 제어할 수 있을까? 아이러니하게도 그 끝이 뾰족한 마우스보다 더 두리뭉실해 보이는 손가락을 이용하는 것이 더욱 자연스럽다. 손가락 움직임의 힘을 감지하여 보다 현실감을 증대시킬 수 있기 때문이다. 내가 어떤 화면을 빨리 지나가고 싶은 것인지, 아니면 어떤 부분을 좀더 크게 보고 싶은 것인지와 같은 의도가 내 손끝 힘에 반영되는 것이다. 이처럼 단순한 센서 데이터만을 가지고는 그 양과 정확도가 대단히 많고 뛰어나다 하더라도 그 센서 데이터가 의미하는 의도를 동시에 고려하지 않으면 그 데이터는 단순한 전기적 신호에 불과하다. 아주 부자연스러운 로봇의 악수 움직임만 구동시킬 수밖에 없는 것이다.

가끔 영화를 보면 입체 모양의 지도를 홀로그램을 이용해서 3차원 공간에 띄어놓고 손으로 이리저리 움직여 가면서 작전을 짜는 모습을 볼 수 있다. 현실에 존재하는 실제 건물과 도로들을 홀로그램과 같은 3차원의 사이버 세계로 옮겨놓고 이를 직접 만지고 조작하면서 이해하게 하는 것이다. 그런 건물이나 도로들 대신 공장의 기계나 로봇과 같은 설비를 가져다 놓으면 어떨까? 위험할 수 있는 작업들을 미리 간접적으로 경험하게 하고, 충분히 이해될 수 있을 때까지 '가지고 놀' 수 있도록 하는 것이다.

작업자들은 이렇게 가상의 장비나 설비들을 가지고 놀면서 여러 가지 경우들에 대해서도 사전에 알아볼 수 있다. 사전 예습인 셈이다. 여러 가지 시나리오를 미리 실행해 보고 점점 더 좋은 시나리오를 찾아가는 과정으로 이용할 수 있다. 또 영화에서 작전을 짤 때 지휘관과 작전 수행 요원이 가상 입체 지도를 놓고 작전을 계획하는 것처럼, 작업 숙련자와 초보자들이 같은 자리에서 가상의 기계, 설비들을 놓고 의논할 수도 있다.

여기에서 더욱 유용한 것은 이렇게 사람들이 이리저리 가지고 놀면서 더 나은 시나리오나 작업방법을 찾는 과정에서 알아낸 결과를 기계에게 직접 가르쳐 줄 수도 있다는 것이다. 사람이 말로는 설명하기 어려운 행동도 때로는 실제로 해보는 시범을 통해서 더 명확하게 설명할 수 있는 경우가 많다. 이렇게 기계들에게 직접적으로 설명할 수 없는 가르침을 실제로 해 보임으로써 가르쳐주는 것이다. 가상의 공간에서 수행되는 작업들이 실제 물리적 공장 내에서 수행되도록 하는 것이다. 이런 개념의 기술을 "사이버-물리 시스템Cyber-Physical System: CPS" 기술이라 부를 수 있다.

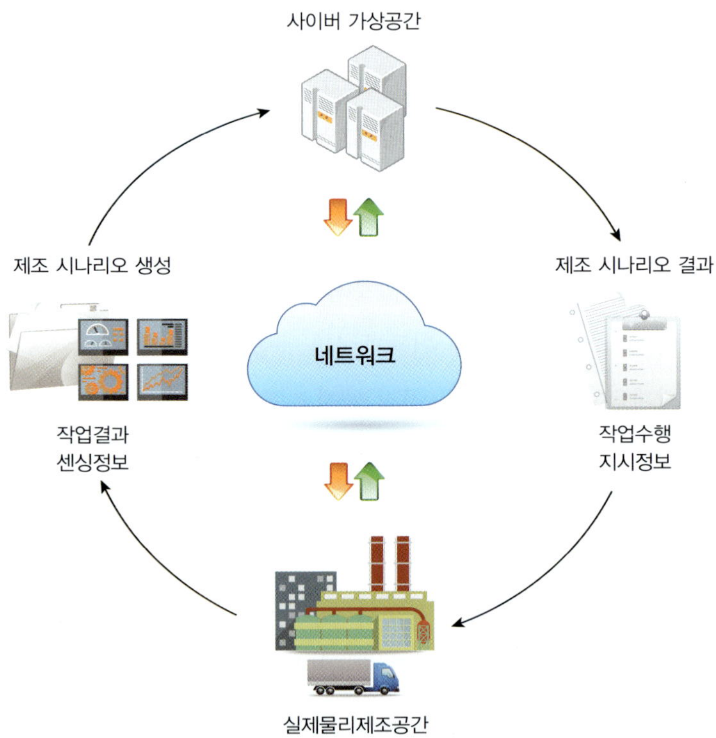

| 그림 16 | 사이버–물리 제조공간 연결

대화가 필요해: 프로토콜

우리나라 중고등학생, 대학생, 심지어 일반 직장인들까지 영어 때문에 스트레스를 받고 있다. 그중 듣기Listening에 대한 스트레스가 적지 않은 부분을 차지하고 있는데, 아무리 많이, 자주 영어 문장을 들어도 도무지 무슨 말인지 잘 들리지 않는 경우가 많다. 그런데 이 들리지 않았던 문장에 쓰인 단어 하나하나를 보면 이미 다 알고 있는 단어인 경우가 많다. 외국인이 한국말을 배울 때 역시 이와 비슷한 경험을 하게 된다. 왜 이런 현상이 있을까?

우리는 일반적으로 상대방이 말하는 것을 들으면서 자신도 모르게 머릿속으로 문장을 처리하고 있다. 의식적으로 느끼지는 못하고 있지만 우리의 뇌는 지속적으로 귀를 통해 전달되는 소리의 의미를 해석하고 있는 것이다. 그런데 이 과정을 통해서 우리의 뇌는 점점 똘똘해져서 어떤 단어, 혹은 어떤 표현이 나오면 그 다음에 올만한 단어나 표현을 개략적으로 '예상'하게 된다. "나는 학교에…"라는 부분까지 들으면서 우리는 무의식적으로 그 다음에 어떤 단어가 올지 기대하고, 또 대부분의 경우 실제 그 단어가 기대에 그리 크게 벗어나지 않는다. 그러니까 우리는 그 다음 단어를 듣고 '해석'하는 것이 아니라, 듣고 '확인'하는 것이다. 후자가 훨씬 수월하다.

문장의 일부를 듣고 그 다음 단어나 표현, 혹은 그다음 문장을 예측하는 기술이 우리도 모르게 살아오면서 훈련된 것이다. 우리가 수없이 많은 반복과 시행착오를 통해 축적된 무형의 소중한 자산인 것이다. 대화를 나눈다는 것은 상대방 말의 암묵적 의도를 지속적으로 예측하고 수정하고 확인하는 과정의 일부이다. 흥미롭게도 최근 이렇게 우리의 말들을 예측할 수 있는 컴퓨터 기술들이 발달하고 있다. 이러한 기술들과 스마트제조와는 어떤 관계가 있는지는 차차 이야기하도록 하자.

설계 업무를 담당하고 있는 한 사람이 어떤 제품을 컴퓨터로 설계하고 있다고 하자. 어떤 부분은 뾰족한 모양이 되도록 하고, 어떤 부분에서는 작은 홈들이 파여져 있도록 하고…. 지금 이 설계자는 암묵적으로 '말을 하고 있는 것'이다. 어떤 의도에서? 이 제품을 설계한대로 만들겠다는 의도에서. 이 제품을 만들겠다는 의도에서 설계 업무에 해당하는 단어와 표현을 가지고 문장들을 말하고 있는 것이다. 설계 행위 하나하나가 일종의 단어인 셈이다.

그럼 이 사람은 누구에게 말하고 있는 것일까? 일차적으로는 이 제품을 만드는 역할을 하는 사람들일 것이다. 그 많은 설계 정보를 말이나 문서만으로는 전달하기 어렵기 때문에 컴퓨터를 사용하는 것이다. 그렇다면 결국 제품을 설계할 때 사용한 컴퓨터와 이 제품을 만들 때 사용되는 기계가 대화하는 것이라고 할 수 있다. 사람 사이에서는 살짝 발음이 어색해도, 경상도나 전라도, 제주도 지역에서 사용하는 사투리를 사용해도, 심지어 조금 틀린 단어를 사용해도, 상대방이 무슨 말을 하고자 하는지 '어느 정도는' 이해할 수 있다. 정 알아듣지 못하겠으면 말하는 상대방에게 질문을 해서 확인하려고도 한다. 상대방의 의도를 확실하게 알아들을 때까지. 이는 듣는 주체가 기계가 아니라 책임감 있고 스스로 판단할 수 있는 '사람'이기 때문이다.

컴퓨터와 컴퓨터 간의 대화는 이와 다르다. 한 컴퓨터가 다른 컴퓨터에게 말을 하기 위해서는 사투리를 사용해서는 안 된다. 반드시 약속된 단어를 사용해야만 한다. 설사 서로 약속된 표준 단어나 표현을 사용한다 하더라도 그 형식도 중요하다. 편지봉투를 보면 보내는 사람과 받는 사람의 이름과 주소가 반드시 있어야 제대로 도착할 수 있다. 주소를 쓰는 양식도 일정하게 통일되어 있다. 우편물을 지역별로 분류하고 배송하는 모든 사람들이 알아볼 수 있도록 말이다. 만약 우편물 수거와 분류, 배송하는 모든 일들을 컴퓨터가 대신 한다고 하면 이렇게 약속된 형식은 매우 중요할 것이다.

이처럼 어떤 약속을 정해 놓고 그 약속대로 대화하도록 하는 것은 매우 중요하지만 이는 그리 간단한 문제가 아니다. 혹시 이집트로 혹은 폴란드로 편지를 보낸 경험이 있는가? 이런 우편물을 제대로 보내려면 편지봉투에 수취인 주소를 어떻게 써야하는지 모든 사람들이 알고 있을까? 컴퓨터만을 이용하여 우편물을 처리해야 하는 경우라면 그 대화에 대한 약속의 범위와 표현 형식을 정하는 것은 매우 어려운 일임에 틀림없다.

스마트제조를 위해서는 사람과 사람, 사람과 기계, 기계와 기계 간의 무수한 대화들이 오가게 될 것이다. 그런데 위의 예처럼 서로 자기만의 사투리를 사용하거나 서로 약속되지 않은 형식을 따르게 된다면 스마트제조라는 것은 실현되기 어려울 것이다. 김미래 씨의 로망인 P모델의 자동차를 만드는 것이 어려워진다. 김미래 씨의 자동차를 만들기 위해서는 여러 제조 과정에 존재하는 각종 장비와 기계, 심지어 제조 중에 있는 재공품 간의 대화가 '자연스럽게' 이루어져야 하기 때문이다.

우리는 초반에 김미래 씨의 자동차에 관한 이야기로 시작했다. 김미래 씨에게는 그가 오랫동안 원했던 P모델 자동차를 갖게 하고, 또 그의 로망을 이루어 주는 회사들도 수익을 낼 수 있는지, '스마트제조'라고 하는 개념을 가지고 이야기하였다. 그러나 아직 김미래 씨의 꿈은 이루어지지 않았다. 어떻게 하면 소비자가 원하는 제품을 스마트하게 만들어서 김미래 씨의 꿈을 실현시킬 수 있을 것인지 이제부터 본격적으로 알아보도록 하자.

2

스마트제조로 생각하는 대로 만든다

2

스마트제조로 생각하는 대로 만든다

내가 원하는 것이란

내가 지금 가장 하고 싶은 것은 무엇일까? 오늘 저녁에 가족과 함께 먹고 싶은 음식은 무엇일까? 한가로운 주말 오후 데이트를 위해 내가 입고 싶은 옷은 어떤 스타일일까? 사람들은 의외로 '내가 원하는 것은 무엇인가?'와 같은 간단한 질문에 선뜻 답하기 힘들 때가 많다. 사실 내가 원하는 것What I want과 내게 필요한 것What I need은 다를 수 있다. 내가 원하는 것임에도 불구하고 현재 상황에 맞지 않는 것일 수도 있다. 이를 비효율적 니즈Needs라고 할 수 있다. 반대로, 비록 내가 원하는 것은 아니지만 현재 상황에서 내게 필요한 것이 '효율적 니즈'인 것이다.

가령 '나의 가족과 먹고 싶은 메뉴는 무엇일까?'라는 질문에 대한 답은 (i) 내가 평소에 먹고 싶었던 메뉴를 선택함으로써 나의 행복을 최대화시키는 것이거나 (ii) 가족들이 원하는 메뉴를 선택함으로써 가족을 만족시켜 행복한 저녁시간을 보내는 것일 수 있다. 물론 나의 행복에 대한 기준이 이기적이냐 이타적이냐부터 논의를 해야 하지만, 다수의 행복이 소수의 행복보다 크다는 산술적 가정하에 전자와 후자는 행복의 효율성 측면에서 분명히 구별되는 것이다. '내가 휴일에 입고 싶은 옷은 무엇일까?'라는 질문에 대한 답 또한 (i) 나의 패션선호도에 따라 결정되거나, (ii) 현재 상황(예: 날씨, 장소)에 적합한 외출복이 무엇이냐에 따라 결정될 수 있다. 즉, '내가 좋아하는 것은 무엇인가?'라는 질문에 대한 답은 나의 선호도냐, 상황에 적합한 효율성이냐에 대한 기준에 따라 달라진다. 직장인들에게 어려운 의사 결정이 점심 메뉴 선택이라는 것도 나의 선호도인지 주머니 사정인지 혹은 직장 상사의 취향인지와 같은 여러 기준의 차이에서 오는 갈등의 문제 때문일 수 있다.

시장에 출시되는 제품이 곧 소비자 니즈를 반영하는 산출물이라고 가정해 보면, 개별 소비자 니즈에 대한 평균 충족도가 높은 제품이 그렇지 않은 제품보다 많이 팔릴 것이라는 것은 상식적인 생각이다. 그러나 소비자 니즈를 어떻게 충족시키느냐에 따라 소비자 만족도가 달라짐에 주목해야 한다. 소비자 니즈를 개별 소비자를 대상으로 다양한 맞춤형 제품으로 충족시키느냐, 또는 최대 다수의 소비자 니즈를 만족시키는 최대 성능의 제품으로 충족시키느냐에 따라 기업의 제품 개발 전략이 달라진다. 따라서 소비자 니즈를 개별 소비자의 선호도로 보느냐, 아니면 제품에 최적으로 반영된 필요 성능으로 보느냐의 차이에 따라 시장에서의 기업 성격이 달라진다. 우리는 소비자 니즈를 파악하고 구현하는 기술과 이를 시장에 반영하는 전략이 서로 불가분의 관계가 있음을 알아야 한다. 이는 이번 장에서 이야기할 스마트제조에서 소비자 니즈를 파악할 수 있는 기술을 이해하고, 변화하는 미래 시장구조를 예측하는 데 매우 중요한 역할을 한다.

사람의 생각을 어떻게 읽을 수 있을까

부엌에서 가족을 위해 맛있는 요리를 준비하면서 동시에 머릿속의 생각만으로 TV 채널을 자유롭게 변경하고, 에어컨이나 히터를 작동시킬 수 있다면 우리의 생활은 훨씬 편리해질 것이다. 두 손을 사용하지 못할 때 생각만으로 사물을 원격으로 조종할 수 있다면 인간의 활동 반경은 더욱 넓어질 수 있다.

| 그림 17 | 영화 '아이언 맨'과 '마이너리티 리포트'의 한 장면

머지않은 미래에 우리는 영화 '아이언맨Iron Man'의 주인공 토니 스타크처럼 별다른 조작 장치 없이 기계(수트)를 작동할 수 있고, '마이너리티 리포트Minority Report'에서와 같이 사람의 생각을 읽어 문자나 그림으로 표현할 수 있을 것으로 기대된다. 아이언맨에서 토니 스타크는 무거운 수트를 입고도 쉽게 적을 향해 미사일을 쏘며, 하늘을 자유자재로 날아다닌다. 심지어 주인공이 원할 때 수트가 먼 거리를 날아와 입을 수도 있다. 아이언맨 수트는 주인공의 생각을 읽고, 그 생각대로 반응하기 때문에 주인공이 쉽게 움직일 수 있고 원할 때 입을 수도 있다.

마이너리티 리포트에서는 미래를 꿰뚫어 볼 수 있는 예언자가 범죄가 일어날 시간과 장소, 미래의 잠재적 범인을 예측하면, 치안시스템이 예언자의 생각을 읽어 내어 특수경찰로 하여금 범죄를 예방케 한다. 이와 같은 영화 속 내용은 먼 세상의 이야기가 아닐 수 있다. 다가올 미래에는 사람의 뇌로부터 생각을 읽고, 이를 이용하여 기계를 작동시키거나, 컴퓨터 데이터로 저장하여 문자나 그림으로 표현할 수 있다. 즉 사람들의 생각을 읽고 그들이 선호하는 것이 무엇인지를 알 수 있고, 또 생각만으로도 사물들을 조작하여 공간과 육체의 한계를 어느 정도 극복할 수 있는 미래가 도래하게 될 것이다. 이런 것들이 가능하게 된다면 우리는 지금보다 시간을 더 효율적으로 활용하며 편리한 삶을 영유하리라 기대할 수 있다.

혹시 예전에 어린이들의 마음을 빼앗았던 추억의 인기 만화인 '마징가 Z'와 '로봇 태권 V'를 기억하는가? 두 만화 모두 정의의 주인공이 로봇을 조종하여 악당을 물리친다는 점과 매번 처음에는 위기를 맞이하다가 마지막에 승리한다는 공통점을 가지고 있다. 이제는 옛날이야기가 되어버린 이야기이지만 마징가 Z와 로봇 태권 V가 싸우면 누가 이길까? 두 만화의 흥미로운 구석에서 차이점이 있다. 그것은 바로 주인공들이 로봇을 조종하는 방법이다. 마징가 Z에서는 주인공 카부토 코우지가 로봇에 직접 탑승하여 물리적으로 조종하지만, 로봇 태권 V는 주인공 훈이의 생각을 읽고, 그 생각에 따라 악당과 한판 대결을 펼친다. 이는 훈이의 뇌파가 기계로 전달되어 이 뇌파로 로봇 태권 V를 조종하는 것이다. 단순히 카부토 코우지의 신체적인 반응속도나 정확도와 훈이의 생각하는 속도만을 비교하면 공격, 수비의 반응속도 면에서 로봇 태권 V의 승리를 예상할 수 있지 않을까? 손으로 로봇을 조작하는 것보다 생각만으로 움직이는 것이 반응속도가 몇 배 더 빠르다는 점을 생각하면 말이다.

생각만으로 기계를 작동하고, 생각한 것을 데이터화하기 위해서 필요한 기술은 무엇일까? 컴퓨터가 인간의 뇌파를 탐지하고, 이를 데이터화하여 저장하고 처리하는 기술을 "뇌-컴퓨터 인터페이스Brain-Computer Interface: BCI"기술이라 한다. 사람이 신체를 움직이거나 외부의 자극을 감지할 때, 또는 집중해서 어떤 특정 생각을 하게 되면 뇌의 일부 영역에서 전기적 신호가 발생한다. 이 전기적 신호, 즉 뇌파를 컴퓨터로 측정하고 이것의 패턴을 분석하는 것이다. 예를 들어, 사람이 팔을 올릴 때의 뇌파를 여러 번 측정한 뒤, 이 뇌파가 어떤 양상을 띠고 나타나는지 그 패턴을 분석하여 팔을 올릴 때의 뇌파 패턴을 알아낼 수 있다. 이와 같이 하여 사람의 다양한 행동을 대상으로 뇌파를 분석하여 사람의 행동 의도에 따른 뇌파 패턴을 정의하고, 이 패턴 별로 기계를 움직이거나 생각하는 것을 글이나 그림으로 표현할 수도 있다.

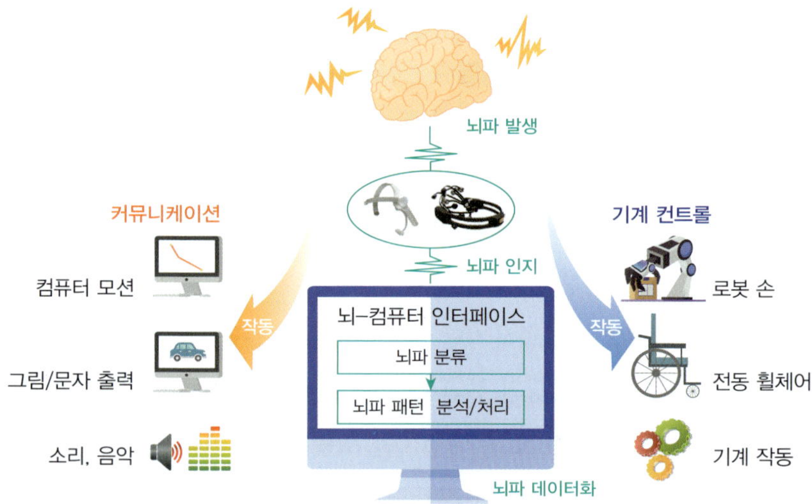

| 그림 18 | 뇌-컴퓨터 인터페이스 실행과정

사람의 행동 별 뇌파의 패턴을 알아두면 아이언맨의 수트처럼, 태권 V의 로봇처럼 생각만으로 기계를 조작하고 필요한 기능을 실행할 수 있을 것이다. 또 생각을 그림이나 글로 표현할 수도 있을 것이다. 간단하게는 가정에서 리모컨 없이 TV나 에어컨을 조작할 수 있고, 마우스나 키보드 없이 문서를 작성할 수도 있다. 자동차를 운전하거나 자전거를 탈 때에도 굳이 손으로 조작하지 않고도 운전을 하거나, 자전거를 타며 스마트폰

을 조작할 수도 있을 것이다. 이렇게 이 기술을 활용함으로써, 우리의 생활에서는 물론 산업계 전반에 커다란 변화의 바람을 몰고 올 것이다. 그렇다면 "뇌-컴퓨터 인터페이스"기술은 스마트제조라는 관점에서 우리의 삶과 산업을 어떻게 변화시킬 수 있을까?

생각하는 대로 설계하고 생산한다

기업은 소비자 니즈를 파악하려고 끊임없이 노력하고 있다. 과거나 현재 이것은 모든 기업의 오래된 공통 과제이다. 소비자들이 갖고자 하는 제품은 무엇인지, 받고자 하는 서비스가 무엇인지 알아내고 분석하여 그들이 원하는 제품과 서비스를 제공함으로써 기업의 가치를 높이려 한다. 과거 우리는 기업이 만들어 낸, 정해져 있는 제품밖에 살 수 없었다. 시대가 변해서 경쟁기업들이 생기고 소비자의 힘이 강해지자 소비자의 입맛에 맞추기 위하여 제품의 색깔이나 선택사항, 흔히 말하는 옵션을 제공하여 소비자 니즈를 충족시켜 왔다. 그리고 사람들의 삶의 질과 수준이 높아지고, '나'라는 존재가 중요해짐에 따라 점점 개성 있고 자신의 가치를 표현하는 제품들이 요구되었고, 기업은 이 요구에 대응하고자 제품의 종류를 다양하게 만들어 소비자에게 다양한 선택지를 제안하였다. 자동차 산업 초창기 때의 소비자는 단순히 한 가지 종류, 한 가지 색깔의 차만 구매할 수 있었다. 과거 포드사의 T 모델 자동차가 그 대표적인 예이다. 하지만 다양한 기업이 자동차 산업에 뛰어들어 소비자는 여러 자동차 기업들이 생산하는 다른 자동차들을 선택할 수 있게 되었고, 점차 기업 간 경쟁이 심화되면서 각 자동차 기업들은 보다 더 많은 소비자를 확보하기 위해서 소비자가 다양한 옵션을 선택할 수 있도록 하였다. 물론 현재 수준의 옵션은 자동차 기업이 제공하는 구성 안에서 이루어지고 있지만 앞으로는 선택지가 더욱 다양해져 소비자가 직접 자동차의 디자인에 참여하고 선택할 수 있는 개인맞춤형Personalization 자동차를 살 수 있을 것이다. 앞서 이야기한 김미래 씨의 경우는 그 극단적인 형태라고 할 수 있다.

그렇다면 과연 소비자들이 요구하는 제품은 무엇일까? 소비자 자신마저도 자신이 원하는 것이 무엇인지, 필요한 것이 무엇인지 구체적으로 표현할 수 없는 경우가 많다. 만일 뇌-컴퓨터 인터페이스 기술이 상용화된다면 기업은 소비자 니즈를 파악하고자 일일이 설문지를 돌리지 않고, 저명한 전문가와 고비용의 불확실한 과제를 수행하지 않아도 된다. 소비자의 성향, 선호도, 깊은 곳의 생각을 읽는다면 그들이 진정으로 무슨 제품을 원하는지, 또는 필요한지 알 수 있으며, 기업은 소비자에게 매우 매력적인 제품을 설계하고 생산하여 제공할 수 있다. 바로 소비자의 효율적인 니즈를 만족시킬 수 있는 것이다.

기업은 어떻게 소비자가 원하는 것을 파악할 수 있을까? 그 한 예를 생각해 보면 다음과 같다. 뇌-컴퓨터 인터페이스 기술은 사람이 특정 생각을 할 때 발생하는 뇌파의 패턴을 분류하여 저장하는 것이 가능하다. 컴퓨터는 이 저장해 둔 각 패턴에 따라 특정 명령을 실행하도록 설정되어 사람의 뇌에서 해당 패턴의 발생을 감지하면 그 명령을 실행한다. 소비자가 선호하는 제품을 파악하기 위해서는 미리 뇌-컴퓨터 인터페이스를 통해 색깔, 형태, 재질 등 사람들이 선호하는 제품을 보았을 때 발생하는 뇌파를 저장해 두었다가, 소비자에게 다양한 제품의 청사진을 보여 줄 때 발생하는 가장 유사한 뇌파패턴을 찾아내게 된다. 그러나 이러한 과정은 기술 발전상의 초기단계로서, 소비자가 제품 디자인의 주연이 아닌, 기업이 제시한 것에 맞추어 반응하는 조연 단계의 과정이다.

초기에는 기업이 만들어 줄 수 있는 제품을 소비자에게 보여 주고 소비자가 이를 선택하는 단계이지만, 점차 기업이 매우 다양한 제품을 생산할 수 있는 여건이 조성되면 소비자는 자신의 생각만으로 원하는 색깔, 크기, 모양의 제품, 즉 내가 원하는 것을 마음껏 디자인할 수 있을 것이다. 뇌파를 이용하여 디자인하는 것이다. 그리고 시간이 지나면서 소비자의 뇌파 패턴 정보가 축적될수록 제조기업은 더욱 다양한 제품을 제공할 수 있게 될 것이다.

그런데, 어떻게 소비자가 제품의 설계과정에 참여할 수 있을까? 고도의 뇌-컴퓨터 인터페이스 기술은 컴퓨터로 하여금 내가 원하는 제품을 생각할 때 발생되는 뇌파 패턴을 인지하게 하여 학습된 프로그램을 통해 생각하고 있는 제품의 설계에 지원할 수 있다. 이 기술을 통해 내가 원하는 제품의 형태가 어떻게 생겼고, 어떤 재질로 만들어져 있으며, 어떤 기능을 탑재해야 하는지 표현할 수 있게 해준다. 뇌파를 이용해서 그림을 그리거나 글씨를 쓰게 하는 기술의 발전된 형태인 것이다. 만약 제품에 대한 정확한 정보가 없다면 전문 제품 디자이너의 도움을 받을 수 있다. 즉, 뇌-컴퓨터 인터페이스 기술이 적용된 헤드셋(뇌파 탐지기)을 착용한 상태에서 원하는 제품을 생각하고, 매칭된 제품을 확인한 후 구매 버튼을 누르기만 하면 된다. 이러한 환경에서 소비자는 자신이 원하는 제품을 마음껏 설계할 수 있고, 기업 입장에서는 제품 개발과 설계의 부담을 줄인 채 제품 생산에만 주력할 수 있기 때문에 매우 효율적인 경제활동이 가능할 것이다.

우리의 일상생활에서 사용되는 식탁을 대상으로 상상해 보자. 우리 집의 멋을 한층 높여주며, 나만의 개성이 반영되어 있는 식탁을 갖고 싶다면 원하는 식탁의 외형과 재질, 그리고 중요하게 생각하는 몇 개의 기능들을 뇌-컴퓨터 인터페이스 헤드셋을 착용한 상태에서 생각한다. 집안 분위기를 생각해 현대적 심플한 가구 형태에다가, 예산과 이동성을 고려하여 플라스틱 재질에, 벽지와 기존 주방가구들의 분위기를 고려하여 검정색인 가구를 생각한다. 소비자는 생각만 하면 된다. 그럼 이 생각을 뇌-컴퓨터 인터페이스 헤드셋이 읽어 내고 컴퓨터를 통해 뇌파 패턴을

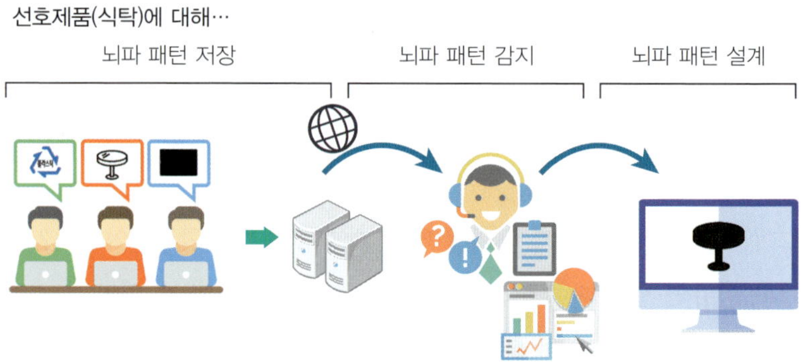

| 그림 19 | 미래 스마트제조에서의 제품설계 과정

분석하여 온라인상의 데이터를 통해 컴퓨터가 스스로 디자인 해준다. 이 디자인이 마음에 들지 않으면 다른 제품을 생각하여 부분적으로 수정할 수 있다. 이런 과정을 거친 설계도가 실시간으로 가구 제조기업에 전송된다.

스마트제조 환경에서의 제조기업은 소비자와 직접 연결되어 있다. 다시 말하면, 지금까지는 소비자가 제품을 사기 위해서 판매점을 방문해 구매해야 했지만, 앞으로는 내가 제품을 집에서 설계하고(대부분의 소비자는 원하는 것을 생각하고), 이 디자인을 제조기업에 온라인으로 전송하여 주문한다. 이는 앞서 이야기한 내 집에 있는 설계 컴퓨터와 제조기업의 컴퓨터가 대화하는 것의 한 예이다. 단체 티셔츠를 만들기 위해 도안을 직접 그리거나 기존 디자인을 보고 원하는 디자인을 선택하여 의류도매상에 보내면 의류제조공장에서 옷을 만들어 주는 것과 유사하다. 이 과정이 온라인에서 쇼핑하듯 집에서 간단하게 제품을 주문하고 수령만 하면 된다.

뇌-컴퓨터 인터페이스 기술은 소비자의 생각을 읽는 것만으로 끝나지 않는다. 이 기술은 제조기업 입장에서 소비자의 니즈를 파악하는 데도 도움을 줄 수 있다. 소비자들이 가장 원하는 제품은 무엇인지, 어떤 소비자들이 맞춤형 제품을 원하는지를 파악할 수 있다. 시간이 지나면서 소비자의 뇌파 패턴 정보가 축적되어 가능해지는 것이다. 이 축적된 정보를 바탕으로 제조기업는 파악된 니즈를 만족시킬 수 있는 제품을 생산할 수 있는 환경만 만들어 주면 된다. 이를 통해 소비자가 원하는 제품을 빠르게 생산하고, 제공함에 따라 소비자가 느끼는 만족도는 증가되고, 소비자 충성도는 자연스럽게 향상될 것이다.

뇌-컴퓨터 인터페이스 기술은 이처럼 제조기업이 소비자 니즈를 파악할 수 있도록 해줄 뿐 아니라 작업현장에서는 한 사람의 작업자가 여러 가지 일들을 동시에 수행할 수 있게도 한다. 마치 요리하면서 TV 채널을 돌리는 것처럼 말이다. 생산된 제품의 품질 상태를 점검하며, 멀리 있는 기계를 작동시키고, 자동창고에 재고가 얼마나 있는지도 파악할 수 있다. 엄밀하게는 두 가지 이상의 생각을 동시에 할 수는 없지만 기계가 인식하는 제어간격이 이보다 크다면 사실상 다수의 설비를 동시에 제어할 수도 있을 것이다. 설비를 작동케 하는 명령과 그렇지 않은 생각들은 패턴인식에 의해 구별되며, 의도적인 오작동 명령과 정상작동의 명령도 축적된 과거의 제어 지식정보 및 추론에 의해 구별될 것이다.

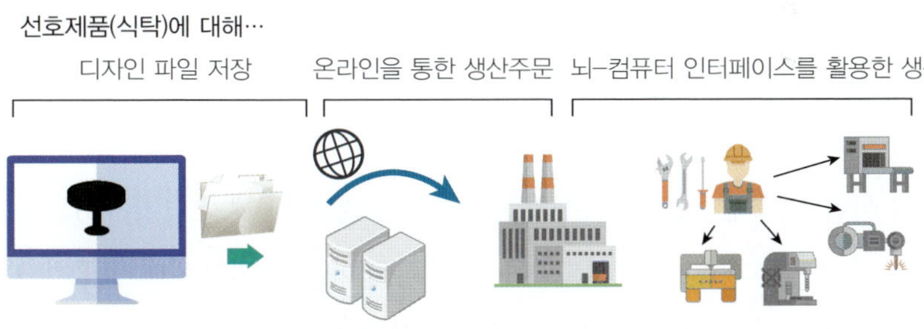

| 그림 20 | 미래 스마트제조에서의 제품제조 프로세스

또 공정의 특성상 사람이 직접 작업하기에 위험하거나 힘든 경우에도 이 기술은 유용하다. 방사성 폐기물을 처리하는 경우, 로봇을 이용하여

안전하게 해결할 수 있고, 반도체등과 같이 고도화된 제품을 생산할 때 직접 사람이 작업하지 않아도 클린룸Clean Room이나 무기無氣한 환경에서 생각만으로 로봇 팔을 이용하여 생산할 수 있다. 이런 방식이 제품과 작업의 품질을 향상시키고 제조 현장의 물리적 제약을 완화시키며, 무엇보다 작업자의 안전을 지켜줄 수 있다는 것을 생각하는 것은 어렵지 않다. 물건을 만드는 제조 현장뿐 아니라 제품을 판매하는 영업매장에서도 이 기술의 효용성을 생각해 볼 수 있다. 다른 도구 없이 간단히 기기만으로도 소비자의 문의를 상담하면서 앉은 자리에서 재고를 바로 알 수 있고, 출장 중에서도 특별한 장비 없이 공장의 현재 생산현황이나 소비자 주문 정보를 쉽게 파악할 수 있다.

소비자의 생각을 읽는다는 것은 곧 소비자 니즈를 파악한다는 것이며, 잠재되어 있는 니즈를 찾아내고 반영할 수 있는 제품과 서비스를 제공하는 것은 소비자와 공급 기업간의 새로운 시장이 형성된다는 것을 의미한다. 그러면 소비자 니즈를 파악하는 기술로 인해 모든 종류의 니즈를 충족하는 시장으로 이어질 수 있을까?

미래 시장구조의 변화

혹시 이번 주말에 영화를 볼 생각이라면 어떤 영화를 볼지 결정하였는가? 요새 어떤 영화가 인기가 있고 재미있는지 알아보기 귀찮은데 친구가 볼만한 영화를 추천해 줘서 고마운 경우가 종종 있다. 이런 점에 착안해서 Neflix사는 소비자가 좋아할 만한 영화목록을 추천해 주는 서비스를 통해 소비자가 영화선택에 소비하는 시간을 줄여준다. 소비자 중 적어도 30% 이상이 맞춤형 소비를 원하는 것으로 최근 조사되고 있다. 개인맞춤형 이메일 광고는 그렇지 않은 무작위성 이메일 광고보다 25%의 사람들이 더 열어보고, 51%만큼 더 링크를 클릭한다. 이렇듯 개인맞춤형 제품이나 서비스에 대한 인식이 높아지고 있다. 그러면 모든 기업들이 소비자 맞춤형 시장에 뛰어들어야 할까?

소비자의 모든 요구에 따라 제품이 제공된다는 개념은 다분히 소비자 측면에서의 이기적인 생각일 수도 있다. 사용하는 연필이 나의 손가락 크기에 맞게, 그리고 가장 최적의 그립감을 주는 것을 원한다고 해서 제조기업이 이를 제공할 의무는 없다. 알고 보니 나를 제외한 대부분의 사람들이 연필의 인간공학적 디자인, 세련된 색상, 심지어 고성능 품질에 전혀 관심이 없다면 이를 제공할 공급 기업이 나타날 가능성은 매우 희박해진다. 이는 곧 제품의 개인맞춤형Customization 또는 개인화Personalization가 시장 생성으로 반드시 이어지지 않을 수도 있다는 것이다. 결국 소비자 니즈가 시장을 창출하려면 필요한 조건이 있다는 의미인데 이러한 조건들이란 무엇일까?

운동화 시장에서의 시장조사 결과를 보면 소비자와 제조기업 간의 시장형성을 위한 조건들이 매우 세부적인 것들로 구성되어 있음을 알 수 있다. 이는 가격, 제품 인도기간 등과 같은 기본적인 구매조건뿐만 아니라, 개인맞춤형 정도, 환불 허용기간, 제품 디자인에 대한 조언 방법 등에 대해서도 소비자와 제조기업 간의 어느 정도 일치되는 부분이 있어야만 시장이 형성된다는 것이다. 즉, 미래에 최첨단 설계 및 제조기술이 개발된다 하더라도 소비자와 제조기업 간의 일치영역이 존재하여야만 시장이 생성된다는 것이다. 이러한 소비자와 제조기업 간의 일치영역을 "스위트 스팟Sweet Spot"이라고 한다. 2013년 시장조사에 따르면 운동화시장에서 환불허용기간의 스위트 스팟은 30일이며, 제품에 대한 추천은 세일즈맨의 직접적인 추천이 아니라 튜토리얼 동영상(예를 들어, 유튜브를 통한)으로 제공되어야 한다. 정확하고 세밀한 스위트 스팟을 찾아내기 위한 노력의 일환으로 앞서 이야기한 뇌-컴퓨터 인터페이스 기술이 유용할 수 있다.

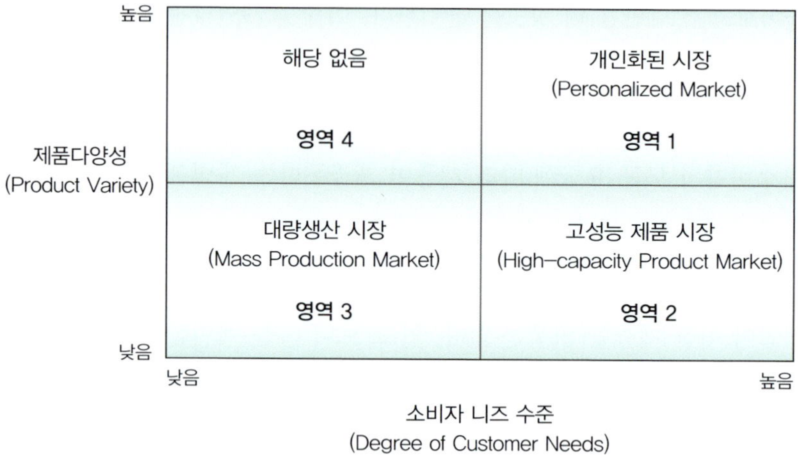

| 그림 21 | 소비자 니즈 vs. 제품 다양성에 따른 시장구조

축적되어 있는 소비자 니즈를 대상으로 이에 대한 제조기업의 대응 가능성과 타당성이 분석될 수 있기 때문이다.

|그림 21|은 소비자와 제조기업의 관점에서 생성 가능한 시장들을 구분해 놓은 것이다. 간단하게 소비자 니즈의 수준 대비 제품의 다양성을 기준으로 형성 가능한 시장들을 보여 주고 있다. 제조기업의 입장에서 소비자 니즈에 대응한다는 것은 제품의 다양성을 어느 정도 수준으로 고려해서 생산해야 하는지에 대한 의사 결정의 문제이다. 제품 다양성이 높아질수록 제조 프로세스의 복잡도는 증가하게 되고 이는 비용의 증가로 이어진다. 이러한 고비용에 대한 가격을 지불하고도 구매할 수 있는 소비자라면 매우 개인화된 제품을 요구하는 소비자 그룹일 것이다. 곧 개인맞춤형 제품시장Personalized Market을 형성하게 된다(영역 1). 한편, 소비자의 다양한 니즈를 반영하되 하나의 제품에 모두 구현한다면 이는 기능이 매우 많은 제품이 될 것이며, 곧 고성능 제품 시장High-capacity Product Maket을 형성하게 될 것이다(영역 2). 앞선 예시의 연필과 같은 제품의 경우 소비자 니즈의 요구조건이 낮고 제조기업이 만드는 제품의 다양성 또한 매우 낮아서, 이는

지난 1970년대까지 가장 일반적인 생산체제였던 소품종 대량생산에 의한 대량생산형 시장형태Mass Production Market를 가지게 된다(영역 3). 마지막으로 소비자 니즈의 다양성이 낮은 데도 불구하고 다양한 제품을 생산하는 공급 기업는 존재하지 않을 것이다(영역 4).

소비자 니즈를 파악하는 것은 항상 필요하지만, 충족시키는 방법은 매우 다양하다. 이런 다양한 소비자 니즈를 충족시키는 방법에 따라 형성되는 시장의 형태가 결정되는 것이다. 때로는 1940년대의 대량생산방식이 필요하며, 또 한편으로는 극도의 개인맞춤형 제품이 필요한 것이다. 스마트제조의 주요 속성 중 다양화의 관점에서 중요한 요소가 맞춤화Customization이지만, 이는 모든 시장형태가 맞춤형시장으로 바뀔 것이라는 의미는 아니다. 따라서 스마트제조는 개별 소비자 니즈를 파악하고, 파악된 니즈를 경제적으로 구현하는 능력을 가진 제조형태를 의미한다.

그 밖의 예상되는 이슈와 미래

사람의 생각을 읽는다는 것은 무엇보다 보안이나 개인의 사생활 노출의 위험이 발생할 수 있음을 의미한다. 사람의 뇌와 컴퓨터가 사실상 연결되어 있고, 생각 데이터가 컴퓨터에 저장되므로 데이터 전송 및 저장 과정에서 최고 수준의 보안이 필요하다. 또한 이러한 보안기술의 진보와 함께 사회의 전반적인 인식도 달라질 필요가 있다. 나의 동의 없이 여자 친구가 내 생각을 읽는다면? 상사가 부하직원의 반감을 알게 된다면? 나의 생각이 나도 모르게 다른 사람에게 공유되고 있다면? 이보다 끔찍한 일은 없을 것이다.

또 생각만으로 모든 사물을 조작할 수 있다면, 사람들은 움직이지 않고 모든 것을 조작하려 할 것이다. 쇼파에 누워 TV 채널을 바꾸고 세탁기를 조작하며, 심지어 집에 손님이 왔을 때 움직이지 않고도 문을 열어줄 수 있다. 하지만 사소한 움직임조차 줄어들어 전반적으로 나태한 삶과 무기력함을 유발할 가능성도 있다.

우리는 추측해 볼 수 있다. 뇌-컴퓨터 인터페이스 기술을 통해 뇌로부터 정보를 획득할 수 있다면 역으로 뇌로 정보를 입력할 수 있지 않을까? 물론 뇌로 정보를 입력하는 것은 지식 · 정보화 시대에 좋은 지식을 공유하고 이를 활용하는 순방향으로 작용할 수 있지만, 감정이나 사상을 조작하고, 사이버 마약을 오용하여 유흥, 쾌락, 범죄 등으로 악용될 소지가 있다. 더욱이 사람을 조종할 수 있는 위험까지 생각해 볼 수 있다. 쉽게 뇌로 정보를 입력한다면 기존 교육 체계의 변화도 불가피하다. 극단적으로는 스스로 학습하는 인간이 아닌, 이미 학습된 뇌를 가진 인류가 생겨날 수도 있다.

다른 한편으로는 인간의 정보를 입력한 인공지능 로봇이 등장하고, 이는 인간의 사고 능력과 지능을 바탕으로 컴퓨터의 엄청난 정보 처리능력을 통해 사실상 보통의 인간보다 우수한 성과를 얻을 수도 있다. 뇌과학과 컴퓨터 주변기기의 발달은 결국 인간과 기계의 경계선을 무너뜨리게 될 것이다. 이는 지금의 기술 변화속도로 예측해 보면 아주 먼 미래의 이야기가 아닐 것이다.

과학기술의 발전에 따른 사회적, 문화적 파급효과는 매우 커서 기술의 적용 범위에 대해 윤리적인 측면에서도 고찰이 필요하고, 기술로 인한 파급효과에 대해 예측하여 해결방안을 모색해야 한다. 또한, 윤리성과 안정성의 확보를 위해 제도적 · 사회적 문제제기를 끊임없이 하여 사회 모두가 함께 해결해야 할 과제로서 풀어나가야 할 것이다.

영화 '아바타'나 '매트릭스'와 같은 세계가 올 수 있다. 사람의 생각만으로 무언가를 조종하고, 또 표현하고, 그 환경에서 살 수 있다. 가깝게는 내가 선호하는 것이 무엇인지 알 수 있고 그것을 사용할 수 있다. 현재 뇌-

컴퓨터 인터페이스 기술은 초기 단계로서 사지四肢를 사용할 수 없는 환자에게 일상생활을 가능케 하고, 재활에 도움을 주는 형태로 발전하고 있다. 하지만 이 기술이 더욱 발전하고, 보편화되어 비용이 저렴해지면 나의 생각을 어떠한 형태로든 표현할 수 있고, 또 생각만으로 다양한 일을 할 수 있을 것이다.

3

스마트제조 미리보기

3

스마트제조 미리보기

3D 프린팅 기술과 다양화 제품

요즘 헐리우드 영화들 가운데 입체감을 살린 3D 영화나 심지어 관람석이 화면의 내용에 따라 움직이는 4D 영화가 흥행을 거두는 경우가 많다. 평면의 스크린에서만 즐기던 영화가 마치 스크린 밖으로 튀어나오는 듯한 느낌은 관객에게 영화관람의 즐거움을 제공하고, 영화의 실제감을 높이는 데 상당한 효과가 있다. 2차원의 스크린이 3차원으로 확장됨에 따른 효과이다.

종이 위에 한 도시의 지도를 인쇄한다고 상상해 보자. 처음에는 흑백으로 인쇄했었다. 이후 컬러 프린터를 이용해서 지도에 각종 색상을 입혔더니 산, 건물, 하천 등이 보다 사실감 있게 묘사되었다. 만약 종이 위에 프린터의 잉크를 산과 건물에는 여러 겹 칠해서 입체감 있게 표현하면 어떨까? 인쇄 후에 이를 옆에서 보면 지도에 실제 도시가 축소된 미니어처처럼 그대로 재연된 결과물이 나올 것이다. 이런 개념으로 어떤 제품에 대한 형상을 그대로 만들 수 있는 기술이 일반화되는 스마트한 시대가 도래했다. 바로 '3D 프린팅 기술'이다.

3D 프린팅 기술이란 어떤 물건을 여러 층으로 잘게 나누어서 한 층씩 차례차례 쌓아가는 적층 방식Additive Manufacturing으로 물건을 만드는 기법이다. 재료를 분말이나 액체 상태에서 한 층씩 쌓아가면서 만들기 때문에 복잡한 모양의 물건을 만들 수 있다는 장점이 있다. 이러한 기술의 경제성, 즉 얼마나 값싸게 사용할 수 있을까를 해결하기 위한 끊임없는 노력의 결과로 3D 프린터의 가격은 PC 가격까지 급속도로 하락하고 있다. 마치 노트북이나 PC를 개인별로 가지고 있는 것처럼 3D 프린터를 개인별로 소유하고, 자신이 만들고 싶은 제품을 자신의 집에서 만들 수 있는 날이 훌쩍 우리 앞에 다가왔다.

우리가 종이에 인쇄를 하기 위해서는 먼저 컴퓨터로 작성된 문서나 그림이 있어야 하듯이 3D 프린팅 제품을 만들기 위해서는 만들고자 하는 제품에 대한 컴퓨터화된 설계도가 있어야 한다. 현재 CADComputer-aided Design를 위한 다양한 소프트웨어가 이를 지원하고 있다. 이렇게 3D 설계도가 있으면 이를 3D 프린터에 전송하고, 만들 물건의 재료를 사용하여 한 층씩 쌓아 만들게 된다. 이후 만들어진 물건을 매끈하게 잘 다듬으면 나만의 제품이 되는 것이다.

이러한 점을 고려할 때 3D 프린팅 기술의 향후 시장 잠재력은 지대하다고 할 수 있다. 그런데 개인이 취미 삼아 물건들을 반드는 것과 제조기업에서 전문적으로 활용하는 것에는 큰 차이가 있을 수 있다. 특히 '스마트제조'라는 관점에서 제조기업은 어떻게 3D 프린팅 기술을 활용할 수 있을까?

우선은 앞서 살펴본 대로 다양한 개인화 맞춤형 제품 혹은 부품을 제조하는 것을 생각해 볼 수 있다. 이를 '제품 제작 3D 프린팅 기술'이라 하자.

운동화와 같은 개인화 스포츠 용품이나 의족, 의수 등의 의료 용품에서부터 심지어 자동차의 엔진블록과 차체에 이르기까지 그 활용 범위는 점점 확대되고 있다. 앞서 소개한 김미래 씨의 P 모델 자동차에 들어갈 8기통 엔진도 이 기술을 이용하여 만들 수 있는 것이다.

우리가 가정에서 못을 박을 때 못을 고정하기 위한 도구가 필요하다. 시장에서 물건을 사면 물건들을 담을 쇼핑백이나 시장바구니가 필요하다. 가구가 바닥에 평평하게 놓이지 못할 때에는 가구의 밑바닥에 넣을 괨목이 필요하다. 이들 모두는 무언가를 위한 필요 도구들인데, 상황마다 필요한 쓰임새가 다 달라서 한 종류의 도구로 모든 경우에 사용할 수는 없다. 이렇게 극소량 혹은 단 한 개만의 물건이 필요한 경우에 이를 자신의 필요에 맞게 만들 필요가 있는 것이다.

제조기업에서 제품을 만드는 과정에 필요한 각종 도구, 장비, 설치물들은 필수적이다. 부품이 움직이지 않게 고정시켜 주는 지그, 물건을 이동할 때 담을 수 있는 팔렛트, 또는 특정 작업을 위해 필요한 특수 도구들이 이에 해당한다. 만들고자 하는 제품마다, 공정마다 다르게 소량으로 필요하다. 특히나 다양화된 개인맞춤형 제품의 종류를 생각해 보면, 이런 도구들이 얼마나 많이, 다양하게 필요한지 가늠해 볼 수 있다. 이런 관점에서 보면 3D 프린팅 기술을 이용한 도구들의 제작이 얼마나 유용한지를 알 수 있다. 이를 '제조 지원 3D 프린팅 기술'이라 하자. 여기에는 심지어 어떤 제품을 만드는 기계 자체를 3D 프린팅 기술을 이용하여 제작하는 것도 포함된다.

유연한 지능형 설비

앞선 이야기의 주인공인 김미래 씨는 제조 중에 있는 P모델 자동차의 색상은 물론 헤드램프의 크기, 타이어의 종류와 바퀴 한가운데 들어갈 로고를 변경해 달라는 요청을 했고, 자동차 제조기업으로부터 이에 대한 수용 의견을 통보 받았다. 김미래 씨 입장에서는 자신의 요구가 언제든지 받아들여진다는 점에서 만족스럽지만 이를 소화해야 하는 제조기업 입장에서는 여간 어려운 일이 아니다. 변경된 헤드램프 자체는 3D 프린팅 기술을 이용해서 만들 수 있다 하더라도, 모든 변경 부품을 3D 프린팅 기술을 이용해서 만들 수는 없는 노릇이다. 더욱이 소비자가 김미래 씨 한 사람만이 아니므로 다양한 요구를 가진 많은 사람들의 주문과 변경 요청을 소화해 내기 위해서는 특별한 해결책이 있어야 한다.

차체의 색상을 바꾸기 위해서는 도장 공장에서 코발트블루 페인트가 있는 공정으로 차체 이동 루트가 변경되어야 하고, 바뀐 사양의 타이어가 미리 준비되어 있지 않을 경우 새로 주문해야 하고, 바퀴 한가운데 들어가는 로고를 삽입하려면 휠 가공도 바꿔야 하고…. 이런 갑작스런 변화와 다양한 사양의 주문으로 인해 제조기업은 스마트한 기계, 장비, 설비 등이 필요하다.

설비들이 스마트해진다는 것은 무엇을 의미할까? 먼저 생각해 볼 수 있는 것은 다재다능하다는 것이다. 다시 말해, 어떤 형태이든 주어진 작업을 변화무쌍하게 수행할 수 있는 변신이 가능해야 한다. 이를 '유연성'이라고 할 수 있다. 어릴 때 가지고 놀던 변신 로봇을 기억하는가? 적과 싸울 때에는 로봇으로, 먼 거리를 이동할 때에는 비행기로, 심지어 물속을 가르는 잠수함처럼 주어진 상황에 따라 변신하는 로봇 장난감이었다. 이제 스마트제조를 위해서는 다양한 개인화 부품 사양과 심지어 가공 방법까지 소비자의 요구에 따라 조정 가능한 유연한 기능을 갖춘 설비들이 필요하다.

설비가 유연하다는 것은 여러 가지 기능을 수행할 수 있는 다기능적 측면도 있지만, 장난감 로봇처럼 다른 방식으로 작동될 수 있도록 재구성이 가능해야Reconfigurable 한다는 측면도 있다. 이를 위해서는 설비의 구조, 하드웨어 구성요소, 이 설비를 작동시키는 소프트웨어 모두가 재구성 가능하도록 되어야 한다. 어려운 숙제가 아닐 수 없다.

이와 같은 어려운 문제에 봉착하면 우리는 어떻게 해결하려고 하는지 생각해 보자. 제 아무리 똑똑한 사람이라도 한 사람이 모든 것을 해결할 수는 없다. 자신이 알고 있는 지식만으로 해결할 수 없는 문제들에 직면할 때 어떻게 하는가? 관련 도서를 찾아보고, 인터넷을 검색해 보고, 또는 다른 사람들에게 도움을 청하기도 한다. 이런 행위의 공통점은 다른 개체와의 소통이다. 사람도 타인의 도움을 받아 문제를 해결하는 것처럼, 설비가 스마트해지기 위해서는 반드시 다른 장비, 설비 등과 통신을 할 수 있어야 한다. 홀로 떨어져 있는 설비들은 스마트화에 한계가 있다. 따라서 각 설비들은 자신과 관련된, 다른 설비, 공장들과 연결되어 정보를 교환할 수 있어야 한다.

설사 설비들이 아무리 스마트해진다 하더라도 사람만큼 스마트해질 수는 없다. 기계는 계산이 빠를 수 있고 정확할 수 있으며, 대량으로 처리할 수 있다. 그렇다고 해서 '스마트하다'라고 할 수는 없다. 앞서 이야기한 대로 로봇이 아무리 스마트하다 하더라도 사람이 일상생활에서 자연스럽게 하는 악수조차 자연스럽게 하기 어렵다. 따라서 스마트한 설비의 최종 모습은 '배울 수 있는 능력'이 있는 것이다. 인간의 경험, 직관과 같은 고도의 지식을 갖춘다면 매우 스마트한 설비의 조건을 갖춘다고 할 수 있다.

스마트제조와 사물인터넷(IoT)

기업에 근무하는 많은 사람들이 보고서 작성 업무에 많은 시간과 노력을 투자하고 있다. 누가 대신 보고서를 작성해 주었으면 하는 생각을 한번쯤은 해보았을 것이다. 보고서를 작성하는 시간에 좀 더 전문적이고 생산적인 자기 업무를 했으면 하는 바람으로 말이다.

보고서의 작성을 위해서는 현황 파악이 필수적인데, 이를 위해서는 각종 자료들, 지표들, 데이터들을 모아야 하고 이를 분석해야 한다. 이러한 작업들이 아주 용이하게, 더 나아가서는 자동으로 할 수 있는 방법은 없을까?

아주 부지런한 동료 직원이 한 명 있다고 하자. 그는 현재 어떤 공장의 어떤 장비에, 어떤 부품이 언제부터 가공되고 있는지, 언제 가공이 마무리되고 다음 공정은 어디인지, 그 부품은 만들어진 후 누구에게 보내져야 하는 것인지 등등 무엇이든 물어보면 척척 알려 주는 직원이다. 현황 파악을 위한 보고서 작성에 더없이 좋은 동료인 것이다. 언제라도 내가 알고 싶은 데이터를 정확하게, 그것도 순식간에 알려 주니 그런 직원이 한 명이 아니라 더 많았으면 좋겠다. 아마 인건비가 많이 든다고 거절되겠지만 회사에 직원 채용을 요청하기로 한다. 용기를 내어 열 명의 채용을 요청했다. 채용인원이 삭감되어 서너 명은 보강되리라는 생각을 하면서 말이다. 그런데 회사에서 그런 채용인원을 예상을 넘어 천 명이나 해준다고 했다. 이 직원들 인건비는 어쩌나 하는 걱정이 된다.

그런데 알고 보니 그 직원들의 월급은 놀랍게도 천 원이면 된단다! 이럴 수가! 그리고 그들의 월급은 갈수록 더 싸진단다. 이 직원들의 주 업무는 내가 원하는 데이터를 수집해 주는 것인줄만 알았다. 그런데 알고 보니 그들은 서로 협력 네트워크를 이루고 있다. 내가 알고자 하는 것 이상으로 내가 필요한 것을 추가적으로 미리 알아서 알려주는 능력도 있다.

어떻게 가능하지? 그들에 대해 알아보기로 했다. 그 직원들의 이름이 "산업 사물인터넷Industrial Internet of Things: IoT"이란다. 그럼 이 사물인터넷IoT이라는 직원의 정체는 무엇일까?

그들이 처음부터 사물인터넷이라고 불리지는 않았다. 다소 생소한 M2MMachine-to-Machine, MTCMachine Type Communications, MOCMachine Oriented Communication 등으로 불렸다. 단순히 정보를 수집하는 센서 역할에서부터 출발했는데, 그들이 자체적으로 지능을 가지고 무엇을 해야 할지 판단까지 하게 되었고 자기가 알고 있는 것들을 남들에게도 전달하고, 알고 싶은 것을 요청할 수도 있게 되었다. 그러면서 '사물인터넷'이라는 이름으로 자리 잡게 된 것이다.

일반적으로 보고서를 통해 단방향으로 이루어지는 정보의 전달을 보다 효율적으로 수행하기 위하여 때로는 '회의'라는 수단을 이용하기도 한다. 왜 회의를 해야 하나? 한 사람만의 의견만으로는 어떤 결정을 내리기가 어렵기 때문이다. 각자가 알고 있는 현황과 예측은 불완전하여 다른 이의 의견도 수렴할 필요가 있다. 그런데 사물인터넷이라는 직원들의 도움을 받으면 모든 사람들이 의사를 결정할 때 필요한 모든 정보를 원하는 형식과 원하는 정도로 제공받을 수 있다. 그것도 순식간에!

그렇다면 보고서 작성과 검토, 회의는 업무 담당자에게만 국한되는 것일까? 기업에서 제품을 제조하기 위해서는 사람만큼 기계가 수행하는 역할이 적지 않다. 그렇다면 기계, 장비 간의 정보 전달과 공유, 심지어는 그들 간의 '회의'가 필요할 수도 있다. 사람 사이에서의 보고서 교환과 같은 업무가 기계, 장비 간에도 이루어진다는 것이다. 이때 사물인터넷이라는 직원의 역할이 필요하게 된다.

사물인터넷의 배치는 어느 곳으로도 가능하다. 덩치가 작아 심지어 가공 중에 있는 부품 하나하나에도 배치시킬 수 있다. 지금까지는 어떤 부품이 어떤 기계에서 가공되면 다음에 어떤 로봇이 어떤 기계로 이송시켜야 한다는 자세한 순서를 미리 정해서 실행했었다. 이런 순서에 대한 사전 계획이 반드시 있어야만 로봇이나 기계가 명령을 받아 작동할 수 있기 때문이다. 왜냐하면 그들은 시키는 대로만 하는 기계에 불과하니까. 수많은 로봇과 기계들을 작동시키기 위한 세세한 순서를 세우는 것도 매우 힘든 일이지만, 이런 순서를 각 기계가 수행하도록 제어하는 것도 어려운 일이다. 그러나 이제 각 기계는 자신이 무엇을 해야 할지를 자신에게 도착한 부품에게 직접 물어보면 된다. 도착한 부품과 동행한 사물인터넷이 알려 주는 것이다. 기계로서는 그동안 골치 아팠던 수많은 계획을 부품에 따라서 다양하게 수행해야 하는 업무에서 해방되는 것과 같다.

만약 로봇이 부품을 집다가 떨어뜨리는 예기치 못한 상황이 발생했다고 생각해 보자. 로봇은 이제 어떻게 해야 할까? 사람처럼 부품이 어디에 떨어져 있는지 찾아서 다시 집어 들고, 상태가 괜찮은지 알아보고 문제가 없으면 다음 기계로 이송시키고, 문제가 생겼다면 수리 장비로 이동시킬 수 있다면 좋겠지만, 이는 단지 희망 사항일 뿐이다. 어디 예기치 못한 상황이 이뿐이겠는가? 이때 부품과 로봇, 그리고 다음 가공을 위한 기계들끼리 알아서 '스마트'하게 해결할 수 있기 위해서 사물인터넷 직원들의 지혜를 빌려야 한다.

각 부품에 연결되어 있는 사물인터넷은 지금 자기가 어느 위치에 있는지, 다음에 자기가 어디로 가야 할지를 알고 있고, 자기의 상태가 어떤지도 스스로 진단하여 로봇에 연결되어 있는 또 다른 사물인터넷과 협의한다. 그들끼리 정보를 모아 즉석에서 '회의'를 하는 것이다. 물론 놀랍게 빠른 속도로! 회의와 문제해결 결과를 다른 관련된 사물인터넷에게 알리고 정보를 저장해 두는 것도 잊지 않는다.

또 하나의 중요한 점은 사물인터넷이라는 직원을 우리 회사만 고용할 수 있는 것이 아니라 전세계 어느 기업이라도 원하는 수만큼 고용할 수 있다는 것이다. 그리고 우리 회사의 사물인터넷 직원이 가지고 있는 정보의 일부는 다른 누구라도 요청하면 알 수 있게도 된다. 앞서 이야기한 김미래 씨의 이야기에서 그가 스마트폰으로 자신의 차량 제작 상황을 살펴보고 엔진 조립자의 경력이 2년밖에 되지 않았다는 사실을 알게 된 것도 사실은 회사 내의 사물인터넷을 통해 알게 된 것이다.

이처럼 사물인터넷이라는 직원을 통해 부품과 장비, 그리고 사람 간의 연결Connectivity이 이루어지게 된다. 연결된 이 후에는 서로 정보를 주고받고, 의견을 교환하는 소통Communication까지도 가능해진다. 설비들이 스마트해질 수 있는 초석을 제공하고 있는 셈이다. 앞서 이야기한 스마트한 설비와 일맥상통하는 것이다. 설비들이 서로 통신하고 협업Collaboration할 수 있는 기반을 사물인터넷이라는 기술을 통해 제공받을 수 있는 것이다. 이렇게 사물들 간의 실시간 데이터 교류가 가능하게 되고, 자체 의사 결정이 이루어지는 사물의 지능화가 진행됨에 따라 기존의 중앙집중형 생산체제는 모듈화, 분산화되는 매우 유연한 생산체제로 변화하게 된다.

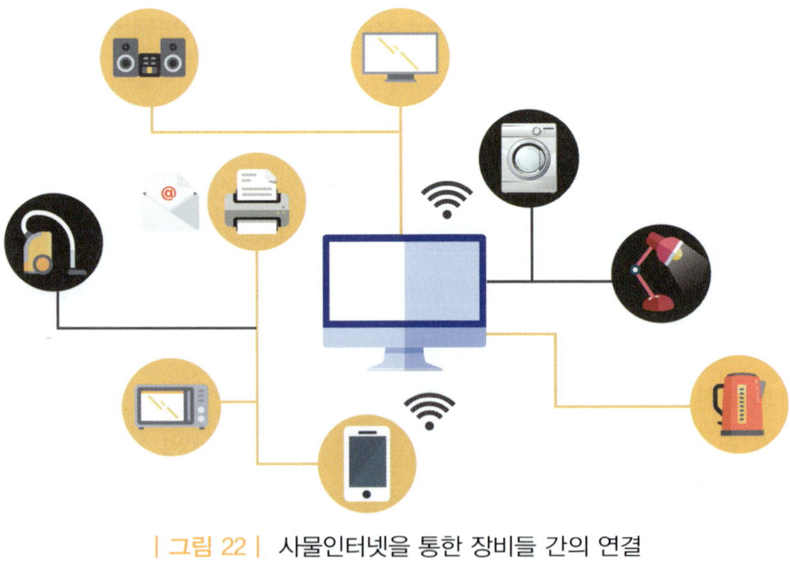

| 그림 22 | 사물인터넷을 통한 장비들 간의 연결

사물인터넷에 대한 이야기를 마치기 전에 한 가지 짚고 넘어갈 것이 있다. 사물인터넷을 통해 정보들이 수집되고, 그들끼리 연결되어 정보들을 교환할 수 있다고 했는데, 이들이 다루는 정보에 대한 성격에 관한 것이다. 어떤 정보들이 수집의 대상이 되고, 표현되는 형태는 어떻게 될 것인가? 예를 들어 어떤 기계가 현재 실행하고 있는 공정의 예상 종료 시간이 다른 기계에게 전달되어야만 하는지, 전달되어야 한다면 그 이유가 무엇인지에 대한 필요성이 분명해야 한다. 아무런 이유 없이 무조건 모든 정보들을 전달한다면 제 아무리 사물인터넷이라는 우수한 직원도 작업 능률이 떨어지기 마련이다. 트래픽 과부하Traffic Overhead라는 불평을 쏟아내면서…. 또, 상대방은 초 단위로 시간체크를 하는데 나는 분 단위의 정보를 주었다고 하자. 상대방은 알아 볼 수 있을까? 정보를 전달할 때는 명확한 표현과 전달에 대한 약속을 지켜야 한다. 이러한 약속에 대해서는 표준화 관점으로 이 책의 뒷부분에서 자세히 다루기로 한다.

데이터와 인공지능

앞서 스마트공장이라는 이야기를 하면서 첨단 무인 공장에 대한 환상과 한계에 대해 언급했었다. 사람처럼 판단하고 행동하는 첨단 인공지능 로봇 기술이 꽃을 피우는 무인 공장의 실현이 스마트공장 실현과 흡사할 수도 있기 때문이다. 공상과학 소설과 같은 첨단 무인 공장에서 '인공지능'이란 단어 역시 이와 무관하지 않은 것처럼 여겨진다. 인공지능은 1950년대부터 꾸준히 연구되어 왔고, 미래에도 인류의 행복에 크게 기여할 수 있을 것으로 기대되고 있다. 여기에서 인공지능에 대한 학술적인 이야기는 논외로 하고, 스마트제조의 관점에서 데이터와 인공지능의 관계에 대해서 살펴보기로 하자.

인공지능의 이상을 실현하기 위한 노력들은 여러 방면에서 활발하게 이루어지고 있다. 어떤 특정한 방법이 인공지능을 실현할 수 있는 유일한 방법이라는 결론은 현재로서는 아직 제시되어 있지 않다. 그 중에서 최근 하나의 가능성을 제시하고 있는 분야가 데이터 분석을 통한 인공지능 연구 분야가 아닐까 싶다. 데이터를 통해 기계를 가르치자는 접근이다. 빅데이터니 머신러닝이니 하는 등등의 기술들이 스마트제조을 위한 인공지능을 실현할 수 있는 유일한 것이 아니라 많은 가능성 중에서 단지 하나의 기술에 불과할 수 있다는 것이다. 그럼에도 불구하고 이 기술은 현재 많은 기업으로부터 관심을 받고 있고, 또한 많은 가능성을 제시하고 있다는 것은 분명한 사실이다.

빅데이터란 용어는 더 이상 생소한 단어가 아니다. 최근 들어 다양한 분야에서 빅데이터란 단어와 함께 머신러닝이라 불리는 기계학습이 광범위하게 사용되고 있다. 물론 제조라는 영역에서도 데이터의 수집과 분석은 중요한 기술로 자리 잡고 있음에 틀림없다. 제조에서의 데이터 분석이라고 하면 고전적으로 제품의 결함 검사를 위해서 제품에 대한 품질 데이터를 측정하고 분석하는 것을 떠올릴 수 있다. 또한 제조 중간단계에 있는 부품의 이미지를 카메라로 찍어서 실시간으로 형상 데이터를 분석하는 것도 마찬가지이다.

이렇게 전통적인 제조 분야에서도 데이터 분석이 중요한 역할을 차지하였다면, 스마트제조라는 새로운 패러다임의 환경에서는 어떨까? 직관적으로 더 중요하고 심지어 필수적일 것으로 생각된다. 그렇다면 데이터 분석, 좀 더 구체적으로 머신러닝은 어떤 것인지 간략하게 살펴보고, 또 스마트제조와 어떤 관련성이 있는지 살펴볼 필요가 있다.

우리는 지금까지 살면서 수 없이 많은 다양한 경험과 교육을 통해 현재 모습이 되었다. 아주 어렸을 때부터 수많은 시행착오와 이로 인한 학습을 통해서 현재 우리의 판단 능력이 길러졌다. 어린아이에게 사진을 보여 주면서 이건 고양이다, 이건 토끼다, 이건 호랑이다 하는 경험은 매우 일반적이다. 이런 반복적인 교육을 통해서 어린아이는 어느 새 지금까지 보여주지 않은 사진에서 고양이를 보고는 '저것도' 고양이라고 알게 된다. 어른이 된 이후, 심지어 어떤 문제는 '척 보면 알 수 있다'와 같은 능력이 생긴 것이다. 어떻게 알게 되었는지 명확히 설명할 수는 없지만 '그냥' 알게 된 것으로 인식하게 된다.

이메일 보관함을 보면 컴퓨터가 스팸 메일을 자동으로 걸러 스팸 폴더로 따로 저장해 두었음을 알 수 있다. 어떻게 컴퓨터는 스팸메일인지 아닌지를 판단했을까? 컴퓨터도 교육을 받은 것이다. 어떻게 컴퓨터를 가르칠 수 있었던 것일까? 스마트제조에서의 기계, 설비들 모두 컴퓨터의 일종이라는 점을 기억하자. 이렇게 컴퓨터가 학습할 수 있도록 하는 방법과 기술을 머신러닝이라 부른다. 머신러닝 분야는 방대하지만 대표적이고 일반적인 기법 중 몇 가지를 살펴보면 다음과 같다.

우선은 인공지능이란 단어와 유사한 인공신경망Artificial Neural Network: ANN을 떠올릴 수 있다. 인공신경망은 사람의 뇌에서 정보가 처리되는 방식을 모방하여, 단순한 연산을 수행하는 수많은 작은 단위의 프로세스들을 연결하는 방식으로 고안된 기법이다. 지문 등과 같은 이미지 인식, 음성인식 등과 같은 현실 문제를 해결할 수 있는 데까지 실용화되어 있다.

최근 들어 각광을 받고 있는 지지기반벡터Support Vector Machine: SVM도 있다. 지지기반벡터는 여러 부류 중 어느 한 부류에 속한 데이터 집합에 대한 학습을 기반으로 하여 새로운 데이터가 주어졌을 때 이것이 어느 부류에 속할지 분류하는 기법이란 면에서 인공신경망과 유사하다. 하지만 이 기법은 확률에 기반하기보다는 최적화 기법을 이용한 분류기법이다.

데이터가 시간의 흐름에 따라 발생하게 되는 경우, 이런 데이터들의 패턴을 분석하기 위해서는 데이터와 시간과의 관계를 파악하고, 이로부터 원하는 정보를 추출할 필요가 있다. 이러한 문제에 적합한 기법중의 하나가 은닉마르코프모델Hidden Markov Model: HMM이다. 데이터를 발생시킨 소스에 대한 상태를 알 수 없는 상황에서 관측된 데이터만을 가지고 원래 데이터를 발생시킨 소스에 대한 상태를 역추론하는 것으로 보면 된다.

지금 이 시간에 명동 한복판을 지나가는 사람들을 생각해 보자. 수많은 사람들이 있는데 만약 이들을 그룹으로 나누라고 하면 몇 개의 그룹으로, 어떤 기준으로 나눌 수 있을까? 이렇게 어떤 데이터들이 있는데 이들의 부류를 적절하게 나눌 수 있도록 하는 기법을 군집화Clustering라 부른다. 이 밖에도 다양한 머신러닝 기법들이 많이 있는데, 이에 대한 이야기는 본 주제를 벗어나므로 생략하기로 한다.

그렇다면 이런 머신러닝 기법들이 어떻게 활용되고 있는가? 최근 뉴스기사와 전문가 예측에 따르면 우리가 무인 자동차를 타고 도로 위를 달릴 날이 머지 않았다고 한다. 어떻게 기계에 불과한 자동차가 사람을 대신해서 복잡한 시내를 안전하게 운행할 수 있을까? 간단해 보이지만 우리가 운전하는 동안에는 무수히 많은 상황에 따라 적절한 판단을 내려야 한다. 지나가는 사람, 곧 나타날 것 같은 자동차, 희미하게 보이는 도로방지턱 등등 살펴봐야 할 대상이 한두 가지가 아니다. 이때마다 브레이크는 어떻게 밟아야 할까, 가속 페달은 얼마나 밟아야 할까? 운전대는 어느 방향으로 얼마나 돌려야 하나? 이 모든 것들을 순식간에 판단해야 한다. 운전면허를 받기 위해 학원을 다녔던 기억을 되살려 보면, 그때 상황과 실제로 운전하는 상황이 얼마나 다른가를 알 수 있다. 단지 기본적인 운전 기술과 법규만을 배웠지만 사람들은 훨씬 복잡한 실제 도로에서 운전할 수 있다.

무인 자동차를 운전하는 컴퓨터를 학원에 보낼 수는 없다. 또 학원에서의 상황은 매우 단순한 상황일 뿐 실제 일어날 수 있는 모든 상황과는 전혀 다르다. 무인 자동차를 출시하기 전에 운전하는 법을 가르쳐야 하는데, 이렇게 데이터를 이용해서 가르치는 방법을 간략하고 약간은 과장해서 생각해 보자.

우선은 사람이 실제로 자동차를 타고 운전을 한다. 이때 앞, 뒤 유리창, 각 사이드 미러 등에 초고속 카메라를 장착한다. 또 브레이크, 가속 페달, 기어변속기, 운전대 등에 움직임을 감지하는 센서 장치를 부착한다. 초고속 카메라를 통해서 매우 짧은 시간 간격으로 사진을 찍어 이때의 이미지들을 저장한다. 각 사진이 찍힐 때마다 운전자가 어떻게 자동차를 조작했는지를 알 수 있도록 각 장치에 부착되어 있는 센서 데이터들의 수치 변화들도 함께 저장한다. 이렇게 저장된 것이 바로 머신러닝을 위한 데이터들이다.

자, 데이터가 준비된 셈이다. 이제는 각 카메라를 통해서 찍힌 도로 상황에 대한 이미지 데이터를 분석한다(이미지 분석에 대한 내용도 이 주제의 범위를 벗어나므로 생략한다). 어떤 이미지에서는 사람 모양의 물체가 100미터 전방에 찍혔고, 이때 브레이크 페달 각도가 2도 기울어졌다. 브레이크를 밟은 것이다. 그 다음 이미지 프레임에서는 100미터 전방의 사람이 99미터에 찍혔다. 브레이크 페달 각도가 1도 더 기울어졌다. 브레이크 페달을 좀 더 밟은 것이다. 이런 변화 관계를 수많은 이미지 프레임을 대상으로 매칭시킨다. 머신러닝 기법을 이용한 훈련 과정이다.

이제 한참 동안 사람의 운전을 통해 얻어진 이미지 데이터와 이 때 변화된 장치의 수치들 간의 관계가 분석되었다. 무인 자동차를 시험해 보자(물론 사람 운전자가 앉아는 있다). 계속적으로 사진을 찍어 가면서 카메라에 찍힌 이미지를 보고, 기존에 저장되어 있는 이미지와 가장 유사한 이미지를 찾아본다. 그것도 순식간에! 이때 찾아진 가장 유사한 이미지에서 변화되었던 장치들의 수치변화를 적용해 본다. 이런 과정을 수없이 많이 반복하면 어떨까? 무인 자동차의 기초가 되지 않을까?

이제 어떻게 하면 스마트제조를 위해서 장비들을 스마트하게 만들 수 있을까 하는 관점으로 생각해 볼 필요가 있다. 장비들을 스마트하게 만들기 위해서는 가르칠 필요가 있을 것이고, 이를 위해서는 데이터가 필요하다. 데이터들을 어떻게 수집할 수 있을까? 앞서 이야기한 사물인터넷의 도움을 받아야 할 시점이다. 기계마다, 부품마다, 심지어 작업자마다 달려 있는 센서들을 통해 그들의 작동, 동작에 대한 데이터를 저장한다. 마치 무인 자동차의 작동 데이터들과 흡사한 것이다. 그렇다면 그 센서 데이터들이 저장된 시점에서의 공정 상황을 어땠을까? 계획대비 생산실적은 어땠을까? 제품의 품질 상태는 어땠을까? 이것들이 무인 자동차에 찍힌 이미지들과 같은 역할을 하는 것이다. 이것이 바로 스마트제조에서 인공지능을 이용하기 위해서 각종 설비의 운영, 부품의 가공 데이터들을 체계적으로 수집해야 하는 이유이다.

그렇다면 어떤 데이터를 언제, 왜, 얼마나 수집해야 할까? 데이터의 형태는 어때야 할까? 무엇보다도 현재 우리의 제조기업에서 이러한 데이터를 수집할 만한 여건은 얼마나 되어 있을까? 이러한 문제들은 이 책의 뒷부분에서 다시 다루기로 하자.

스마트제조와 클라우드

자신의 문서나 사진 등의 자료를 자기 컴퓨터에만 저장해 놓는 시대가 점점 저물고 있다. 이제는 자신이 작성한 문서를 자기의 컴퓨터에서 찾는 것보다는 자신이 누군가에게 이메일로 보냈던 기억을 떠올려서 인터넷의 이메일박스를 체크하는 경우도 많다. 신기하게도 몇 달 전에 보냈던 문서가 고스란히 남겨져 있음을 확인하고 새삼 인터넷 저장 공간에 대한 편리함을 느낀다. 이런 발상에서였을까? 이젠 가상의 메모리를 제공해서 자신의 자료를 보관할 수 있도록 해주는 인터넷 서비스들이 흔해졌다. 소위 '클라우드 서비스'라는 이름으로 불리기도 하는 것의 일부이다. 자료를 무료로 저장해 줄 뿐 아니라, 각종 보고서 예제, 프레젠테이션 양식, 심지어는 공들여 만들어야만 하는 프로그램 파일들도 무료로 다운받아 사용할 수 있게 해준다.

많은 사람들이 자신의 스마트폰이나 컴퓨터에 지인들의 사진 한 장쯤은 가지고 있다. 내가 직접 찍은 사진이 아닌데도 말이다. 그 사진을 어떻게 구하게 되었을까를 생각해 보자. 물론 지인이 직접 보내 준 사진일 수도 있다. 그러나 한편으로는 지인이 페이스북에 올려놓거나 카카오톡의 프로필 사진으로 사용한 것들일 수도 있다. 같은 동호회나 커뮤니티 회원들 사이에서는 이와 같이 서로의 자료를 공유하는 것은 매우 일반적인 현상이 되었다. 회원 개인들의 컴퓨터는 교체될 수도 있고, 포맷될 수도 있지만, 공동으로 자료를 올려놓은 인터넷상의 서버들은 대개 지속적이고 안정적인 사이트를 이용하므로 잃어버릴 염려가 적으니 이를 많이 이용하기도 한다.

앞서 사물인터넷을 통해 수집된 각종 데이터와 정보들이 장비, 설비들을 인공지능 기술을 이용하여 스마트하게 만드는 데 필수적이라고 했다. 물론 모든 데이터들이 장비들을 스마트하게 만드는 데 사용되는 것은 아니지만 말이다. 그럼 이렇게 모은 데이터들을 어떻게 관리하면 좋을까? 지속적이고 안정적이면서 여러 사람들이 편하게 사용할 수 있는 클라우드라는 개념을 떠올릴 수 있다.

앞서 이야기한 김미래 씨의 이야기를 다시 상기해 보자. 그 이야기에서 자동차 제작 회사는 자신들이 만들어 판매한 자동차들의 운전자들이 어떤 튜닝을 하고, 어떤 옵션은 거의 사용되지 않았는지, 자동차를 수리할 때에는 어떤 부품으로 교체하는지 등에 관한 정보들을 수집하고 있었다고 했다. 물론 사물인터넷을 이용한 덕분이다.

스포츠카를 타 본 적인 있는가? 스포츠카와 일반 승용차의 승차감은 사뭇 다르다. 일반적으로 도로 위를 달릴 때 일반 승용차의 출렁거림은 다소 푹신푹신 하다는 느낌인 반면에 스포츠카는 통통 튀는 듯한 딱딱한 느낌이 든다. 이런 스포티한 느낌을 즐기고자 하는 운전자들이 튜닝을 하는 부품이 바로 자동차의 차체 스프링에 해당하는 서스펜션이다. 이미 자동차 회사에서는 자동차를 출고할 때 서스펜션의 스프링 탄성 계수 데이터를 수집하는 센서를 장착해 놓았다고 하자. 이 센서 데이터를 통해서 자동차의 탄성 계수가 언제, 얼마만큼 달라지도록 튜닝되었는지 감지할 수 있다. 이 데이터들은 이 자동차를 생산하는 공장과 마케팅 부서에서뿐만 아니라, 향후 이와 같은 차종의 자동차를 개발하는 연구진들도 함께 공유할 필요가 있다. 그런 데이터들을 어떻게 공유할 수 있을까? 클라우드를 활용할 수 있는 한 예이다. 자동차의 옵션 사용 이력과 관련된 데이터도 마찬가지이다. 그런데 이런 데이터는 다른 경쟁기업에게 공개되어서는 안 되는 이 기업만의 기밀일 수 있다. 이런 관점의 클라우드를 '폐쇄형private 제품–서비스 데이터' 클라우드라고 부르자.

자동차를 만든 기업에서 자사의 자동차에 대한 데이터들을 수집해서 관리할 수 있는 것은 자기 기업의 클라우드가 구축되어 있기 때문이다. 그렇다면 자동차의 어떤 특정 부품이 다른 부품으로 교체되었는데 이 교체된 부품이 다른 기업에서 제작된 경우라면 어떨까? 이상적으로 자사의 모든 부품에 사물인터넷 센서를 장착할 수 있다고 해도, 다른 회사의 부품에 대한 데이터까지 모두 수집하고 관리하는 데에는 무리가 있다. 자신만의 클라우드로는 한계가 있는 것이다. 교체된 부품을 만드는 회사로서도 자신의 부품이 장착된 이후 실제로 어떤 성능을 보였는지에 대해 알고 싶을 것이다. 자신들은 자동차를 만드는 기업이 아니라 부품을 만드는 기업이므로 시험 데이터만으로는 부족할 수 있기 때문이다. 두 기업의 이해관계가 맞아 떨어질 수 있는 접점을 찾아볼 수 있다. '공유형public 제품–서비스 데이터' 클라우드라는 이름으로 말이다.

어떤 제품을 한 번 판매한 후에 그 제품에 대한 애프터서비스만을 위해서 관리하는 시대는 저물고 있다. 각 제품들은 마치 살아 돌아다니면서 자신들이 어떻게 사용되고 있는지, 다음 후속 제품은 어떻게 만들어져야 하는지, 다른 회사의 제품들과 어떻게 경쟁하고 있는지에 대해서 끊임없이 보고하고, 건의하는 존재가 된 것이다. 새로운 제품을 개발하는 아이디어를 주는가 하면 심지어는 제품을 사용하는 소비자들을 대상으로 새로운 비즈니스 서비스의 기회를 제공하기도 한다. 물론 이 모든 것은 클라우드라고 하는 기술 덕분이다.

가족, 친지들의 생일, 가족행사와 같은 특별한 날들을 챙기는 것은 흔한 일이다. 집집마다 이런 일들이 있을텐데, 그런 날들을 일일이 기억하고 챙기는 것도 여간 신경 쓸 일이 아니다. 조카의 생일에 맞추어 생일카드를 쓰고, 선물을 사서 보내고, 같이 식사할 장소를 알아보고, 세상 살면서 해야 할 일이 많아지고 있다. 그렇다면 이런 일들을 일일이 신경 쓰지 않도록 집안의 일들을 대신 해줄 방법이 없을까? 우리 집뿐만 아니라 다른 집에서도 이런 일들이 생긴다. 집안의 대소사들을 미리미리 챙겨주고, 필요한 일들을 대신 해주는 사람이 있으면 좋겠다. 앞서 얘기한 클라우드라는 기술을 다시 한 번 들여다봐야겠다. 제품에 대한 데이터를 저장하고 관리해 주는 유용한 기능을 제공할 수는 있었는데, 그것만으로 만족할 수 있을까?

어느 날, 동호회 커뮤니티에 올라온 단체사진을 보았는데 회원 중의 한 친구가 단체 사진에서 자신의 얼굴에 하트 모양을 그려 넣은 것을 보았다. 나도 그러고 싶어 어떻게 했냐고 물어보니 친구는 동호회 회원들이 공동으로 사진을 저장해 놓은 클라우드에 사진을 편집할 수 있는 기능의 앱이 있으니, 그걸 이용하라고 알려준다. 그 클라우드 사이트가 데이터 관리만 해주는 것이 아니라 일종의 소프트웨어도 사용할 수 있도록 한 것이다. 마치 내 컴퓨터에는 워드프로세서가 없는데 이메일로 받은 워드 문서를 열면 브라우저에서 이를 편집할 수 있게 해주는 것처럼. 그것도 무료로…. 심지어 어떤 친구는 그 클라우드 사이트에서 제공하는 기능들을 조합해서 자신만의 앱을 만들기도 한단다.

이제 제조기업은 자신의 기업에서 해야 하는 수많은 업무들을 대신 처리해 줄 수 있는 기능을 클라우드라는 기술을 이용해서 처리할 수 있게 된 것이다. 비싼 소프트웨어를 굳이 살 필요도 없게 된다. 클라우드에 접속해서 그중의 일부 기능만 필요한대로 사용하면 되니까. 이렇게 기업들의 업무활동을 지원할 수 있도록 하는 클라우드는 스마트제조를 위한 유용한 기술로 자리 잡고 있다. 이를 굳이 이름을 붙이면 '제조지원 응용 앱 클라우드'라 하자.

클라우드는 나만 사용하는 것이 아니다. 우리 기업의 다른 사람들은 물론 다른 기업의 사람들도 사용한다. 혹시나 사용하는 과정에서 내가 불편한 점을 혼자서 끙끙 앓을 필요가 없게 되었다. 많은 기업의 사람들이 나와 함께 우군이 되어 같은 불만을 토로하고 개선을 요구하게 되면 이런 점들이 반영된다. 클라우드를 통해서 소프트웨어도 사용하고, 친구들도 얻게 되었다. 다른 기업들의 제조 활동에서 배울 점이 있다면 배울 기회도 생기게 된다.

기업의 데이터 관리, 업무를 지원해 줄 수 있는 소프트웨어를 클라우드를 통해 공동으로 활용할 수 있다는 이야기를 했는데, 좀 더 확장해 보자. 친한 친구 사이에서는 각자의 물건을 서로 빌리고 빌려주는 경우가 많이 있다. 때론 두세 명이 함께 고가의 제품을 대여해서 번갈아 사용하는 경우도 있다. 심지어 이러한 소유가 아닌 공유의 개념을 활용하여 인터넷상의 각종 저장메모리나, 카쉐어링과 같은 비즈니스가 등장해서 성공을 거두기도 하고 있다.

요즘의 세탁방을 떠올려 보자. 각자는 자신의 세탁물을 가져와서 일정한 비용을 지불하고 세탁기와 탈수기를 공동으로 사용한다. 각자가 가져오는 세탁물은 사람마다 다르고, 이에 따라서 세탁방법, 탈수방법들도 다르다. 자신의 집에 이런 세탁기와 탈수기를 모두 구입해서 사용하자니 그

비용도 만만치 않고, 세탁물이 그리 많지 않을 경우에는 경제성도 없다. 이럴 경우 세탁방을 이용하는 것이 매우 유용하다. 심지어 자신의 세탁기를 세탁방으로 옮겨놓고 이를 공동으로 사용하도록 허용하는 대신 다른 세탁기나 탈수기를 사용할 수도 있다고 생각해 보자. 이런 식의 공유 혹은 협력을 제조기업들 사이에서 일어날 수 있도록 할 수는 없을까? 이러한 개념을 '제조장비 클라우드'라 명명해 보자.

스마트제조와 사이버–물리 생산 시스템 (Cyber–Physical Production System: CPPS)

제조과정에서는 소위 "유연성flexibility"이라는 개념이 매우 중요하다는 점은 이미 짚어 보았다. 스마트제조에서 중요한 속성으로 다룬 것이다. 이는 아주 다양한 종류의 제품을 한 개에서부터 수만 개까지 신속하게 만들어 낼 수 있기 위해서 필요한 것이라 할 수 있다. 그리고 이러한 유연성을 확보하려고 그동안 기업들은 수많은 노력과 투자를 쏟아왔다. 다양하고 많은 장비들과 작업자들을 보유한 기업은 이러한 유연성 측면에서 유리할 것이다. 그러나 한 기업에서 소비자가 요구하는 다양한 제품을 자신의 상황에 맞게 만들어 낼 수 있도록 자원에 투자하는 것은 현실적으로 어렵다. 설사 제조장비 클라우드라는 기술을 활용한다 할지라도 그 장비들을 어떻게 운영해야 할지는 아직도 풀어야 할 숙제이다.

그렇다면 실제 설비를 가지고 여러 가지 제품을 만들 수 있는 방법들을 직접 시도해 보는 것을 '대신'할 수 있는 길은 없을까? 실제로 직접 해 볼 수는 없지만, 직접 해 보는 것과 같은 효과를 가진 기술은 없을까 하는 것이다. 물론 요즘 제품을 설계할 때 이용하는 3D 설계 도구들은 실제 제품과 거의 동일하게 설계할 수 있도록 해준다. 마우스를 사용해서 마치 실제 제품을 이리저리 돌려보고, 여러 부품들을 조립할 때 문제가 될 수 있는 부분들도 알아서 찾아준다. 실제로 제품은 아직 만들지 않았지만 사실은 컴퓨터 상에서는 동일한 모양과 성질을 가진 제품이 존재하는 것이다. 디지털화된 '가상의 제품'인 것이다.

가상의 제품을 가지고 심지어 제품을 시험하고, 평가도 해 볼 수 있다. 열을 가하면 어떻게 될까? 충격을 가하면 얼마나 견딜까? 컴퓨터상에 존재하는 가상의 제품에 실제 제품이 갖는 물리적 특성 데이터들이 반영되어 있으므로 이것들이 가능하다. 이런 개념을 멋진 말로 "제품의 디지털화"라고 불러보면 어떨까? 실제 제품과 같은 가상의 제품이 컴퓨터상에 디지털 형태로 존재한다는 의미로 말이다.

제품만 디지털 형태로 만들어 시험해 보는 것이 아니라, 더 크게 생각해 볼 수도 있다. 아예 공장 전체를 디지털화해서 시험해 보면 어떨까? '가상의 공장'인 셈이다. 이를 실제 세계와 디지털화된 시스템의 연결이라는 의미에서 "사이버-물리 생산 시스템Cyber-Physical Production System: CPPS"이라 부른다. 이제 이런 가상공장이라는 무기를 장착하고 나면 어떤 일들을 수행할 수 있을까? 사이버-물리 시스템이 계속해서 발전된다면 공장의 작은 부분에서 큰 부분까지 모두 사람의 손길을 거치지 않아도 원격 서비스를 통해 진행될 수 있을 것이다.

또한, 현실과 사이버 세계가 연결되어 있기 때문에, 사이버-물리 시스템을 통하여 실제 생산기기에 접근하지 않고 원거리에서 가상물리체계를 조작하여 실제 현장에서 일어나는 모든 행위들의 통제가 가능하게 될 것이다. 이렇듯 사이버-물리 시스템은 사이버 시스템과 물리 시스템의 통합적 시스템으로 통신 및 제어 기능이 물리세계의 사물과 융합된 형태를 가능하게 한다. 이것이 바로 스마트제조의 관점에서 매우 중요한 접근이라 할 수 있는 이유이다. 사이버-물리 시스템은 뒷부분에서 다시 다루기로 한다.

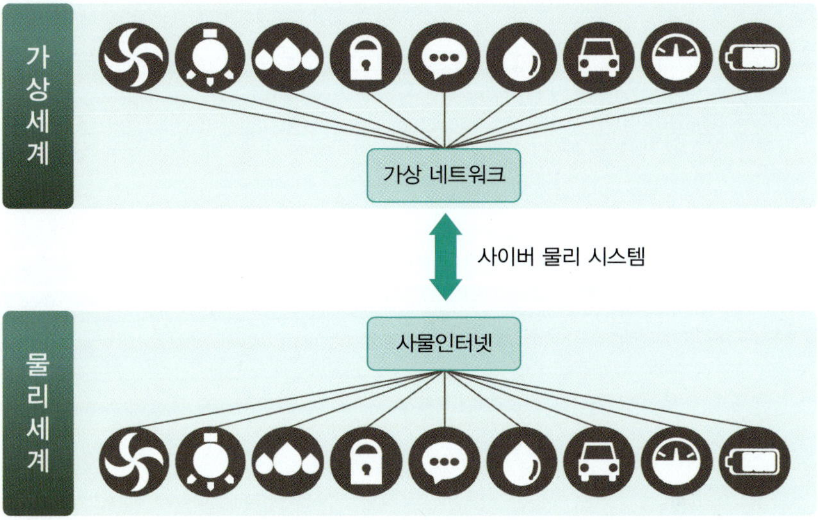

| 그림 23 | 사이버 세계와 현실세계를 이어주는 사이버 물리 시스템

PART 3

좋은악기

스마트제조를 가능하게 하는 기술

1

어떤 장르의 음악도 연주할 수 있다: 3D 프린팅

/ 1 /

어떤 장르의 음악도 연주할 수 있다: 3D 프린팅

3D 프린팅 기술을 통해 진화된 새로운 세상

층층이 눈을 쌓아서 눈사람을 만드는 원리와 육면체의 얼음상자로 얼음 조각을 만드는 원리를 비교하여 3D 프린팅 기술의 핵심을 알아 보았다. 그럼 이제는 3D 프린터가 미래의 생활에 어떻게 영향을 미칠지 알아 보도록 하자.

3D 프린터는 이름에서 알 수 있듯이 컴퓨터로 디자인한 3D 모델을 사람의 눈으로 보고 만질 수 있는 형태의 입체물로 출력하는 장치이다. 방식에서 약간의 차이는 있지만 모든 3D 프린터는 1차원의 선이 모여서 2차원의 면이 되고, 2차원인 면이 모여서 3차원의 입체가 되는 것과 같이 가로와 세로축으로 이루어진 면을 높이축으로 쌓아 올리면서 입체 모형을 만들어 내는 개념이다. 이를 적층 조형이라고 한다. 눈사람 만들기를 떠올리면 더 쉽게 이해할 수 있다. 기존에는 입체물을 제작할 때 얼음을

조각할 때처럼 불필요한 부분을 깎아 내어 모양을 만드는 절삭가공이나 붕어빵 기계처럼 금형을 제작하여 금형에 용융된 원료를 채워서 굳히는 사출성형방식을 활용하였다. 때문에 만들 수 있는 형상에는 한계가 있었다. 하지만 3D 프린터의 경우 적층제조방식을 활용하기 때문에 여러 모양의 복잡한 입체물도 제작이 가능하게 되었다.

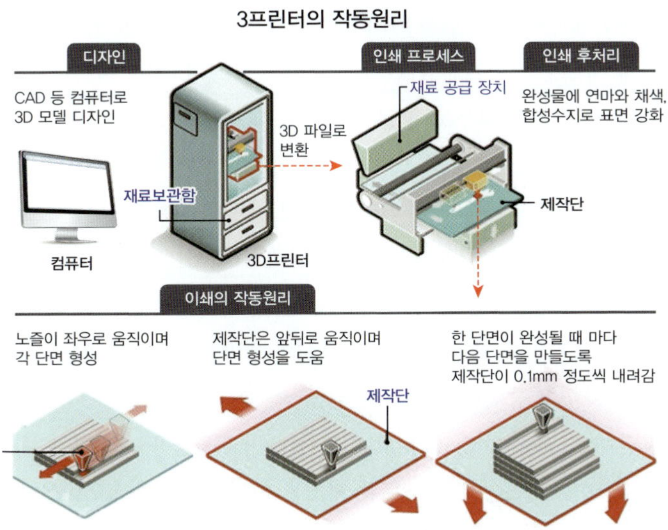

| 그림 24 | 3D 프린터의 작동 원리

3D 프린팅 기술과 스마트제조

그렇다면 3D 프린터를 통해 우리의 세상이 어떻게 바뀔 수 있을까? 다음의 상황을 통해 3D 프린터가 세상을 어떻게 바꿀 수 있을지 상상해 보자.

창학이는 졸업을 앞둔 대학생이다. 창학이는 지금 사용하고 있는 스마트폰이 오래되어 새로운 디자인의 스마트폰을 사려고 한다. 스마트폰을 사기 위해 인터넷을 찾아보았지만 현재 판매 중인 스마트폰에서는 마음에 드는 디자인을 찾지 못했다. 창학이는 고민하던 중 학창시절에 배운 3D 모델링을 활용해서 스마트폰을 직접 디자인하기로 마음먹었다. 교내에는 3D 프린터가 설치되어 있었고 재료비만 지불하면 자유롭게 이용할 수 있었다. 창학이는 교내에 설치된 3D 프린터 중에서 자신이 원하는 디자인에 가장 적합한 3D 프린터를 선택하고 스마트폰 제작을 위한 부품들을 출력했다. 출력된 부품들은 이미 세부 조립 과정이 필요 없을 정도로 정교하게 출력되어 30분만에 손쉽게 조립을 마치고 스마트폰 제작을 마쳤다.

이렇게 새로운 스마트폰을 만든 창학이는 자신의 스마트폰을 친구들에게 자랑했다. 졸업을 앞두고 창업에 관심이 많던 차에 친구들 사이에서 반응이 워낙 좋으니 자신만의 특별한 스마트폰을 사업화하고 싶어졌다. 하지만 핸드폰 디자인이 마음에 들어도 교내에 설치된 3D 프린터는 보급용이라서 제품의 내구성이 미흡하여 사업화하기 위해서는 전문제조기업의 도움이 필요하다고 생각했다. 그래서 그는 자신의 스마트폰을 제조해 줄 수 있는 전문제조기업을 알아보기 위해 자신의 스마트폰 3D 모델을 온라인의 3D 모델 스토어에 등록하였다.

김정빈 씨는 Happy Cell Phone이라는 스마트공장을 운영하는 중소 제조기업 사장이다. 그는 새 스마트폰 제조를 위해 3D 모델 스토어를 검토하고 있었다. 그러던 중 창학이가 올린 스마트폰 3D 모델이 눈에 띄었다. 시장에서의 성공 가능성을 검토한 후, 3D 프린터로 제작한 시제품의 내구성과 사용자인터페이스 등을 테스트해 보았다. 그는 최종적으로 창학이가 개발한 스마트폰을 생산하기로 하고 파트너계약을 맺었다. 스마트폰 디자인에 대한 지식재산권과 수익의 일부를 창학이가 가지는 조건이다. 창학이는 자신이 개발한 스마트폰의 이름을 Gold Spoon으로 정하고 제품 등록을 하였다.

위의 이야기를 통해 기존 제품 개발 과정과 미래 제품 개발 과정의 명확한 차이를 알 수 있다. 기존에는 소비자의 아이디어가 직접 실현되어 제품화되는 경우가 적었다. 3D 프린팅 기술이 발달되면 누구나 제품을 제조할 수 있기 때문에 새로운 부가 가치를 창출하기가 훨씬 쉬어진다. 3D 프린팅 기술을 통해 아이디어 기획에서 시제품 생산까지 소요되는 시간이 획기적으로 단축되기 때문이다.

보잉과 포드는 3D 프린터를 활용하는 대표적인 기업들이다. 보잉은 3D 프린터를 시제품 제작단계에 활용하여 설계기간의 60%를 단축하는 동시에 비용의 45%를 절감했다.

이처럼 미래에는 정보 공유와 협업을 통해서 시공간을 초월한 제조가 실현되며 소량의 개인맞춤형 제품 생산으로 개인 제조기업과 중소기업에게 새로운 시장을 창출할 수 있는 기회가 제공될 것이다. 창의적인 아이디어만 있다면 누구나 제조에 참여할 수 있기 때문에 제조업의 저변 확대는 물론이고 경쟁력 향상에도 크게 기여할 것으로 전망된다.

김미래 씨의 경우 자신만의 제품을 만들기 위해 인터넷 카페를 활용했지만 창학이처럼 3D 프린팅 기술 유통 플랫폼을 활용하면 창업자와 전문 제조기업 그리고 소비자를 직접 연결하여 더 스마트한 제품을 개발할 수 있을 것이다. 따라서 미래에는 개방형 유통 플랫폼을 통해 3D 프린팅 기반의 창의적 아이디어를 가진 1인 기업이 활성화되거나 기존 중소 제조기업의 참여 확대도 가능할 것으로 기대된다.

하정이는 최근 사귀기 시작한 남자친구와 연애에 푹 빠져 있는 여대생이다. 하정이는 남자친구의 낡은 스마트폰이 항상 마음에 걸려서 생일선물로 새 스마트폰을 사주기로 결심했다. 남자친구에게 어울릴만한 스마트폰 디자인을 찾기 위해 온라인 3D 모델 스토어에서 스마트폰을 검색해 보았다. 그 중 창학이가 개발한 스마트폰인 Gold Spoon이 남자친구에게 잘 어울린다고 생각되어 자세히 들여다보기로 했다. 디자인이 마음에 들기는 하는데, 한 가지 아쉬움이 있었다. 바로 Gold Spoon 디자인에서 스마트폰 모서리 부분을 조금 더 곡선형으로 수정하면 완벽한 스마트폰이 될 것 같은 것이다. 아쉽지만 여기에서 포기할 하정이가 아니다. 하정이는 즉시 3D

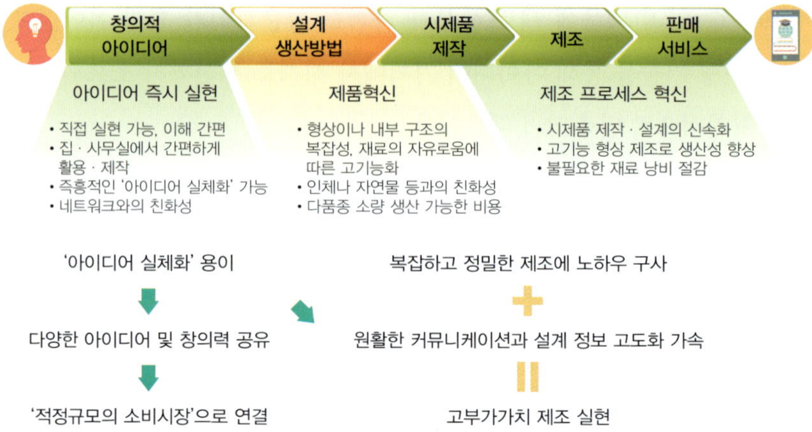

| 그림 25 | 3D 프린터 활용을 통한 제조업 부가 가치 창출

모델 스토어에서 디자인 수정사항을 작성하여 함께 구매버튼을 눌렀다. Happy Cell Phone사는 스마트폰의 디자인 수정 요청사항을 파악한 후 수정된 Gold Spoon 스마트폰을 생산한다.

기존의 제조방식에서는 작은 단위의 부품을 생산하여 조립하였지만 3D 프린터를 활용하면 큰 단위의 부품 혹은 완제품의 형태로 생산하여 조립공정을 간소화할 수 있게 된다.

유럽항공우주방위산업체는 3D 프린터를 이용해 자전거 제조방식을 기존의 금형을 이용하지 않고 단번에 생산할 수 있게 변경한 에어 바이크를 만들었다. 기존 공정보다 원료의 10분의 1가량만 사용하고, 무게도 일반 자전거의 65% 수준이면서 조립과정도 없애서 고장의 가능성도 훨씬 줄어들었다. 또, 자동차 부품회사인 델파이사는 알루미늄 디젤 펌프를 하나의 부품으로 만들어 제조비용을 크게 줄였다. 특히 펌프가 여러 부품의 조립 형태가 아니라 하나의 부품으로 만들어졌기 때문에 누수현상도 크게 줄어들었다.

3D 프린터를 활용한 미래의 제조방식에서는 노동력과 가공공정이 줄

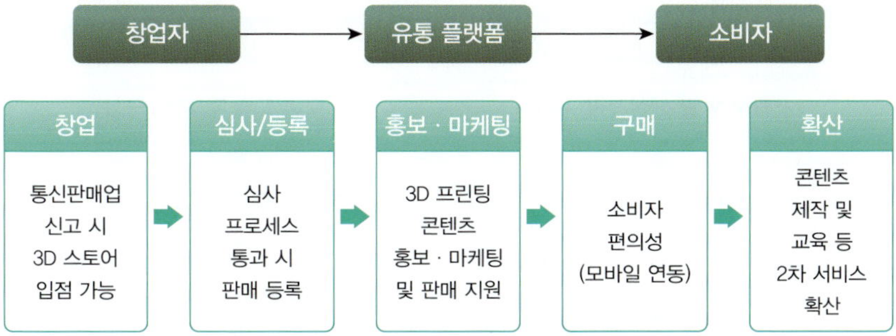

| 그림 26 | 3D 프린팅 기술 유통플랫폼 구상도

어들고, 설계도면을 해석하는 절차도 없어져 설계 결과물을 바로 제조할 수 있게 된다. 이렇게 되면 가공 과정에서 발생할 수 있는 재료의 낭비가 줄고, 투입 인력은 감소되어 제품의 원가가 절감된다. 무엇보다도 과거에는 실현할 수 없었던 다양한 디자인의 제품을 필요할 때마다 즉시 생산할 수 있는 것이다. 이것은 스마트제조가 가져다 줄 놀라운 혜택 중 하나이다.

기존에는 특정 제품을 만들기 위해서는 그 제품에 맞는 금형을 제작하고, 또 새로운 제품을 제작하기 위해서는 또 다시 새로운 금형을 만들어야 했다. 하나의 금형은 단 한 종류의 제품만을 만들기 위해 제작되는 것이기 때문이다. 3D 프린터를 활용하면 이러한 일은 사라질 것이다. 이것 역시 유연한 제품 제조를 가능하게 하는 스마트제조의 또 다른 이점이다.

| 그림 27 | 기존 제조업 공정과 3D 기술 활용 공정의 비교

3D 프린팅 기술의 미래

다양한 이야기를 통해 3D 프린팅 기술이 스마트제조와 연계되어 세상이 어떻게 바뀔지 알아보았다. 위 이야기 속에는 3D 프린팅 기술로 창출될 수 있는 몇 가지의 부가 가치가 내포되어 있다.

우선, 제품의 설계 단계에서 시제품 제작에 소요되는 시간과 비용을 획기적으로 절감할 수 있다. 설계된 제품의 기능이 기대한 대로 작동되는지, 제조 단계에서 만들기 어려운 부품이 있는지와 같은 검증이 디자인과 설계 단계에서부터 이루어지기 때문이다.

둘째, 컴퓨터에서 만들어진 3D 모델만 있으면 전 세계 어디서든지 시공간을 넘는 제조가 가능해진다. 3D 모델을 공유하고 판매하는 온라인

'3D 모델 스토어'뿐만 아니라, 3D 프린터를 보유한 누구나 '3D 제품 스토어'를 통해 자신의 제작능력을 광고할 수 있다.

셋째, 규모를 갖춘 기업만이 할 수 있는 대량생산방식이 아닌 소량의 맞춤형 틈새시장 제품을 제작하는 1인 기업 시대를 앞당길 수 있다. 창의적으로 고안한 제품을 원하는 방식으로 제조할 수 있는 생산시대가 도래한다는 의미다. 요즘 들어 자신만의 제품을 원하는 소비자가 폭발적으로 증가하고 있는 추세를 감안할 때, 미래의 부가 가치를 창출할 수 있는 3D 프린팅 기술은 스마트제조에 필수적이라고 할 수 있다.

이처럼 3D 프린팅 기술이 보편화된다면 우리는 새로운 시대를 경험하게 될 것이다. 누구나 김미래 씨처럼 자신이 꿈꾸는 맞춤형 자동차를 가질 수 있다. 창학이처럼 자신이 원하는 고유한 디자인의 스마트폰을 가질 수도 있고, 이를 3D 프린팅 기술 유통 플랫폼에 공유하여 제품화할 수도 있다. 입고 싶은 스타일의 옷을 찾을 수 없을 경우 3D 프린팅 기술을 통해 내가 상상하는 옷을 직접 디자인하여 만들 수도 있을 것이다. 사실 김미래 씨나 창학이처럼 누구나 자신이 좋아하는 제품이 있기 마련이고 내게 딱 맞는 제품을 갖고 싶어하는 욕망이 있으나 지금까지는 이를 마음속으로만 상상하고 간직할 수밖에 없었다. 하지만 이제 이 모든 것들이 3D 프린팅 기술의 발전으로 가능해진다. 아주 그럴듯한 장밋빛 미래 아닌가.

하지만 현재 3D 프린팅 기술의 수준으로 볼 때 당분간 원하는 것을 쉽게 손에 넣기는 어렵다. 3D 프린터의 속도나 조형물의 강도와 크기, 표면 정밀도, 활용할 수 있는 재료의 다양성 관점에서 3D 프린팅 기술은 현실적으로 많은 한계가 존재하기 때문이다. 동일한 부피의 제품을 몇 초에 하나씩 만들어 낼 수 있는 사출 성형 공정에 비해 양산성 확보는 어려운 수준이다. 표면 정밀도 역시 현재 정밀 금형 제조방식과 비교하여 다소 떨어지는 것이 현실이다. 또한 적층 방식으로 이루어지는 제조이기 때문에 단층 방향의 힘에 약한 편이다.

이렇게 3D 프린팅 기술은 여러 가지 기술적 측면에서 제한적이지만, 현재 활발하게 진행되고 있는 신기술의 개발, 재료물질의 발전 및 핵심 특허권 만료 등과 같은 긍정적 요인들로 인해 수년 내 빠른 속도로 발전할 것으로 예상된다. 반나절에서 하루가 소요되는 느린 조형 속도는 수분에서 한 시간 이내로 당겨질 것이고 최대 조형 사이즈 또한 기존 $30cm^3$ 크기에서 미래에는 수십 m^3 사이즈 이상까지 가능해질 것이다. 정밀도 면에서도 0.5mm~0.01mm에서 복잡한 나노 수준으로 좋아질 것이다.

현재로서는 광경화성 수지, 레이저 소결 수지, ABS 필라멘트와 같은 플라스틱류와 금속 일부의 제한적인 재료에 한해서 제작되지만 향후에는 스테인리스, 티타늄, 유연한 섬유 세라믹, Carbon Fiber, 유리, 구리 등과 같은 다양한 재료로 확대될 것으로 예측된다. 또한 여러 가지 재료를 조합해서 새로운 재료를 만들 수도 있다. 이렇게 되면 개별 재료의 성분만으로는 가질 수 없는 정밀한 제품을 만들 수 있다. 국내 기업들도 3D 프린터에 활용이 가능한 소재를 차세대 먹거리로 인식하여 적극적인 투자와 노력을 쏟아 붓고 있다. 따라서 머지않아 소재 문제로 인한 3D 프린터의 한계를 곧 넘을 수 있을 것으로 예상된다.

전문가들은 현재 3D 프린터에서 생산되는 제품 중 20% 정도만이 최종 완성품이라고 평가한다. 아직까지 3D 프린팅 기술의 기술 수준이 완제품을 생산하기에는 부족한 상황이기 때문이다. 하지만 기술적, 경제적 한계가 극복된다면 3D 프린터 자체가 완제품을 생산하는 주요 기계 장비로 변할 수 있다.

사용자 측면에서 현재는 3D CAD 전문가들 중심으로 활용하고 있지만, 초보자용 소프트웨어의 개발과 보급으로 조만간 일반인들도 쉽게 사용할 수 있을 것이다. 점차적으로 복잡한 외형 디자인과 수백, 수천 개의 내부 부품들도 쉽게 설계하여 제작할 수 있을 것으로 전망된다.

다만, 누구나 제조에 참여할 수 있게 됨으로써 발생하는 부작용들도 생각해 볼 필요가 있다. 2013년 미국의 민간 무기개발단체 '디펜스 디스트리뷰트'가 세계 최초로 3D 프린터로 제작할 수 있는 총기의 설계도면을 공개한 바 있다. 많은 사람들이 빠른 속도로 이 설계도면을 공유했고 총기 소지가 합법화된 미국에서 큰 논란이 되었다. 이 설계도면으로 생산된 총기는 실제로 사람의 두개골을 관통할 만큼 가공할 살상력을 보였다. 3D 프린팅 기술의 장점과 단점을 극명하게 보여 주는 사례라고 할 수 있다.

긍정적인 삶의 변화와는 반대로 삶을 위협할 수도 있는 기술이 바로 3D 프린팅 기술이다. 총기 설계도면과 같이 위험한 도면 외에도 지적재산권, 특허권이 있는 도면이 불법적으로 유통되어 해당 도면에 대해 로열티를 받고 있는 회사가 피해를 볼 수도 있다. 3D 프린팅 기술은 제조업이 한 단계 더 발전하기 위해서 꼭 필요한 기술이고 엄청난 발전 속도를 보이고 있지만 이로 인해 발생될 여러 가지 문제점에 대한 대비책 마련은 아직 미흡한 상황이다. 법률적, 제도적 장치가 뒷받침되어야만 더 빛을 발하는 기술이 될 것이다.

3D 프린팅 기술의 분류

3D 프린터는 여러 가지 제작 방식을 가지고 있지만 대표적으로 FDM[Fused Deposition Modeling], SLA[Streolithography], SLS[Selective Laser Sintering] 세 가지 방식이 있다.

FDM 방식은 가는 실 형태의 열가소성 물질을 노즐 안에서 녹여 얇은 필름형태로 적층한다. 쉽게 말하면 열을 이용하여 ABS, PLA 플라스틱 등의 재료를 녹여 지시된 위치에 쌓아서 결과물을 만드는 방식이다. FDM 방식 프린터의 구조는 재료를 출력하는 노즐과 모델이 적층되는 베드판, 그리고 모터를 이용하여 노즐과 베드[bed]판을 움직이는 암으로 구성되어 있다. 출력을 실행하면 출력할 모델 형태에 따라 가로와 세로 방향으로 노즐 헤드와 베드판을 이동시키면서 한 층을 출력한다. 첫 번째 층의 출력이 완료되면 노즐을 위로 조금 올려 두 번째 층을 출력하고 이를 반복하여 전체 형태를 출력한다.

FDM 방식은 구조가 간단하고 고체 형태의 재료를 이용하므로 관리가 편하고 저렴하다. 보급형 ABS, PLA 플라스틱 재질은 단단한 강도가 필요한 구조물을 제작할 때는 좋지만 잘 휘는 연성이 요구되는 구조물을 제작하기에는 적합하지 않다. 재료 사용에 따라 크게 ABS와 PLA 모두 사용할 수 있는 프린터와 PLA 재료만 사용이 가능한 프린터로 나눌 수 있다. ABS 재료를 이용하는 프린터는 배드판에 열선이 있고 PLA 재료만 이용하는 프린터는 베드판에 열선이 없기 때문에 ABS 재료를 사용하는 프린터는 PLA 재료도 사용이 가능하지만, PLA만 사용하는 프린터는 ABS 재료를 이용할 수 없다.

SLA Streolithography 방식은 액체 광경화성 수지가 담긴 수조 안에 저전력, 고밀도의 UV 레이저를 투사하여 경화시키는 방식으로 적층한다. 조형판 위에 지지대를 조성하고 조형하고자 하는 모델의 아랫부분부터 적층을 한다. 이는 레이저를 쬐면 빛에 반응하는 부분이 고형화되는 원리를 이용한 것이다. 재료가 액상이기 때문에 프린터 안에 수조가 있는 것이 특징이다. 하단에 레이저 장치가 있어 출력을 실행하면 레이저 장치에서 쏘는 광선이 미러를 거쳐 액상 수지가 담겨 있는 수조에 닿게 된다. 미러는 출력물의 모델 형상에 따라 움직여 레이저 광선이 닿는 위치를 지정한다. 이렇게 하나의 층을 출력하면 배드판이 위로 조금 올라가 두 번째 층을 출력한다. FDM 방식과는 다르게 배드판이 아래에서 위로 움직이기 때문에 출력물이 거꾸로 붙어서 출력된다. 결과물이 정교하기 때문에 치의공, 보석 세공, 건축 시뮬레이션 등에 많이 사용된다. 강도가 약해 건조 과정을 거쳐야 하고 FDM 방식보다 비싸기 때문에 가정용보다 사무용으로 많이 사용되고 있다.

FDM	SLS	SLA
열가소성 물질을 노즐 안에서 녹여 얇은 필름 형태로 출력하여 적층	베드에 도포된 파우더에 선택적으로 레이저를 조사하여 분말을 가열, 결합하는 방법으로 적층	광경화성 액체 수지가 담긴 플랫폼에 레이저를 투사하여 경화시키는 방법으로 적층

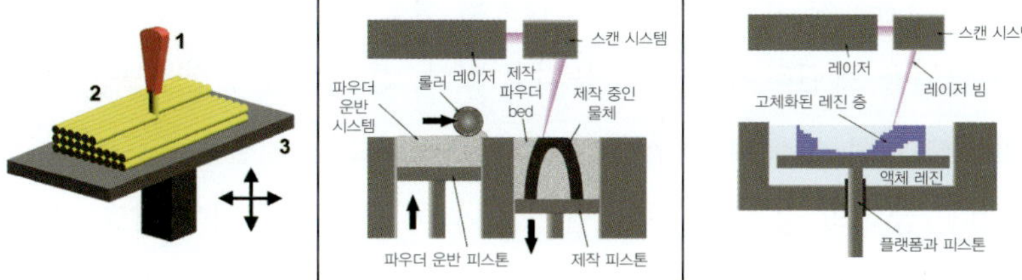

| 그림 28 | 3D 프린팅 기술 제작 방식

SLS Selective Laser Sintering 방식은 베드에 도포된 분말에 선택적으로 레이저 광선을 쏘아서 적층한다. 동작은 SLA와 비슷하지만 재료가 분말이므로 레이어별로 출력될 때마다 분말 가루를 새롭게 뿌려주고 바닥을 평탄하게 만들어 주는 작업이 필요하다. 금속 등 다양한 재료를 사용할 수 있고 정교하기 때문에 여러 분야에 응용해서 사용이 가능하다. 현재는 산업용으로 사용되고 있지만 2014년 2월 이후 특허가 풀렸기 때문에 저렴한 SLS 방식의 프린터가 출시될 것이라고 예상하고 있다.

SLS 방식은 금속, 나일론 등 다양한 재료 사용이 가능할 뿐만 아니라 정교한 모형 제작에 사용되고 있다. 대부분 산업용으로 출시되어 부피가 크고 전력 소비도 높다.

재료의 특성에 따라 3D 프린팅 기술이 나눠지기도 한다. 액체 형태일 경우 뛰어난 표면과 미세형상 구현이 가능하지만 내구성이 떨어는 단점이 있다. 분말 형태일 경우에는 다양한 재료의 선택이 가능하며 높은 정밀도, 견고함 등의 장점을 보유하고 있다. 고체 형태일 경우 다시 플라스틱, 왁스, 종이 필름 형태로 나뉜다. 플라스틱은 낮은 제조단가, 내습성 등의 장점이 있지만 정밀성이 다소 떨어지는 경향이 있다. 왁스는 매끄러운 표면, 신속성, 정밀성을 보유하고 있다. 종이 필름 형태의 재료는 재료비가 매우 저렴하고 대형 제품의 제작이 가능하나 내구성이 떨어진다.

플라스틱을 활용한 3D 프린팅 기술은 기술적 완성단계이며, 주로 저가형, 가정용으로 적용되고 있고, 금속의 경우 기술개발 초기단계로 고가형의 산업용 프린터에 주로 사용되고 있다. 플라스틱의 경우 보다 더 다양한 분야에서 시제품, 완구 등에 적용되고 있으며, 기술적으로 완성단계에 있다. 금속의 경우는 알루미늄, 티타늄이 많이 사용되어 의료, 기계부품 등에 적용되고 있으며, 기술개발 초기단계에 있다. 종이, 목재, 식재료, 고무 등은 건축 및 음식에 적용된다. 이처럼 3D 프린터의 재료는 주로 플라스틱이지만 최근에는 금속, 초콜릿, 섬유 등 다양한 종류로 발전되고 있다.

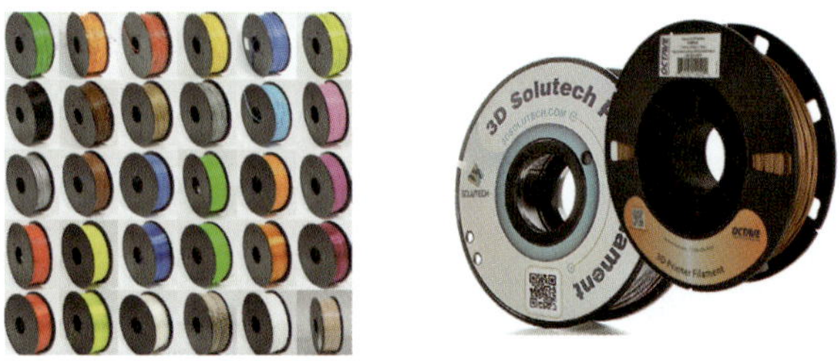

| 그림 29 | 3D 프린터에 사용되는 재료

마무리

3D 프린팅 기술이라는 새로운 제조물결이 우리를 향해 다가오고 있다. 스마트폰이 순식간에 우리의 생활필수품으로 자리 잡게 된 것처럼 우리가 생각하는 것보다 훨씬 빠르게 다가올 것이다. 부모님 세대가 스마트폰

에 익숙치 않아 잘 다루지 못하는 모습을 보며 안쓰러워하는 것처럼 우리의 자식들은 3D 모델링을 통해 원하는 제품을 직접 만들지 못하는 우리를 안쓰러워할지도 모른다. 우리 자식들은 3D가 아니라 혹시 4D 프린터를 즐겨 사용하고 있을지도 모르는 일이다.

3D 프린팅 기술이 활성화된다면 우리가 즐겨하는 게임의 모습도 바뀔 수 있지 않을까? 예를 들어 전략 시뮬레이션 게임인 스타크래프트에서 비행 유닛을 뽑으려면 우주공항을 건설해야 하고 지상 유닛을 생산하려면 군수공장을 건설해야 하지만 3D 프린터와 스마트공장의 기술 수준이 완성되는 시점에는 모든 유닛을 한 공장안에서 생산할지도 모른다. 정말 그렇게 된다면 그 공장은 아마 3D 프린팅 기술을 활용한 스마트공장일 것이다.

2

모든 소리를 담자:
사물인터넷

2

모든 소리를 담자: 사물인터넷

IoT는 현실이다

사물인터넷Internet of Things: IoT의 기술적 이야기를 하기 전에 스마트 홈이라는 재미있는 사례를 생각해 보자.

사물인터넷IoT 관련 기업에 다니는 회사원 김연결 씨는 내일 회사의 다른 지사로 출장이 잡혀 있어서 비행기 시간에 맞도록 알람을 맞춰 놓았다. 그런데 알람시계가 김연결 씨가 설정해 둔 시간보다 30분이나 일찍 울린다. 웬일인지 알고 보니 공항까지 가는 도로에 교통사고가 발생해서 심한 교통지체가 예상된 것이었다. 스마트 TV가 켜지면서 날씨와 교통상황뿐만 아니라 평소 김연결 씨의 생활 패턴을 빅데이터로 분석하여 필요한 뉴스를 보여 주고 밤새 도착한 메일과 오늘 일정에 대한 브리핑을 해준다.

김연결 씨가 식사를 하기 위해 주방으로 이동한다. 스마트 냉장고에서는 김연결 씨가 착용한 스마트의류를 통해 측정된 건강상태에 따라 적절한 아침 식단을 제시해 준다. 매일 섭취해야 하는 약통에 붙여 둔 NFC Near Field Communication 태그는 근처에 접근하면 복용시간이나 방법을 잊지 않도록 자동으로 안내해 준다. 옷장으로 가서 오늘 회사에서 있을 회의 참석자와 날씨에 따라 스마트 옷장에서 추천해 준 옷을 입고 출근을 하기 위해 가방을 챙기는데 가져가야 할 소지품이 보이지 않는다. 하지만 집안 곳곳의 스마트 카메라와 연결된 TV를 통해 여기저기 흩어져 있던 소지품이 어디에 있는지 확인할 수 있다. 출근 준비를 마치고 현관을 나가려고 보니 우산 손잡이가 빛을 내며 깜빡인다. 비가 온다는 사실을 깜박했던 김연결 씨는 우산을 가지고 집을 나섰다. 비가 오면서 갑자기 뚝 떨어진 기온을 인지하고는 김연결 씨가 나오는 시간에 맞춰 따뜻하게 예열이 되어 있는 자율 주행 자동차를 타고 출근길에 오른다.

회사에서 일하던 중 오후가 되어 집에 사람이 없는 시간, 집안에 홀로 남아있을 반려동물이 걱정된 김연결 씨는 스마트폰을 사용해 집안 곳곳을 확인한다. 로봇청소기는 분주하게 집안 곳곳을 청소하고 있고 집안의 쾌적한 실내 공기를 위해 창문이 열리고 환기가 되는 모습을 실시간 영상으로 살펴볼 수 있다.

퇴근 후 김연결 씨는 피곤한 하루를 마무리하며 TV를 시청하고 있다. '띵동' 초인종 소리가 울리더니 TV 화면에 현관에 서있는 방문자의 모습이 나타나면서 얼굴 인식을 통해 택배 배송원임을 알려 준다. 김연결 씨가 취침하기 위해 침대에 누우면 동작감지 기능을 가진 방범 시스템이 작동되어 안심하고 숙면을 취할 수 있는 편안한 취침 환경을 만들어 준다.

위와 같이 주거 환경에 IT 기술을 융합해서 더 편리하고 안전한 생활을 가능하게 하는 생활환경을 '스마트 홈Smart Home'이라고 한다. 지능형 정보 생활기기가 네트워크에 연결되어, 사람과 자연스러운 상호작용을 통해 생활에 편의를 제공할 수 있는 것이다. 이는 우리 일상과 매우 밀접한 연관을 가지고 있는 사물인터넷 융합 기술의 집합체 중 하나라고 할 수 있다. 그리고 회사원 김연결 씨의 이야기는 사물인터넷이 활용되고 있는 수

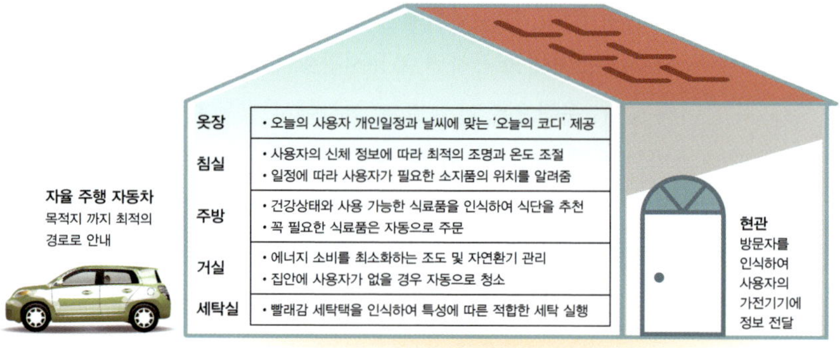

| 그림 30 | 스마트 홈 구현의 예

많은 영역 중 하나의 사례에 불과하다. 사물들은 영화 속 장면처럼 본래 자신의 일을 훨씬 똑똑하게 해내고 있지만 이는 더 이상 먼 미래의 이야기가 아니다. 현재 진행 중인 사물인터넷의 모습이다.

사물인터넷이란 무엇인가?

사물인터넷은 1999년 미국 MIT 대학의 Auto-ID Center 연구소에서 각종 사물들이 센서를 통해 인터넷에 연결되는 것을 설명하고자 만든 용어이다. 이 용어가 처음 생겨났을 당시에도 이미 기기, 컴퓨터 및 기계들이 제한적으로 인터넷에 연결되어 있었다. 그러나 최근 센서, 프로세서 등의 기술이 발전함에 따라 과거에는 데이터를 생성하고 전송할 수 없었던 사물들을 인터넷에 본격적으로 연결할 수 있게 되면서 '사물인터넷'이라는 개념이 더욱 각광받기 시작하였다.

사물인터넷이라는 용어는 여러 연구와 각종 보고서, 글로벌 표준기구(예: ITU, 3GPP, IEEE, ETSI 등)에 따라 다음과 같은 다양한 정의가 존재한다.

"인간과 사물, 서비스의 세 가지 분산된 환경 요소에 대해 인간의 명시적 개입 없이 상호 협력적으로 센싱, 네트워킹, 정보 처리 등 지능적 관계를 형성하는 사물 공간 연결망"

-한국인터넷진흥원(KISA, 2013)

"기기 및 사물에 통신 모듈이 탑재되어, 유무선 네트워크로 연결됨으로써 사람과 사물 간, 사물과 사물 간에 정보 교환 및 상호 소통할 수 있는 지능적 환경"

-국제전기통신연합(ITU1)

"사물인터넷은 센서들과 스마트 객체들의 네트워크로 구성된 시스템으로서, 스스로 설정 가능하고 적응적인 시스템으로 일상생활과 관련되거나 혹은 산업과 관련된 모든 객체를 포함하는 모든 사물을 상호 연결함으로써, 사물들이 스스로 지능화되고 프로그래머블하며 더욱 인간과 원활한 상호작용을 할 수 있는 것을 목적으로 한다."

-국제전기전자기술자협회(IEEE)

"인터넷에 연결된 사물이 사람의 개입 없이 지능적으로 정보를 수집, 가공, 처리하는 통신기술 · 인프라"

-방송통신위원회(2012)

"ICT 기반으로 모든 사물을 연결하여 사람과 사물, 사람과 사물 간에 정보를 교류하고 상호 소통하는 지능형 인프라 및 서비스 기술"

-미래창조과학부(2013)

이러한 다양한 정의들 속에서 공통된 부분을 통해 좀 더 쉽게 해석해 보면 사물인터넷이란 말 그대로, 사물이 인터넷에 연결되어 그 정보를 활용하여 사물 본연의 기능을 더 충실히 행하도록 하는 기술이라고 말할 수 있다. 즉 센서가 탑재된 다양한 기기들을 통해 정보들이 지속적으로 수집되고 유·무선 네트워크를 통해 송신된 정보를 기반으로 자동화된 지능형 서비스를 제공하는 것이 사물인터넷의 핵심이라고 할 수 있다.

용어의 정의에 있어서 한 가지 특징적인 면은, 사물인터넷과 관련된 하드웨어의 기술적 발전으로 사물인터넷이라는 용어는 점점 더 넓은 범위의 개념으로 확장되고 있다는 것이다. 특히 단순히 여러 사물들을 연결하는 것 보다는 사물로부터 얻어진 정보를 분석하고 활용하여 새로운 가치를 창출한다는 개념이 강조되고 있다. 시스코나 퀄컴 등 일부 기업 등과 글로벌 시장 조사 기관 가트너는 사물인터넷을 넘어 '만물인터넷Internet of Everything: IoE'이라는 용어까지 사용하고 있다. 이는 사물인터넷이 사물들끼리의 연결을 의미한다면 사람, 프로세스, 데이터 등을 포함하는 유·무형

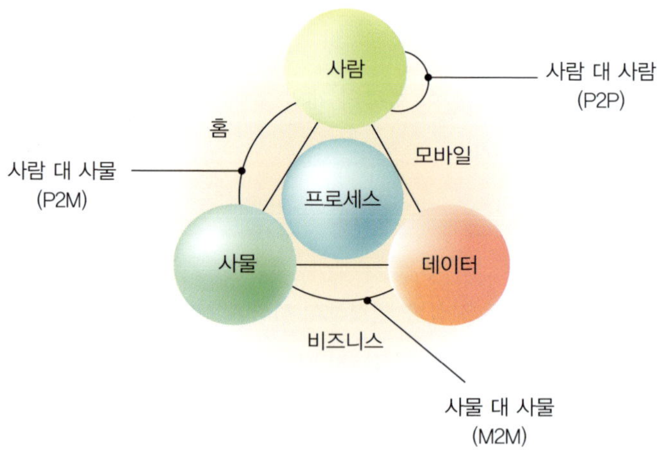

| 그림 31 | 만물인터넷(Internet of Everthing: IoE)

출처: Cisco (2012).

의 모든 사물을 네트워크로 유기적으로 연결해 사물에 '지능intelligence'을 부여하는 것을 강조하기 위한 용어로 쓰이고 있다. 또한 'IoT'를 'Internet of Things'가 아닌 'Information of Things'로 해석하는 경우도 있다. 하지만 일반적으로는 사물인터넷라는 용어가 이러한 확장된 개념까지 포괄하여 사용되고 있다.

사물인터넷 핵심 기술

IoT의 핵심 기반 기술은 보통 센싱 기술, 네트워크 기술, 인터페이스 기술로 구분할 수 있다. 센싱 기술은 온도, 습도, 열, 가스, 조도, 초음파 등을 감지할 수 있는 각종 센서를 이용하여 원격 감지, 위치 및 모션 추적 등을 통해 사물과 주위 환경에 대한 정보를 획득하는 기능이다. 최근에는 기존의 개별적인 센서보다 한 차원 높은 다중 센싱 기술을 사용해 보다 더 지능적이고 고차원적인 정보를 추출할 뿐만 아니라 정보 처리 모듈을 내장한 스마트 센서가 개발되어 상용화되고 있다. 네트워크 기술은 센서를 통해 얻은 정보를 유·무선 네트워크를 통해 인간과 사물, 서비스 등 분산된 사물인터넷 환경 요소들을 서로 연결시킨다. 주변에서 흔히 볼 수 있는 4G/5G, 블루투스, ZigBee, WiFi 등이 여기에 속한다. 마지막으로 인터페이스 기술은 사물인터넷의 주요 구성 요소인 인간·사물·서비스와 특정 기능을 수행하는 응용서비스를 연동하는 역할을 한다. 즉 사물인터넷 망을 통해 다양한 정보를 저장, 처리하고 변환하는 등의 다양한 서비스를 제공할 수 있는 인터페이스 역할을 수행하는 것이다. 이는 정보의 검색, 가공, 정형화, 추출, 처리 및 저장 기능을 의미하는 검출 정보 기반 기술과 위치정보 기반기술, 보안 기술, 데이터 마이닝 기술, 웹 서비스 기술 등으로 구성된다.

| 그림 32 | 센서, 네트워크, 인터페이스 기술의 연결

사물인터넷 시장 동향 및 전망

현재 사물인터넷은 다양한 분야에서 활용되고 있는데, 우리나라와 미국, 일본, 중국, 유럽 등 ICT 강국을 중심으로 국가적 차원에서 사물인터넷 사업을 지원하고 있다. 따라서 국내외 대기업들뿐만 아니라 신생 스타트업 기업들까지 사물인터넷 시장을 선점하기 위해 기술개발과 자사 중심의 생태계 조성에 적극 나서는 등의 활발한 움직임을 보이고 있다. 시장조사 기관에서 예측하고 있는 사물인터넷 전망치는 조사기관에 따라 현격한 차이를 보이고 있는데, 이는 사물인터넷 시장 범위의 불명확성과 향후 발전 전망에 대한 불확실성 등 아직까지 시장규모를 논하기가 매우 어려운 현실을 반영하고 있는 것이다.

스마트폰과 태블릿 PC, 컴퓨터 등을 제외한 사물인터넷 기기의 수에 대한 전망치 자료에 따르면 2020년 사물인터넷 기기의 수를 Gartner사는 320억 대, Cisco사는 이보다 다소 높은 500억 대, ABI research사는 280억 대에 이를 것으로 예상하고 있다. 이처럼 다양한 예측치에도 불구하고,

기기의 증가율은 공통적으로 매년 20% 이상을 전망하며 2020년에는 지금의 조사 시점보다 약 3배 이상으로 증가하는 기기 수로 1인당 적어도 2개에서 6개까지의 사물인터넷 기기를 소지할 것으로 내다보고 있다.

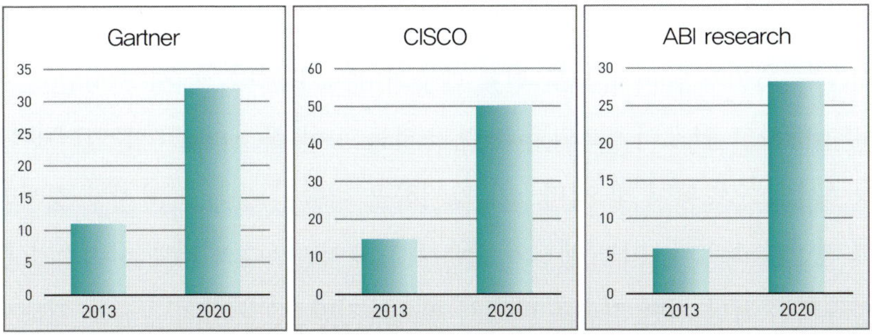

| 그림 33 | 연결된 사물의 수 전망(단위: 10억 개)

이처럼 사물인터넷 기기의 높은 증가율 예측과 함께 대부분의 전문가들은 사물인터넷 시장 역시 매우 빠른 속도로 성장하여 엄청난 경제적 가치를 창출할 것으로 전망하고 있다. 다음 자료를 보면 Gartner사는 31.4%, IDC사는 12.5%, Machina Research사는 26.2%의 연평균 성장률로 사물인터넷 시장이 성장할 것으로 예측하고 있다.

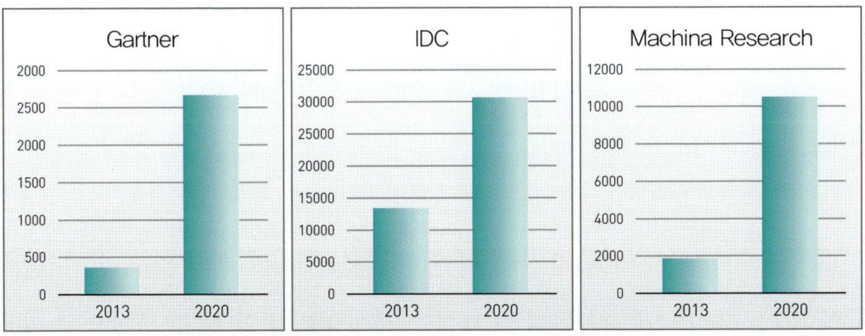

| 그림 34 | 사물인터넷 시장 규모 전망(단위: 1억 USD)

한편, 시장 조사 기관인 Business Insider사의 자료에 따르면, 앞선 자료의 결과와 비슷한 양상으로 전 세계 사물인터넷 시장 규모는 연평균 약 44%의 고성장을 통해 2020년이면 6000억 달러에 이를 것으로 전망하고 있다. 특히 주목할 점은 하드웨어보다는 소프트웨어 및 서비스 시장의 비중이 높을 것으로 예상한다는 것이다. Gartner사 역시 사물인터넷 서비스 시장이 2620억 달러 규모로 전체 매출의 80%가 서비스에서 발생할 것으로 전망하고 있으며, 그 외의 관련 조사들도 한 목소리로 사물인터넷 시장에서 소프트웨어 및 서비스가 차지하는 비중이 우위를 차지할 것이라고 전망하고 있다. 이는 센서와 같은 하드웨어는 사물인터넷 서비스가 활성화되기 위한 기반 기술로 반드시 필요하지만, 부가 가치 창출을 위해서 집중해야 할 핵심 기술은 소프트웨어와 서비스라는 것을 의미한다.

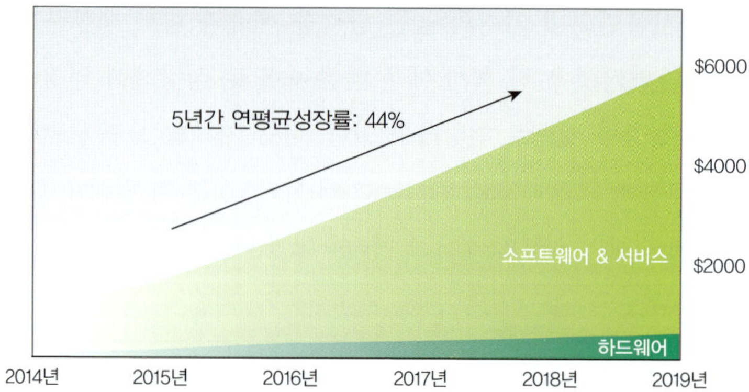

| 그림 35 | 사물인터넷 시장 비중의 전망(단위: 10억 USD)

출처: Business Insider (2015).

다음은 사물인터넷 서비스의 영역별 시장 전망을 보여 준다. IC Insight사와 Business Insider사 등의 보고서는 사물인터넷의 주요 분야로 스마트 그리드Smart Grid, 지능형 가로등, 스마트 도로와 같은 스마트 시티 관련 시장을 비롯해 물류, 의료, 공장 등을 포괄하는 산업용 인터넷 및 웨어러블Wearable 시스템, 스마트 카, 스마트 홈으로 나누었다.

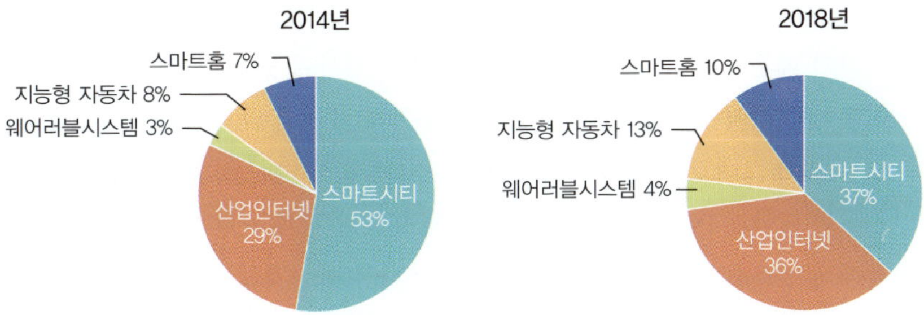

| 그림 36 | 사물인터넷 서비스의 영역별 시장 전망

출처: IC Insights (2014. 12.).

그리고 IC Insight사의 2018년 각 분야별 비중 전망을 살펴보면, 스마트 시티 37%, 산업용 인터넷 36%, 스마트 카 13%, 스마트 홈 10%, 웨어러블 시스템 4%로 전망하고 있다. 그중에서도 특히 산업용 인터넷 시장의 확대는 기업용 기기 분야의 공급사슬Supply Chain Management: SCM 및 유통, 의료 서비스 산업에 가장 큰 투자가 이루어질 것을 의미하며, 이를 통해 기업은 운영 효율화, 소비자 서비스, 조직간 협업, 전략적 의사 결정 지원 측면에서 큰 투자 효과를 얻을 것으로 기대되고 있다. 사물인터넷이 스마트제조와 밀접한 관계를 가지고 있음을 알 수 있는 것이다. 현재 사물인터넷 서비스를 공공, 민간, 기업용 서비스 시장의 영역으로 분리해서 보면 스마트 가전 기반의 가정용 에너지 절감, 보안, 헬스케어 서비스 등 개인 소비자를 대상으로 하는 시장에서 집중 조명을 받는 경향이 있지만 앞으로는 공공, 기업 시장의 비중이 더욱 확대될 것으로 전망된다.

사물인터넷 시대의 우리 모습

> 오늘도 김연결 씨는 출근을 위해 집을 나서 자율 주행 자동차에 올랐다. 자율 주행 자동차는 운전자가 개입하지 않아도 최적의 경로로 안전하게 운행하기 때문에 이동 중에 태블릿 PC를 꺼내 회사에 있는 가상데스크톱에 접속하여 회의 준비를 한다. 사무실에 도착해 자리에 앉으면 이전까지 봤던 화면이 그대로 사무실에 위치한 모니터에 표시된다. 이후 회의실로 이동하여 테블릿 PC의 가상 개인 비서에게 회의 일정과 관련 자료를 참석자들에게 전달해 달라는 음성명령을 내리면 다른 참석자들에게 이메일이 전달된다. 회의에 누가 왔는지 누가 늦을지 등에 대해서도 확인 가능하며, 늦은 사람에게는 따로 메시지가 전송된다. 그리고 다른 지사의 직원과 재택근무 중인 직원은 화상으로 연결되어 회의가 진행된다.

이러한 스마트 환경은 개인의 라이프스타일을 넘어 기업의 업무 방식까지 빠르게 변화시키고 있다. 위와 같은 예를 '스마트워크Smart Work'라 하며 반드시 사무실의 자기 책상 앞이 아니더라도, 언제 어디서든 인터넷과 모바일 기기를 이용하여 효율적으로 업무를 처리할 수 있게 되는 것을 의미 한다. 그렇다면 스마트워크를 통해 어떠한 효과를 기대할 수 있을까? 앞서 살펴보았던 스마트 홈이 개인생활에 큰 변화를 가져온다면 스마트워크의 경우는 사회 및 기업의 생산성에 큰 영향을 미칠 것으로 기대된다.

사회적 효과 측면에서 살펴보면 출산 및 육아 부담을 안고 있는 여성 근로자, 출퇴근이 어려운 장애인, 그리고 전문성 있는 퇴직자 등의 취업을 촉진할 수 있다. 또한 출퇴근으로 발생하는 교통 혼잡 등의 사회적 비용을 절감할 수 있으며 스마트워크가 확산됨에 따라 컨설팅, 원격근무센터 임대 등의 새로운 일자리가 창출될 수 있다. 기업 생산성 측면에서는 근로자의 업무 생산성 및 효율성 향상과 기업 운영비용 절감 효과를 기대할 수 있다. 근로자는 효율적인 업무를 통해 늘어난 개인의 자율 시간을 활용해서 자신의 기술이나 전문 능력을 향상시킬 수 있다. 또한 사무 공간 축소에 따른 임대료와 전기, 가스 등 기업 운영비용 절감이 예상된다. 개인 생활 측면에서는 출퇴근 스트레스, 비용, 시간의 절감을 기대할 수 있다. 이에 따라 개인의 여가 활동과 자기 계발 기회가 증가되고 여성에게 더 많은 육아 시간이 제공됨으로써 삶의 질이 향상될 수 있다. 이처럼 스마트워크는 저출산·고령화, 교통 등의 사회적인 문제에 대한 해결, 우수한 인재의 활용, 생산성 향상 등을 기대할 수 있다. 바로 스마트제조가 지향하는 바와 맥을 같이 하는 것이다.

사물인터넷 vs. 일반 컴퓨팅

우리가 일상생활에서 사용 중인 스마트폰이나 PC 등과 같은 기기를 사용해서 수행하고 있는 일반 컴퓨팅 작업이 사물인터넷이 하는 일을 못하는 것은 아니다. 그렇다면 사물인터넷과 일반컴퓨팅은 구체적으로 무엇이 다른 것일까? 이에 대해 살펴보기 위해서 다음의 두 사례를 비교해 보자.

> 얼마 전 결혼한 초보 주부 최은지 씨는 점심 준비를 위해 스마트폰을 켜고 인터넷에서 레시피를 검색하였다. 레시피를 결정하고 레시피에 따라 음식재료를 찾기 위해 냉장고를 열었다. 하지만 주요 재료로 쓰이는 식품 하나가 유통기한이 지난 것을 뒤늦게 발견하였다. 가지고 있는 재료로 조리 가능한 다른 레시피를 찾기 위해 어쩔 수 없이 다시 스마트폰을 열었다. 새롭게 결정된 레시피에 따라 냉장고에서 재료를 꺼내고 요리를 시작한다. 레시피에 나온 대로 재료를 손질하고 재료를 가열하는 시간을 맞추기 위해 스마트폰 시계의 알람을 맞추었다. 요리 중간 중간 스마트폰을 다시 켜서 레시피를 다시 확인하기 위해 손을 씻기를 반복하였다. 최은지 씨는 힘든

과정 끝에 요리를 완성하고 식사를 하게 되었다. 점심 식사 후에는 이제 다음 저녁식사 준비를 위해 필요한 재료를 스마트폰으로 집 근처 마트의 온라인 식품 쇼핑몰에 주문한다.

만약 주부 최은지 씨가 스마트 냉장고를 구매했다면 어떻게 달라질까?

최은지 주부는 점심식사 준비를 위해 스마트 냉장고 앞에 섰다. 스마트 냉장고 내부에는 여러 개의 카메라가 내장되어 있다. 스마트폰을 통해 네트워크 카메라에 원격으로 접속하면 냉장고에 어떤 식품이 들어있는지, 유통기한은 어떻게 되는지 확인할 수 있다. 만약 마트에서 쇼핑 중 어떤 식재료가 떨어졌는지 생각나지 않는다면 스마트폰을 열어 실시간으로 확인하면 된다. 스마트폰을 통해 레시피를 검색할 필요도 없다. 스마트 냉장고의 대형 디스플레이에서 요리 앱을 통해 레시피를 검색하면 된다. 요리앱은 냉장고 내의 카메라와 연동되어 사용 가능한 식료품 리스트를 인식하여 조리 가능한 레시피를 알려 주고 필요한 재료의 위치까지 알려 준다. 냉장고 내 식료품 리스트를 확인한 김에 저녁 식사 준비를 위해 온라인 쇼핑몰을 이용해서 식료품 주문도 바로 마쳤다. 냉장고에서 요리앱이 음성뿐만아니라 동영상으로 자세한 레시피를 소개하기에 최은지 씨는 초보 주부이지만 쉽게 요리를 완성하였다.

위의 예를 통해 일반 컴퓨팅과 사물인터넷의 차이를 쉽게 확인할 수 있다. 일반 컴퓨팅을 사용하면 복잡한 단계를 거쳐 필요한 정보를 얻고 사용자가 그 정보를 판단하여 행동을 해야 한다. 이미 진행한 과정을 또 다시 반복해야 할 가능성도 크다. 반면 사물인터넷을 이용하면 사물 자체가 자신의 역할을 '알아서' 해주기 때문에 사물이 사람을 대신하여 필요한 정보를 판단하고 상당수의 행동들까지 대신 진행해 줄 것이다.

| 그림 37 | 스마트 냉장고

사물인터넷의 확산과 위협 요소

정보관리 관련 국제적 협회인 ISACA의 2014 Risk/Award Barometer 보고서에 따르면 사물인터넷이 가져다주는 혜택과 위험성을 비교했을 때, 기업의 경우 혜택(31%)보다는 위험성이(34%) 더 크다고 생각하고, 개인의 경우는 반대로 위험성(30%)보다는 혜택(46%)이 더 클 것이라고 생각한다는 조사 결과가 나왔다. 2015년 조사에서 기업에서 인식하는 사물인터넷에 대한 가장 큰 위협요인은 데이터 유출에 있었다. 또한 기업 직원들의 47%는 향후 1년 안에 회사가 사이버 공격을 받을 것이며, 63%는 사물인터넷이 그들의 사생활을 침해할 것이라고 응답했다. IT전문가들의 견해는 더욱 비관적이다. IT 전문가들의 73%가 기업이 사물인터넷을 통해 해킹을 당할 것으로 생각하며, 더욱 놀라운 것은 72%의 전문가는 제조기업이 사물인터넷의 보안을 유지하기 위해 적절한 시스템을 갖추고 있지 않다고 답했다.

사물인터넷의 도래는 이전 사회와는 차원이 다른 정보 소스의 다양성과 기하급수적인 수적, 양적인 증가를 초래한다. 이는 정보에 접근할 수 있는 출입문들이 엄청나게 많이 증가한다는 의미이다. 출입문이 많다는 것은 정보에 대한 보안의 통제가 점점 어려워진다는 것이다. 사물인터넷의 확산은 수많은 물리적 시스템들의 온라인 연결로 기기 오류나 사이버 공격 등에 대한 피해를 과거에 비교할 수 없을 만큼 막대하게 만들 수 있다.

사물인터넷 기술의 집합체라고 불리는 무인 자동차 경우를 보자. 무인 자동차Unmanned vehicle, driverless car란 사람이 탑승하지 않은 상태에서 특정 목적을 달성할 수 있는 차량을 의미하지만, 일반적으로는 사람이 탑승한 상태에서 사람의 개입(제어) 없이 목적지까지 주행하는 차량을 의미하는 자율 주행 자동차self-driving car, autonomous car와 혼용하여 사용되는 경우가 많다. 벤츠, 아우디, 도요타, 현대, 테슬라 등 기존 자동차 기업들과 구글, 애플 등 IT 기업 모두 운전자 없이 스스로 주행이 가능한 무인 자동차 개발에 열을 올리고 있다. 2012년 9월 미국 캘리포니아 주는 자율 주행 자동차 주행을 합법화하였고 2013년 3월 구글의 무인 자동차가 80만 마일 무사고 운행을 기록하는 등 영화에서나 보았던 무인 자동차가 상용화의 목전에 있다.

관련 업계는 자율 주행 자동차 도입이 주행차량 간 네트워크를 이용해 체계적이고 안전한 주행을 가능하게 하여 교통사고를 크게 줄일 수 있고, 관련 비용을 획기적으로 절감시킬 것으로 기대하고 있다. 하지만 이러한 차량의 지능화 및 통신기능 탑재는 안전성 및 편의성을 획기적으로 증대시킬 수 있는 반면, 차량 대부분의 기능을 악의적으로 원격 조종할 수 있음을 의미하므로(차량 내부 네트워크 해킹, 브레이크 · 스티어링휠 조종, GPS 위조 등) 차량 및 교통시스템 보안 측면에서 새로운 위협요인이 될 수 있다.

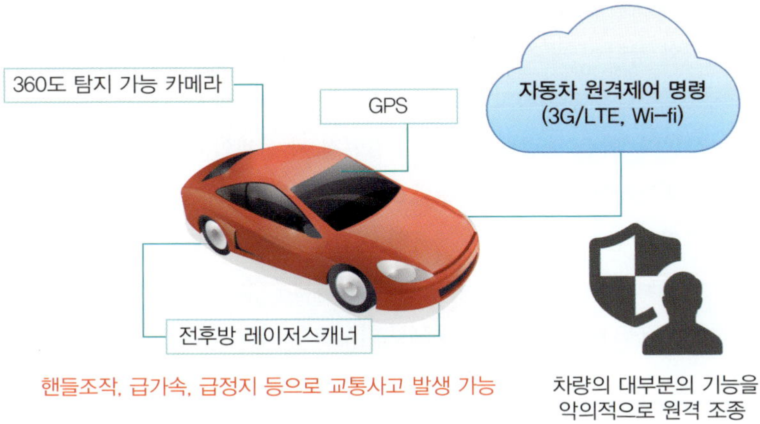

| 그림 38 | 자동차 원격제어로 인한 보안 문제 발생

사례: 사물인터넷 기반의 헬스케어 서비스

사물인터넷과 헬스케어 산업의 융합은 인간의 기본 욕구인 웰빙 욕구를 충족하기 위해 만성질환을 관리하고, 질병을 예방하는 데에도 활용될 수 있다. 세계미래학회가 발간하는 〈더 퓨처리스트〉에 따르면 2030년이면 사라질 10가지 유망 직업 중 6번째로 '의사'를 꼽을 만큼 사물인터넷과 헬스케어 기술은 거대한 시장을 형성할 것으로 기대되고 있지만, 이는 역으로 헬스케어 산업에 대한 위협요인 또한 증가하는 것을 의미할 수도 있다.

김연결 씨의 스마트워치에서 '건강 정보' 알람이 울린다. 알람을 확인해 보니 "스트레스와 추위로 인한 감기몸살이 의심됩니다. 스마트헬스 케어 서비스로 연결해 진단을 받으시겠습니까?"라는 메시지가 뜬다. 연결 버튼을 터치하니 스마트워치로 측정한 김연결 씨의 심박 수와 혈압, 스마트의류로 측정한 체온정보와 청진 정보가 인공지능 헬스케어 서비스로 보내진다. 인공지능 헬스케어 서비스는 이렇게 보내진 정보와 그동안 누적된 김연결 씨의 개인 건강정보를 토대로 분석한 후 진단 결과를 알려 준다. 그리고 의사와 상담이 필요하다는 메시지를 받았다. 김연결 씨는 바로 의사와 영상으로 상담을 진행하고, 스마트폰으로 인증된 처방전을 받아 근처 약국으로 향한다. 약을 수령한 이후에도 김연결 씨 신체의 다양한 측정치가 인공지능 헬스케어 서비스와 연동되고 그 결과들이 의사에게 보내져 지속적으로 관리를 받게 된다. 약을 복용할 시간을 알려주기도하고 건강 상태가 더욱 악화되었을 경우 그에 따른 조치를 취해주며, 건강 상태가 정상치를 회복했을 경우 메시지로 알려 주므로 불필요한 과다 약물 복용을 차단시켜 준다.

위와 같이 생체신호 모니터링 기기는 신체 부착형으로 구현되어 맥박, 혈압, 심전도, 체온, 혈당 등 다양한 생체신호를 측정 · 획득 · 전송한다. 더 나아가 생체신호 모니터링 기기는 센서나 칩을 인체에 이식하는 생체 이식형으로 발전될 뿐만 아니라, 인공 보조 장기와 연결될 것이다. 이것은 보다 정교하게 우리의 신체를 관리할 수 있는 매우 매력적인 헬스케어

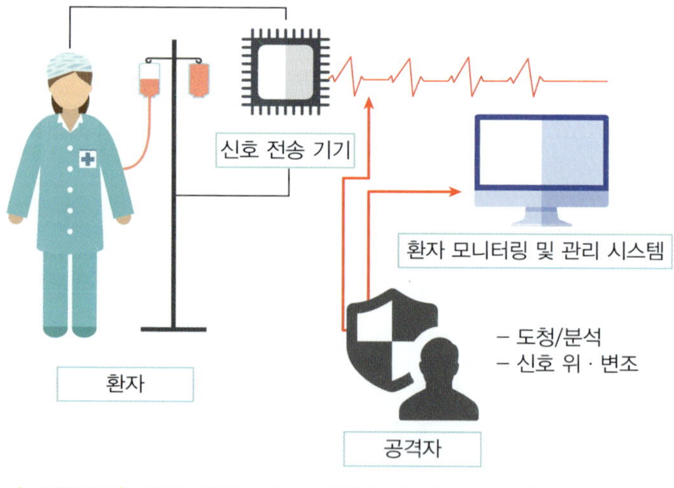

| 그림 39 | 환자 생체신호 모니터링 및 제어 시스템의 보안 문제

출처: 미래창조과학부 (2014).

시스템일 수 있지만 이런 경우 심박기 신호정보 위·변조를 통한 전류량 과잉공급과 개인의 신체 정보 유출과 같은 부작용에 대한 면밀한 분석과 대응이 수반되어야만 한다.

의료는 인간의 생명을 직접 다루기에 사이버 공격과 기기의 오류 등으로 인한 예상치 못한 문제가 생겼을 경우, 그 피해는 매우 직접적이며 치명적이다. 따라서 사물인터넷의 현실화 이전에 모든 보안 문제가 완전히 해결되어야 한다. 앞서 소개한 예처럼 스마트 홈, 스마트의료, 스마트 카 등 모든 사물인터넷 기반 서비스가 일상생활로 확산될 것은 자명하다. 따라서 기존에는 PC와 모바일 기기에 한정된 해킹과 기기의 오류 같은 위험이 사이버 세계에만 머물렀다면, 이제는 현실세계인 우리 주변의 모든 사물로 확대되어 인간의 생명까지 위협할 수 있을 정도로 심각한 영향을 미칠 수 있다. 따라서 서비스 제공자와 보안 전문기관, 기업뿐만 아니라 사용자 개개인이 보안에 대한 기본적인 지식과 체계적인 대응방안을 갖추는 것이 매우 필요하다.

사물인터넷 기반의 스마트제조시스템

롤스로이스는 자사의 제트엔진을 탑재하여 운항중인 항공기를 수만 개의 센서를 통해 모니터링과 원격 수리시스템을 운영하는 사물인터넷 활용의 대표적인 혁신 사례로 꼽힌다. 사실 롤스로이스가 생산하는 항공기, 선박, 헬리콥터 등의 모든 엔진에는 센서가 내장되어 있다. 이렇게 내장되어 있는 센서를 통해 자사의 엔진을 가동하는 수많은 부품의 압력, 온도, 진동 등과 관련된 대용량의 정보와 운항 데이터 및 기후, 운항 조건 등이 수집되어 실시간으로 롤스로이스 본사로 전송된다.

롤스로이스 엔진을 구매한 항공사는 엔진에 대한 안전성을 보장받는 동시에, 원격으로 진행되는 지상 수리를 통해 수리에 필요한 대기시간을 단축하여 운행 지연으로 발생하는 손실을 최소화할 수 있게 된다. 전통적인 제조기업였던 롤스로이스의 이러한 변신은 사물인터넷을 통해 가치 있는 정보를 수집함으로써 제품을 통한 서비스의 부가 가치를 창출하는 것이 가능했기 때문이며, 이를 통해 롤스로이스는 항공기 엔진 시장에서의 선도적 위치를 점하고 제조업 부문 영업 이익률 또한 4% 대에서 11% 대로 급속히 증가하였다. 이는 사물인터넷이 새로운 제품과 서비스 제공을 가능케 하여 최적화된 제품 제조를 통한 제조 혁신의 가능성을 보여주는 구체적인 사례로 평가된다.

그렇다면 사물인터넷이 산업에 적용되어 스마트공장을 구축한다면 구체적으로 어떠한 변화가 생길지 알아보자. 스마트공장도 센서와 사물인터넷을 통해 제조시스템 내 요소들의 정보를 획득하고 이를 활용함으로써 가능하다. 사물인터넷을 적용하여 스마트공장을 구현한다면 다음과 같은 효과들을 기대할 수 있다.

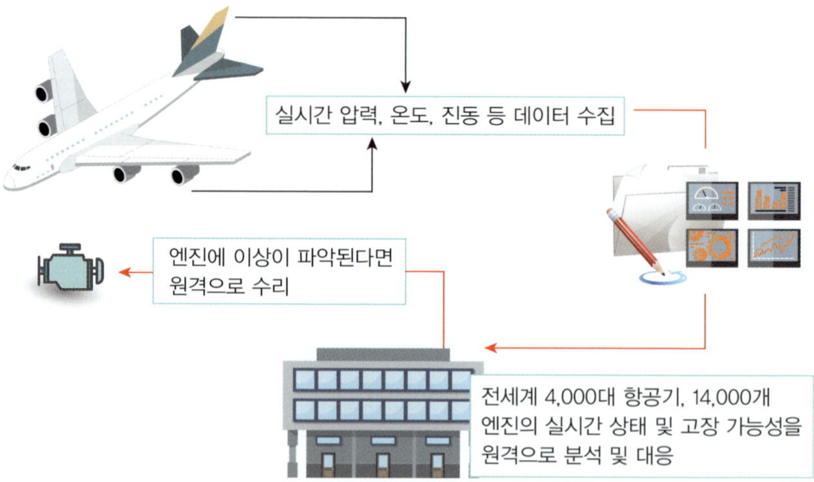

| 그림 40 | 롤스로이스 사의 운항 항공기 원격 정비

첫째는 스마트제조에서 사물인터넷의 적용은 제조시스템의 모든 요소들이 인터넷으로 연결되기에 설비운영의 효율화와 비용 절감이 가능하다. 설비제어용으로 실시간 설비 모니터링, 제품 및 자원의 모니터링, 공정 관리, 장비의 원격 제어, 제조 일정 지연통보 및 대응책 마련, 이상 징후 예측 및 대응이 가능하기 때문이다. 또한 공장 설비에서 발생되는 고장에 대한 신호를 실시간으로 센싱한 후 이와 관련된 데이터를 분석하여 이상 징후가 감지될 경우 부품과 설비를 교체하는 등의 효과적인 설비 유지 보수 전략이 가능하다. 이것은 특히 설비가 고가이고, 설비가 고장 났을 경우 그에 따른 손해가 큰 경우일수록 더욱 효과가 크다.

| 표 1 | 상태기반 정비의 단계별 정의

단계	단계명	내용
1단계	데이터 취득	이상 징후 감지
2단계	진단	결함과 결함의 원인 진단
		심각도 분류
3단계	예지	향후 결함 진행 예지
		잔존 유효수명 예측
4단계	제시, 조치	문제 해결방안 제시 및 조치
5단계	사후분석	문제 해결 확인 및 사후 상태 진단

출처: ISO 13374 –1 (2003).

Volkswagen사의 사물인터넷을 통한 공정 관리 사례를 알아보자. 이 자동차 기업은 생산 정보가 담긴 RFID Radio-Frequency Identification 칩을 부착한 자동차 플랫폼이 생산 라인을 지나가면서 능동적으로 자신이 받아야 할 가공 작업을 기계들에게 요청하는 방식을 사용하고 있다. 바로 자동차 플랫폼과 생산 라인에 있는 설비들이 연결되어 공정이 진행되는 것이다. 이를 통해 공정 관리를 위한 제품과 자원의 모니터링과 중앙생산통제시스

생산 정보가 담긴 RFID 칩을 부착한 자동차 플랫폼은
자신이 받아야 할 작업을 기계에게 능동적으로 요청한다.

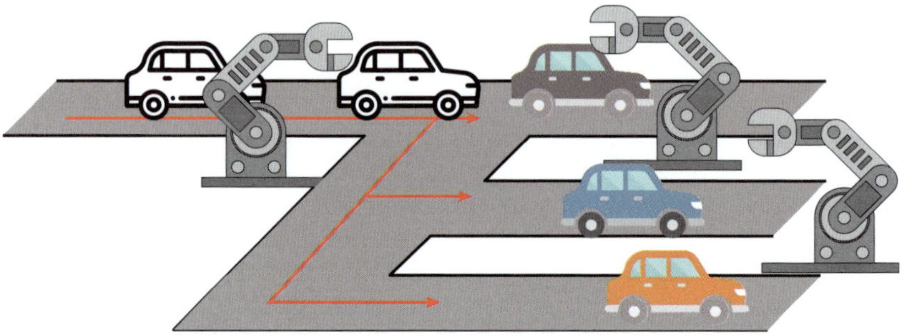

| 그림 41 | 생산정보가 담긴 RFID를 통한 공정 관리

템의 부담을 현저하게 감소시킬 수 있는 효과를 높힐 수 있다.

또 다른 자동차 기업인 GM사의 자동차 공장은 제품과 설비끼리의 실시간 정보 교환뿐만 아니라, 지능형 환경 센서를 통한 작업장 상황 정보를 이용하여 작업 우선순위 규칙을 실시간으로 조정한다. 즉 도장과 같은 특정 작업에 영향을 미칠 수 있는 환경 저해 요인들이 감지되거나 예측되면 이러한 실시간 정보를 바탕으로 이에 대응할 수 있도록 작업의 순서와 방식을 능동적으로 조정하는 것이다. 이를 통해서 공장 전체의 활용률을 높일 뿐만 아니라 자동차 품질에 영향을 미치는 조정 가능 인자에 대한 분석과 예측이 가능하게 된다.

사물인터넷이 적용된 스마트공장에서 기대할 수 있는 두 번째 효과는 에너지 소비량 파악, 환경오염도 파악 및 원격검침을 통한 공장 환경 영향평가와 환경 이상 원인분석, 에너지 사용 집계 등의 에너지 효율화 대응이다. 다음의 이야기를 생각해 보자.

김팀장은 30여 년을 PSM 제조그룹에서 일해 온 현장전문가다. 공정, 품질, 제조기술공장장을 거치면서 PSM 제조 그룹의 기술개발에 헌신해 왔

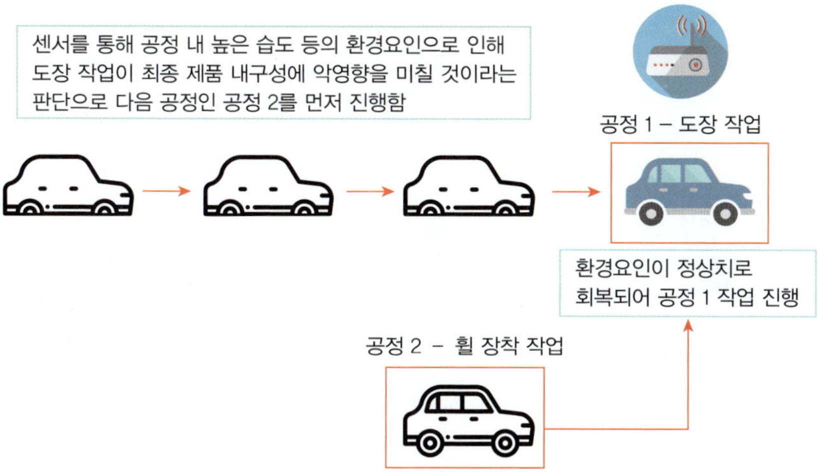

| 그림 42 | 공장의 환경 센서를 통한 공정순서 조정 및 품질 향상 프로세스

다. 그는 현재까지 PSM 제조그룹이 활약해 오던 분야의 시장은 포화되고 신기술 개발 비용은 느는 반면에 소비자가 느끼는 기술의 한계 효용은 줄어들면서 기업의 수익성이 정체되어 있는 현실을 어떻게 해결할 수 있을까 고민 중이다. 또한 노동원가와 재료비 상승, 환경문제에 따른 규제까지 강화되면서 원가경쟁력 확보만이 기업이 직면하고 있는 수익성 저하를 해결하기 위한 유일한 길이라고 판단하고 있다.

김팀장은 원가경쟁력을 확보하기 위한 방법을 고민하다가 현장에서 거대한 설비를 다루면서 투입되는 에너지를 절감하는 에너지 효율 부분에 관심을 갖게 되었다. 매년 에너지 수요와 이에 따른 비용 증가가 예상되고 있는 시점에서 그에게 기업의 에너지 효율성과 지속성은 단지 지구 환경을 보호하는 것 이상의 의미였다. 그는 제조과정의 에너지, 수자원, 운송, 공급사슬 등을 포함한 자원의 효율적인 소비는 원가경쟁력의 확보 측면에서 매우 중요한 비중을 차지한다고 판단하였다. 김팀장은 원가경쟁력을 확보하기 위한 방법으로 에너지 절약을 최선의 목표로 정하고 사물인터넷 기반의 고도화된 에너지 센싱 기술을 도입하여 PSM 제조그룹의 모든 건물 곳곳에 에너지 센서를 설치하여 에너지 가상화 시스템을 구축하기로 한다.

이러한 노력 덕분에 PSM 제조그룹은 기업 내부의 모든 에너지를 모니터

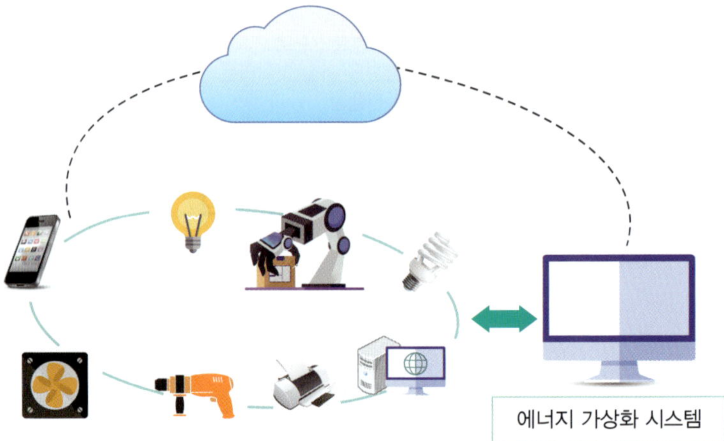

| 그림 43 | 제조시스템 에너지 통합 정보 가상화 시스템

링할 수 있을 뿐만 아니라 실시간으로 제어까지 할 수 있게 되었다. 에너지 가상화 시스템은 PSM 제조그룹의 모든 건물 곳곳의 에너지 센서를 통해 모아진 데이터를 활용하여 최적의 에너지 사용량을 제어하고 이상 여부가 감지되었을 경우에는 관리자에게 알리도록 구축되었다. 또한 김팀장은 에너지 모니터링을 통해 에너지가 낭비되는 곳을 파악하여 에너지를 절약할 뿐만 아니라 재사용하는 시스템을 구축할 수 있었다.

| 표 2 | 에너지 사용량 제어시스템 예시

오전 5시	기온이 높아지기 전에 공조시스템을 가동, 적은 에너지 사용만으로 실내온도는 쾌적하게 유지됩니다.
오전 7시	햇살이 창가에 닿자 블라인드가 자동으로 올라갑니다. 이때, 실내 청소를 위해 켜 두었던 조명은 자동 소등되어 에너지를 절약합니다.
오후 2시	BEMS*의 모니터링 정보를 확인하니 제1공조시스템의 에너지 효율이 낮아졌네요. 관리자는 이상여부를 파악하고 교체주기를 판단합니다. 그리고 상대적으로 효율이 높은 제2공조시스템을 가동합니다.
오후 3시	실내온도가 높아지자 곧 자동 냉방이 시작됩니다.
오후 7시	퇴근시간이 지나자 엘리베이터 가동 대수를 절반으로 줄여 에너지 사용을 최소화합니다.

*BEMS: Building Energy Management System

PSM공장은 겨울철에도 제조장비의 발열로 인하여 상시 냉방부하가 존재하고 이 부하를 처리하기 위해 냉동기, 냉각탑을 연중 내내 일정한 온도로 유지되도록 하고 있다. 겨울철에도 냉각탑은 30℃ 내외로 상시 유지되도록 보일러가 가동되면서 대기로 열을 배출하고 있다. 그동안 대기 중으로 버려지던 폐열을 겨울철 외조기 예열코일, 초순수용수의 가열, 공업용수의 가열 열원으로 재사용하였다. 외조기의 예열코일에 사용되는 스팀을 거의 제로 수준으로 줄였으며, 폐수처리장의 옥외 방류수를 겨울철 초순수 시스템 원수가열에 사용하여 겨울철 4℃ 원수(시수)를 24℃까지 가열하는 데 필요한 스팀 또한 제로화하였다. PSM공장은 이러한 폐열의 재활용으로 연간 수십억의 연료비를 절감할 수 있었다.

제조업은 에너지 문제의 중심에 서 있다고 해도 과언이 아니다. 국내의 상황을 봐도 전체 에너지 소비의 50% 이상을 제조 부문이 차지하고 있다. 또한 탄소 배출권 규제가 시행되면서 이제 에너지 절감은 경제적, 도덕적 책임뿐만 아니라 생존의 문제로도 직결된다. 따라서 스마트공장 구축을 통해서 에너지를 절약하여 이익을 극대화시키는 새로운 생산성 향상이 중요하게 되었다. 물론 지금까지도 에너지 소비를 모니터링하거나 최대 수요 전력 제어기 등을 통해 최대 수요를 관리하는 등의 소극적인 대응은 있었지만, 사물인터넷 센싱 기술의 발전으로 공장 내 각각의 전력 소비원을 모니터링하고 이러한 정보를 분석하여 제어하는 것이 가능해지고 있다.

세 번째는 물류 효율화로 로봇, RFID 기반 재고 수량정보 자동전송, 공정별 재공품 진행 추적, 적정 재고량 분석, 3D 디지털 맵 기반 최적 이동경로 추천 등이 가능해지는 효과를 기대할 수 있다. 기존에는 RFID를 이용해서 물류의 추적까지 가능하였다면 이제 본격적으로 사물인터넷이 적용될 경우, 실시간으로 정확한 리드타임을 계산할 수 있을 뿐만 아니라 무인 자동차와 드론을 통한 제품 배송 또한 가능하게 된다. 이는 사물인터넷 기반의 스마트공장이라는 개념이 단순히 공장내 사물만을 대상으로 하는 것이 아니라는 것을 의미한다. 제품이 기획되고 생산되어 소비자에게 전달되기까지의 가치사슬 내 모든 과정에서 소비자와 작업자, 제품, 제조 프로세스, 제조설비 등 수 많은 구성 요소들 사이의 센싱, 네트워크, 정보 교환 및 처리가 양방향으로 이루어지는 것을 의미한다. 또한 관련 정보의 유기적이고 지능적인 연결을 제조시스템 밖의 타 시스템까지 확장한다면 개발, 물류, 유통, 유지보수, 폐기 및 재사용에 이르기까지 제품의 라이프 사이클 전반에 걸친 혁신을 가져올 것으로 기대된다.

마지막으로 인명과 직결되는 중요한 문제인 산업 안전에 사물인터넷을 적용하는 것이다. 고용노동부의 통계에 따르면 해마다 산업 재해는 끊임없이 발생하고 있고, 2013년에도 국내에서만 산업 재해로 1,929명이 사망했다고 한다. 일부 공장에서는 기계에 문제가 발생하면 알람이 작동하기도 하지만, 그 위치나 원인을 식별하는 데 장시간이 소요되어 골든타임을 놓치는 경우가 많다. 또한 사고를 예방하기 위해 기기를 점검하더라도 점검 결과가 문서로만 관리되고 데이터로 축적되지 않아 추적 점검이 어렵기 때문에 산업 재해를 미리 방지하기 위해서는 안전 교육, 사고 대책반 구성 등 관리적인 대책과 함께 사물인터넷 기술을 적용한 '관제 → 대응 → 예방' 체계를 구축하는 것이 필요하다. 즉 안전 장비에 사물인터넷 기반의 센서를 부착하여 미착용 작업자의 접근을 통제하고, 유해 물질이나 위험 지역의 기계, 환경 상태를 실시간으로 전송하여 중앙에서 모니터링하면서 사고를 미연에 방지하는 것이다. 사고 발생 시에는 CCTV 등으로 현장을 확인하여 신속하게 위치를 알려 주고, 작업자에게 빠르게 상황을 전파하여 효과적으로 대응할 수 있다.

연결되는 미래사회

1990년대부터 보급된 인터넷으로 인한 가장 큰 사회변화는 전세계의 모든 사람들이 거미줄처럼 연결되기 시작했다는 것이다. 그 결과 인류는 어디에 있든지 서로 연결되어 소통하고 서로에게 매우 밀접하게 영향을 주기 시작하였다. 지구 반대편에 있는 나라의 사람들이 이제는 실시간으로 소통하고 거래함으로써 이전에는 경험하지 못했던 많은 것들을 공유해야만 하는 환경이 되었다. 이제 사물인터넷은 말 그대로 사람이 아닌 사물, 즉 모든 것thing들이 서로 연결되는 기술로 자리 잡고 있다.

연결은 소통을 의미하며, 소통은 지식의 축적을 가져온다. 일부 메인프레임 컴퓨터의 연결에서부터 시작하여 수십 대의 PC가 연결되고, 이제는 수십억 개가 넘는 사물들이 연결되고 있다. 천문학적인 숫자의 사물들이 소통함으로써 얻어지는 데이터로부터 우리는 과거에는 생각지 못했던 정보와 지식을 얻을 것으로 예상된다. 이는 산업전반에 매우 심도 있는 변화를 가져올 것이다. 무엇보다 주위 환경과 연결된 스마트 제품들이 개발될 것이며 이에 따른 서비스가 창출될 것이다. 예를 들어, Sense Mother라는 제품은 아이들이 사용하는 일상용품에 센서를 부착하여 데이터를 수집한 후, 이로부터 아이들의 생활습관을 부모들이 파악하여 좋은 생활습관으로 유도할 수 있게 한다. 이와 같이 제품수명주기 동안에 형성되는 모든 데이터들이 기술적으로 축적 가능해질 것이며 이로부터 파생되는 서비스의 영역은 매우 광범위할 것이다.

사물인터넷의 속성은 연결Connenctivity이다. 이는 곧 미래사회의 속성이며, 미래 산업의 속성이다. 스마트제조 환경 또한 연결을 가지게 되며, 이러한 속성을 가진 제품을 생산하며, 제조 프로세스의 모든 구성원들이 연결되고, 소비자가 구매한 제품이나 서비스 또한 연결되어 매우 가치 있는 데이터들을 생성할 것이며, 나아가 새로운 시장이 창출되고, 이에 대응하는 스마트제조 환경이 대두될 것이다. 스마트제조 관점에서의 연결은 이 책의 뒷부분에서 다시 다루기로 한다.

3

리허설, 리허설: 사이버-물리 시스템 (CPS)

3

리허설, 리허설: 사이버-물리 시스템(CPS)

인간의 삶에 큰 변화를 불러일으킬 혁신적인 기술 사이버-물리 시스템(Cyber-Physical System: CPS)

대학을 졸업한 후 월화수목금 5일 동안 오전 8시에 출근해서 오후 8시에 퇴근하는 창학 씨는 점심시간을 제외하고는 하루 종일 의자에 앉아서 사무를 보는 10년차 직장인이다. 밀린 회사일로 토요일도 출근하는 일이 많다. 4~5년 전에는 직급이 낮아서 심부름도 많고 손님도 많이 만나야 해서 책상에서 일하는 시간이 많지 않았다. 그러나 승진을 거듭할수록 책상에서 일어나 움직이는 활동량이 눈에 띄게 줄었다. 급기야 며칠 전 건강검진에서 운동 부족으로 인해 콜레스테롤이 일반 남성의 평균을 훨씬 넘는 수치가 나와 의사로부터 경고를 받기도 하였다. 충격을 받은 창학 씨는 과거 10년간 몸을 돌볼 틈이 없었다는 사실을 깨달았다. 아내와 상의한 끝에 자전거 동호회에 가입하여 매일 아침 출근 전에 1시간씩 자전거 동호회 동료들과 함께 자전거를 타기로 하였다.

아침 6시, 항상 모이는 장소에 보통 이삼십 명 정도의 동호회 회원들이 집합한다. 오래된 자전거 동호회라서 그런지 대부분 자전거를 프로처럼 탄다. 동호회에 가입한 지 얼마 되지 않은 사람들은 그 사람들을 따라가려면 상당기간의 연습이 필요했다. 날씨가 좋은 날이면 수백 명이 모여 복잡한 자전거 도로를 질주한다. 어느 날 아침 너무 많은 사람들이 동시에 자전거 전용도로를 메우는 바람에 창학 씨는 중간에 동료들을 놓치고 말았다. 동료들도 자전거를 타면서 다른 동료의 일거수 일투족을 확인할 수가 없다. 회사 출근시간이 다가오자 창학 씨는 다른 동료 찾기를 포기하고 집으로 돌아와 샤워 후 회사로 출근하였다.

출근 후 책상에 앉은 창학 씨는 오늘처럼 중간에 동료를 놓치지 않는 방법이 없을까 고민했다. 우선, 동호회 동료들이 서로 멀어지는 상황이 일어나지 말아야 했다. 궁리 끝에 동료 모두가 항상 휴대하는 스마트폰을 이용하는 방법을 찾기로 했다. 동료 각자의 위치정보를 모니터링할 수만 있다면 누가 그룹으로부터 멀어지는지를 체크할 수 있다. 스마트폰은 항상 GPS[Global positioning system] 데이터를 송출하므로 각자가 가지고 있는 스마트폰의 GPS 데이터를 특정 컴퓨터로 보내면 될 듯했다. 혹시나 위급한 상황이 발생하면 전 회원의 스마트폰으로 문자를 보내면 될 것이다.

그러나 한 가지 문제점이 떠올랐다. 과연 누가 컴퓨터 화면을 계속 주시하고 있을 것인가? 실시간으로 각 회원들의 위치정보가 끊임없이 들어올 때, 그 데이터를 분석하여 몇 명의 회원이 그룹으로부터 멀어지는 상황을 자동으로 판단하는 기능이 있다면 굳이 모니터를 주시할 필요가 없을 것 같았다. 더 나아가 회원이 그룹으로부터 멀어진 후에 경고를 발생시키는 대신에 이탈 이전에 이런 상황을 예측하여 미리 경고를 보내 줄 수 있다면 동료들이 누군가를 찾아다니지 않을 수도 있을 것 같았다. 만약 동호회 회원 외에도 다른 사람들의 움직임을 알아낼 수 있다면 동호회 회원들의 현재 경로와 비교해서 미리 도로 상황을 예측한 후 붐비지 않는 도로를 제안해 줄 수도 있다. 이처럼 중앙에 위치한 컴퓨터가 회원들 혹은 다른 사람들의 위치정보를 센싱할 수만 있다면 더 안전하고 즐겁게 자전거를 탈 수 있게 될 것이다.

위의 사례에서처럼 현실에서 일어나는 다양한 활동 중에는 인간이 직접 판단하기 어렵거나 불가능한 문제들이 항상 존재한다. 동료 중의 한 명이 가시권에서 멀어졌을 때, 누가 얼마나 떨어져 있는지 일일이 파악하기는 쉽지 않다. 그러나 현실에서 일어나는 활동과 관련된 데이터를 자동으로 센싱하여 컴퓨터에 전달하고, 컴퓨터는 사람이 원하는 문제를 해결하여 원하는 사람에게 전달해 주는 일련의 사이클은 얼마든지 만들 수 있다. 현실 세계와 컴퓨터 세계 사이의 상호작용이 일어나는 것이다.

컴퓨터 세계를 흔히 '가상의 세계라'고 한다. 디지털 형태로 존재하기는 하지만 우리가 직접 손으로 만지거나 느낄 수 없기 때문이다. 때로는 볼 수 없는 경우도 많다. 현실 세계와 사이버 세계 사이의 상호작용을 통해 결합된 시스템을 "사이버-물리 시스템Cyber-Physical System: CPS"이라고 하고, 이를 통해 과거에는 해결하지 못했던 문제를 해결하고 있다.

전형적인 사이버-물리 시스템을 활용한 사례로는 닌텐도에서 출시한 Wii라는 게임기를 꼽을 수 있다. 이 게임은 출시 이후 꾸준하게 인기를 끌고 있다. 게임기 내부에 장착되어 있는 동작인식센서가 사람들의 다양한 동작을 인식한 후, 여러 반응을 계산하여 모니터에 재생시켜 준다. 내장된 센서를 통해 게임 속 캐릭터의 움직임을 통제하고, 체중 계측, 비만도 측정 그리고 무게중심까지도 파악해 낸다. 이 게임은 기존의 조이스틱이나 버튼과 다르게 사람의 실제 동작을 실감나게 구현하는 혁신적인 기술을 포함하고 있다. 현실 세계와 사이버 세계를 연결하여 사람의 흥미를 불러일으킨 것이다. 이와 같이 사이버-물리 시스템에서 현실과 사이버를 결합하기 위한 가장 중요한 기술이 '센싱 기술'이다.

| 그림 44 | Wii 게임기에서의 사이버-물리 시스템 활용 예

학창 시절 무술에 관심이 많았던 창학 씨는 태권도 대회에서 여러 번 상을 받은 실력자이기도 하다. 대학 입학 후, 학업과 진로를 고민하는 데 많은 시간을 투자하느라 자신이 좋아하는 무술을 즐기지 못하였다. 의사로부터 콜레스테롤 수치가 높다는 경고를 받은 뒤 자전거 타기와 더불어 다른 무술을 배워볼 생각을 하게 되었다. 많은 무술 중 창학 씨는 태극권을 배우기로 결심했다. 그러나 아쉽게도 창학 씨가 사는 지역에는 태극권을 배울 수 있는 학원이나 기관이 없었다.

그러던 중 창학 씨는 커뮤니티 사이트에서 대만 국립교통대학교에서 진행 중인 '사이버-물리 소셜 네트워크 플랫폼 프로젝트'에 대해 알게 되었다. 이 플랫폼은 서로 다른 지역에 있는 태극권 동호인이나 태극권에 관심이 있는 사람들이 온라인에서 만나 자신의 태극권 수련 과정을 공유하는 플랫폼이다. 지구 반대편에 있는 태극권 마스터와 서로의 동작을 공유하고 교습받거나 다른 사람들과 게임도 할 수 있다. 창학 씨는 '사이버-물리 소셜 네트워크 플랫폼'에 참가할 방법을 찾아보았다. 방법은 매우 간단했다.

서로 다른 지역에 사는 구성원들이 교습이나 게임을 즐기기 위해 각자의 몸에 온라인 네트워크에 연결된 센서를 부착하면 온라인상으로 다른 구성원들의 행동을 볼 수도 있고 '느낄 수'도 있다. 창학 씨는 소셜 네트워크 플랫폼에 연결할 수 있는 센서와 소프트웨어를 구매하였다. 태극권을 직접 접할 수 없는 지역에 살고 있지만 이와 같은 플랫폼을 이용하면 자신이 좋

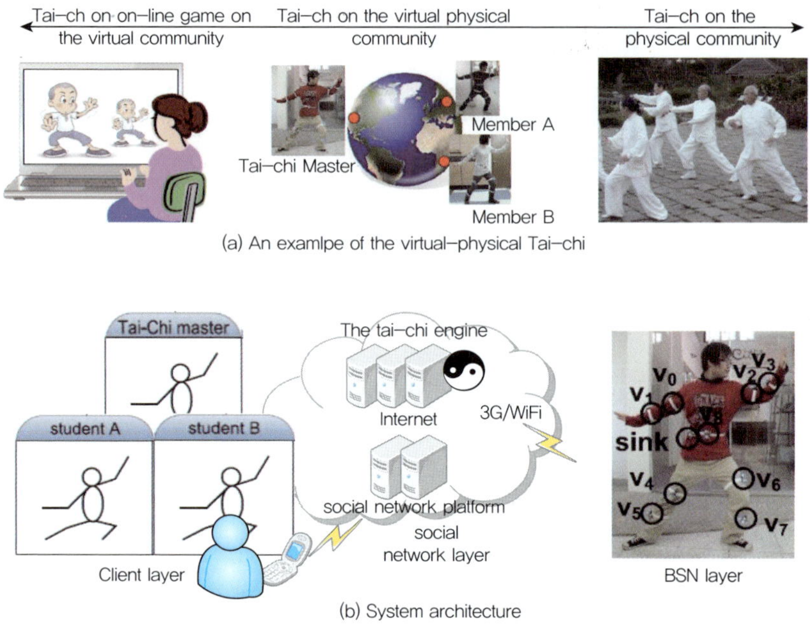

| 그림 45 | Virtual–Physical Tai–Chi 플랫폼

아하는 무술을 배울 수 있다는 것이 매우 기뻤다. '물리'적으로는 다른 지역에 거주하는 태극권 동호인들이 '사이버' 세계에 존재하는 소셜 네트워크 플랫폼으로 연결되는 것이다.

'새로운 세상'에서 열심히 태극권을 수련하던 창학 씨는 어느 날 수련 도중에 유난히 숨이 차는 것을 느꼈다. 최근 자전거와 태극권 수련을 너무 많이 했기 때문이라 여기고 특별히 심각하게 받아들이지 않았는데 이런 현상이 몇 번 반복되자 불안한 마음에 병원을 찾았다. 의사에게 자신의 증상을 설명하자 의사는 부정맥이 의심된다고 하였다. 이러한 불규칙적인 맥박은 일시적으로 나타났다가도 이내 숨어버리는 특징이 있어 증상이 나타났을 때 바로 심전도를 확인하지 않으면 진단이 어렵다고도 한다. 그러나 대부분의 경우 스스로 이러한 증상을 느끼지 못하거나 지금처럼 병원을 방문하더라도 심전도 검사 결과가 정상으로 나타날 수 있다는 것이다. 의사는 창학 씨에게 장시간 검사가 필요하기 때문에 불편할 수 있겠지만 주기적으로 병원에서 진료를 받아야 한다고 충고하였다.

의사의 말을 듣고 창학 씨는 잠시 동안만이라도 자전거 타기와 태극권 수련을 중단하기로 했다. 그런 이후에도 가끔씩 심장의 불규칙한 맥박 증상을 느끼게 되어 어쩔 수 없이 주기적으로 병원을 찾아가 진료를 받았다. 하지만 병원에 가서 진료를 받을 때마다 불규칙한 맥박이 사라져 허탕을 쳤다. 어쩌면 좋을지 고민하던 창학 씨는 온라인상에서 '지능형 원격심전도 모니터링'에 대한 글을 읽게 되었다. 부정맥 환자를 진단하기 위해 언제 어디서나 검사가 가능한 기술이었다.

지능형 원격심전도 모니터링이란 부정맥이 의심되는 환자에게 심전도 측정이 가능한 작은 센서를 부착하여 실내외에서 심전도 데이터를 측정할 수 있도록 하는 것이다. 현실 세계에 있는 사람을 사이버 세계와 연결시킨다는 점에서 닌텐도 Wii나 태극권 수련 사례와 유사하다고 볼 수 있다. 부정맥 의심 환자로부터 측정된 심전도 데이터는 무선 네트워크를 통해 컴퓨터상의 부정맥 탐지 시스템으로 전송되고, 전송된 데이터를 분석하여 모니터링 기관으로 결과를 전송한다. 이처럼 사이버 세계에서는 부정맥 의심 환자의 공간이나 시간 제약 없이 환자의 데이터를 기반으로 부정맥을 감지하여 환자에게 진단 결과와 관련된 정보를 제공해 준다. 모니터링 기관은 심전도 데이터 분석 결과에 따라 환자의 상황에 맞게 전문의에게 진료를 의뢰하거나 응급조치가 취해지도록 할 수 있다. 물론 환자의 데이터를 실시간으로 분석하여 그 결과에 따라 모니터링 기관을 거치지 않고 직접 의사를 호출하거나 구급차를 출동시켜 응급조치를 취하도록 하는 서비스도 사이버-물리 시스템을 활용할 수 있는 대상이다.

위의 이야기에서 알 수 있듯이 사이버-물리 시스템은 센싱 기술을 이용하여 현실 세계와 사이버 세계의 단순한 연결을 넘어 현실의 물리적 세계로부터 얻은 데이터를 사이버 세계에서 분석하는 기능을 가진다. 현실 세계에서는 직접적으로 파악하기 어려운 다양한 상황들을 사이버 세계에서 손쉽게 구현하고 살펴볼 수 있다. 그러나 현실 세계로부터 들어오는 데이터가 너무 많고 복잡한 비정형적 특징을 가지고 있다면 빅데이터 처리 기술을 이용해야 할 것이다.

창학 씨는 심전도 측정이 가능한 작은 센서를 몸에 부착하고, 자신이 진짜 부정맥 환자인지 아닌지 확인하기로 했다. 몇 달 간의 데이터를 통해 모니터링 기관은 부정맥이 아닌 단순히 불규칙한 생활패턴으로 인한 일시적인 현상이라고 알려주었다. 현재 창학 씨는 센서를 부착하지 않고 불규칙한 맥박 증상도 사라졌다. 규칙적인 생활을 통해 건강한 모습으로 다시 자전거도 타고 태극권 수련에 매진하고 있는 창학 씨는 새로운 세상의 변화를 실감했다.

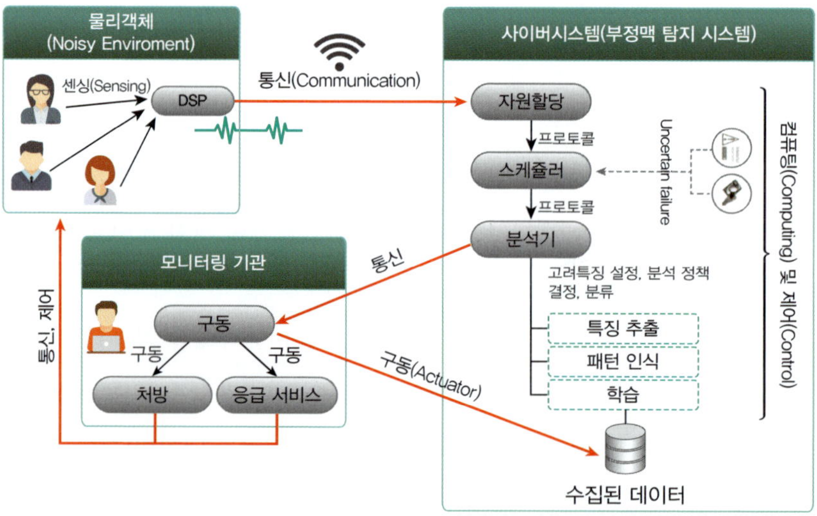

| 그림 46 | 의료분야에서의 사이버-물리 시스템 활용 예시: 부정맥 탐지 시스템

사이버-물리 시스템과 스마트공장

창학 씨가 근무하는 회사는 최근 소비자들이 원하는 납기일을 지키고 못해 어려움을 겪고 있었다. 한두 종류의 제품만 만들던 시절이 지나가고 수십 가지 모델의 제품을 만들다 보니 공장 내부의 물류 흐름이 순조롭지 않아서 발생하는 문제였다. 근본적인 처방이 필요한 시기였다. 산업공학 Industrial Engineering을 전공한 창학 씨는 어떻게 하면 이 문제를 해결할 수 있을지 고민하던 중 납기지연 문제는 공장 내의 기계 배치 문제와 상당한 연관이 있다는 것을 알게 되었다. 수많은 기계들이 놓여 있는 위치와 각 부품들이 거쳐 가는 경로의 복잡성은 '과연 지금의 기계 배치가 최선일까?', '과연 많은 부품들이 이동할 때 서로 엉키지 않는 경로로 흐르게 할 수는 없을까?'와 같은 몇 가지 의문을 불러일으켰다.

창학 씨는 제품의 흐름을 고려한 새로운 기계의 배치를 구상해 보았다. 하지만 수많은 기계들의 배치를 머릿속으로만 생각하기에는 무리가 있었다. 종이와 펜을 이용하여 가능한 기계 배치에 대한 구상안을 정리하는 것도 그 경우의 수가 너무 많았다. 공장 내에서 직접 기계를 옮겨 가면서 가능한 배치안들을 시험해 보는 것도 엄청난 시간과 비용이 들어 거의 불가능할 것이다. 설사 직접 기계를 옮겨 어떤 구상안대로 배치했다고 하더라도 과연 그 배치가 최선일까? 그럴 때마다 원래대로 옮기는 일은 말도 안 되는 일이다.

그렇다면 만들어야 할 제품을 가상으로 만들어 보고 이런 저런 시험까지 해볼 수 있는 공장까지도 컴퓨터로 미리 만들어 본다면 어떨까? 제품을 만들 "가상의 공장"을 만드는 것이다. 이 공장을 컴퓨터로 만드는 데에는 실제 공장을 짓는 것처럼 막대한 비용이 들지 않는다. 내 마음대로 설비들을 바꿔볼 수도 있고, 위치도 마우스 클릭 몇 번으로 옮길 수 있다. 또 다른 제품을 만들 수 있는지도 미리 검토해 볼 수 있다. 단 몇 분, 몇 초 내로 수십 번 수백 번 서로 다른 상황을 시험할 수 있을 것이다.

여기에서 중요한 것은 "가상"과 "공상"의 차이를 분명하게 짚고 넘어가야 한다는 것이다. 두 단어는 비슷해 보이지만 매우 다른 개념이다. 컴퓨터상에서는 제품이 튼튼했는데 실제 제품을 만들었을 때에는 쉽게 깨지거나 찢어진다면 컴퓨터상에서 만든 가상의 제품은 쓸모가 없다. 가상의 공장은 더더욱 그렇다. 아무리 멋진 공장을 계획하고 그 안에서 여러 가지 제조 시나리오를 시연했더라도 현실과 다르다면 아무 쓸모가 없다. 애초에 현실성이 없거나 실현 불가능하다면 차라리 안 만드니만 못하다. 오히려 가상공장 때문에 현실을 잘못 이해하고 판단할 소지가 많아지기 때문이다.

새로운 아파트 단지를 분양할 때 "지하철역에서 도보 5분 거리의 초 역세권"이라든지 "확 트인 자연 조망권"같은 문구를 심심치 않게 보게 된다. 그런 광고 문구를 얼마나 믿는가? 때로는 그런 광고를 냈던 아파트와 실제 분양된 아파트와의 차이 때문에 송사가 벌어지기도 한다. 현실과는 너무 다른 광고이기 때문이다.

그렇다면 어떻게 현실을 그대로 반영한 가상공장을 만들 수 있을까? 예를 들어 1초에 10대씩 자동차를 만들 수 있는 공장이라는 것은 가상이라기보다는 공상에 가깝다. 가상의 공장도 지금 현실의 공장을 그대로 컴퓨터상에 옮겨 놓은 것부터 시작해야 한다. 현실의 공장을 컴퓨터상으로 옮겨 놓는다는 것은 공장의 모습을 그대로 그려서 옮겨 놓는다는 의미가 아니다. 실제로 운영 방식을 반영할 수 있어야 한다. 도보 5분이라고 하면 실제로 5분이어야 하는 것과 같다.

실제로 공장이 운영되는 방식 그대로를 반영할 수 있다는 것은 공장 내의 각 설비, 기계, 작업자들이 작업하는 현실과 가상공장에서의 시나리오 전개가 같아야 한다는 의미이다. 정확한 현상파악이 우선이다. 이것이 가능하려면 다시 사물인터넷이라는 기술의 힘이 필요하다. 사물인터넷 기술은 현재의 상황에 대한 정확한 데이터와 정보를 제공하여 실제 데이터에 근거한 가상의 공장을 만들어 볼 수 있도록 해준다. 이것으로 가상의 공장을 만드는 데 사용된 모든 데이터를 현실 데이터와 동일하게 만들 수 있다. 다시 말해서 가상의 공장은 컴퓨터상에, 현실에는 물리적 형태를 가진 공장이 존재하는 것이다. 두 공장이 운영되는 모습은 같다.

자전거 동호회, 닌테도 Wii, 태극권, 심전도 관리의 이야기를 통해서 사이버–물리 시스템이 기계 배치 문제를 해결하는 데 도움이 될 수 있다는 것을 확인하였다. 현실 세계에서 얻어진 수많은 실제 데이터들을 기반으로 현실과 유사하게 만들어진 사이버 세계에서 기계의 배치나 공정에 변화를 주며 최적의 제조 환경을 찾아낼 수 있게 된다. 현실에서 기계를 옮기는 데 걸리는 시간과 사이버 세계에서 기계를 옮기는 데 필요한 시간은 감히 비교할 수 없다. 컴퓨터상에서 여러 가지 기계 배치를 시도해 보는 작업은 비용도 매우 적을 것이다. 또한 사람이 생각해낼 수 있는 경우의 수보다 사이버 세계는 훨씬 더 많은 경우의 수를 계산할 수 있고 심지어는 가능한 모든 경우의 시나리오도 비교 분석할 수 있다. 사이버 세계에서 수행되는 시뮬레이션이 이 문제를 해결하는 데 기여할 것이다.

이제는 생산라인을 운영하면서 부딪히는 상황에 대해 알아보도록 하자. 공장의 생산라인 중 하나에서 보온병을 생산하고 있다고 가정해 보자. 보온병의 몸통 부분은 모두 동일하지만 뚜껑의 색상은 검은색, 흰색, 빨간색으로 다양하다. 보온병이 생산라인을 거쳐 갈 때 빈 보온병에 검은색, 흰색, 빨간색의 색상 중 하나의 뚜껑이 얹어지며 생산라인의 작업이 마무리되는 상황이다. 이 상황을 목격한 창학 씨는 이전에 보았던 기사가 생각났다. 독일의 카이저스라우테른에 있는 스마트공장에서 실제로 시스템이 어떠한 방식으로 작동하는지를 보여 주는 기사였다. 빈 비누병에 부착되어 있는 RFID 태그는 각 비누병의 정보를 사이버 시스템으로 연결하는 역할을 한다. 컴퓨터는 무슨 색상의 뚜껑이 필요한지 결정한 후, 뚜껑을 부착하는 장치로 제어명령을 보내는 역할을 하고 있다.

사이버-물리 시스템의 미래: 원격제어

창학 씨는 지금도 공장에 어떤 이슈가 있는지 확인하고 해결하고 싶은 적극적인 생각으로 살아가고 있다. 전날 태극권 수련에 많은 시간을 투자한 창학 씨는 온 몸에 알이 배긴 채 출근을 했다. 힘든 몸으로 자신의 사무실에서 동료 직원들의 일하는 모습을 살펴본다. 사무실보다 더 무더운 공장에서도 역시 피곤한 몸을 이끌며 열심히 일하는 동료 직원을 보고, '공장의 모든 공정들을 쾌적한 사무실 내에서 간단한 조작으로 제어하다면 얼마나 좋을까'라는 생각을 하게 되었다.

사이버 물리 시스템이 계속해서 발전된다면 공장의 작은 부분에서 큰 부분까지 사람의 손길을 거치지 않고 원격으로 통제하는 기능을 보유할 것이다. 현실과 사이버 세계가 연결되어 있기 때문에 사이버-물리 시스템을 통해서 실제 생산 설비에 접근하지 않고도 원거리에서 가상 물리체계를 조작하여 실제 현장에서 일어나는 모든 행위들의 통제할 수 있다는 의미이다. 그렇게 되면 실제 공장에서 이루어지는 일들을 일일이 현장에서 확인하고 작업할 필요가 없어진다. 내 책상의 컴퓨터, 내 손 안의 스마트폰에서 현장의 공장이 "가상"으로 운영된다. 컴퓨터의 버튼과 마우스 클릭이면 공장 현장을 제어하는 손쉬운 방법이 생기는 것이다.

원거리에서 사이버-물리 시스템을 조작함으로써 현장을 통제할 수 있다면 많은 장점을 기대할 수 있다. 위험한 공정을 원격으로 운영할 수 있어 안전사고 방지에도 큰 도움이 될 것이다. 또한 유해한 연기나 먼지를 배출하는 공장을 원격으로 제어한다면 공장 현장에서 일하는 작업자들의 안전과 건강을 챙길 수 있다. 이러한 혁신은 모두 사이버-물리 시스템이

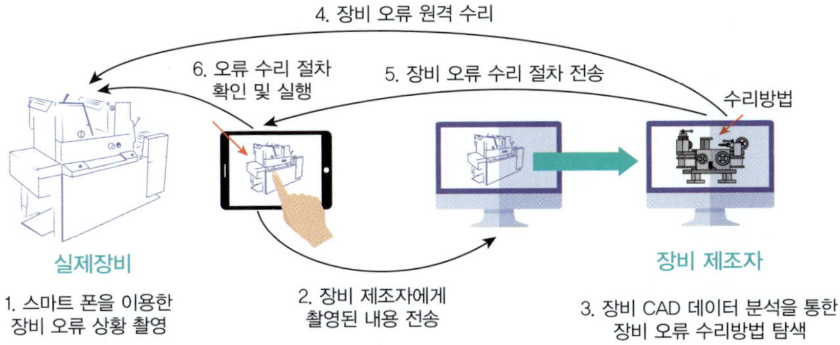

| 그림 47 | 사이버-물리 시스템을 이용한 원격 장비수리

라는 기술 덕분에 가능하게 될 것이다.

사이버-물리 시스템을 활용한 가상공장 시스템은 실제 공장에서 발생하는 일들에 대한 입체적인 분석과 조치를 가능하게 한다. 만약 설비에 어떤 문제가 생겨서 어떻게 고쳐야 할지 모를 경우, 설비를 제작한 기업이나 설계자에게 직접 현장의 문제 영상을 전송해서 수리를 의뢰해도 된다. 설비를 수리하는 쪽에 가상화된 기계의 수리를 맡겨서 직접 원격 수리를 의뢰하든지 혹은 오류 수리 절차에 대한 가이드라인을 받을 수도 있다.

마무리

사이버-물리 시스템은 국가 인프라, 운송, 전력망, 산업 자동화, 의료 및 헬스케어, 국방, 농업 등 매우 다양한 분야에서 삶의 질과 복지를 향상시킬 것으로 기대된다. 의료 분야에서의 사이버-물리 시스템은 지능형 원격 맞춤의료 서비스 시대를 앞당길 수 있을 것이다. 평균 수명이 길어지면서 자신의 건강관리에 관심이 많아짐에 따라 사이버-물리 시스템 기술을 이용하여 개인별 건강상태를 모니터링하고 기록, 관리, 치료하는 과정이 가능해질 것이다. 원격 심전도 모니터링 시스템처럼 센서를 통해 수집된 데이터는 분석 단계를 거쳐 개인에게 맞춤 처방과 응급 서비스를 제공하기 위해 사용될 것이다.

사이버-물리 시스템은 각종 재난 및 사고에 대해 실시간 대응을 가능하게 하여 안전한 미래사회를 만드는 데 기여할 것이다. 작은 사고나 재난 징후가 큰 재앙으로 이어지지 않도록 물리 세계의 이상 데이터를 수집하여 사이버 시스템에 실시간으로 전달한다. 이렇게 수집된 데이터는 첨단 컴퓨터의 분석을 거쳐 파급력을 예측하고 그 심각성에 따라 적절한 대응 방안을 세우기 위해 사용된다.

스마트공장 관점에서도 공장에서 발생할 수 있는 각종 사건이나 사고를 미리 예측하고 예방할 수 있다. 즉, '안전'이라는 키워드는 스마트공장뿐만 아니라 어느 곳에서나 필요하기 때문에 사이버-물리 시스템의 중요성은 더욱 강조될 것이다.

에너지 절약 측면에서도 중요한 역할을 하게 될 것이다. 에너지 생산 및 송전은 대형 전력 생산시설에서 소비자에게 단방향으로 전달되고 있다. 이 때문에 전력망 시스템은 일반적으로 소비자가 요구하는 평균 수요보다 훨씬 높은 전력 송전이 가능하도록 설계되어 있다. 즉 소비자들의 전력 사용량에 대한 정보가 부족하기 때문에 많은 양의 전력이 낭비될 소지가 있는 것이 현실이다. 미래에 전력망 운영에 사이버-물리 시스템 기술이 적용된다면 산업현장과 가정집의 모든 기기와 전기 시설에 대한 전력 사용량 정보가 데이터화되어 수집될 것이다.

4

공연실황을 녹화하자:
빅데이터 분석

4

공연실황을 녹화하자:
빅데이터 분석

빅데이터, 큰 데이터?

한국대학교 공학계열에 재학 중인 신세계 양은 도서관을 향해 걸으며 한숨을 쉬었다. 오늘 있었던 '제조업과 ICT'라는 전공수업에서 졸다가 걸려 교수님이 다음 수업시간에 빅데이터에 대해서 발표를 시킨 것이다. 정확히는 빅데이터와 빅데이터 분석이란 무엇이고, 우리 생활과 어떤 관련이 있으며, 제조업에는 어떻게 활용되는지, 미래의 스마트제조 환경에서는 어떻게 활용될 수 있을지에 대해 빅데이터란 큰 주제의 틀 안에서 자유롭게, 그리고 친구들에게 알기 쉽게 설명하라는 것이다. 그래서인지 그녀는 수업을 마친 후에 친구들과 어울리지 않고 곧장 도서관으로 향했다. 그녀의 머릿속엔 지금 온통 빅데이터뿐이다. TV를 볼 때나 인터넷 기사를 볼 때 빅데이터란 단어는 참 많이 보고 들어왔는데 정작 발표를 준비하려니 막막하다. 더욱이 알기 쉽게 준비하라니, 어디서부터 시작해야 할지 전혀

감이 잡히지 않는다.

도서관에 도착한 신세계 양은 빅데이터와 관련된 책들을 검색해 본다. 분류된 서고를 따라가 보니 빅데이터로 색인된 도서들이 한 섹션을 모두 차지하고 있다. 이 많은 책들 중 어떤 책이 내가 필요한 책일까? 그녀는 감이 잡히지 않아 다시 자리로 돌아와 일단 노트북에서 검색해 본다. '빅데이터'를 검색해 보니 이미 수많은 기업들이 빅데이터와 관련된 사업을 하고 있다는 것을 알게 되었다. 일단 빅데이터의 의미부터 찾아보기로 한다.

빅데이터란 디지털 환경에서의 데이터로서, 용량이 크고Volume, 형태도 각종 수치로 표현될 수 있는 정형 데이터뿐만 아니라 문자나 영상과 같은 비정형 데이터를 포함하며Variety, 그 생성 주기도 짧은 데이터Velocity를 의미한다. 그리고 최근에는 데이터의 가치Value나 복잡성Complexity을 덧붙이기도 한다. 즉, 빅데이터는 다양한 형태로 빠르게 생성되는 모든 형태의 데이터로서 복잡하고 가치 있는 데이터라는 것이다.

신세계 양은 의미를 되새기면서 '그렇다면 빅데이터 분석이란 매우 많은 양의 복잡한 데이터를 적절한 방법을 이용해 분석하는 것이겠구나, 그리고 분석결과를 활용도 하겠지'라고 유추해 본다. '최근에 재난을 예측하여 방지한 사례들도 그렇고, 기상청에서 날씨 예측할 때 정확도가 높아지는 것도 그렇고…. 빅데이터를 분석하면 할 수 있을 것 같은데? 아! 온라인 쇼핑몰에서 나한테 보내는 이메일에서 내가 관심 있는 제품을 찾아주는 것도 그렇겠구나! 그렇다면 수업시간에 배웠던 소비자맞춤형 제품이라는 것을 제공하기 위해서 기업이 활용하는 것도 이 빅데이터 분석 때문이구나. 그럼 기존의 쓰던 데이터 분석과의 차이는 뭐지? 왜 갑자기 몇 년 전부터 빅데이터 분석이 그렇게 유행하게 된 거지?' 이와 같은 질문에 신세계 양의 머릿속은 이내 다시 복잡해진다.

이때 마침 신세계 양은 친구들로부터 연락이 와서 도서관을 나설 수밖

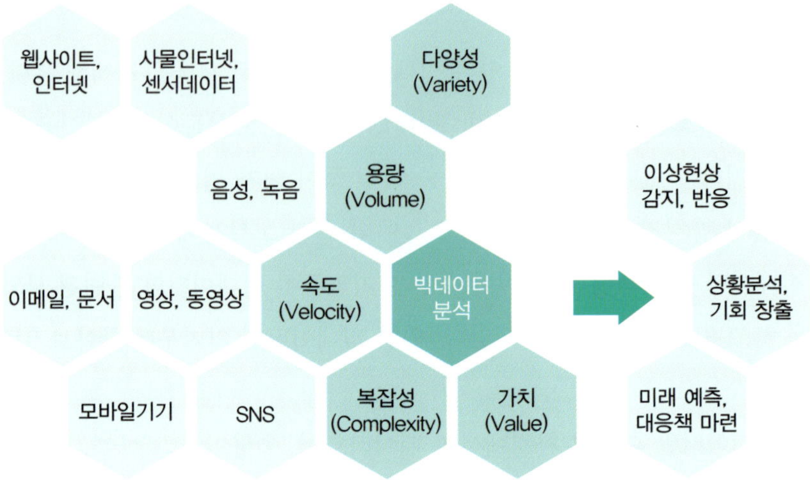

| 그림 48 | 빅데이터 정의

에 없었다. 아직 빅데이터에 대해 잘 알지는 못하지만, 왠지 재미있을 것 같다는 기대 반, 발표준비라는 우려 반으로 도서관을 나서려고 한다. 도서관을 나서기 전에 '지금까지 검색해서 알아낸 내용을 정리할 필요는 있겠구나' 생각하고 기존의 데이터와 빅데이터와의 비교표를 찾아 정리하는 것으로 도서관 방문을 마친다.

| 표 3 | 기존 데이터와 빅데이터 비교

구분	기존 데이터	빅데이터
데이터 양	• 테라바이트(TB) 수준 • 1TB=1,024GB	• 페타바이트(PB) 수준 • 1PB=1,024TB
데이터 유형	• 정형데이터 중심	• 정형데이터 외에도 소셜 미디어 데이터의 동영상, 사진, 대화 내용, 검색어 통계 등 비정형 데이터 비중이 높음
프로세스 및 기술	• 처리/분석 과정 정형화 • 원인/결과 규명 중심	• 다양한 데이터 소스, 복잡한 로직 처리 복잡도가 매우 높음 • 상관관계 규명 중심

출처: 배동민 · 박현수 · 오기환 (2013).

신세계 양은 친구들을 만나러 가는 길에 한 가지 생각이 문득 스쳤다. '아, 그런데 나는 '정형' 데이터나 '비정형' 데이터란 단어의 의미를 알게는 되었지만, 수업시간에 친구들이 이해할 수 있도록 설명하려면 어떻게 하지?' 똘똘한 신세계 양은 마음속으로 다음과 같이 정리해서 되뇌어 본다. '정형 데이터'란 말 그대로 정형화된, 다시 말하면 형태가 정해진 데이터이다. 이 형태는 사용자가 데이터를 쉽게 사용할 수 있도록 필요한 형태로 정하고, 이를 데이터화한 것이다. 이와 반대로 '비정형 데이터'는 일정한 규격이나 형태를 지닌 정형 데이터와 달리 그림이나, 영상, 문서와 같이 형태가 구조화되지 않은 데이터를 의미한다. 비정형 데이터의 예로는, 이메일, SNS, 블로그 등의 온라인 데이터와 문서, 음성, 또는 영상과 같은 것이다. 예를 들어 온도에 대해 정형 데이터는 ℃ 또는 °F이지만, 비정형 데이터는 춥다, 따듯하다, 덥다, 시원하다와 같은 비구조적 데이터이다. 그래도 오늘은 뭔가 한 것 같은 뿌듯함을 안고 신세계 양은 친구들과의 약속 장소로 향한다.

빅데이터 시대가 왔다고 전해라

빅데이터Big Data란 단어는 말그대로 원래 용량이 큰 데이터를 의미했다. 그리고 이 의미는 대용량 데이터를 활용하는 개념까지 확대되었고, 앞서 소개한 정의가 데이터 자체의 특징에 대한 해석이라면, 넓은 의미에서의 빅데이터는 빅데이터 산업과 기술을 통칭하는 것으로 데이터를 수집하여 분석하고 활용하는 일련의 모든 과정을 통칭한다고 볼 수 있다. 넓은 의미에서 보면 이 세상 모든 정보가 데이터이고, 이 데이터의 분석을 통해 의미 있는 가치를 획득하며, 이 획득한 가치를 활용하는 것이 빅데이터의 속성이라 볼 수 있다.

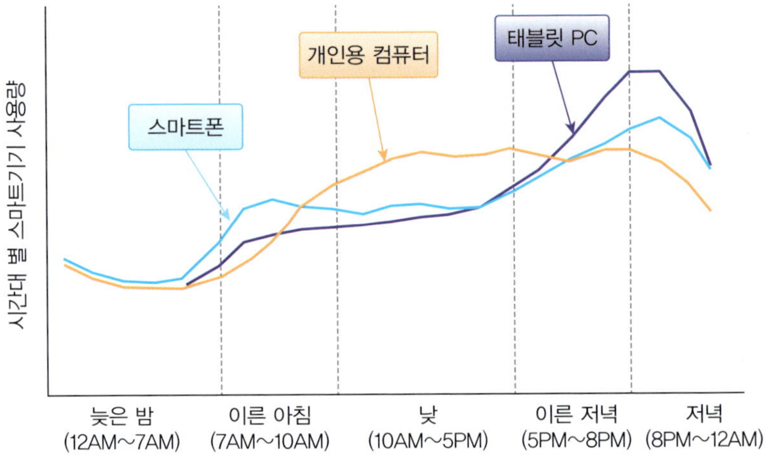

| 그림 49 | 시간대 별 스마트 기기의 트래픽 점유율

출처: comScore (2013, February 22).

최근 스마트폰은 우리 생활에 없어서는 안 될 물건이 되어 우리나라 국민들은 거의 일인 당 한 대씩의 스마트폰을 보유하게 되었다. 개인용 컴퓨터는 물론이거니와 태블릿 PC까지 보급된 까닭에 많은 사람들이 디지털 생활을 영위하게 되었는데, 그 새로운 생활을 들여다보면 꽤나 흥미롭다. 많은 사람들이 잠들기 전과 기상 직후에는 스마트폰을 꺼내서 뉴스나 이메일, SNS 메시지 등을 확인하고, 출근 후에는 개인용 컴퓨터를 통해 업무를 보고, 퇴근 후에는 태블릿 PC를 이용해서 인터넷이나 SNS를 사용하는 것으로 보였다. 여러분 자신을 돌아보라. 나의 생활하고도 비슷한 패턴이라고 생각될 수도 있을 것이다.

이처럼 사람들은 디지털 사회에서 다양한 스마트 기기를 통해 여러 가지 활동을 하고 그 결과 또한 암묵적으로든 명백하게든 노출되어 있는 경우가 많다. 사람들은 스마트 기기를 통해 영화도 보고, 게임도 하며, 친구들과 채팅도 즐겨한다. 그리고 사람들의 이러한 활동의 결과로 인해 정형 데이터든 비정형 데이터든 무작위로 엄청나게 많은 양이 생산된다. 물론 이렇게 많은 데이터가 갑자기 나타난 것은 아니다. 예전부터 지금까지 동일하게 많은 데이터가 정보 또는 지식이라는 이름으로 존재해 왔다. 과거에는 이러한 정보와 지식이 디지털화Digital化되지 못한 것뿐이다. 여기서 '디지털화'란 컴퓨터 기술을 활용할 수 있는 대상으로 변환된 형태를 의미한다.

과거의 데이터는 단순히 단어, 문장, 또는 그림과 제한된 양의 동영상의 형태를 띠었지만, 모바일 스마트 기기의 확산과 더불어 우리의 온라인 · 오프라인 구매 행위, 이동 경로, 앱 사용 패턴 등과 같이 복잡하고 다양한 데이터들이 발생하고, 이것들이 디지털화된 형태로 전달되고 심지어는 공유되기까지 한다. 과거 피처폰Feature phone을 사용하던 시대에도 데이터는 존재했지만 전화나 문자 또는 그림 등과 같은 형태로 현재 수준에 비하면 그 양도 매우 적었고 활용도는 더욱 낮았다. 하지만 최근에 데이터의 디지털화와 무작위로 많은 데이터가 생성되면서 사람들은 이를 다양한 곳에 활용하기 위한 방법을 생각하게 되고, 그 영향력이 커진 것이 빅데이터 분석이 급부상하게 된 첫 번째 이유라고 할 수 있다.

두 번째로 빅데이터를 분석하고 활용할 수 있는 기술들이 발달하였다는 점을 생각해 볼 수 있다. 이는 스마트 기기의 확산과도 관련이 있는데, 스마트폰 기술의 발전으로 인해 인터넷 사용량이 급속하게 증가하게 되었고, 이에 따라 다양한 데이터가 생성되고, 이러한 데이터를 공유하고, 활용하기 위한 '클라우드'라는 기술이 발전하게 되었다. 데이터의 저장, 관리 기능을 지원할 수 있는 클라우드 기술 외에도 데이터를 수집하기 위한 센싱 기술과 센싱된 데이터에 대한 분석과 활용을 도와줄 수 있는 소프트웨어의 발전도 빅데이터의 급부상에 한몫하였다. 온도, 습도, 소리, 위치 등의 데이터를 수집할 수 있는 센서의 발전을 통해 사물인터넷, 웨어러블 기기, 스마트 카 등이 등장하였고, 이런 기술들을 다양한 환경에 적용하여 데이터를 생성하고 수집하는 것도 가능해졌다. 또 이렇게 수집

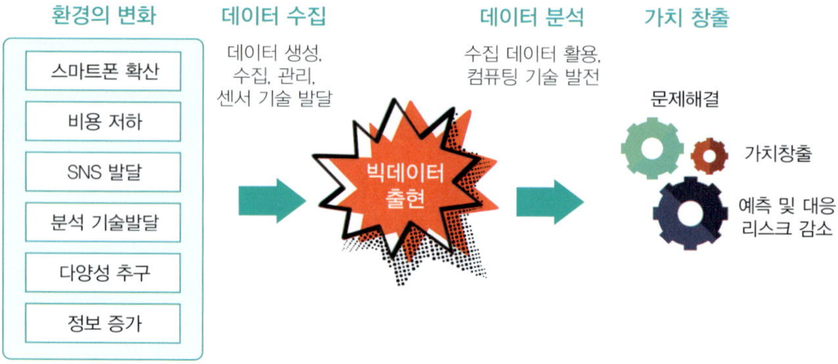

| 그림 50 | 빅데이터 분석의 부상 배경

출처: 정지선 (2011).

된 빅데이터를 해석하고 응용하는 소프트웨어들도 급속하게 발전하면서 그 활용도가 더욱 높아진 것이다.

마지막으로 생각해 볼 수 있는 것은 빅데이터 분석을 통해서 새로운 가치의 창출이 가능해졌다는 것이다. 세상은 예측하기 어려울 만큼 빠르고 다양하게 변화하고 있다. 사회적, 경제적 측면에서도 개인화의 복잡성이 늘어남에 따라 의사 결정에 대한 리스크가 그 어느 때보다 높아지고 있다. 따라서 기존의 분석 도구나 방법을 가지고는 해결할 수 없는 의사 결정 문제를 보다 효율적면서도 리스크를 줄일 수 있는 새로운 접근이 필요해졌다. 더욱이 예전과는 다르게 비정형 데이터의 양이 전체 데이터의 90% 수준이 될 것으로 예측되고 있는 실정임을 감안할 때 이를 활용하여 의사 결정의 지능화와 가치창출을 실현시킬 수 있는 대안으로써 빅데이터 분석이 더욱 필요해졌다.

빅데이터에 있는 것

신세계 양은 친구들과 즐거운 식사를 마친 뒤, 집으로 돌아와 발표 준비를 위해 컴퓨터 앞에 다시 앉았다. 도서관에서 검색을 통해 빅데이터가 무엇인지 알았고, 다행히도 친구들 중에 빅데이터에 대한 수업을 듣고 있는 찬영이와 이야기하면서 왜 빅데이터 분석이 급부상하였는지 같이 생각해 볼 수 있었다. 그럼 과연 기업들도 빅데이터가 중요하다고 생각할까? 그냥 언론에서나 책에서 중요하다고 할 뿐, 기업들이 빅데이터를 중요하게 여기는 것을 알 수 있는 객관적인 자료가 있을까? 신세계 양은 다시 한 번 검색창을 통해 인터넷을 뒤져보았다.

최근 기술과 지식의 활용이 정형 데이터뿐만 아니라 비정형 데이터까지 확대되고 사물에서부터 사람에 이르기까지 모든 것이 연결됨에 따라 기존의 데이터 관리 방식이 아닌, 새로운 미래형 관리 방식이 필요하다. SCM World의 조사에 따르면 빅데이터 분석은 미래에 데이터 관리를 주

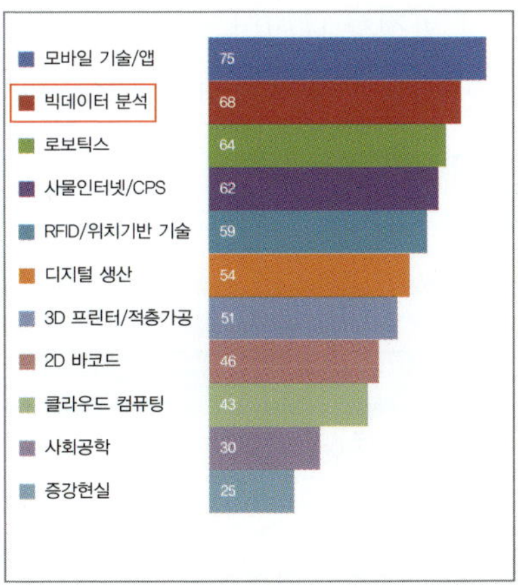

(가) 미래 데이터 관리의 핵심 요소

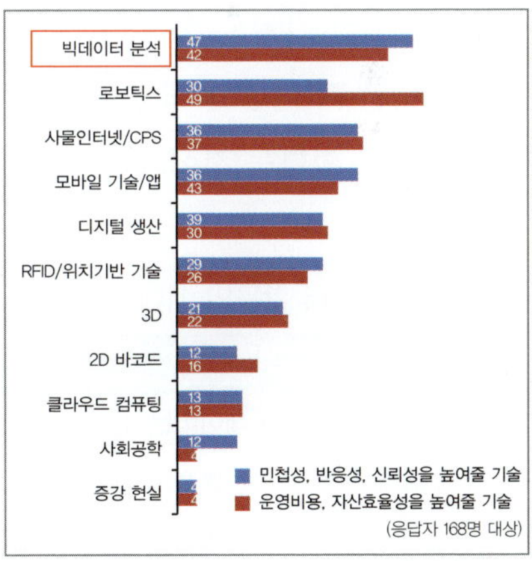

(나) 미래 효율성/생산성을 높여 줄 기술 분야

| 그림 51 | 빅데이터 분석의 중요성

출처: SCM World (2014).

도하는 핵심 요소 중 모바일 기술 응용프로그램 다음으로 중요한 기술로 조사되었고, 또한 기업의 민첩성과 반응성, 그리고 신뢰성을 높여 줄 수 있는 가장 유망한 기술이며, 운영비용을 절감하고 자산의 효율적인 활용 측면에서는 로보틱스 기술 다음으로 높은 평가를 받았다.

이밖에도 세계 경제 포럼Davos Forum은 2012년 가장 주목해야 할 과학기술로 '빅데이터 처리기술'을 선정했고, 2013년 Gartner사는 빅데이터를 10대 전략기술 중의 하나로 꼽았다. 또한 McKinsey사도 기업 성장의 핵심 기술 중 하나로 빅데이터를 꼽으며 이는 의료, 건강 분야에서는 매년 3300억 달러의 가치가 있고, 소매업에서는 이윤의 60% 증가와 0.5~1%의 생산성을 증가시킬 수 있는 것으로 내다보며, 특히 제조업에서는 제품 개발비의 50%와 운전자본의 7%를 감소시킬 수 있는 기술로 예측했다.

이처럼 기업 측면에서 빅데이터 분석은 제4의 경영자원으로서 소비자의 행동과 시장변동을 예측하여 비즈니스 모델을 혁신하고, 신사업을 발굴하며, 비용을 절감하고 제품 차별화를 꾀하여 생산성을 향상시키는 데 핵심적인 기술로 자리 잡고 있다. 다시 말하면 빅데이터 분석은 세계가 주목하고 있는 기술로, 현재 추세를 앞지를 비정형 데이터의 폭발적인 증가를 감안할 때 다양한 대용량 데이터를 신속하게 분석하여 새로운 가치를 창출할 수 있다는 점에서 매우 중요한 기술인 것이다.

| 표 4 | 빅데이터 활용의 기대 가치

기관명	경제적 효과
Economist(2010)	• 데이터는 미래 비즈니스의 새로운 재료
MIT Sloan(2010)	• 차별적 경쟁력을 통한 높은 성과 창출
Gartner(2011)	• 데이터는 21세기의 원유이며 미래 경쟁우위를 결정 • '데이터 경제시대'의 도래, 정보의 고립 경계
McKinsy(2011)	• 혁신, 경쟁력, 생산성의 핵심요소

출처: 삼성KPMG 경제연구원 (2012).

빅데이터분석의 유용성은 '데이터에 내재된 의미Implicit Phenomenon in Data'를 세상에 드러내는 것에 있다. 이는 다양한 학문, 산업, 사회가 생성하는 데이터 속에 사실상 우리가 표면적으로 볼 수 없었던 다양한 현상이 내재되어 있다고 보는 것이다. 따라서 데이터를 잘 정제하고 추출하여 분석하면 데이터 안에 숨어있던 현상의 실체를 알아낼 수 있는 것이다. 지금까지 해당 분야의 전문가들은 정량적인 데이터 분석을 하지 않더라도 지식과 경험, 학습된 직관을 통해 현상을 추출할 수도 있었다. 그러나 데이터의 용량이 쌓이고, 경험하지 못한 상황들이 계속 발생하며, 불확실성이 증대될 때 전문가의 판단 또한 그 정확성이 감소할 수밖에 없게 된다. 하버드 대학교 교수였던 케빈 퀸 박사는 흥미로운 실험을 진행하였다. 87명의 법학 교수들과 자신이 개발한 통계적 모형으로 지난 1년 동안 나왔던 대법원 판례들의 평결을 예측하는 콘테스트를 한 것이다. 결과는 콘테스트가 무색할 정도로 통계적 모형의 압도적 승리였다.충분한 데이터와 과학적인 분석기법이 있다면, 어떤 전문가도 무시할 수 없는 소중한 정보의 획득과 효율적인 의사 결정이 가능하다는 것이다.

빅데이터 분석, 어떻게 하는가

신세계 양은 발표자료를 준비하며, 이렇게 중요한 빅데이터를 도대체 어떻게 분석하는지 궁금해졌다. 인터넷의 빅데이터에 대한 설명은 참 많고, 또 이 많은 자료 중에서 현재 수준으로는 이해하기에 어려운 단어, 소프트웨어, 그리고 관련 기술들의 나열들을 보니, 신세계 양은 이내 곧 머리가 어지럽기 시작했다. 데이터를 모으는 방법부터 데이터를 분석한다는 데이터 마이닝, 텍스트 마이닝, 웹 마이닝, 감성 마이닝 등의 각종 마이닝 분야들과 수리적 알고리즘들, 또 빅데이터와 연계된 빅테이블, 카산드라,

하둡 등과 같은 데이터 관리 기술들까지…. 발표 일까지 짧은 시간 내에 이해하기도 어려울뿐더러 교수님께서도 친구들에게 알기 쉽게 설명하라 하셨으니 이 부분은 빼야 하나 싶기도 했다. 그러나 한편으로는 빅데이터 분석에 대한 궁금증이 커져 나중에라도 공부하기로 마음먹는다.

일단 신세계 양이 파악한 것은 빅데이터 분석이 어느 분야에서 어떤 목적으로 사용하느냐에 따라 여러 양상을 띠게 된다는 것이었다. 스마트폰을 아이가 사용하면 게임용으로, 직장인이 사용하면 업무용으로, 또 노년층이 사용하면 통화용으로 사용하는 것과 같다고나 할까? 하지만 스마트폰, 그 본질은 변하지 않는다. 이처럼 빅데이터 분석도 다양하게 사용되지만 그 본질과 근본적인 분석 과정 또한 변하지 않음을 알 수 있었다.

| 표 5 | 빅데이터 분석 과정

프로세스	주요 내용
데이터 수집	• 문제나 이슈와 관련된 정형&비정형 데이터를 수집 • 내부(데이터베이스)와 외부(SNS, 이메일 등)로부터 데이터 수집
⬇	
데이터 관리	• 문제나 이슈에 부적절하거나, 중복되는 데이터를 삭제하여 유효데이터를 식별
⬇	
알고리즘 적용	• 통계, 빅데이터 처리 등을 통해 의미가 있는 패턴이나 이슈를 발굴 • 키워드 추출, 데이터 군집 및 분류 • 문제점을 해결하거나 예측하기 위한 방법(알고리즘)에 적용
⬇	
활용 (예측/개선)	• 알고리즘 적용을 통해 도출된 분석 자료를 이용하여 문제를 해결하거나 이슈에 대한 예측 정보를 제공

출처: 백인수 · 박지혜 (2013).

빅데이터 분석을 위해서는 먼저 해결하고자 하는 문제를 명확히 알아야 한다. 그리고 관련된 데이터를 모으고 저장한 뒤, 문제를 해결하는 기법을 적용하여 분석 결과를 도출하고, 이 도출된 결과를 활용하여 또 다른 문제에 대비한다. 이는 우리가 어떤 문제를 해결하기 위한 순환 과정으로 이미 익숙한 문제해결 과정이다.

빅데이터 분석 과정을 범죄 분야에 적용하는 경우를 생각해 보자. 일단 범죄를 어떻게 예방할 수 있을까란 문제를 해결하기 위해 범죄와 관련된 데이터를 수집한다. 지역별 범죄발생 건수, 범죄 유형 등의 정형 데이터부터 범죄와 연관 가능성이 높은 비정형 데이터(SNS, CCTV 등)까지 수집한 뒤, 데이터 분석을 통해 범죄가 발생하는 기간이나 장소 등과 더불어 범죄 발생과 관련된 패턴을 도출한다. 또 SNS, 인터넷 포털 사이트 등을 통해 범죄와 연관된 데이터와 범죄의 발생 시간, 장소와의 연계성을 분석하고, 지리정보시스템Geographic Information System: GIS 정보와 연계하여 범죄 지도나 시간 분포도 등과 같은 그림이나 그래프를 통해 알아보기 쉽게 시각화한다. 이를 기반으로 범죄 예방을 위한 알고리즘을 개발하여 수집한 범죄 데이터를 적용하여 분석을 실시한다. 그리고 분석 결과의 검증을 통해 범죄 발생 예측 시간대와 지역을 파악하고 경찰 배치인원을 증대하거나 순찰차의 순찰 횟수를 늘리는 방안을 통해 범죄를 미연에 방지할 수 있다(백인수 · 박지혜, 2013).

신세계 양은 발표자료를 만들면서, 현재 자신이 발표자료를 준비하는 것도 하나의 빅데이터 분석 과정과 유사하다는 것을 깨달았다. 빅데이터 분석과 관련한 자료를 인터넷을 통해 검색하여 많은 자료를 수집하고(데이터 수집), 이 수집된 자료에서 자신의 발표 주제와 방향에 맞는 자료들을 따로 간추리고, 응용할 수 있는 그림들을 저장한다(데이터 관리). 그런 다음 이 자료들을 이용하여 생각하고 있는 발표 내용의 구성 순으로 그림을 넣기도 하고, 글들을 수정한 뒤(알고리즘 적용), 수업 시간에 빅데이터 분석에 대한 발표(활용)를 하는 과정이 마치 빅데이터 분석을 위한 나의 사례인 것이다. 이를 깨닫는 순간 뿌듯한 성취감을 느끼며, 피곤이 몰려온다. 오늘은 빅데이터가 무엇이고, 얼마나 중요하며 어떤 과정을 거치는지 알았으니, 내일은 어디에 적용되고, 제조업에 어떻게 활용될 수 있는지 고민하기로 하며, 이내 잠에 든다.

빅데이터에 나의 경험을 더하자

아침에 눈을 뜬 신세계 양은 창문을 열고 날씨를 확인한다. 이는 신세계 양이 매일 깨어날 때마다 무의식적으로 하는 습관이다. 학과에서 패션리더이기도 한 그녀로서는 무엇보다 날씨를 확인해야 오늘 의상의 콘셉트를 정할 수 있기 때문이다. 물론, TV뉴스나 인터넷을 통해 나오는 일기 예보만 보면 날씨를 알 수 있지만, 그녀는 뉴스에서 예보된 날씨 정보에 자신의 느낌을 더하여 나름대로의 날씨를 판단한다. 창문을 열어 확인해 보니, 오늘은 구름도 많이 끼고, 바람도 많이 불고 기온이 낮다. '아, 오늘은 목도리에 두꺼운 스타킹을 신고 나가야겠구나.'라고 마음먹은 그녀는 아침식사를 하고 씻은 뒤 옷을 갈아입는다. 옷을 입으며 문득 떠오르는 생각이 있다. '참, 이것도 하나의 빅데이터 분석이 되겠구나. 기상뉴스에서 알려주는 기온, 강수 확률과 같은 정형 데이터와 창문을 열며 가지게 된 자신의 느낌과 같은 비정형 데이터를 함께 고려하는 것이나, 이런 데이터에 자신이 지금까지 날씨에 대해 경험하면서 쌓인 직관이나 지식같은 무의식적 알고리즘을 적용해서 날씨를 예측하는 것이나, 예측한 날씨에 따라 옷을 두툼하게 입을지, 아니면 가볍게 입을지 결정하는 것이나. 만약 오늘 데이트라도 있으면 '데이트'라는 비정형 데이터의 영향이 더욱 커져서 옷 스타일 결정에 영향을 줄 것도 같다. '아무리 추워도 패션리더로서의 스타일을 고집하며 가볍게 입을 테니….' 그러면서도 머릿속에 온통 빅데이터뿐이라는 생각이 들어 헛웃음을 지으며 집을 나서 도서관으로 향한다.

신세계 양은 우리 주위에 빅데이터 분석이 활용되는 곳은 어디일까, 또 발표자료에 포함할 제조업에서의 빅데이터 분석 사례는 어떤 것이 있을까 고민해 본다. 일단 우리 주변에서 쉽게 접할 수 있는, 빅데이터 분석이 활용되는 곳은 어디에 있을까?

선거의 경우에 유권자의 SNS 메시지를 분석하여 여론과 후보자별 지지율 동향을 분석하는 일은 이제 당연한 것이 되었다. 또 인터넷의 검색 엔진에서 특정 국가명에 대한 검색 횟수가 높아지거나 SNS 메시지에 그 국가에 대한 언급량이 많아지는 패턴을 분석하여 국가별 방문 관광객 추이를 예측할 수 있고, 구글 같은 경우에는 독감에 걸렸을 경우 나타나는 증상들에 대한 단어들의 검색 추이를 분석해서 미국의 질병통제예방센터보다 무려 2주 전에 독감의 확산 현황을 파악할 수도 있었다. 그 외에도 신제품 출시 후 신제품에 대한 검색이나 언급량 및 시장반응에 대한 단어들을 살펴보아 판매 동향도 살펴볼 수도 있다. 서울시의 경우 사용자의 심야 스마트폰 사용 정보를 파악하여 이용객의 수요가 많은 심야 버스노선을 개발하였다. 그 외에도 아마존은 소비자들의 소비 패턴을 분석하여, 소비자가 배송 요청을 하기 전에 미리 배송 준비를 하여 배송시간을 줄일 수 있는 시스템을 개발하고, Netflex사도 소비자의 패턴을 분석해 맞춤형 콘텐츠를 추천하고 있다. 또 배우와 감독별 선호도를 조사하여 데이비드 핀처 감독과 주연배우로 케빈 스페이시를 선정하여 〈하우스 오브 카드 House of Cards〉라는 드라마를 제작한 사례도 있다. 병원에서는 질병자료를 분석해 미리 응급환자의 발생 상황을 대비하는 등 기업은 물론이고, 공공기관에서까지 빅데이터 분석은 매우 광범위하게 사용되고 있다.

정치권에서도 미국 대통령 선거 때 SNS 분석을 통해 부동층을 파악하고, 이에 맞는 맞춤 정책 및 홍보전략을 수립하는 데 사용되었다. 빅데이터 분석은 연구 증진에도 활용되었는데 KAIST 문화기술대학원에서는 빅데이터 분석을 이용하여 고전 음악 작곡가들의 패턴과 그 후대 음악가들과의 네트워크를 분석하여 서양 고전음악의 원리를 밝혔다. 국립암센터는 빅데이터 분석 알고리즘을 개발하여 작용기전의 검증이 가능한 약물 작용점을 확보하였다.

신세계 양은 깜짝 놀랄 수밖에 없었다. 위의 언급한 사례 외에도 너무나 많은 곳에 빅데이터 분석이 사용되고 있었기 때문이다. 기업이나 공공기관에서는 사용할 수 있을 것이라고 생각했었는데, 선거나 연구에까지 사용되었다니…. 신세계 양은 조금 더 사례에 대해 알아보고자 했으나, 이내 호기심은 잠시 접어두고 발표자료를 위해 제조업에서 빅데이터 분석이 어떻게 활용되는지, 또 어떤 작업을 할 수 있는지에 대해 다시 준비를 시작한다.

제조업에서는 많은 기업들이 빅데이터 분석에 대한 투자를 계획하거나 파일럿 프로젝트를 진행하고 있다. 이미 빅데이터가 활용되고 있는 곳도 많이 있고, 현재 진행형인 관심사이기도 하다. 빅데이터 분석은 제조업에 적용될 미래 기술 중 하나로서 가장 높은 관심과 투자가 이루어질 것으로 전망되고 산업에 주는 영향에서 가장 파괴적인 기술이 될 것으로 예상되고 있다.

더욱이 최근 독일정부의 차세대 제조업혁신 개념인 인더스트리 4.0, 또는 스마트제조의 추세에 힘입어 많은 기업들이 빅데이터와 사물인터넷 분야에 투자하겠다는 의지를 갖고 있다. 제조업에서 빅데이터 분석의 핵심은 '실시간 공장 관리 분야'이다. 빅데이터 분석은 실시간 공장운영 효율성 관리 분야(57%), 실시간 공정 일정 관리(53%), 실시간 공급사슬 관리(42%), 제품의 수율 · 품질관리 분야(40%)의 순으로 빅데이터 분석은 미래 스마트제조의 바탕이 될 것으로 보고 있다.

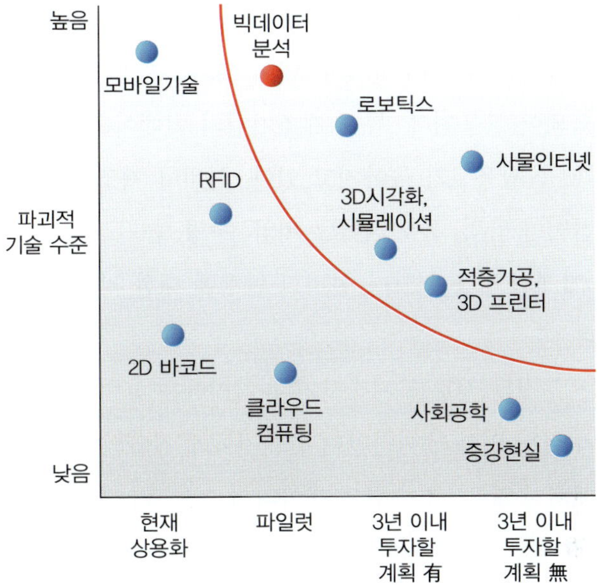

| 그림 52 | 제조업 관련 기술 트랜드 포지셔닝

출처: SCM World (2014).

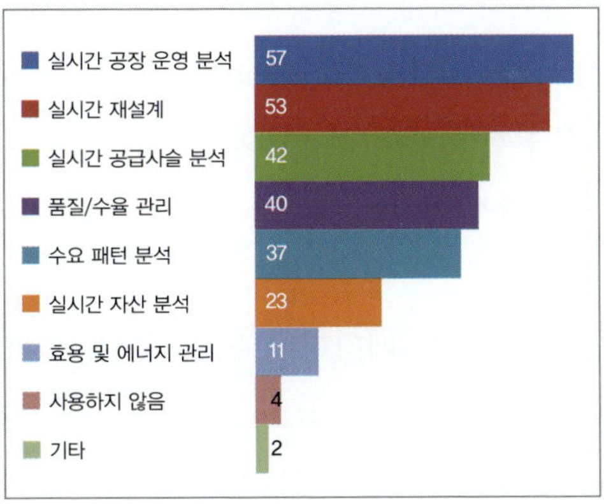

| 그림 53 | 제조업의 빅데이터 활용 분야

출처: SCM World (2014).

제조기업의 데이터는 소비자 및 시장 정보로부터 시작하여 기업 내외 물류정보, 경영정보 등 매우 다양한 데이터들이 존재하며, 주기적으로 생성되고 분석되어 활용된다. 특히 제조기업의 빅데이터는 센서기술의 발전을 통해 더욱 활용도가 높아지고 있다. 설비나 제조기계에 RFID를 장착하여 시간이나 압력, 온도, 원료소비양, 수명, 습기, 생산율, 고장 정보, 폐기율 등 기계의 사용 정보나 설비의 환경에 대한 정보를 수집할 수 있기 때문이다.

과거에는 수집한 정보를 저장하거나 처리하는 능력에 한계가 있어 전체 데이터가 아닌 일부 데이터만이 관리자에게 전달되었고, 또 전달된 데이터가 정제되지 않은, 즉 수집된 데이터의 초보적인 형태로 존재해 관리자는 현재 상태를 파악하기만 할 뿐, 이것을 통해 어떠한 의사 결정이나 관리에 대한 통찰력을 얻지 못하는 경우가 많았다. 하지만 빅데이터 분석을 통해 센서로부터 수집된 데이터 전체를 저장하고 유효 데이터를 추출한 뒤, 분석과 시각화를 통해 관리자에게 전달하고, 관리자는 전달된 데이터를 보고 불량률이나 기계 고장에 대해 예측을 하거나 적정 생산량에 대한 의사 결정을 내릴 수 있다. 또 기계와 관리자간의 데이터 전달뿐 아니라 사물인터넷을 통한 기계와 기계와의 데이터 전달 및 분석을 통해 관리자의 개입 없이도 최적의 작업 지시가 이루어져 생산의 효율성 증가를 꾀할 수 있다.

GE의 스케넥터디Schenectady 배터리 공장은 센서를 통해 제품과 부품이 어떤 온도, 습도, 압력 등의 환경에서 어느 정도의 시간을 거쳐 얼마만큼의 에너지를 사용해 어떻게 만들어졌는지 등의 정보를 기록한다. 불량품으로 판명이 난 배터리 부품에 대해 공정 시간, 또 어떤 공정에서 불량이 발생했는지를 알아낸 후, 이 분석 결과를 다른 배터리 부품을 만들 때 불량이 나지 않도록 하는데 반영한다. 향후 일기예보를 통해 외부 습기로부터 공장 내의 습기까지 관리하고, 또 배터리가 출하된 후에도 컴퓨터 칩

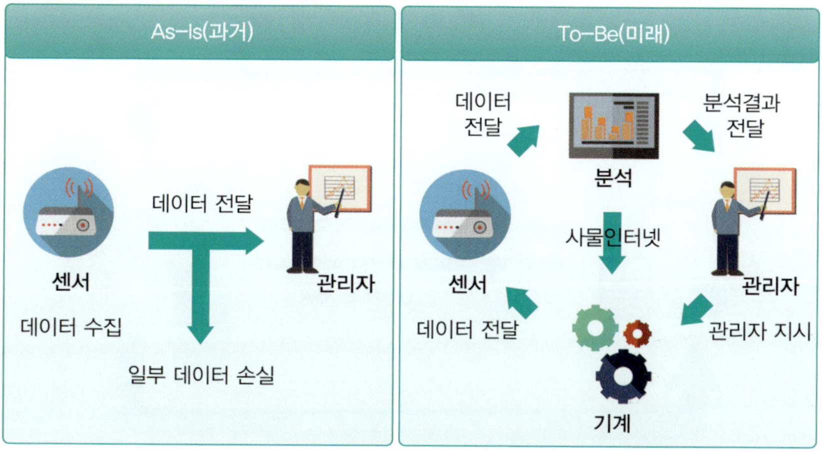

| 그림 54 | 빅데이터 분석을 통한 제조업 생산 효율화

출처: 이훈혜 (2013).

을 활용하여 추적하는 것을 목표로 한다.

스마트제조에서는 보다 진화된 센서를 통해 수집된 빅데이터 내에서 불필요한 데이터는 적게 포함하고, 보다 구조화되고 규칙성 있는 데이터를 수집할 것이다. 이는 SNS 데이터 분석과 같은 비정형 데이터가 많은 환경에서의 빅데이터 분석 작업과 비교할 때 상대적으로 쉽고 노력이 적게 들면서도 더욱 큰 효과를 기대할 수 있다.

이처럼 스마트제조에서 빅데이터 분석은 센서를 통해 데이터를 수집하고, 또 이를 분석하여 보다 효율적이고 생산성 높은 의사 결정을 도와줄 뿐 아니라 새로운 서비스를 소비자에게 제공할 수도 있다. 이는 제조기업이 소비자에게 제공하는 가치가 제품만이 아닌 서비스도 함께 제공할 수 있는 기회가 된다. 소비자가 제품을 사용하는 행태나 습관 등에 대한 데이터를 제공받아, 기존 제품의 단점을 보완하고, 신제품에 피드백되며, 수집된 데이터를 통해 신규 시장을 개척할 수 있다. 이처럼 빅데이터 분석은 사물인터넷과 결합되어 시너지 효과를 창출할 것이다. 이는 다시

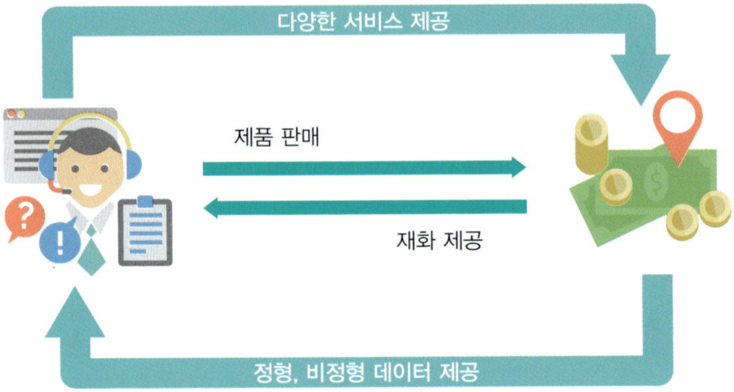

| 그림 55 | 빅데이터 분석을 통한 제조업의 서비스화

출처: 이훈혜 (2013).

다양한 데이터의 수집에 도움을 주고, 또 분석된 결과를 적용하고 활용하는 데 일조한다.

신세계 양은 빅데이터의 성격을 미래 제조 패러다임으로 보는 스마트 제조 관점에서 일목요연하게 정리하여 다음과 같이 발표하기로 한다.

- **대용량**Volume: 센서를 통해 공장 내 설비 및 공정 정보를 수집한다. 그리고 수집되는 데이터의 양은 공장이 가동되는 동안 지속적이고 실시간으로 생성되기 때문에 그 용량은 기하급수적으로 늘어난다.
- **다양한 형태**Variety: 센서 기반으로 데이터가 수집되고, 이 데이터의 형태는 기존 가동과 관련된 데이터 외에도 공장의 온도, 습도, 그리고 기상 상황에 대한 데이터 등 다양한 형태의 데이터를 수집하고 또 활용할 수 있다.
- **짧은 생성 주기**Velocity: 대용량에서 언급했던 바와 같이 설비의 실시간

운영 주기에 맞추어 데이터가 생성된다. 개인맞춤형 제품 특성에 따라 제품수명주기가 짧아지는 추세 역시 반영된 것이다. 또 생성된 데이터를 빠르게 향상된 계산속도로 거의 실시간으로 분석하여 활용함으로써 생산성 향상 및 운영 안정성을 기할 수 있다.

- 가치[Value]: 기존의 제조업에서는 데이터의 종류가 많지 않고, 또 지속적으로 데이터가 발생하여도 센서 기반이 아니었기 때문에 누적양도 적었다. 하지만 스마트제조 하에서 센서를 통해 기존 데이터 외에 숨겨져 있던 다양한 가치를 창출할 수 있는 데이터를 얻을 수 있고 활용할 수 있기 때문에 보다 효율적인 의사 결정이 가능하다.
- 복잡성[Complexity]: 다양하고 많은 데이터가 짧은 주기로 생성되기 때문에 기존 데이터 운영보다 복잡성이 비교할 수 없을 정도로 커진다. 따라서 스마트제조에서는 보다 복잡하고 방대한 데이터도 문제에 따라 분류하고 정제하여 가치 있는 데이터로서 활용할 수 있는 고도화된 알고리즘이 필요하다.

빅데이터 분석이 만능일까?

신세계 양은 빅데이터 발표자료를 만들면서, 처음부터 지금까지 이상하리만큼 계속 연상되는 단어가 있었다. 바로 '빅브라더'라는 단어이다. 내 일상생활의 모든 물리적, 정신적 활동이 일생동안 데이터로 변환되고, 저장되고, 없어지지도 않는다면? 그리고 누군가에 의해 모니터링되고 이용된다면? 그야말로 조지 오웰의 소설 ≪1984년≫에 나오는 '빅브라더' 사회가 떠오름을 깨달았다. 특정 소수가 개개인의 사생활과 행동에 관여하여 지배하고 통제할 수 있는 문제이다. 개인정보보호의 문제는 정보사회로 들어선 이후 계속 제기되는 이슈이며, 이는 빅데이터 기술이 가지는 가장 중요한 해결과제 중의 하나이다. 과학기술의 발전에 따라 사회적인 인식의 변화와 윤리에 대한 고민도 함께 진행되어야 할 이유인 것이다.

센서를 통해, 또는 사물인터넷이나 웨어러블 기기를 통해 무수히 많은 데이터를 수집하는데 이 모든 데이터가 가치 있는 것일까? 이미 제조업에서는 충분히 가치 있는 데이터를 수집하고 있지는 않을까? 많은 데이터 중 정작 필요 없는 데이터의 비중이 훨씬 크다는 것은 당연한 생각이다. 앞서 언급한 바와 같이, 데이터로부터 의미 있는 현상과 패턴을 추출하는 것이 보다 중요한 것이다. 이를 위해서는 빅데이터 분석에 대한 기술 외에도 관련되는 분야의 다양한 지식도 요구된다. 빅데이터 분석 기술만 알아서는 실제 제조업에 활용하기도 어렵고 또 앞서 언급한 불필요한 데이터에 대한 선별능력이 무엇보다 중요하기 때문이다.

다시 말해서, 빅데이터 분석의 확산에 맞추어 활용도가 높아질수록 데이터 품질의 중요성이 대두된다. 기업은 빠르게 변화하는 환경에서 적절하고 효율성 있는 데이터를 얻기 원한다. 더 정확하고, 더 쉽게 활용할 수 있으며, 더 빠르게 분석을 할 수 있는 데이터 형태로의 변환이 필요한 것이다. 빅데이터 분석은 기존 그대로의 데이터raw data를 수집하여 유효 데이터valid data를 식별하는 게 중요하다. 데이터 수집에서 스마트한 데이터를 수집한다면 빅데이터 분석의 효율성과 활용성을 높일 수 있을 것이다.

빅데이터 분석이 유수의 글로벌 기업, 대기업 위주로 진행되고, 또 기술이나 사례가 구체적으로 공개되어 있지 않다. 주로 빅데이터 분석이 대기업 중심으로 활용되고 구체적 적용 방법에 대한 공개가 미흡함에 따라 중소기업은 쉽게 빅데이터 분석을 적용하기 어렵다. 인터넷을 통해 빅데이터 분석의 사례는 많이 존재하지만, 어떻게 적용하고 어떤 기술을 활용했는지는 사실상 구체적으로 알려지지 않고 있다. 산업연구원의 보고서에 따르면 대기업조차도 아직 빅데이터 도입에 확신이 없는 점과 규모의 경제가 존재하지 않는다는 점을 언급하며 대기업과 중소기업의 정보격차가 확대되는 것을 우려한다. 정보의 불평등은 빅데이터가 가지는 사회에의 잠재적인 위협이 될 수 있다.

빅데이터 발표 준비를 마치며

신세계 양은 발표자료를 구성하며, 빅데이터 분석이 제조업, 더 나아가 미래의 스마트제조의 변화를 주도할 것으로 전망되고, 얼마나 적절하게, 얼마나 가치 있게 이 방법을 활용하는가가 중요하다는 생각이 들었다. 빅데이터 분석은 제조업의 전반적인 낭비 요소를 제거하고 불량 제품을 줄이며, 데이터 기반의 과학적이고 체계적인 관리에 도움을 줄 것이다. 또 현재 사람들의 행태나 공장의 운영 상태를 더욱 효율적으로 분석하여 적합한 의사 결정을 통해 발생하는 문제를 해결하는 데 필수적일 것이다.

발표 마무리에 재미있는 내용을 추가하고 싶은 신세계 양은 흥미로운 발견을 하나 소개하기로 한다. 그것은 1920년대 미국 여행보험사의 손실통제 부서에 근무하던 허버트 하인리히Herbert W. Heinrich가 산업재해와 관련된 통계를 분석하다 발견한 것인데, 산업재해로 인해 부상을 당할 뻔한 사건이 300번, 사고가 29번 발생하면 결정적인 산업재해가 한 번꼴로 발생한다는 것이다. 빅데이터 분석은 한 번의 재해가 발생하기 전, 29번의 사고를 감지할 수 있고, 300번의 경고를 예측할 수 있는 도구가 될 것이다. 다양하고 많은 데이터 분석을 과거보다 훨씬 정확하고, 빠르며, 보다 과학적인 방법으로 미래를 예측한다면 사람들의 삶은 좀 더 윤택해질 것이다.

신세계 양은 빅데이터 분석에 대한 발표자료를 마치며 빅데이터의 미래를 예측한 인용구를 떠올려 본다.

'빅데이터는 과거부터 존재했고, 이젠 하나의 기술로서가 아닌, 마치 공기와 같은 기술이 되겠지. 빅데이터라는 기술은 따로 떨어져서 존재하는 것이 아니고, 다른 기술의 밑거름으로 복합적으로 적용되어 점점 빅데이터라는 용어는 사라지고 기본적인 요구사항이 될 거야. 빅데이터는 죽지 않을 거야. 단지 용어가 사라질 뿐이지….'

- 가트너 데이비드(설리 펠로우 연구원)

5

생각하는 악기가 가능할까: 인공지능

5

생각하는 악기가 가능할까: 인공지능

문제를 푼다는 것은?

세상이 복잡해지고 여기저기서 새로운 문제들이 생기면서 우리들에게 하루라도 생각하지 않고 살기는 매우 어려운 일이 되었다. 자신에게 닥친 문제를 이해하거나 해결하기 위해서 우리는 끊임없이 생각해야 한다. 살면서 생각하는 일이 얼마나 중요한지 가끔은 '생각 좀 하고 살아라'라는 핀잔을 한두 번쯤 받은 기억도 있다.

그렇다면 생각한다는 것이란 무엇일까? 왜 그렇게 생각하는 것이 중요하고, 때로는 어렵기까지 할까? 우선 '옳고 그름'의 문제를 떠나 다소 객관적일 수 있는 '맞고 틀리고'의 문제들로 범위를 좁혀 보자. '옳고 그름'의 문제는 워낙 판단주체에 따라 판단기준도 다양하고 복잡하기 때문이다.

'맞고 틀리고'의 범위에 국한해서 '스마트'하게 생각한다는 것은 어떤 의미일까? 우선, 풀어야 하는 문제를 정확하게 '이해해야' 한다. 그러기 위해서는 왜 그 문제를 풀려고 하는지에 대한 목적부터 알아야 한다. 문제 해결의 목적을 명확하게 설정한 다음에는 해결하려는 문제가 어떻게 구성되어 있는지 알아야 한다. 문제를 풀 때 고려해야 하는 요소들은 무엇인지, 각각의 요소들은 어떤 특징들이 있는지, 그리고 그 요소들 간의 관계는 어떤지 찾아내는 것을 의미한다.

문제를 이해한 다음에는 이 문제를 해결할 수 있는 '해법을 제시해야' 한다. 이는 막연하게 생각만 하고 그 생각의 결과가 실행될 수 없다면 쓸모없는 몽상이 될 수 있기 때문이다. 문제 해결 결과에 따라 얼마나 스마트하게 생각했는지를 알 수 있다.

이렇게 문제를 올바르게 이해하고 해결방안을 찾아내서 그 결과를 실행하는 것은 여간 쉬운 일이 아니다. 인류가 존재하게 된 이래로 끊임없이 이런 생각하는 과정에서의 노력 덕분에 현재에 이르렀는지도 모른다. 그런데 사람들은 이제 이 노력의 연장선에서 한걸음 더 나아가고 있다. 생각하는 일을 컴퓨터에게 시키는 것이다. 이것을 우리는 '인공지능'이라고 말하고 있다.

문제의 이해부터 시작하자

최근에 인공지능이란 단어는 정말 많은 분야에서 사용되고 있다. 사람을 대신해서 자동차가 스스로 알아서 생각하고 판단해서 운전까지 해준다고 하니 세상이 참 좋아지고 있다. 휴대폰에 깔려 있는 수많은 앱들도 인공지능을 이용하고 있다. 애플의 시리Siri, 아마존의 알렉사Alexa, 구글 어시스턴트Google Assistant, 삼성의 빅스비Bixby 등은 세계적인 기업들이 앞 다투어 경쟁하고 있는 인공지능 비서들의 사례들이다. 이 밖에도 세탁기, 청소기, 냉장고 등 생활가전에서도 인공지능의 물결을 느낄 수 있다. 이렇게 그

동안 사람이 직접 해야만 했던 일들을 이제는 인공지능이 대신할 수 있는 시대가 되고 있다.

인공지능이 어떻게생각하는지 자율자동차를 예로 들어보자. 자율자동차는 탑승자를 목적지까지 안전하고 쾌락하게 이동시켜 주어야 한다. 즉 자기가 수행하여야 하는 일의 목적을 이해해야 한다. 자율자동차가 목적지까지 이동시키는 과정은 자동차와 탑승자, 그리고 이동경로와 같은 요소들에 대해서 알아야 한다. 자동차는 엔진(전기자동차의 경우에는 모터)으로부터 동력을 받아 속력을 내고 스티어링 휠 등의 조향장치들로 방향을 설정하며 브레이크로 감속하는 작동 방식들이 구현되어 있다. 물론 이 밖에도 서스펜션 등의 현가장치와 배터리를 포함한 연료장치들도 포함되어 있다. 이렇게 자동차를 구성하는 장치들은 각각의 기능을 수행하면서 서로 영향을 주고받는다. 기계장치든, 전자장치든 각 장치들은 저마다의 특성이 있는데 인공지능이 자율 자동차를 운행하기 위해서는 이런 장치들의 구동 방식을 알아야 한다.

탑승자에 대한 이해도 역시 중요하다. 탑승자는 이동 중간에 언제든지 마음이 변해서 자동차에게 자신이 원하는 바를 요구할 수 있고, 이런 요구들은 때때로 '비합리'적일 수 있다. 어떤 탑승자는 오랜 운전경험을 가지고 있어서 자신의 스타일대로 자동차가 운행되기를 바랄 수도 있다. 운전 경험이 많지 않거나 전혀 없는 탑승자도 있을 수 있다. 일정한 속도로 정속 운행을 원하는 탑승자, 다이나믹한 운행을 즐기는 탑승자, 복잡한 도심을 피하고 싶은 탑승자 등, 탑승자마다의 요구나 기호는 시간, 장소에 따라서 무수히 많은 경우로 변할 수 있다. 인공지능은 이런 다양한 탑승자의 특징을 고려해야 한다.

자동차와 탑승자뿐 아니라 이동 경로상에 존재하는 도로, 건물같은 구조물은 물론이고 다른 자동차, 보행자들도 자율자동차 운행에 있어서 중요한 구성요소이다. 정적인 구조물은 그나마 다행이다. 그렇지만 사전에 예측하기 어려운 다른 자동차나 보행자에 대한 적절한 대응은 대단히 어려운 문제이다.

여기 까지가 인공지능이 자율주행을 하기 위해서 우선 고려해야 하는 '문제의 이해' 단계이다. 자율주행의 목적은 탑승자 이동이며, 중요한 구성 요소는 자동차, 탑승자, 이동 경로이다. 그리고 주행에 필요한 자동차 장치들의 구동 원리, 탑승자별로 선호하는 주행 성향, 그리고 이동경로에 존재하는 구조물과, 보행자, 다른 자동차의 움직임 등이 고려해야 할 특징들이었다.

이렇게 문제를 이해한 후에 본격적으로 인공지능이 자율주행 문제를 어떻게 해결하는지 알아보자.

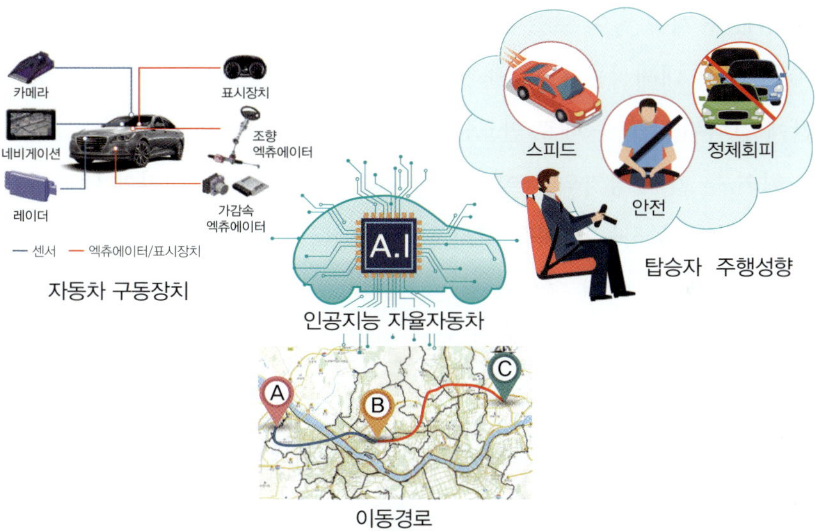

| 그림 56 | 인공지능 자율주행 문제

기계학습과 인공지능의 문제 풀이 방식

어떤 상자가 있다. 이 상자 안에서는 어떤 값을 넣으면 그 값에 10을 더한 값을 출력하는 '수식'이 작동한다. 예를 들어 10을 입력하면 20을 출력하고 100을 입력하면 110을 출력한다. 이 결과는 입력된 값에 10을 더하는 '수식'이 상자 안에 있다는 것을 알고 있기 때문에 당연하다.

그렇다면 이제 관점을 바꾸어 다른 상자를 생각해 보자. 어떤 상자에 10을 넣었더니 20을 출력했다. 그런데 100을 넣었더니 이전 상자와는 다르게 200을 출력하였다. 뭔가 이상하다. 그래서 이번에는 20을 넣었더니 40을 출력했다. 이 상자 안에는 입력된 값에 10을 더하는 수식이 작동하는 것 같지 않다. 이 상자가 어떤 작동을 하는지 알기 위해서 15, 25, 150 등의 값을 계속 넣어 보았다. 그러자 15에 대해서는 30을 25에 대해서는 50을 150에 대해서는 300을 출력하였다. 이 현상으로부터 우리는 이 상자 안에 입력된 값을 두 배로 만드는 수식이 있음을 '예측'할 수 있다.

위의 두 가지 상자의 차이점을 생각해 보자. 첫 번째 상자에 대해서는 그 안에서 작동하는 수식을 미리 알고 있었다. 그러나 두 번째 상자에 대해서는 그 안의 어떤 수식이 있는지 알지 못한 상태에서 여러 입력값에 대한 각각의 출력값을 보고 그 상자 안에서 작동하는 수식을 예측했다. 그 결과 우리는 두 번째 상자에 50을 넣으면 100이 나올 것이라고 기대할 것이다. 이 두 번째 상자 안에 있는 수식을 알아내는 것이 기계학습의 기본 개념이라고 볼 수 있다.

상자 안에서 어떤 현상이 작용하고 있는지 알아내는 데에는 입력값과 출력값들이 큰 역할을 했다. 그리고, 여러 입력값과 출력값간의 관계들의 기록들을 '데이터'라는 개념으로 보자. 이렇게 데이터를 가지고 어떤 현상을 알아내는 것이 인공지능을 가능하게 하는 기계학습의 기본원리라고 할 수 있다.

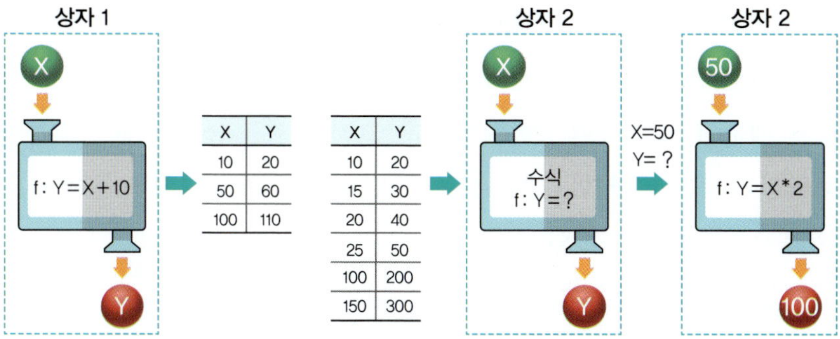

| 그림 57 | 기계학습의 기본원리

이렇게 비교적 간단한 비유만으로 기계학습을 설명하기는 어렵다. 그렇지만 이런 개념에서 출발한 기계학습은 지금까지 대단히 많은, 그리고 대단히 어려운 문제들을 해결해 주고 있다. 이렇게 좋은 방법이 왜 이제서야 사용하게 되었을까? 그렇지 않다.

기계학습과 인공지능 기술은 1950년대부터 이미 제시되었다. 조금 딱딱하게 표현하자면 1959년에 아더 사무엘Arther Samuel이라는 학자가 '기계학습이란 컴퓨터가 프로그램 없이도 스스로 배울 수 있는 능력을 갖추도록 하는 학문'이라고 정의했다. 1998년에 톰 미첼Tom Michell 교수는 기계가 '스스로 배울 수 있는 능력'이라는 것을 다음과 같이 표현하였다. "주어진 과업task을 지금까지 쭉 수행한 경험experience들의 성과performance를 측정해서 이 성과가 개선되도록 하는 것이다."

여기에서 말하는 과업은 해결하려는 문제의 이해에 해당한다. 그리고 경험을 되돌아보고 과업수행 성과를 개선하는 것은 문제를 해결하는 방법으로 볼 수 있다. 아주 여러 번의 경험을 통해 문제 풀이에 시행착오를 겪고 이 시행착오를 줄이는 노력을 계속 반복함으로써 과업 수행의 성과를 개선하는 방식이다. 이것이 바로 기계학습과 인공지능이 문제를 해결하는 방식이다.

이렇게 기계학습과 인공지능에 대한 개념은 오래전부터 정립되었지만 그 당시 제한된 컴퓨터 자원과 기술이나 몇 가지 해결하지 못한 수학적 문제 때문에 그 활용이 제한적이었다. 그러나 최근 들어 이런 문제들이 해결됨에 따라 인공지능 기술은 폭발적으로 발전하고 다양한 분야에 많은 문제를 해결해 주고 있다.

인공지능이 학습을 통해서 이세돌 9단에게 바둑 대국 승리를 거둔 것이 2016년이다. 이때부터 대중적으로 인공지능에 대한 인식과 기대가 폭증했다. 그러나 이보다 2년 앞서서 인공지능기술은 복잡한 이미지를 인식하는데 5% 미만의 오차율을 보여 사람이 인식하는 것보다 더 나은 성과를 보였다. 이후 2017년에 이르러서는 이 오차율을 2.3%까지 줄여 더 이상의 개선이 의미가 없을 정도에 다다랐다. 이렇듯 이제 인공지능 기술은 우리의 기대를 넘어서는 성능을 보이고 있다.

자율주행차의 경우에는 사람이 자동차를 어떻게 운전하는지, 즉 자동차의 구동장치들을 어떻게 조작하는지를 수없이 많이 관찰할 필요가 있다. 그리고 매번 그 조작결과에 따라 이동경로에 있는 보행자, 다른 자동차, 구조물들을 어떻게 회피했는지, 또 승차감은 어땠는지도 같이 기록해 둔다. 이 기록들이 자율주행차를 조작하는 인공지능의 경험이 되는 것이다. 매번 경험 때마다 이동경로상의 장애물들은 잘 피했는지, 탑승객은 얼마나 만족스러운 승차감을 느꼈는지는 경험의 성과가 된다. 이 성과가 원하는 수준에 미치지 못했다면 자율자동차의 조작방식을 다시 개선하여 또 다른 경험을 쌓는다. 이 과정을 계속 반복함으로써 비로소 자율자동차 운행의 과업을 해결하는 것이다.

인공지능과 딥러닝

인공지능은 사람이 만든 인공의 지능이다. 사람이 만들었다는 의미의 인공은 쉽게 이해할 수 있는데, 지능이라는 것은 어떤 원리로 만들었을까? 사람들은 이런 지능을 구현하기 위해서 오랫동안 여러 방면에서 노력해 왔다. 논리를 이용하기도 하고 수식을 이용하기도 했다. 이런 노력의 과정에서 현재 인공지능의 '지능'에 해당하는 부분을 사람의 뇌에서 일어나는 신경활동을 모방해서 구현하는 것이 효과적이란 것을 알아내고 이를 발전시켜서 현재에 이르게 되었다. 그래서 기본적으로 최근 인공지능의 근간은 인공신경망이라고 할 수 있다. |그림 58|은 인공지능과 관련된 다양한 분야들간의 관계를 보여주고 있다.

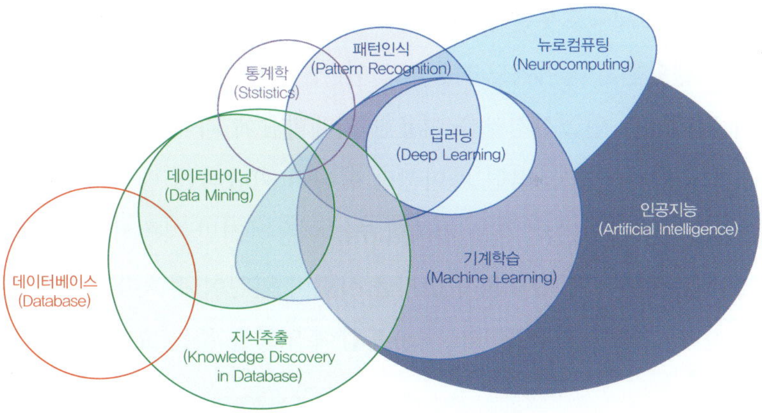

| 그림 58 | 인공지능과 관련분야

인공신경망은 |그림 59|와 같이 사람의 뇌에 있는 수많은 신경세포인 뉴런neuron을 모방한 노드node들과 이들을 잇는 아크arc들로 구성되어 있다. 개별적인 신경세포에 해당하는 각 노드는 비교적 단순한 계산을 담당하고 이 계산 결과들에 가중치를 부여해서 다음 노드에 전달하는 방식을 취

해 최종의 결과를 얻는다. 이 최종 결과로 원하는 성과를 얻지 못할 경우에는 최종 결과값이 원하는 값이 될 수 있도록 각각의 가중치들을 조정한다. 이 과정을 계속적으로 반복하면서 최종 가중치 값들을 얻어낸다. 이런 방식은 사람의 뇌에서 신경세포들이 망을 이루어 문제를 해결하는 방식과 흡사하여 인공신경망이라고 부른다.

초기에는 이 노드 층의 개수가 많아지면 가중치값을 조정하는데 어려움이 있었으나, 이를 해결할 수 있는 대안이 2006년에 발표되면서 이제는 매우 많은 층들을 이용해서 문제를 해결할 수 있게 되었다. 이렇게 층들이 매우 많이 쌓이게 되는 것을 '깊다'라는 의미로 딥러닝deep learning 혹은 심층학습이라 부른다. 이 딥러닝으로 대표되는 인공지능기술은 앞서 언급한대로 이미지를 인식하는 문제부터 자율주행과 같은 복잡한 문제에 이르기까지 광범위한 분야에서 활용되고 있다. 우리주변을 봐도 인공지능은 청소로봇, 교육로봇은 물론 챗봇이나 스마트스피커, 언어번역 등과 같은 각종 생활편의 장비에도 적용되고 있다.

이 딥러닝은 인공신경망을 이용한 기계학습에 비해 단순히 노드층의 개수가 늘어나는 구조적인 차이뿐만 아니라 학습하는 방식에서도 차이가 있다. 자율자동차의 경우 기계학습을 이용하려면 자동차의 구동방식이 승차감에 어떻게 영향을 주는지를 사람이 일일이 정해줘서 학습을 시켜야 한다. 그러나 딥러닝에서는 승차감에 영향을 주는 요인이 무엇인지

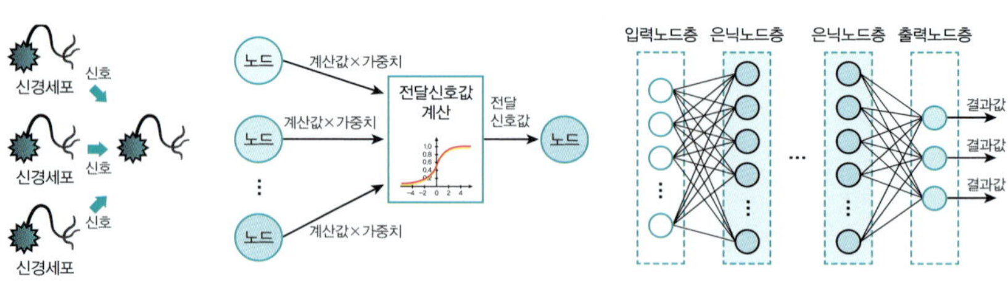

뇌신경망 인공신경세포 심층인공신경망

| 그림 59 | 심층인공신경망 구조

를 스스로 찾는다는 장점이 있다. 즉, 딥러닝은 주어진 문제를 해결하기 위해서 중요한 정보들을 알아서 학습을 통해 찾아낸다. 따라서 충분한 양의 데이터가 있다면 사람이 미처 알아채지 못한 정보들을 이용하므로 사람보다 뛰어난 성능을 보이기도 한다.

흔히 반도체를 산업의 '쌀'이라고들 한다. 최근에는 구글브레인의 설립자인 앤드류 응Andrew Ng 교수가 인공지능을 새로운 시대의 '전기'라고 했다. 산업에는 반도체가 필수적인 것처럼, 새로운 시대에는 인공지능이 필수적이라는 의미로 받아들일 수 있겠다. 그런데 전기를 발생시키기 위해서는 수력이든 풍력이든 어떤 형태라도 에너지가 필수적인 것처럼 인공지능을 위해서 필수적인 것이 있다.

인공지능에 필수적으로 요소는 무엇일까? 사람이 신체적으로 건강하기 위해서는 양질의 음식을 적절하게 섭취해야 한다. 그것처럼 인공지능에게도 양질의 에너지원이 필요한데, 그것이 바로 '데이터'이다.

기업, 제품의 생산지에서 데이터의 생산지로

최근 기업은 제품을 생산하는 조직일 뿐만 아니라 데이터를 생성하는 원천으로도 변모하고 있다. 그만큼 많고 다양한 종류의 데이터들이 기업활동을 통해서 발생한다. 이런 데이터들은 앞서 언급한대로 인공지능 기술이 더 많은 성과를 창출할 수 있게 하는 원동력이다.

스마트제조 관점에서 하나의 예를 들면 |그림 60|과 같이 5개 계층에서 제조데이터가 생성될 수 있다. 먼저 장비를 구성하는 가장 기본적인 단위 장치인 센서, 엑추에이터, 모터와 같은 하드웨어 디바이스에서 데이터가 발생할 수 있다. 여기에서는 주로 온도, 압력, 전류, 회전수와 같은 발생빈도가 매우 높은 데이터가 생성될 수 있다.

그 다음으로는 단일장비나 설비에서 생성되는 데이터를 고려해볼 수 있다. 기계의 가동시간, 가공횟수, 불량 부품개수와 유형, 고장 · 오작동 빈도와 같은 장비가 작동하는 과정에서 발생하는 데이터들이 전형적인 예가 될 수 있다.

여러 대의 장비로 구성되는 워크스테이션 · 공정에서는 여러 장비들이 주고받는 명령과 신호, 어느 장비가 어떤 작동을 언제 수행하였는가에 관한 운영상에서의 데이터가 생성될 수 있다. 여러 대의 장비가 동시에 가동되는 상황이기 때문에 공정에서 생성되는 데이터는 하드웨어나 단일장비에서 발생하는 데이터보다 좀 더 복잡하거나 간단한 숫자 형태로 표현되기 어려운 경우도 많음을 짐작할 수 있다.

여러 공정이 맞물려 있는 공장 역시 중요한 데이터 소스이다. 지금까지 공장이라고 하면 주로 제품을 생산하는 조직으로 간주되었다. 그러나 최근 공장에서 벌어지는 각종 제조활동은 제품을 만드는 활동임과 동시에 그 활동 과정이나 결과에 따라 수많은 종류의 데이터를 발생시키는 소스라는 관점에 주목할 필요가 있다. 당연히 이런 데이터는 공장에서 벌어지는 제조활동들을 분석하고 개선하는 데 활용해야 할 대상일 것이다.

기업은 제조뿐 아니라 더 다양한 활동들이 뒷받침이 되어야 운영될 수 있다. 구매에서부터 공급에 이르기까지의 물자관리, 채용부터 교육, 인사, 퇴직까지의 인력관리, 투자에서부터 비용지급, 회계처리와 같은 재정관리 등은 기업을 운영하는 데 필요한 활동이다. 이 활동 역시 아주 복잡한 형태의 데이터를 생성하는 소스이다.

지금까지는 작동, 운전, 운영 결과 지표들이 관심이었다면 이제는 그 과정과 결과 모두가 데이터를 생성하는 소스이며, 이 데이터가 중요한 관리대상이자 자산으로 부각되고 있다. 이런 변화들의 요인이자 원동력은 바로 인공지능 기술의 확산이라 할 수 있다.

최근 이런 데이터들의 중요성과 효용성을 인식한 많은 기업들이 데이

제조 활동 자원 계층	주요 관련 데이터	인공지능 적용 가능 예
기업 (ERP)	기업자원 운영상황	구매, 공급 패턴 분석, 수요예측
공장 (MES)	공장 운영성과 공정 간 명령	공장 생산성 분석, 생산 일정 준수 모니터링
워크스테이션 (공정제어프로그램)	공정 가동상황 장비 간 명령	공정 효율성 분석, 공정간 연동 조정
단일장비 설비 (PLC, 기계조작장치, 프로그램)	가공 시간/횟수, 불량부품, 고장 · 오작동	부품 불량 검출, 불량원인 분석
필드 디바이스 (가공툴, 센서, 엑추에이터, 모터)	온도, 압력, 전류, 회전수	가공툴 상태 모니터일, 수명 예측, 교체주기 산정

| 그림 60 | 기업 데이터와 인공지능 적용 예시

터를 수집하고 관리하는 노력들을 기울이고 있다. 지금까지 운영관점의 관리와 개선에 초점을 맞춰 경쟁력을 확보하려는 기업들이 인공지능 기술을 활용하기 하여 데이터 관점으로 시야를 넓히고 있는 것이다. 이런 변화의 과정에서 다양한 데이터 수집 장치, 클라우드와 같은 데이터 저장 장치, 빅데이터를 대상으로 하는 인공지능 기법들을 도입하고 있다.

그런데 이런 변화에 적응하기 위해서는 적지 않은 인식의 전환과 노력이 필요하다. 기본적으로는 인공지능에 대한 어느 정도의 합리적인 이해가 필요하다. 인공지능에 대한 비현실적이고 막연한 기대나 우려를 가져서는 곤란하다. 인공지능은 무엇이든 해결해 주는 만병통치약이 아님을 인식할 필요가 있다. 다만 활용하는 주체에 따라 그 쓰임새가 다를 수 있는, 즉 기업 상황에 따라 적절하게 활용할 수 있는 가능성을 가진 도구일 뿐이다. 이 도구는 기업활동이 제품을 생산하기 위한 활동인 동시에 인공지능을 활용할 수 있는 데이터를 생성하는 소스로 인식할수록 그 활용 가능성과 효용성이 극대화될 수 있다.

기업이 제품을 생산할 때 불량품은 제조자원을 낭비시킬 뿐만 아니라 자칫 고객에 전달될 경우 지대한 피해를 초래한다. 데이터도 마찬가지로 적절하지 못한 데이터를 수집할 경우에는 수집과정에서 불필요한 낭비가 발생할 뿐만 아니라, 더 크게는 인공지능이 잘못된 결과를 도출하는 상황을 초래할 수도 있다. 따라서 기업을 데이터의 생산지로 변모시키기 위해서는 어떤 데이터를 어떤 목적에서, 어떤 형태로, 언제 수집할 것인지 고민할 필요가 있다. 데이터의 질에 따라 인공지능의 질이 결정되고, 이 결과는 기업의 경쟁력에 큰 영향을 미칠 수 있기 때문이다.

제품중심 경쟁에서 의사결정 경쟁 중심으로

지금까지의 경쟁은 주로 어떤 기업이 어떤 제품으로 승부할 것인가에 집중되어 왔다. 그러나 앞으로는 기업이 제품뿐만 아니라 데이터를 생산하는 조직으로 탈바꿈하고 있는 상황에서는 제품 중심의 경쟁에서 의사결정 중심의 경쟁으로 변모할 가능성이 높아지고 있다.

사실 제품을 생산할 때에도 수많은 의사결정이 필요했다. 그러나 그동안은 그 의사결정의 산출물인 제품에만 초점을 두고, 그 제품이 시장에서 어떤 경쟁력을 가질 것인가에 주력해 왔다. 제품 자체에 대한 경쟁력에 몰입하다보니 어떤 기능의 제품을 얼마의 가격과 어느 정도의 품질로 생산할 것인가가 중요한 이슈였다. 어떤 제품을 생산하기로 결정하고 목표로 하는 기능과 가격, 품질을 확보하는 데에는 수많은 의사결정의 과정이 있었음에는 다소 고민이 미흡했다. 설사 고민을 하더라도 여러 종류의 의사결정 문제들을 명확하게 정리하고 해결하는 것이 어렵기도 했다.

의사결정을 하기 위해서는 문제와 목표를 설정하고, 의사결정 기준을 선정한 후 가용한 정보를 이용해서 대안들을 찾아내 그 중에서 선택하는 과정이 필요하다. 지금까지 이 과정은 과거의 경험과 혹은 몇몇 사람의 직관과 판단에 따라 이루어졌다. 이는 다소 주관적인 요소가 많이 작용할 수밖에 없다. 제한된 정보도 문제였지만 사람이 그 정보를 파악하고 이해해서 결론을 내는 데는 많은 어려움이 있었고, 그 과정이 눈에 확연하게 보이지도 않았다.

그런데 이제 인공지능이 이런 일들을 도와주거나 대신해 줄 수 있는 시대가 되고 있다. 인공지능은 사람이 상상할 수도 없는 양의 정보를 엄청나게 빠르게 처리해 줄 수 있다. 심지어 인공지능은 볼 수도 들을 수도, 느낄 수도 없었던 현상들을 파악해 줄 수도 있게 되었다. 이런 능력으로 인공지능은 사람이 미처 생각하지 못했던 대안들을 제시해 주고 원하는 기준에 따라 객관적인 의사결정을 할 수 있도록 해준다. 즉, 인공지능이 의사결정을 해줄 수 있는 것이다.

제품은 기업의 시장경쟁력을 결정하는 중요한 요소임은 자명하다. 그러나 그 제품은 제조활동의 산출물이기도 한 동시에 그 기업에서 이루어졌던 수많은 의사결정의 결과물이기도 하다. 그 의사결정에 따라 기업의 경쟁력이 결정되고 있다. 그런데 이제 이 의사결정 경쟁에 필요한 인공지능이 우리 곁에 성큼 다가왔다.

제품중심의 경쟁관점에서 보면 지금까지 기업은 제품 생산에 필요한 기계장비, 설비, 사람과 같은 자원이 중요했고 이들을 어떻게 효율적으로 활용할지에 대한 관리가 필요했다. 이들은 모두 눈에 보이고, 손으로 만질 수 있다는 특징이 있다. 직접 눈으로 확인하는 관리의 중요한 대상이었다. 그리고 이 확인된 현상과 결과를 어떻게 파악하고 개선하는가가 기업의 경쟁력으로 인식되었다.

그러나 의사결정중심의 경쟁관점에서는 눈에 직접적으로 보이지 않을 수 있는 부분들도 중요한 경쟁요소로 인식되어야 한다. 눈에는 직접적으로 관찰될 수 없지만, 존재하는 현상은 데이터를 통해서 파악할 수 있다. 이 데이터가 인공지능의 핵심적인 원동력임은 주지의 사실이고, 인공지능을 이용한 분석과 예측은 전통적인 의사결정의 형태와 객관성, 정확성에 있어서 획기적인 변화를 가져올 수 있다. 제품중심의 경쟁에서 의사결정중심의 경쟁으로 변화하고 있는 기업환경에서 인공지능이 중요한 이유이다.

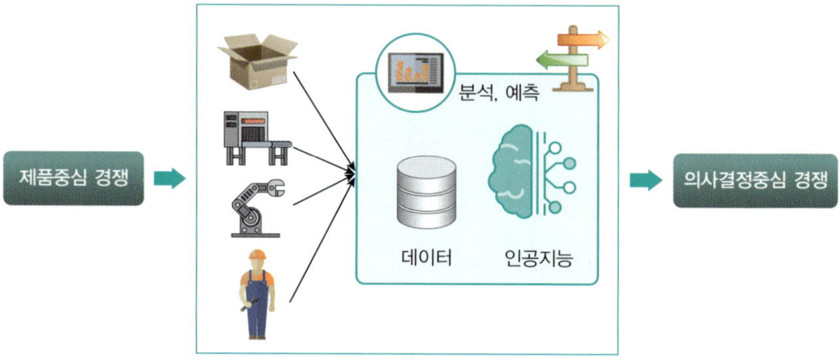

| 그림 61 | 기업 경쟁의 변화

자동화제조와 스마트제조, 그리고 인공지능

인공지능에 대한 기대가 커지고 있는 것은 지능, 바로 '지적능력'이라는 키워드에 있다고 할 수 있다. 특히 이 인공지능은 학습을 통해 점점 더 진화될 수 있다는 점에서 더 매력적으로 여겨지고 있다. 그렇다면 스마트제조에서 인공지능은 어떤 의미가 있을까?

스마트제조는 정보기술을 빼놓고 논하기 어렵다. 특히 이 중에서도 인공지능은 정보기술에서 핵심적인 역할을 차지한다. 그 이유 중 하나는 스마트제조가 자동화를 포괄하는 개념이기 때문이다. 다시 말해서 자동화의 대상은 주로 물리적인 작업에 국한된 반면에 스마트제조는 자동화를 포함한 인지적 활동까지를 포함한다. 따라서 스마트제조에서는 이런 지적능력 측면에서의 인공지능이 중요하다.

|그림 62|의 예시에서처럼 부품을 이동시키는 로봇을 생각해 보자. 왼쪽 로봇처럼 주어진 위치에 놓인 일정한 형상의 부품을 이동시키는 작업을 수행하는 로봇은 자동화의 개념으로 볼 수 있다. 반면 오른쪽의 로봇은 임의의 위치에 있는 부품을 인지하고, 형상에 따라 구분해서 그 형상에 적합한 그립방법을 결정해서 이송시키는 작업을 수행한다. 두 로봇은 모두 이송이라는 작업을 수행하지만 오른쪽의 로봇은 인식, 구분, 결정과 같은 지적능력을 가지고 있다. 이렇듯 스마트 제조에서는 단순한 작업을 반복하는 물리적 동작은 물론 인지적 능력이 요구되는 작업까지가 포함되므로 인공지능의 역할이 중요하다.

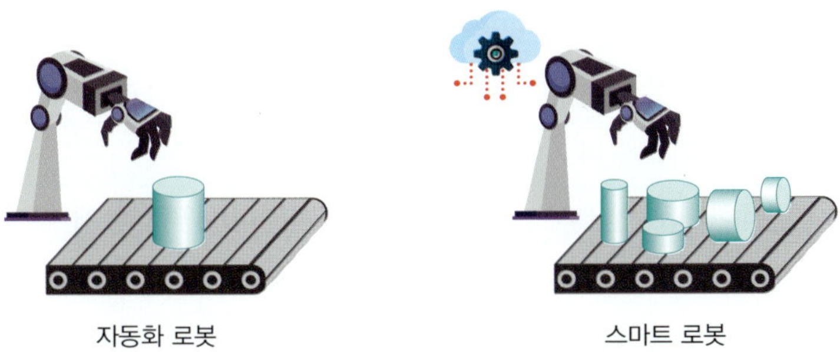

|그림 62| 자동화 로봇과 스마트 로봇

그렇다면 스마트제조 관점에서 단순반복 작업을 수행하는 자동화는 인공지능과는 완전히 별개일까? 그렇지 않다. 전통적인 의미에서 자동화는 작업의 수행이 주 관심사였다. 마치 기업에 제품을 생산하는 것에 경쟁력의 초점을 맞춘 것과 같다. 그러나 스마트제조 관점에서 자동화는 작업도 수행하지만 그와 동시에 생성되는 작업 데이터를 수집하여 저장하고 때로는 다른 설비와 교환하는 중요한 역할을 한다.

따라서 자동화를 물리적 동작과 동시에 의사결정에 필요한 데이터 수집과 관리에 필요한 기초적인 인지작업을 수행하는 요소로 인식을 전환할 필요가 있다. 이런 자동화에 대한 인식변화는 비단 이송뿐만 아니라 가공 자동화, 조립자동화, 검사자동화와 같은 다양한 제조 영역에 필요하다.

자동화는 물리적인 작업을 수행하고 인공지능을 활용한 스마트화는 지적능력이 요구되는 작업을 수행한다는 개념은 우리 몸의 신체와 두뇌의 역할에 비유될 수 있다. 신체와 두뇌가 유기적으로 이어져 있는 것처럼 자동화와 스마트와 역시 조화롭게 운영되어야 한다.

최근들어 인공지능은 스마트제조에 다양한 형태로 활용되고 있다. 고객이 원하는 제품의 디자인과 사양을 추천하고 설계안을 생성한다든지, 작업자가 안전하고 편안하게 작업할 수 있도록 필요한 작업 정보를 제공한다든지 하는 등의 기술이 인공지능을 활용하여 개발되고 있다. 이외에도 인공지능기술은 전통적인 품질관리, 설비관리, 일정관리 등의 방식에 커다란 변화를 주고 있다.

앞서 언급한대로 인공지능에 대해서 비현실적이고 막연하게 기대하는 것은 지양해야 한다. 그러나 인공지능이 스마트제조를 가능하게 하는 가장 핵심적인 기술 중 하나임은 틀림없는 사실이다. 따라서 인공지능을 통해 스마트제조를 구현하기 위한 준비와 전략을 구체화할 필요가 있다.

이미 인공지능이 가능하도록 하는 기본적인 재료는 데이터임을 지적하였다. 그리고 이 데이터는 기업의 여러 계층과 활동에서 생성될 수 있고, 자동화는 그 데이터들을 수집하는 측면에서 큰 의미가 있다고 하였다.

최근 데이터 수집과 자동화와 더불어 데이터의 수집을 넘어서 제조자원의 정보화라는 측면에서 기업의 디지털화가 대두되고 있다. 디지털화라는 것은 실물을 컴퓨터로 그래픽화하는 것과는 사뭇 다르다. 이것은 컴퓨터를 이용한 스타일링, 기술적 표현으로는 '렌더링rendering'에 가깝다. 디지털화라는 것은 렌더링의 개념보다는 실물이 가지고 있는 속성과 동작에 대한 데이터들을 컴퓨터가 처리할 수 있는 형태로 표현하는 것에 더 가깝다. 이런 데이터들은 해당 실물에 대해 현재 상황을 분석하고 앞으로의 변화를 예측하는데 사용될 수 있어야 디지털화의 의미가 있다. 이런 디지털화는 스마트제조에서 인공지능을 활용하는 데 크게 기여할 수 있다.

사람을 위한 인공지능

터미네이터, 아이로봇 등 인공지능을 다루었던 영화들을 보면 인공지능은 엄청난 능력으로 인류를 위협한다. 그리고 인간은 이 위협에 맞써 싸우고 끝내는 승리하는 것이 일반적인 영화의 결말이다.

그러나 체스게임에서, 퀴즈풀이에서, 그림인식에서, 바둑에서 사람은 인공지능에게 패했다. 영화에서는 사람이 늘 승리했지만 향후 현실에서는 이를 장담하기 어렵다. 이것이 두려운 현실일지는 사람마다 다르게 판단할 수 있겠다.

하지만 인공지능이 사람을 이겨도 되는 분야, 혹은 더 나아가서 인공지능이 사람을 능가하면 좋은 분야에 대해서는 어떨까? 만약 인공지능이 사람의 유익을 위한 목적으로 사람의 능력을 능가한다면 이에 대해서는 용인되고 어쩌면 더욱 발전시키고자 할지 모르겠다.

인공지능에 대한 관심과 기대는 앞으로도 계속 커질 것이다. 그 큰 이유 중 하나는 인공지능을 활용한 기술들이 우리의 일상생활에서 차지하는 영역이 워낙 넓어지고, 인공지능에 대한 연구들이 그 어느 때보다 많이 이루어지고 있기 때문이다. 심지어 국가의 경쟁력을 높이는 원동력 중의 하나로 인공지능기술이 다루어지고 있다.

이렇게 인공지능이 시대를 변화시키고 있지만 인공지능은 결국 사람이 선택한 문제를 해결해 주는 하나의 도구일 뿐이다. 좀 더 과장되게 표현하자면 인공지능 역시 지금까지의 컴퓨터 기술이 발전한 것과 유사하게 대단히 빠르게 많은 양의 데이터를 처리하는 방식을 취하고 있다. 게다가 인공지능은 해결하고자 하는 문제의 범위와 목적이 명확하지 않거나 이 문제를 해결하는 데 필요한 양의 데이터 없이는 아주 간단한 문제조차 풀지 못하는 것이 아직까지의 현실이다. 설사 부족하거나 관련이 적은 데이터를 가지고 푼 문제들의 결과는 신뢰할 수 없거나 심지어 아주 엉뚱한 답을 내놓을 수 있다.

또 하나의 큰 이슈는, 인공지능이 답을 내놓았는데, 이 답에 어떻게 다다르게 되었는지에 대한 이유나 과정을 설명하는 것이 제한적이라는 것이다. 현재까지 딥러닝 기반의 인공지능은 문제를 해결하는 과정이나 판단근거를 사람이 이해할 수 있는 형태를 제공하는 데에는 한계가 있다. 그렇지만 이런 한계에도 불구하고 현재까지 사람이 최종 판단하는 것은 인공지능이 제시한 결과와 일치하는 경우가 많은 것도 사실이다. 그래서 최근에는 인공지능이 제시한 결론이 어떻게 도출되었는지에 대한 설명을 제시하도록 하려는 많은 연구들이 진행되고 있다.

인공지능에게 문제를 제시하는 것도, 학습시키는 것도, 인공지능이 제시한 결과에 대한 판단에도 그 중심에는 사람이 있다. 사람이 설정하는 문제와 범위, 결과를 선택해야 한다. 앞서 언급한대로 '옳고 그름'에 대한 판단은 판단 주체에 따라 다를 수 있다. 기본적으로 옳고 그름은 도덕성과 책임성을 내포하고 있고 이는 인공지능에게는 없는 사람만의 고유한 영역이라고 할 수 있다. 그래서 현재의 인공지능 기술이 이와 같은 문제까지 다루기는 한계가 있으며, 아마도 이런 문제가 인공지능의 영역에 포함되어야 하는지는 의문으로 남아있다.

PART 4

좋은 연주

스마트제조를 운영하는 기술

1

좋은 악기만으로 좋은 연주를 할 수 없다: 스마트기술의 활용

1

좋은 악기만으로 좋은 연주를 할 수 없다: 스마트기술의 활용

단계별 설비 스마트화

앞서 스마트제조를 위해서는 스마트한 설비들이 필요하다는 이야기를 했다. 이미 오래전부터 '지능화'란 화두로 제조와 관련된 많은 기술들이 발전되어 왔다. 지능화 장비, 지능형 제조시스템 등등 '지능형 생산 자동화'라는 주제 아래 여러 가지 요소 기술, 통합기술들이 개발되고 보급되었다. 그렇다면 스마트제조라는 새로운 패러다임에 맞는 스마트 설비는 어떤 기능들이 필요하고, 이를 어떻게 활용해야 할까? 마치 좋은 악기만 가지고는 좋은 연주를 할 수 없는 것처럼 어떻게 하면 스마트한 설비들을 가지고 스마트제조를 실현할 수 있을까 하는 고민이 필요하다.

태어나면서부터 스마트한 사람은 없다. 배워가면서 스마트해지는 것인데, 배우는 것은 기본적으로 보고, 듣고, 만지는 과정이 필요하다. 부모, 친구, 선후배로부터, 또는 서적과 인터넷 등을 통해 끊임없이 새로운 것을 받아들일 수 있어야 한다. 스마트 설비들도 기본적으로 내외부의 신호와 명령을 수신할 수 있어야 한다. 이를 '센싱 기능'이라고 할 수 있다.

스마트한 설비들은 주어진 프로그램 명령에 의해서만 작동하는 것이 아니라, 내외부로부터의 변화를 감지하는 기능을 갖추고 있어야 한다. 간단한 예를 들면, 현재 가동 중인 기계의 윤활유는 얼마나 소비되고 있는지, 현재 발생하고 있는 진동과 열은 얼마나 되는지, 가공 중인 부품의 부품번호는 무엇인지, 다음에 수행하여야 할 작업명령은 어디서, 어떤 형태로 올 것인지 등과 같은 내외부의 정보를 감지하는 것이다.

책을 수십 권 읽은 사람이라도 책의 내용을 이해하지 않으면 지식을 쌓을 수 없다. 책을 읽는다는 것은 페이지 종이를 쳐다보는 것이 아니라, 그 내용에 대한 통찰과 이해를 의미하는 것이다. 종이에 쓰여 있는 글자를 읽는 것이 아니라 그 글자들의 조합을 통해 만들어진 문장들과 단락들의 의미를 받아들이는 것이 책을 읽는 것이다. 이와 같이 책을 읽는다는 것은 다른 사람의 생각과 지식을 센싱하는 첫 번째 단계인데, 단순한 센싱, 혹은 감지만으로는 부족하다는 것을 알 수 있다. 즉, 그 의미를 파악할 수 있어야 한다.

설비들이 스마트해지기 위한 첫 번째 단계를 센싱 기능이라 했다면, 두 번째로 필요한 것은 센싱된 신호의 '의미'를 해석할 수 있는 기능이다. 어떤 신호라도 의미 파악이 중요하다는 것이다. 우스개 같은 이야기를 해보자. 당신의 통장에 1억이라는 금액이 찍혀 있다. 큰돈인가 아니면 아직도 부족한 액수인가? 제주도 여행을 떠나기 위한 돈으로는 큰돈이지만, 강남의 주택을 마련하기 위한 돈으로는 부족한 금액인 것에 동의하는가? 같은 금액을 5살짜리 아이에게 보여 준다고 하자. 그 아이는 1억이라는 금액의 많고 적음을 판단할 수 있을까? 단지 1이라는 숫자 뒤에 0이라는 숫자가 여덟 개 있는 문자에 불과하다. 그 친구에게는 여덟 개의 0이나 일곱 개의 0이나 별반 차이가 없다. 센싱을 했지만 그 의미에 대해서는 이해하지 못하는 것이다.

왜 이런 신호, 다시 말해서 데이터에 대한 의미해석의 기능이 필요할까? 이는 자신의 현재 상태에 대한 진단과 의사 결정을 하기 위해서이다. 주택을 구입하기 위해 저축 중이라면 1억은 아직은 부족한 금액이고 더 많은 저축이 필요한 것을 알 수 있다. 여행을 갈 목적으로 모은 돈이라면 벌써 여행을 떠났어야 한다. 1억이라는 금액까지 모을 필요가 없는 것이다. 통장 잔액를 센싱하고 있다가 중간에 자신의 목적에 부합하는 상황이 되면 적절한 행동을 취해야 하는 것이다.

다음으로 스마트제조에서 설비 간의 '연결'이 필수적이라 할 수 있다. 데이터 센싱과 데이터 의미해석은 자신의 상황 진단, 의사 결정과 더불어 타 개체와의 정보 교환을 염두해 둔 것이다. 여기에서 다른 개체란 다른 기계, 장비, 컴퓨터, 사람, 심지어 다른 조직까지 자신을 제외한 모든 것을 포함할 수 있다. 이렇게 다른 개체와의 연결기능을 갖는 것이 스마트 설비를 위한 세 번째 단계이다. 스마트 설비 간의 연결과 정보전달은 뒤에 다시 이야기하기로 한다.

앞서 사람에게는 악수하는 일이 그리 어렵지 않은 행동일 수 있지만, 로봇에게는 간단한 일이 아니라는 이야기를 했다. 악수하는 로봇 손을 어렵사리 만들었다고 하자. 그런데 사람은 손으로 악수도 하지만, 글도 쓰고, 그림도 그리고, 물건도 집고, 식사도 한다. 소위 말해서 아주 다양한 쓰임새가 있는 것이다. 악수를 할 수 있는 로봇 손이 다른 기능을 하기 위해서는 로봇에 대한 대폭적인 수정 작업이 필요하다. 심지어 다시 만들어야 할지 모른다.

이렇듯 설비가 스마트해지기 위해서는 기능적 '유연성'도 갖춰야 한다. 개개인이 요구하는 다양한 개인맞춤형 제품 제조가 핵심적인 요소 중 하나인 스마트제조에서는 이러한 기능적 유연성을 갖춘 설비가 더욱 절실하다. 다양한 제품을 만들 수 있는 장비로 3D 프린터를 떠올릴 수 있지만,

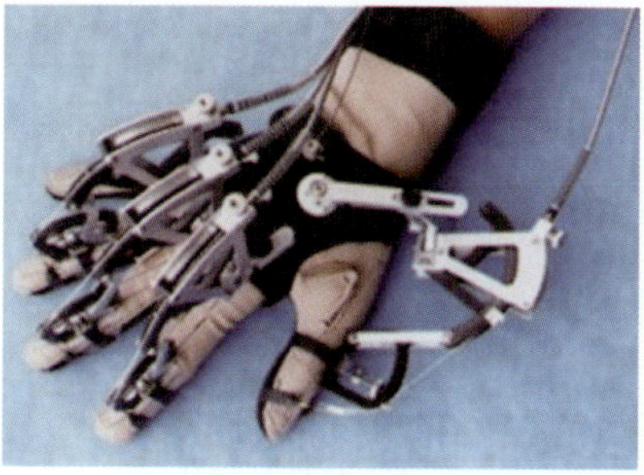

미 버추얼 테크놀러지사의
손 전체를 이용하는 인공 촉감인터페이스.

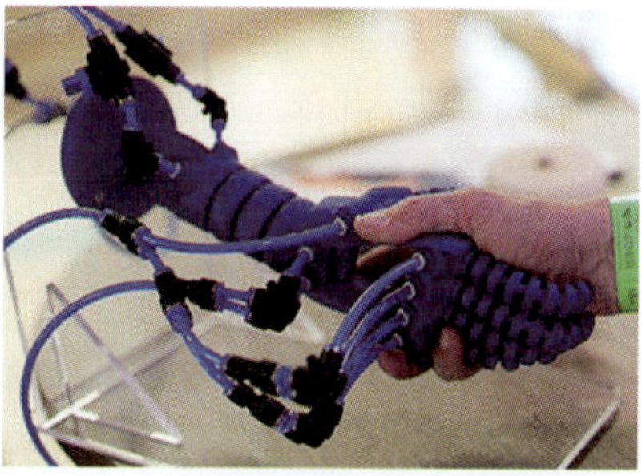

3D 프린터로 만든 악수 손
(Rob Scharff's Soft Robotics)

사진제공: Virtual Technologies Inc.

| 그림 63 | 악수하는 로봇 손

현실의 제조시스템에서는 이보다 훨씬 더 복잡한 형태의 기능적 유연성을 갖춘 장비들이 필요하다. 앞서 예를 들었던 어린 시절의 변신 로봇처럼 원하는 기능에 따라 장비의 셋팅이 달라질 수 있어야 한다.

지금의 휴대용 전화기를 이른바 "스마트"폰이라고 한다. 센싱, 데이터 의미해석, 연결, 다양한 기능이 접목되어 유연하게 사용된다는 측면에서 앞서 이야기한 스마트 설비와 상당히 유사하다. 예전에 집집마다 있었던 전화기와 자동차에서 사용하던 카폰과 비교하면 그 기능면에서 월등하게 뛰어나지만, 무엇보다도 스마트폰의 가장 강점은 바로 이동성과 휴대성이라고 할 수 있다. 스마트제조에서 향후 설비의 스마트화는 이런 이동성과 휴대성을 갖춘 개인화, 소형화에 있다는 점도 중요하다. 개인이 태블릿 PC를 이용한 설계자가 될 수도 있고, 개인용 3D 프린터를 이용한 제조가도 될 수 있고, 스마트폰과 같은 단말기를 이용한 공정 제어자가 될 수도 있는 스마트제조 환경 구축에 이런 개인화, 소형화 설비는 갈수록 그 중요성이 증대될 것이다.

개별 기계의 기능적 유연성을 다수의 기계로 구성된 시스템 관점으로 확장하여 제조설비의 재구성 가능성을 생각해 볼 수 있다. 개별 장비의 설정 변환보다, 여러 대의 기계, 로봇, 운반장치, 그리고 가장 중요하다고 할 수 있는 작업자들로 구성된 공장을 제품의 사양, 개수, 주문자, 또 제품 가공 방법 등, 다양한 요구사항에 맞게 '재구성'할 수 있는 능력이 더욱 필요하다. 이름 하여 '재구성 가능 제조시스템Reconfigurable Manufacturing system'인 것이다.

지금까지 스마트제조를 위한 설비의 스마트화 단계(센싱기능, 의미해석기능, 연결기능, 유연성, 재구성성)에 대해서 이야기했다. 그렇다면 모든 설비들이 스마트해야 할까? 즉, 모든 설비들이 위에서 언급한 스마트화 단계를 모두 만족해야 할 것인가 하는 문제이다. 소위 말해서 '빈대 잡으려다 초가삼간 태우는' 우를 범해서는 안 된다. 경제적, 기술적 자원의 한계를 가진 현재의 상황에서는 무엇보다도 필요한 요구사항과 구현 가능성에 대한 비교 분석이 우선되어야 한다. 스마트 설비의 단계를 펼쳐놓고 각 단계별로 적용 가능한 자신의 제조 프로세스를 기능별로 정리하여 매칭시키는 작업을 수행할 필요가 있다. 이를 '설비 스마트화 단계별 기능 매칭'이라 부르면 어떨까?

사물인터넷과 체계적 데이터 수집

우리는 나도 모르는 사이에 나의 생활과 관련된 데이터를 끊임없이 발생시킨다. 내가 언제, 어느 역에서 지하철을 탔는지, 내가 탄 지하철 객차번호는 몇 번인지, 내가 의식하건 의식하지 않건 간에 참으로 많은 데이터들이 생성되고, 일부는 어딘가에 저장되어 관리되고 있다. 그런데 내가 탄 지하철과 관련된 이런 데이터들이 나에게 의미가 있을까?

제조기업으로 눈을 돌려 생각해 보자. 제조기업에서는 제품을 개발하고 설계하는 과정에서부터 제품을 만들어 내는 공장, 물건을 운반하는 차량, 창고, 유통, 판매 과정에 이르기까지 다양한 프로세스로부터 기업의 활동과 관련된 수많은 데이터가 발생한다. 이런 모든 데이터들을 사물인터넷이라고 하는 기술을 통해 수집할 수 있다는 이야기는 이미 앞서 하였다.

공장 현장에서는 각종 설비, 기계장비, 부품 등에 부착된 센서나 칩들을 통해 기계적 신호에 가까운 데이터들이 수집된다. 어떤 데이터들은 수집된 후에 별다른 사용 없이 단순히 저장만 되거나 혹은 얼마 지나지 않아 지워질 수도 있다. 그렇지만 대부분의 데이터들은 컴퓨터 네트워크를 통해 다시 다른 장비나 컴퓨터로 전달된다. 다른 장비들이 감지해서 참조하기 위한 데이터들도 있고, 다른 데이터들과 합쳐져서 제조과정의 특정 공정에 대한 과거, 현재, 미래에 대한 상황을 파악하거나 예측을 위해 사용될 수도 있다.

따라서 데이터 수집의 목적은 무엇인가를 명확히 하고 이 목적에 맞도록 체계적으로 수집해야 한다. 이는 빅데이터 기술을 이야기할 때에도 분석의 목적을 명확히 해야 한다는 이야기와 맥을 같이 한다. 내가 탄 지하철 객차번호는 그 자체로는 단순한 숫자일 뿐이지만, 만약 내가 지하철에서 놓고 내린 분실물을 찾기 위해서라면 객차번호는 더없이 중요한 단서가 될 수 있는 데이터이다. 즉 데이터에 대한 정보로서의 효용성을 염두에 두고 있어야 한다는 것이다.

그러나 객차번호 자체만 가지고 분실물을 찾을 수는 없다. 언제, 어느 역에서 탔느냐와 같은 추가적인 데이터가 동반되어야만 비로소 객차번호 데이터가 의미 있는 것이다. 기업에서도 데이터, 정보들의 쓰임새를 명확히 하고, 이 쓰임새와 관련된 연관 데이터들을 수집하고 관리해야 하는 이유가 여기에 있다. 서로 간의 연관성을 고려한 체계적인 정보 수집의 필요성인 것이다.

우리가 이야기하고 있는 스마트제조에서 데이터 수집은 핵심적인 요소 중의 하나이다. 현실의 데이터를 사실 그대로 반영해야만 하는 컴퓨터 상의 가상공장은 이러한 데이터 수집에 기초를 두고 구현될 수 있으므로 현재의 상황을 정확하게 파악할 수 있는 데이터가 필요하다는 점은 분명하다. 그렇다면 과연 기업들이 스마트제조를 실현하기 위해서는 어떤 데이터가 수집되어야 할까? 그리고 왜 그런 데이터들을 수집해야 할까?

현재 상황을 파악하는 목적과 더불어 예측을 위한 목적을 생각해 보자. 이는 사물인터넷을 이용한 데이터 수집과 머신러닝이라는 기술을 통한 데이터의 분석을 염두한 측면이다. 아무리 방대한 데이터라 할지라도 이를 활용할 수 없다면 그 데이터들은 그저 '수치'에 불과할 수 있다.

앞서 이야기한 무인 자동차를 상기해 보자. 그 이야기에서는 수집된 데이터를 가지고 자동차를 훈련시켰다. 구체적으로 말하자면, 무인 자동차를 학습시키는데 초고속 카메라로 찍힌 이미지 데이터들과 이때 운전자가 조작한 작동 데이터를 이용했다. 특정 상황을 찍은 이미지 데이터를 주고, 이때에 운전자가 어떤 조작을 했는지를 가르쳐준 것이다. 마치 부모님이 아이를 가르치듯이 어른을 만났을 때에는 인사를 해야 하고, 비가 오면 우산을 써야 하고, 자동차가 경적을 울리면 피하고 등등, 어떤 상황에서는 어떤 행동을 취해야 하는지 일종의 정답을 가르치는 것과 같다. 이런 반복된 훈련을 통해서 지도하는 것이다. 이런 방식을 '지도학습Supervised Learning'이라 부른다.

제조기업에서 데이터를 수집하는 목적이 무엇인가? 그저 방대한 양의 수치 데이터를 단순히 수집만 하는 것이 아니라, 그 수치들이 의미하는 현상은 무엇인지, 혹은 그 수치들이 발견되었을 때 어떤 조치를 취해야 하는지 알 수 있어야 한다. 이것을 사람이 아니라 엄청난 속도로 방대한 양의 데이터를 처리할 수 있는 컴퓨터가 할 수 있도록 하는 것이다. 무인 자동차를 학습시키는 과정에서 사람 모양의 물체가 100미터 전방에 찍힌 상황 이미지 데이터와 이때 운전자가 브레이크 페달을 2도만큼 기울여 밟았다는 데이터를 함께 주었다. 그 사람이 90미터에 찍힌 데이터와는 브레이크를 1도만큼 더 밟았다는 데이터를 함께 주었다. 80미터 데이터와는 0.7도, 70미터 데이터와는 0.6도 등등… 이렇게 몇 미터 지점에서 몇 도로 브레이크를 더 밟았는지와 같이 '데이터 간의 관계'를 염두해서 수집해야만 무인 자동차가 그 관계들을 이용해서 운전할 수 있는 것이다. 이처럼 상황 설명에 사용되는 데이터를 데이터의 '특징feature'이라 부르고, 각 상황에 맞는 행위 데이터를 '라벨label'이라 부른다.

이처럼 제조 현장에서 수집된 데이터들 간의 관계도 명확하게 담겨 있어야 스마트 설비나 데이터 분석에 사용할 수 있는 것이다. 복잡한 용어로 '지도형 라벨 데이터'가 필요한 것이다. 여기에서, 현재 제조기업이 저장하고 있는 데이터가 얼마나 지도형 라벨 데이터의 형태로 수집되고 있는지 생각해 보자. 현재의 데이터는 어떤 상황을 설명하는 특징들을 포함하고 있는지, 그 상황에서는 어떤 작업, 어떤 의사 결정, 어떤 현상들로 라벨화가 될 수 있는지 생각해 보아야 한다는 것이다. 현재 얼마나 많은 제조기업에서 이런 체계적인 데이터 수집과 관리가 되고 있을까? 아니 얼마나 준비라도 하고 있을까? 이에 대해 아직까지는 유감스럽게도 그리 긍정적인 답을 하기가 어려운 것이 현실이다. 이제부터라도 데이터를 수집할 때 분석을 위한 재료로써 충분히 체계적인 데이터가 되도록 해야 한다.

만약 은행에서 고객의 잔고에 따라 여행을 자동으로 추천해 주는 서비스를 개발한다면 다음과 같은 다량의 고객 데이터가 필요할 것이다. 여행을 위해 저축을 하고 있는 고객들이 100만 원이 모였을 때 제주도 여행을 갔었고, 200만 원이 모였을 때는 동남아 여행, 500만 원이 모였을 때 유럽 여행 등, 통장 잔고 데이터의 수치에 따라 어떤 행선지로 여행을 떠났는지에 대한 과거 이력을 담은 수많은 고객들의 데이터 간의 관계를 컴퓨터에 입력하는 것이다. 물론 각 금액이 모였을 때 계절은 어땠고, 여행지에 어떤 이벤트가 있었고 등등의 추가적인 데이터까지 함께 고려하면 향후 각 통장 잔액과 계절 데이터를 함께 고려해서 과거 고객들이 즐겼던 여행 취향에 맞게 여행상품을 추천할 수도 있을 것이다.

어떻게 기계가 인간에게 배울 수 있는지에 대한 힌트가 여기에 있다. 미래의 행동을 과거의 이력에 기반해서 추론하는 것이다. 스마트제조에서 설비를 지능화하는 관점에서 보면, 작업자가 어떤 작업을 할 때 기계를 어떻게 사용했는지에 대한 데이터가 과거의 이력이 되는 것이고, 새로운 작업을 하게 될 경우 기계가 어떻게 대처해야 하는지를 결정할 때 이런 과거 이력을 참고하는 것이다. 새로운 작업이 과거의 어떤 작업과 가장 유사한가? 그렇다면 그 작업 시 작업자가 기계를 어떻게 사용했었는지를 찾아 그 사용 패턴에 맞게 기계가 자동 설정되는 방식이다. 작업자의 작업방식, 관리자의 공정계획 수행방식, 경영층의 의사 결정 방식 등의 모호한 정보를 명확한 데이터의 틀을 만들어 이를 지속적으로 저장하여야 하는 이유가 여기에 있다.

최근 머신러닝과 관련해서 흥미로운 제목의 뉴스기사가 신문에 게재된 적이 있는데, 그 제목이 "머신러닝, 이러다 '미신'러닝 될라"라는 것이었다. 그 기사는 머신러닝에 대한 과장된 장미 빛 환상에 대해 경계하고 현실적으로 접근해야 한다는 취지의 연재물이었다. 마치 사물인터넷이라는 기술을 통해 방대한 양의 데이터를 자동으로 수집하고, 이를 빅데이터 기술로 분석하면 우리가 원하는 것들을 다 할 수 있을 거라는 막연한 기대와 환상을 꼬집은 기사라고 할 수 있다.

현재 많은 기업에서 데이터 수집에 대한 필요성과 긴급성에 대해서는 적절하게 이해하고 있는 듯하다. 그러나 머시러닝이 '미신러닝'이 되지 않게 하려면 수집된 데이터들을 가지고 어떤 분석을 어떻게 해야 할지에 대한 충분한 고려가 필요하다. 즉, 앞서 말한 대로 데이터들 간의 '관계'를 고려한 데이터 수집이 필요한 것이다. 어떤 문제를 풀기 위해서 어떤 데이터를 어떻게 수집해야 할지에 대한 고려가 체계적이지 못할 경우, 사물인터넷이라는 데이터 수집 기술의 혜택은 아직 멀리 남아 있는 것에 불과하다. 그나마 다행히 사물인터넷이 서로 연결될 수 있다는 것이 위로가 되지만, 그들이 왜 연결되어 어떤 데이터들을 주고받아서 저장해야 할지는 기업마다의 현실을 고려해야 하는 어려운 숙제이다.

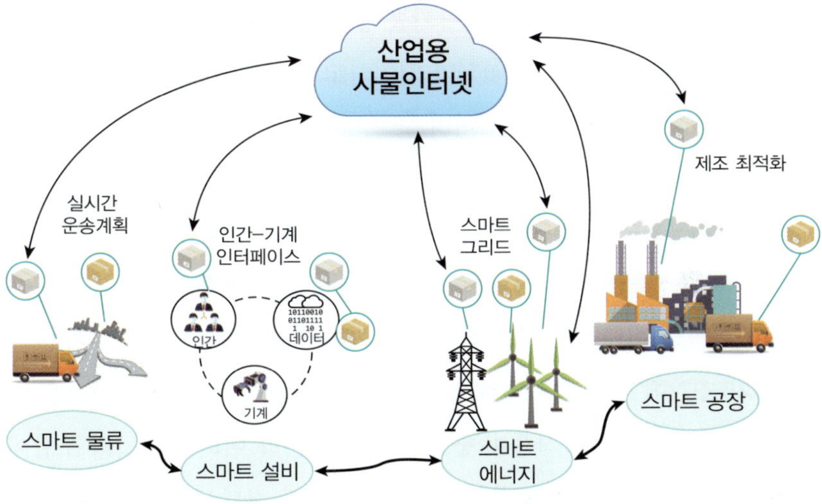

| 그림 64 | 사물인터넷을 통한 연결

데이터 수집과 공개

스마트제조를 실현하기 위해서 데이터 활용은 어떻게 이루어져야 할까? "건강은 건강할 때 지켜라"라고 했던가? 이는 건강한 상태를 계속 유지하기 위해서는 지속적으로 신체의 변화와 건강상태를 체크하고 신경 써야 한다는 의미로 받아들여진다. 1년에 한 번씩 정기적으로 건강검진을 받는 것도 이러한 이유 때문이다.

종종 기업은 '유기적' 성질을 가진 살아있는 생명체에 비유되기도 한다. 여러 기업 간의 관계를 '생태계'라고 할 정도이니, 이는 기업을 살아있는 유기체로 바라보는 것을 반증하는 것이라 할 수 있다. 그렇다면 기업의 건강도 신체의 건강처럼 신경 써야 하지 않을까? 기업이 건강하다는 것은 어떤 의미이고 건강을 유지하기 위해서는 어떻게 해야 하는 것일까?

가끔 주위를 보면 간단한 증상으로 병원에 방문했다가 예상치 않게 큰 질병이라는 진단을 받았다는 이야기를 종종 듣게 된다. 환자 입장에서는 체온계를 통해 38도 정도의 미열만 인지하고 내원했는데, 의사는 열에 대해서는 크게 신경쓰지 않고 오히려 눈동자나 입천장 같은 곳을 살펴보고는 예상과 전혀 다른 진단을 내리기도 한다.

왜 이런 경우를 겪게 되는가? 의사는 개별적인 증상보다는 각 증상의 원인과 그 증상들이 야기시킬 수 있는 종합적 연관관계를 파악할 전문지식이 있기 때문이다. 즉, 이는 각 증상에 따라 나타나는 생체적 수치가 신체, 시기 조건에 따라 다르게 해석될 수 있기 때문이다. 이러한 증상은 단순히 특정 수치의 크고 작음이 중요한 것이 아니라 여러 수치들의 조합이 어떤 증상을 의미하는지 종합적으로 분석되어야 한다는 의미일 수 있다. 속이 쓰린 증상으로 위장 계통의 질병을 의심했지만, 사실은 위장 내 내출혈을 야기하는 혈관 계통의 증상일 수 있는 것이다.

제조공정에서도 신체 신호와 같이 다양한 데이터가 쏟아진다. 의사가 환자의 증상을 진찰할 때 참고하는 것처럼 기업의 데이터도 기업의 종합적 증상을 파악하는 데 필요한 데이터여야 할 것이다. 환자의 증상을 알아내기 위해서 눈동자의 동공을 살펴보고, 이후 혈액 안의 헤모글로빈 수치를 측정하는 것처럼 기업의 문제점이나 추이 등을 파악하는 데 필요한 데이터들이 있다. 또한 수술과정에서 생명 유지를 위해 반드시 확보해야 하는 혈압의 수치처럼 기업의 기본적인 존속과 경쟁을 위해서 확보해야 하는 상황에 대한 정보도 있다. 기업이 건강한지, 어떤 상태에 있는지에 대해 알 수 있는 것은 마치 사람이 병원에서 여러 가지 생체수치를 파악하고 가족력 등을 포함한 과거 병력과 종합해서 이것들이 의미하는 증상을 종합적으로 진단하고 처방하는 것에 비유될 수 있다.

따라서 스마트제조에서 데이터 수집은 사물인터넷과 같은 기계적인 장치를 활용한다 하더라도 데이터의 진정한 활용을 위해서는 전문적인 제조 지식이 절대적으로 필요하다. 기업이 건강한지를 판단하는 최종의 몫은 기업의 프로세스 전반을 이해하고 개별적인 데이터를 종합해서 판단할 수 있는 '사람'의 몫이다. 기술들은 이러한 진단을 하기 위한 수단의 일부분에 불과할 뿐이다. 만약 현실적으로 제조 분야의 전문가가 부족하다면 제조시스템에 대한 지식화를 시도해 볼 수도 있다. 이것은 개방형 제조 지식 클라우드를 구축하는 방식을 도입하여 가능할 수도 있다. 제조와 관련된 데이터, 정보들에 대한 체계화된 분류, 평가, 활용 방안에 대한 지식을 컴퓨터화해서 저장하고 공동으로 사용할 수 있도록 하는 것이다. 물론 이러한 시도에서도 앞서 이야기한 스마트제조와 관련된 기술들, 운영기술들에 대한 횡적, 종적 공유 범위에 대한 고려가 충분히 있어야 한다.

그렇다면 이런 데이터나 정보들은 어떻게 해야 기업의 건강을 검진하는 데 사용될 수 있을까? 이를 정보의 객관화 관점에서 생각해 보자. '정보'와 '비밀'의 차이는 무엇일까? 이러한 차이를 설명할 수 있는 개념 중의 하나는 '공개'와 '흐름'이 아닐까? 비밀은 암묵적으로 더 이상의 흐름을 전제로 하지 않는다. 즉 비밀은 어떤 종착지점에 도달해서 정체되어 있어야 하기 때문이다. 비밀은 계속해서 흘러갈수록 비밀로서의 가치는 점점 떨어지며 어느 순간 더 이상 비밀이 아닌 왜곡된 편견에 불과하게 된다.

반면 정보는 공개되어 여러 곳을 흘러 다니고 이 과정에서 오류가 수정될 수도 있다. 물론 모든 비밀을 공개해서 정보화하는 것이 좋은 것만은 아니다. 그렇지만 서로 각자의 비밀을 유지하려고만 하면 자신의 비밀이 객관적으로 맞는 것인지, 잘못된 정보인지 알 수 없게 된다. 검증되지 않은 데이터, 정보를 가지고 기업의 건강을 진단하는 것은 합리적이지 않다. 증권가에 도는 정보지는 폐쇄된 집단 내에 갇혀 있어 그 진위에 대한 검증이 어려운 반면, 뉴스에 기사화된 내용은 공개된 이후에 다양한 시각에서 반박과 토론, 수정을 통해 검증되고 정화될 수 있는 가능성이 높아질 수 있다.

사람이 자신의 건강을 체크하기 위해서 엑스레이 검사를 받는 것처럼, 기업이 건강한지 혹은 어떤 문제점이 있는지에 대한 진단을 받기 위해서는 일부 특별한 경우를 제외하고는 데이터를 공개하고 객관적으로 검증받을 필요가 있다. 자신의 증상을 숨기려고만 하면 처방이나 치료가 어려운 것과 같다. 이렇게 정보들을 공개하고 심지어 공유하는 것은 정보의 객관성을 확보하는 데 큰 도움이 될 수 있다.

스마트제조에서 정보 공개의 중요한 점이 있는데, 이것은 기업의 정보가 기업 내의 조직원들뿐 아니라 소비자를 위해서도 효용성이 있다는 것이다. 소비자들이 자발적으로 커뮤니티를 만들고 기업과 제품에 대한 의견을 나누는 것은 이제 일반적인 일이 되었다. 이때 기업이 제품을 만드는 활동에서 발생되는 객관적인 정보들을 참조할 수 있다면, 소비자들이 막연히 추측하거나 부분적인 경험만으로 형성된 기업과 제품에 대한 편향된 의견을 형성하는 것을 방지할 수 있다. 이는 소비자가 그들만의 일방적인 주장이 아닌 기업 현실을 고려하도록 하여 상호 이해를 증진시키는 데 기여할 수 있을 것이다. 일방적인 주장이나 예단이 아닌 상호 협력적 소비자-기업 커뮤니티인 셈이다.

소비자 게시판의 글을 보면 가끔은 왜곡되거나 실제 제품을 만들고 유통하는 과정상에서의 어려움보다는 최종 구매하고 사용하는 그들의 입장에서만 보는 다소 비판적인 경우가 있다. 이에 대해 제조기업이 섣불리 맞대응했다가 여론의 뭇매를 맞고 사태를 오히려 악화시키는 경우도 종종 있다. 이런 경우는 제품을 만드는 기업들이 절대 불리한 경우이다. 이

때가 기업들이 서로서로의 힘을 필요로 하는 때가 아닐까? 개별소비자들이 커뮤니티를 형성해서 영향력을 갖는 것처럼 제조기업들의 커뮤니티도 필요하다. 물론 소비자와 기업 간의 대결구도를 의미하는 것은 아니다. 그러나 기업이 객관적인 정보의 공개와 공유를 통해서 소비자와의 협력적 커뮤니티를 만드는 동시에 기업들이 상생할 수 있는 협력체계의 기초를 만들 수 있다.

클라우드 컴퓨팅을 통한 협업

세상을 살아가다 보면 때론 남들에게 신세를 지어야 하는 경우가 심심치 않게 있다. 혼자 사는 세상이 아니므로 더욱 그렇다. 누군가에게 도움을 구하게 되는 상황이 되면 내 주변의 친지, 동료, 친구들을 찾아보게 되고, 그중 도움을 줄만한 사람에게 연락해서 사정을 이야기하고 도움을 청한다. 나에게는 무척이나 어려운 문제가 친구 입장에서는 별 문제가 아닐 경우도 종종 있고, 때론 친구가 마침 내 사정과 관련된 일을 하게 되어서 큰 무리 없이 해결해 주기도 한다.

앞서 이야기한 정보의 공개와 맞물려 생각해 보자. 옛말에 "병은 알리고 돈은 감춰라"라는 말이 있다. 자신이 겪고 있는 증상이 어떤 병인지에 대해 알아내고 치료하는 데에 자신의 노력뿐만 아니라 타인의 경험이나 지혜도 아주 유용할 수 있다는 의미이다. 아이러니하게도 치열한 경쟁에서 이겨야만 기업이 생존할 수 있을 것 같은 현대의 제조업에서도 서로서로가 경험과 지혜를 나눌 필요가 있다.

만약에 제조기업들이 밀접하게 연결되어 협력할 수 있다면 어떨까? 소위 기업들끼리 친구 맺기를 하는 것이다. 지금까지 이러한 노력과 사례가 없는 것은 아니다. 그러나 이러한 방식이 완전히 뿌리내리지 못하고 있는 이유 중의 하나는 기업들끼리 협력하기 위해 소요되는 비용이 얻는 수익에 비해 과다했기 때문이다. 그렇다면 이러한 비용을 절감하고 수익을 극대화시킬 수 있는 방안은 없을까? 기업들끼리 친구 맺기를 위한, 즉 상호 협력할 수 있는 그 무엇인가를 '클라우드'라는 틀에서 생각해 볼 수 있다.

한 대의 자동차나, 혹은 한 대의 스마트폰처럼 어떤 제품을 만들기 위해 필요한 모든 구성 부품을 하나의 기업 안에서 모두 제작하는 경우는 거의 없다. 오히려 중소, 중견 협력기업에서 제조하는 부품의 비율이 훨씬 높다. 대기업에서는 주로 이런 부품들에 대한 조립을 담당한다. 따라서 스마트제조에는 대기업보다 더 많은 중소, 중견 기업에 대한 고려가 더욱 더 필요하다.

소비자들은 인터넷상의 제품평이라는 도구로 서로서로 연결되어 있다. 소비자들이 이렇게 동지적 커뮤니티를 형성하고 있다면, 기업입장에서도 든든한 동료들이 있어야 한다. 기업들도 '연결'되어 있어야 한다는 것이다. 연결의 목표는 서로에게 도움이 되고자 하는 것이다. 내가 부족한 것은 알려서 도움을 받고, 또 도움의 요청을 받아 지원이 가능하면 도와주는 것, 이처럼 물리적 연결이 실질적 상생으로 이어져야 비로소 연결의 의미가 있는 것이다.

이렇듯 소비자뿐 아니라 제품을 설계하고, 제조하고, 공급하는 기업도 그들 간의 친구들이 필요하다. 게시판을 넘어서는 더 유용한 도구를 이용해서 친구 맺기가 가능하다면 말이다. 아주 이상적인 경우에 서로의 소프트웨어적 기능이나 제조 데이터, 심지어는 설비들까지 공유할 수 있다면 어떨까? 일정의 경제적, 기술적 가격책정을 통해 서로의 설비나 기술을 빌려 쓰는 것이다. 고가의 장비라고 해서 무조건 비싼 가격이 책정되는 것이 아니라, 수요 공급의 시장 논리와 각각의 장비와 소프트웨어들에 대해 얼마나 많은 좋은 댓글이 달려 있는지에 따라서도 가격이 책정되는 방식으로….

이러한 연결과 상호 협력을 구현할 수 있는 방안 중의 하나가 바로 클라우드이다. 정보를 저장하고 관리하는 도구로써의 클라우드를 넘어 컴퓨터 소프트웨어, 개발 도구, 심지어 물리적 장비까지도 포함하는 클라우드를 생각해 볼 수 있다. 정보 저장 공간이나, 소프트웨어, 소프트웨어 개발 도구들을 임대하여 사용하는 것은 컴퓨터의 원격 연결을 통해 가능할 수 있다.

그렇다면 장비나 설비를 어떻게 공유할 수 있을까? 어떤 공장에 있는 설비를 직접 현장에 가서 조작하지 않고 내 책상의 컴퓨터나 내 손의 스마트폰을 통해 작동시킬 수 있는 '가상공장'을 떠올리면 이와 같은 문제도 해결할 수 있다. 앞서 이야기한 사이버-물리 시스템의 역할이 빛나게 되는 시점이다. 즉 기계는 창원에 있는 공장에 있지만, 이를 실제 사용하는 기업은 울산에 있는 기업일 수 있는 것이다. 클라우드와 가상공장 기술이 공간의 제약을 해결할 수 있는 것이다.

자신이 가지고 있는 컴퓨터를 떠올려 보자. 이 컴퓨터가 실제로 사용되는 시간이 하루에 얼마나 되는가? 만약 내 컴퓨터를 공유한다면, 내가 컴퓨터를 사용하지 않을 때, 혹은 퇴근 후 밤 시간에 해외에 있는 기업이 이 컴퓨터를 사용할 수 있다면 내 컴퓨터의 생산성은 높아질 수 있다. 개방이라는 전제하에 서로 간의 자원을 공유할 수 있는 것이다.

이제 클라우드를 통해서 기업들은 소비자의 요구나 불만에 공동으로 대응할 수 있는 협력의 장을 가질 수 있는 동시에 사이버-물리 시스템 기술을 활용한 공동의 자원 공유라는 실질적인 이득을 얻을 수 있다는 것을 알 수 있다. 물론 이를 현실에서 실질적으로 운영하기 위해서 해결해야 하는 기업 간의 이해관계, 문화적, 기술적 문제들이 아직은 남아 있고, 이에 대한 체계적이고 진지한 연구가 필요하다.

CPS와 온라인 시뮬레이션

소비자는 자신이 원하는 제품을 선택하고 원하는 방식으로 공급받고 싶어 한다. 제조기업도 자신이 원하는 방식으로 원하는 제품을 만들 수 있다면 모두가 행복한 세상이 될 것이다. 아주 허무맹랑한 이야기 같지만, 이런 희망이 이루어질 수 있다면, 한편으로는 소비자이기도 하고 또 한편으로는 제조기업의 일원이기도 한 많은 근로자들이 행복해질 것이다. 그런데 되도록이면 많은 제품을 생산하고 판매해서 최대한의 이윤을 추구하는 것이 목표인 기업의 생리상 자신이 원하는 제품만, 자신이 편리한 대로 만든다는 것은 뭔가가 크게 모순되는 것처럼 느껴진다. 자기가 원하는 방식대로 살아가면서도 동시에 자기가 갖고 싶은 것을 얻기를 바라는 것이 이치에 맞지 않는 것처럼….

스마트제조라는 패러다임하에서 제조기업이 원하는 방식으로 생산할 수 있으려면 어떻게 해야 할까? 더 나아가 기업이 제품에 대한 생산 여부까지도 선택할 수 있다면 어떨까? 극단적으로는 소비자가 원하는 제품을 만들지 않고 거부할 수도 있을 것이다. 이를 위해서는 직접적인 제조를 개시하기 전에 미리 여러 대안들을 신속하고 정확하게 분석하고, 만약 생산할 만한 타당성이 확보되는 것으로 판단되면 지체 없이 이를 실행할 수 있어야 한다.

소비자가 원하는 제품을 제조기업이 원하는 방식으로 생산할 수 있기 위해서는 자신의 제조시스템 운영방식을 자유자재로 변경할 수 있는 능력이 있어야 한다. 다시 말해 제조기업도 자신의 입맛에 맞는 제조방식을 선택할 수 있는 능력이 필요하다. 심지어는 새로운 제품을 생산하기 위해 새로운 공장을 운영해야 할 수도 있다. 물론 이런 의사 결정에 소요되는 시간은 짧으면 짧을수록 좋다. 이런 이유에서 설비들이 기능적 유연성을 갖도록 스마트해질 필요가 있다는 이야기를 했다. 스마트 설비만으로 이런 문제를 해결할 수 있다면 참으로 이상적이겠지만 이는 현실적으로 거의 불가능하다.

기업에서 제품을 만들기 위해서 일정과 계획을 세우고 이 계획에 맞게 운영한다는 것은 일종의 이상과도 같은 일이다. 그렇기 때문에 이런 문제는 많은 기업이 상당한 규모의 노력과 시간, 비용을 투자하고 있으면서도 아직도 해결하기 어려운 숙제로 남아 있다.

미리 수십 번 반복해서 연습해 본 일은 난생 처음 시도하는 일보다 더 빠르게 수행할 수 있다는 것을 우리는 이미 여러 경험을 통해 알고 있다. 낯선 도시로 여행을 떠나 유명 명소를 찾아갈 때 미리 인터넷 지도를 보고 주변의 사진 자료들을 찾아본 사람은 처음으로 그 장소를 찾는 사람보다 훨씬 수월하게 길을 찾을 수 있을 것이다.

이렇게 여행하기 전에 여행할 도시에 대한 지도를 먼저 보고 가는 사람은 그렇지 않은 사람보다 더 길 찾기가 쉽다. 길 찾기가 쉬우니 한결 여유롭고 편안한 여행이 될 것이다. 이처럼 일종의 '예행연습'은 상당히 중요한 일이다.

시제품을 미리 만들어 보는 것도 제품을 만들어 보는 일종의 예행연습이라 할 수 있다. 이런 재료로 만들면 어떨까? 저런 모양으로 만들면 어떨까? 하는 등등의 사전 질문에 대한 답을 구하는 과정이다. '어떤 제품'을 만들어야 할까와 같은 질문처럼 '어떤 방법'으로 만들어야 할까 하는 질문 역시 매우 중요한 문제이다.

가상의 공장이 유용한 이유 중 하나는, '이렇게 하면 어떨까? 저런 방법에는 어떤 문제가 있을까?' 하는 질문에 대한 답을 구하는 데 요긴할 수 있기 때문이다. 즉 아직 일어나지 않은 미래에 대한 예측을 도와준다는 것이다. 예측에만 머물러서는 만족할 수 없다. 만약 예측한 결과에 아무런 문제가 없다고 판단되면 지체 없이 예측된 결과가 나오도록 공장에 작업 지시를 내릴 수도 있다.

|그림 65|를 자세히 살펴보자. 그림의 맨 위를 보면 두 종류의 컴퓨터 모양의 도형이 있는데 하나는 '온라인 시뮬레이션'이라고 쓰여 있고, 다른 하나는 '실시간 컨트롤러'라고 쓰여 있다.

실시간 컨트롤러는 실제 공장을 운영하기 위해 필요한 작업 명령들을 각 장비에 직접 혹은 원격으로 보내는 역할을 한다. 이와 동시에 어떤 명령을 내렸는지를 온라인 시뮬레이션에게도 알려 준다. 작업 명령을 받은 장비들은 개별 컨트롤러를 통해 명령대로 작동된다. 이제, 장비들이 작동되는 과정에서 생성되는 실시간 데이터들은 사물인터넷 기반의 센서들을 통해 수집되고, 이 데이터들은 다시 실시간 데이터분석 장치로 전송된다.

온라인 시뮬레이션은 실시간 컨트롤러로부터 어떤 명령들을 내렸는지를 직접 통보받고, 또 한편으로는 각 장비들의 가동상황에 대한 데이터를 현장으로부터 직접 전달받는다. 온라인 시뮬레이션은 실시간 컨트롤로부터 내려진 명령과, 이 명령의 수행결과로 발생하는 데이터를 기반으로 현재 공장의 상황을 파악하고, 바로 다음 시점의 상황을 예측하기 위한 분석 시뮬레이션을 수행한다. 길어야 수초 이내에 이루어진다.

예측 시뮬레이션 결과에 따라 다음에 어떤 작업을 수행해야 좋을지를 분석하여 실시간 컨트롤러에게 알려 주고, 실시간 컨트롤러는 이 작업이 실행 가능하다고 판단되면 해당 작업 명령을 각 장비들에게 내린다. 물론 예측 시뮬레이션에게도 통보한다. 이런 과정이 계속 반복되는 것이다.

실시간 컨트롤러는 실제 공장을 가동하는 역할을 하고, 온라인 시뮬레이션은 현재의 실제 가동 상황을 근거로 해서 다음 시점을 예측하는 가상의 참모 역할을 하는 것이다. 공장이 돌아가는 동안 온라인 시뮬레이션은 현재 상황, 발생 가능 상황, 다른 대안들을 분주히 분석하고 예측하는 것이다. '가상공장'인 셈이다. 앞서 가상공장이 실제 공장과 연결되어 실제 조작이 가능하다는 이야기를 했는데, 지금 여기에서의 온라인 시뮬레이

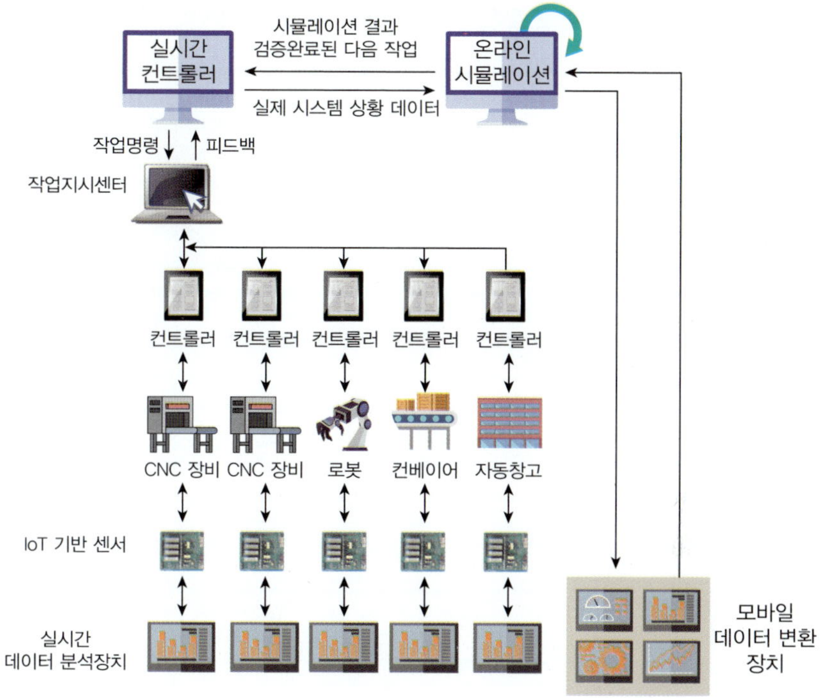

| 그림 65 | 사이버-물리 시스템 연계 온라인 시뮬레이션

션은 가상공장이 실제 조작과 더불어 예측을 동시에 진행할 수 있는 가능성이 있다는 점을 시사한다.

2

악기들과 단원들을 연결하자: 연결과 데이터

2

악기들과 단원들을 연결하자: 연결과 데이터

초연결 사회와 스마트공장

세상은 지속적으로 변하고 있다. 인터넷의 등장으로 기존 텔레비전, 라디오와 신문같은 매스미디어를 통한 단방향 의사소통을 넘어 온라인으로 양방향 의사소통이 시작된 지 이미 오래되었다. 이러한 변화는 쇼핑, 기업경영, 게임 등 모든 분야에서도 활발하게 진행되고 있다. 최근 들어, 스마트폰, 태블릿 PC 등의 모바일 기기의 보급으로 시공간 제약이 없어져 언제 어디서든지 의사소통이 가능해졌다. 사람들은 페이스북이나 트위터를 활용하여 자신의 생각이나 감정을 개방하고 공유한다. 각자의 스마트폰으로 사진을 찍고 그 자리에서 바로 자신의 상태를 타인과 공유하는 시대가 온 것이다. 우리는 이런 시대를 소셜 네트워크Social Network 시대라고 부른다.

| 그림 66 | 소셜 네트워크로 인한 연결

이처럼 소셜 네트워크로 인한 연결이 가속화됨에 따라 소통의 장도 급속히 커지고 있다. 네트워크에 연결된 기기의 수가 세계 인구를 초과할 정도로 증가되었고, 시공간의 제약은 점점 약해지고 있다. 최근에는 인터넷이 사람과 사람을 연결하는 기능을 넘어 사람과 사물을 연결하고 있다. 이처럼 인간과 인간을 둘러싼 만물이 서로 연결되어 모든 구성원들이 하나로 연결되고 있는 것이다. 이러한 상황에서 서로 연결된 만물은 더 이상 도구나 수단에 그치지 않고 사람의 개입이 없어도 실시간으로 정보를 주고받고 새로운 가치를 창출하는 '초연결 사회'가 되고 있다. 초연결 사회에서는 도시, 집, 자동차, 건물 등을 센서와 칩을 통해 서로 연결하여 하나로 묶는 것이 가능하다.

만일, 초연결 사회처럼 제조를 담당하는 공장들이 서로 연결되면 어떻게 될까?

최근, 전자제품을 생산하는 L사는 공장 간 연결망을 구축하여 그동안 부족했던 소비자 만족도, 생산성, 고품질, 제품 모델 다양화 등을 회복하기 위해 스마트공장을 도입하기로 결정했는데, 이하영 부장이 그 역할을 부여받았다. 이부장은 공장을 내려다보면서 고민에 잠겼다. '어떻게 하면 공장 구성요소들을 하나로 연결할 수 있을까?…' 이부장은 스마트공장을 구축하기 위해 구성요소 간의 연결이 가능할 수 있는 방법을 알아보았다. 연결이 가능하기 위해서는 데이터를 수집할 수 있는 센서와 센서를 서로 연결하고, 연결된 센서들을 통합 관리하는 게이트웨이나 미들웨어 같은 네트워크 장비가 필요했다. 이에 이부장은 센서, 게이트웨이와 미들웨어의 구입을 결정하였다. 센서와 네트워크 장비를 구입하고 약 2주일 뒤 장비의 설치를 시작하였다. 공장 조명에 센서를 붙였으며, 원자재 창고에 습도와 온도센서를, 생산 설비에도 센서를 붙여 기존에 연결되지 못했던 공장의 모든 구성요소를 하나로 연결할 수 있게 되었다.

그러면 스마트공장에서 구성요소들을 '연결'하기 위해서 필요한 장비들은 어떤 것들이 있을까? 먼저 스마트공장의 연결을 위한 장비는 하드웨어와 이를 연계하는 인터페이스로 구성된다. 또한 각 장비의 역할에 따라 관리 장비, 제어 장비, 필드 장비 및 통신 장비로 구분된다. 관리 장비는 설비와 시스템과의 통신, 데이터 기록, 보관 및 설비 운영을 담당하며, 이 장비는 데이터 처리 장치, 서버, 데이터 저장 및 보관을 위한 주변 장치, 데이터 인터페이스와 시스템 간 인터페이스 장치, 그리고 경보 · 알람 장치의 세부 장치로 구성된다. 제어 장비는 설비와 주변 환경을 제어하는 역할을 담당하며 설비 전원 공급, 차단, 감시, 연동 등을 수행하게 해준다. 이를 위한 세부 장치로는 전원 공급기, 입 · 출력 인터페이스, 통신 인터페이스, 감시 장치 등이 있다. 필드 장비는 설비와 공장으로부터 다양한 설비 상태, 주위 환경, 프로세스 조건 데이터를 수집하고, 제어 장비와 연결되어 실제로 작동을 실행시키는 역할을 한다. 보통 센서와 액추에이터로 구성된다. 통신 장비는 설비와 설비를 연결하고, 설비와 데이터 처리 장비나 서버를 연결하여 하나의 네트워크로 통합하는 역할을 한다. 통신 모듈, 게이트웨이, 미들웨어 등으로 구성된다. 이처럼 스마트공장은 센서

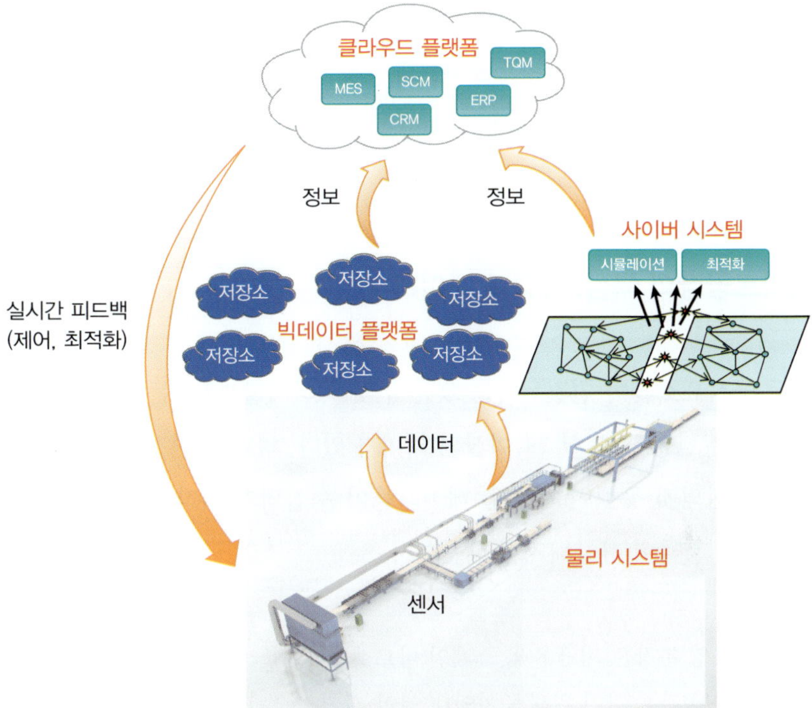

| 그림 67 | 스마트공장 개념

뿐만 아니라 데이터를 저장하고 처리할 수 있는 장비와 설비를 제어할 수 있는 장비 모두를 하나로 연결하는 것에서부터 시작된다.

그러나 단순히 연결만으로 스마트공장의 목표를 달성할 수 있을까? 실제로 스마트공장을 구현하고 운영하기 위해서는 구성요소들을 연결하는 것 이외에, 그 안에서 생성되는 데이터를 관리하고 활용할 수 있는 빅데이터 플랫폼, 사이버-물리 시스템 등이 추가로 더 필요하다. 빅데이터 플랫폼은 실시간으로 수집되는 방대한 데이터를 처리하기 위해 필요하며, 사이버-물리 시스템은 사이버 세계에서 데이터를 분석하고 다양한 환경에 적용해 보고 테스트하기 위해 필요하다. 이렇게 데이터가 분석되면 그 분석결과가 최종적으로는 생산실행시스템Manufacturing Execution System: MES, 기업자원 관리Enterprise Resource Planning: ERP 시스템 등에 실시간으로 전송되어 공장 운영에 반영된다. 이처럼 스마트공장을 구성하는 요소는 센서의 설치부터 이를 활용하는 시스템까지 그 범위가 매우 방대하다.

스마트공장의 핵심, 연결과 데이터

모든 구성요소들이 연결된다는 것은 무엇을 의미할까? 모든 것이 연결된다는 것은 단순히 '연결' 그 이상의 의미가 있다. 하나로 연결됨에 따라 기존에 수집되지 못했던 새로운 데이터들이 수집되기 시작하고 기존에 불가능했던 것들이 가능해지기 때문이다.

> 이하영 부장은 지난 8월, 스페인 바르셀로나에 들렀다. 차를 타고 가다가 주차 공간을 찾기 위해 주차안내 앱인 '파커parker'를 실행하였다. 앱을 실행하자 지도 위에 숫자 '2'가 떠있다. 근처에 주차공간이 2개가 있다는 뜻이다. 이하영 씨는 빈 주차공간을 확인하고 차를 바로 이동하여 쉽게 주차할 수 있었다. 또한 주차공간을 찾기 위해 여러 골목을 돌아다니지 않아 시간 낭비를 줄일 수 있었다. 이는 사물과 사물을 연결해 주는 사물인터넷 기술 때문이라는 것을 잘 알고 있다. 도시 바닥에 심어놓은 지름 약 15cm의 센서가 주차 공간에 차가 있는지 없는지를 감지하게 된다. 주변에 설치되어 있는 와이파이 가로등과 무선으로 연결되어 있으며 주차를 하는 즉시 센서에 '주차 중'이라는 정보를 보내 실시간으로 주차 공간을 관리하게 되는 것이다.

이처럼 초연결 사회로 모든 것이 연결되고 지능화되면서 사회 시스템의 근본적인 변화가 발생하기 시작했다. 주위 모든 것들이 지능화되고 상황에 맞는 서비스를 항상 제공받을 수 있게 되기 때문이다. 모든 만물이 상호 연결된다는 것은 새롭고 혁신적인 서비스의 등장과 함께 생활의 큰 변혁을 가져온다는 측면에서 기술의 발전 이상을 의미한다. 다양하고 무수한 네트워크가 서로 연결되어 데이터가 생산되고, 생산되는 데이터를 분석하고 활용하여 새로운 가치를 창출하기 때문이다. 즉, 초연결 사회의 핵심은 이렇게 수집되는 데이터를 어떻게 활용하느냐에 달려 있다. 단순히 연결만 하면 되는 것이 아니라 연결을 통해 발생되는 데이터를 어떻게 활용할지에 중점을 두어야 한다.

이하영 부장은 조명, 원자재 창고와 설비에서 수집되는 데이터를 어떻게 사용해야 할지 고민해 보았다. 조명에 센서를 부착한 이후에 언제 조명이 켜졌는지, 꺼졌는지 혹은 얼마동안 켜져 있었는지에 대한 데이터가 수집되고 원자재 창고의 센서에서는 습도와 온도가 수집되기 시작했다. 또한, 생산 설비에도 센서를 부착한 이후 기존에는 수집되지 않았던 새로운 데이터가 수집되기 시작한 것이다. 설비에 투입되는 원자재의 두께, 공기 압력, 오일 압력, 기계 진동 등 실제로 설비 운영에 필요한 데이터들이 쏟아져 나오는 것이다.

이하영 부장은 이렇게 수집되는 데이터를 활용하여 몇 가지의 단순한 분석과 예측을 시도해 보았다. 예를 들어, 설비가 돌아가고 있지 않거나 공장에 작업자가 없는 상황에서는 공장의 조명을 켤 필요가 없다. 그래서 공장의 작업자 유무나 설비 가동유무를 실시간으로 확인하여 설비 가동 유무 센서와 조명 센서와의 연결을 통해 조명을 관리하도록 하였다. 또한, 생산 설비의 공기 압력이 비이상적으로 올라가는 것을 탐지하게 되면 공기 압력을 제어하는 설비와 연결된 다른 센서의 데이터를 확인하여 공기 압력 증가의 원인을 파악하는 대응 제어 프로그램을 개발하였다. 단순한 시도가 성공적으로 구현되자 이하영 부장은 공장 내의 다른 데이터를 활용한다면 더 다양한 관리와 제어가 가능하고 이런 노하우를 제품화하여 다른 기업에 판매할 수도 있을 것 같다는 생각이 들어 자신의 회사에 새로운 부가 가치를 창출할 수 있는 설비관리 사업의 기회를 기안하기로 하였다.

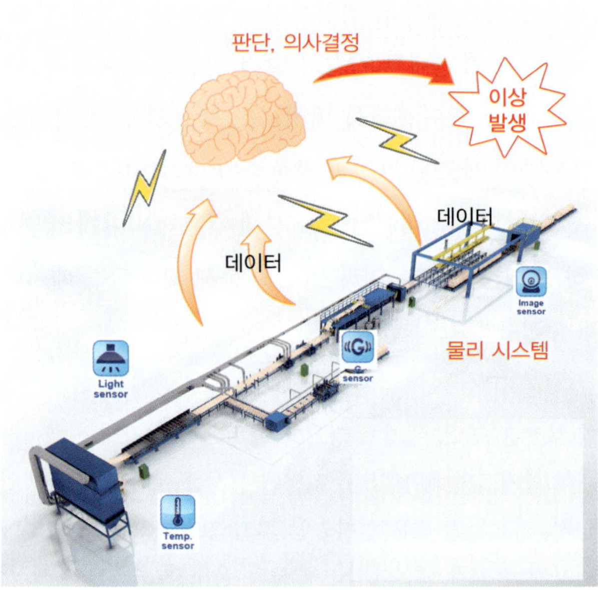

| 그림 68 | 데이터를 활용한 실시간 이상 대응

공작기계도 스마트폰 연동… 한화, 원격제어 시스템 보급 원년

공작기계도 스마트폰과 연동되는 시대가 열렸다. 기계를 원격으로 제어하면 작업 효율과 공정 관리 면에서 이점이 크다. 한화가 지난해 국내 최초로 공개한 시스템 판매를 올해 본격화한다. 전통 산업으로 여겨졌던 공작기계 시장에서 정보기술(IT) 융합 트렌드를 주도할지 주목된다. 한화는 올해 공작기계 원격제어 시스템 영업을 시작한다고 17일 밝혔다. 회사는 지난해 국내 최초로 이 시스템을 개발해 국내외 전시회에 소개했다. 지난 한 해 시험·검증 과정을 거쳤다. 1월부터 복수 소비자사에 시범 도입해 설치를 조율 중이다.

시스템을 도입하면 스마트폰 앱이나 PC로 공작기계 전원을 켤 수 있다. 공작기계는 사용 전 예열이 필요한데 이를 원격으로 수행한다. 작업장소 도착 전 무부하운전으로 미리 예열하면 바로 작업을 시작할 수 있다. 작업 준비시간이 절감된다. PC, 스마트폰 앱에서 작업 상태를 원격으로 관제할 수 있다. 사이클 타임, 워크 카운트 등 기계 가동 상황을 모두 표시한다. 주요 알람 발생 시 문자 메시지로 상황을 전송한다. 카메라로 기계 내부와 공

공정 간 연결

이처럼 연결을 통해 생성되는 데이터는 새로운 부가 가치를 창출할 수 있는 기회의 발판이 될 수 있다. 연결을 통해 창출되는 가치는 어떤 것이어야 할까? 예를 들어, 시계와 토스터를 연결했다고 가정하자. 빵이 다 익은 뒤에 '띵똥' 하고 울리는 것이 가치가 있다고 할 수 있을까? 아마 대부분의 사람들은 가치가 많지 않다고 판단할 것이며 돈을 주고 시계와 토스터를 연결하지는 않을 것이다. 반면에, 시계에 설정되어 있는 알람 시각과 토스터를 연결하여 사용자가 원하는 시간에 맞추어 토스트가 준비될 수 있도록 작동시켜 준다면 사람들은 이전보다는 쉽게 연결의 가치를 발견할 것이다.

그렇다면, 공장에서는 어떤 가치가 창출될 수 있을까? 이와 관련하여 국내의 모 기업에서 설비에 센서를 붙이고 이를 원격으로 제어할 수 있는 시스템을 개발한 사례를 찾아보았다. 단순히 설비를 제공하는 것이 아니라 사용자 경험User Experience: UX을 고려하여 사용자의 편의성을 높이고 원격

장 상황을 점검할 수 있다. 여러 대인 기계를 PC나 스마트 한대로 볼 수 있는 것도 장점이다.

기존 공작기계를 적은 비용으로 '스마트화'할 수 있는 것이 강점이다. 기존 공작기계에 시스템 설치 비용은 대당 120만 원 가량이다. 스마트폰 연동에 100만 원, PC 연동에 20만 원 비용이 들지만 기존 기계를 그대로 사용한다. 제조업 경기 침체로 공작기계 수요가 줄면서 사용자경험(UX) 개선이 화두로 떠올랐다. 기본 성능 외에 관리 · 사용 편의를 개선해 공정을 효율화할 필요가 있기 때문이다. 화천기계도 캠(CAM) 연산과 공구 설정 작업을 소프트웨어(SW) 기술로 자동 · 최적화한 금형 · 흑연전극 전용 장비를 선보였다. 평균 작업시간을 대폭 줄이고 초심자도 쉽게 장비를 다룰 수 있도록 했다.

한화 관계자는 "지난해 첫 선을 보인 공작기계 원격제어 시스템 검증 작업을 마치고 올해부터 본격적으로 판매를 시작한다"며 "기존 기계를 그대로 둔 채 적은 비용으로 시스템을 설치하고 관리 효율성을 높일 수 있는 것이 강점"이라고 밝혔다.

출처: 전자신문 (2016.01.17.).

으로 설비를 모니터링하고 제어할 수 있도록 하여 공정의 효율화를 도모하기 위한 것이었다.

이러한 사례처럼 설비와 스마트폰의 간단한 연결만으로도 사업화하기에 충분한 가치를 보유할 수 있다. 그렇다면, 공정이 모두 연결된다면 어떤 것들이 변화할까? 첫째, 생산되는 제품의 품질이 향상된다. 원자재부터 설비를 거쳐 완제품까지의 생산 전 공정이 하나로 연결됨으로 어떤 원자재를 활용하여 언제 어떤 장비의 세팅으로 제조를 했는지 추적이 가능해진다. 만약 제품의 불량이 발생하였을 경우 불량의 원인을 파악할 수 있어 제품의 불량에 쉽고 빠르게 대응할 수 있게 된다.

둘째, 제조공정이 자동화된다. 기존에 생산 설비를 자동화시키지 못했던 원인 중 하나는 제조공정의 현황을 실시간으로 파악하지 못하여 작업자가 직접 수동으로 확인하고 판단하여 운영했기 때문이다. 그러나 제조공정에 부착된 수많은 센서들과 데이터 분석기술을 활용하면 현 상황을 실시간으로 파악할 수 있게 되어 기존 작업자가 수동으로 의사 결정했던 부분을 자동화할 수 있게 될 것이다.

셋째, 제조공정이 유연화된다. 다양한 품목의 제품을 조금씩 생산하기 위해 제조공정을 지속적으로 바꿀 수 있음을 의미한다. 제조공정이 유연화되려면 제조공정이 자동화되어야 하며 생산계획과 제조공정이 실시간으로 연결되어 있어야 한다. 스마트공장에서는 이 모든 것이 가능하기 때문에 제조공정 유연화를 통해 다품종 소량생산에 적합한 제조공정을 갖출 수 있게 된다.

넷째, 공급사슬의 구성원들이 하나로 연결될 수 있다. 단순히 하나의 공장을 연결하는 것이 아니라 원자재 공급 기업에서부터 완제품을 사용하는 소비자까지 연결의 대상을 확장할 수 있다. 이 경우, 전체 공급사슬에 걸쳐 다른 구성요소와 긴밀한 협력이 가능해지며 실시간으로 정보를 주고받을 수 있게 된다. 이 부분은 뒤에서 조금 더 자세히 다루도록 한다.

다섯째, 소비자 대응력이 향상된다. 품질이 향상되고, 공정이 자동화, 유연화되고 모든 공급사슬이 연결된다면 소비자 니즈에 즉각적으로 대응할 수 있게 된다. 소비자 니즈가 접수되면 제조공정으로 바로 도달하게 되며, 제조공정에서는 이를 반영하여 소비자가 원하는 제품을 생산할 수 있다.

이처럼, 연결된다는 것은 기존에 수집되지 않는 새로운 데이터들이 수집될 수 있음을 의미하며, 연결과 데이터를 활용하여 기존에 불가능했던 많은 것들이 가능해진다.

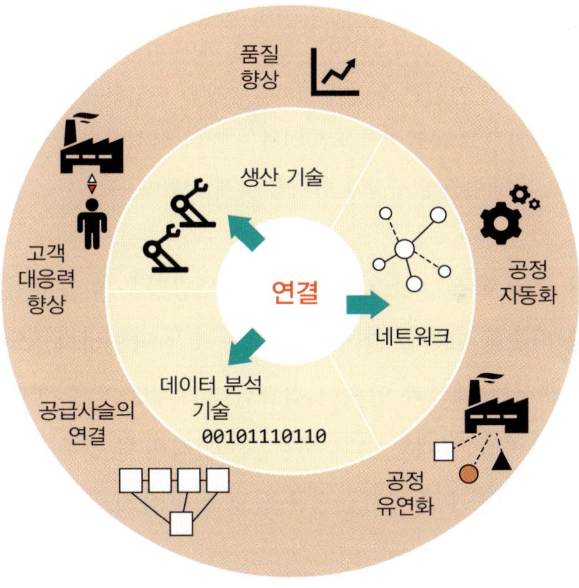

| 그림 69 | 공정 연결로 가능해지는 것들

공장 간 연결

만약, 연결의 범위가 공장 내의 공정을 넘어서 모든 제조 환경을 연결할 수 있다면 어떻게 될까? 실제로 사물인터넷 기술을 활용하여 사회의 모든 구성원들을 연결시켜 주듯이, 제조를 위해 존재하는 모든 과정을 하나로 연결할 수 있다.

이하영 부장이 스마트공장을 성공적으로 구축하여 L사의 경쟁력과 시장 대응력이 대폭 향상되면서 주변의 많은 경쟁기업과 협력업체들이 관심을 기울이게 되었다. 특히, L사와 긴밀한 협력관계에 있는 S사의 김고민 대표는 스마트공장에 관심이 많아 스마트공장을 성공적으로 도입한 L사를 지켜보니, 스마트공장을 자신의 S사에도 도입을 해야 하는지에 대한 의문이 생기게 되었다. '중견 기업인 우리가 스마트공장을 도입하게 되면, 어떤 이익을 볼 수 있을까?', '스마트공장을 도입하는 것이 어렵지는 않을까?' 김고민 대표는 고심 끝에 이하영 부장과 미팅을 갖게 되었다.

대다수의 중견 혹은 중소기업들이 스마트공장을 도입하기 이전에 김고민 대표와 비슷한 고민을 많이 하게 되는 것은 당연하다. 스마트공장을 도입하기 위해서는 예산과 인력이 필요한데 대부분의 중견 · 중소기업은 이런 자원이 부족하기 때문이다. 혹은, 현재 상황에 만족하여 그 필요성을 못 느끼거나 어떻게 스마트공장을 운영해야 할지 몰라 불확실성의 두려움을 갖는 기업들도 많다.

실제로 중견 혹은 중소기업들은 대기업에 비하여 공장의 스마트화에 부정적이며 스마트공장 도입에 현실적인 어려움을 겪고 있다. 국내 정부의 스마트공장 도입에 대해서 금형이나 주조, 단조와 같은 뿌리산업 분야 중소제조기업의 38.2%가 '들어본 적이 있거나 알고 있다'고 응답했고, 응답자의 41.8%가 '경영환경 개선에 도움이 될 것'으로 응답하였다. 그러나 스마트공장을 도입할 의향이 있는지를 물어보는 질문에는 단 20.8%만이 '도입의향이 있다'고 밝혀 80%에 가까운 기업들은 스마트공장 도입에 부정적인 의견이 있는 것으로 조사되었다.

김고민 대표는 L사의 이하영 부장과 미팅 약속을 잡고 이하영 부장을 찾아갔다. 이하영 부장은 김고민 대표와 만나자마자 L사의 스마트공장 도입으로 인해 얻게 된 효과와 함께 스마트공장을 도입한 다른 협력사의 스마트공장 도입 효과를 정리하여 보여 주었다. 특히, 협력사의 경우 생산성이 약 22% 향상되었으며 불량률은 33%나 개선되었다. 이외에도 제조원가는 23% 낮아졌으며 매출은 17%나 증가하였다. 이 결과를 본 김고민 대표는 더 이상 고민할 필요가 없어졌다. 스마트공장 도입으로 인한 성과가 당장 눈앞에 있는데 무엇을 고민하겠는가? 김고민 씨는 그길로 회사로 돌아가 스마트공장 추진팀을 꾸리기로 하였다.

국내 스마트 공장 시범사업 결과('14년)

평가지표		성과
생산성	노동생산성	15% ↑
	납기	27% ↓
	생산품목 수	16% ↑
	시제품 제작기간	33% ↓
품질	불량률	33% ↓
비용	제조원가	23% ↓
매출	매출액	17% ↑

국내 스마트공장 확산의 기대효과

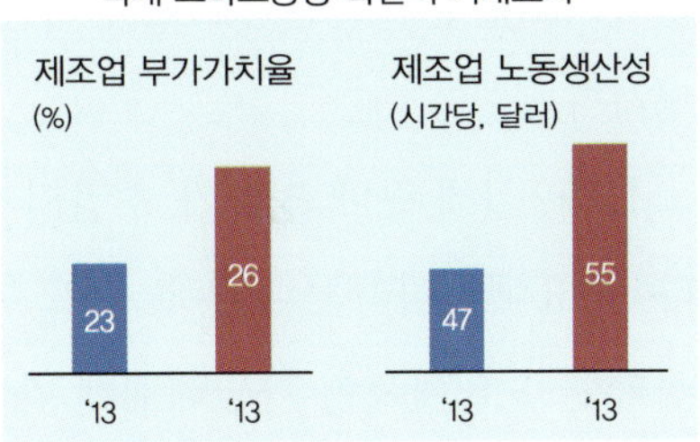

| 그림 70 | 중견/중소기업의 스마트공장 도입 효과

출처: 산업통상자원부 · 대한상공회의소 · 중소기업기술정보진흥원 (2015).

이하영 부장의 설명처럼 스마트공장은 대기업뿐만 아니라 관련 협력사를 포함하는 모든 제조 환경의 구성원 모두에게 이익을 준다. 지능화된 센서, RFID, 스마트 기기, M2M Machine to Machine 인터페이스 등을 이용하여 제조 환경의 모든 과정을 하나로 연결시키고, 이와 더불어 기업 관리 시스템, 빅데이터 분석 기술 등을 활용한다면 가치사슬 측면에서 제품의 개발부터 판매까지, 공급사슬 측면에서 원자재부터 완제품까지를 연결할 수 있다. 두개의 사슬이 하나로 연결된다면 최종 소비자에서부터 시작되는 정보의 흐름과 원자재부터 시작되는 자재의 흐름을 파악할 수 있다. 즉, 가치사슬과 공급사슬이 연결되면 정보와 자재 두 가지의 흐름을 명확하게 파악할 수 있게 되는데 이를 활용하여 다양한 가치를 창출할 수 있게 될 것이다.

가치사슬과 공급사슬이 연결되어 창출되는 가치는 다음과 같이 정리할 수 있다.

첫째, 제품 판매 정보가 실시간으로 수집되어 어떤 제품이 어떤 소비자들에게 인기가 높은지 파악할 수 있으며 구체적으로 어떤 제품이 언제 누구에게 팔렸는지에 대한 정보가 수집된다. 그렇게 되면, 빅데이터 분석기술을 활용하여 이 제품이 왜 인기가 있는지를 파악할 수 있으며, 이를 반영하여 새로운 제품 개발이나 기존 제품의 개선에 적용할 수 있다. 그 결과, 소비자가 실질적으로 원하는 제품을 개발할 수 있게 되는 것은 자명하다.

둘째, 실제 판매 정보가 수집되기 때문에 정확한 수요예측이 가능해진다. 수요예측이라는 것은 늘 어느 기업이나 해결하기 어려운 문제였으나, 정확한 수요예측이 가능해짐에 따라 생산 공장에서 언제 몇 개의 제품을 생산할지를 실시간으로 계획할 수 있다. 또한 어떤 원자재를 언제까지 얼마나 납품해야 하는지를 실시간으로 확인할 수 있어 효과적인 원자재 수급도 가능해진다.

셋째, 언제 어떻게 입고된 원자재가 투입되는지를 실시간으로 파악할 수 있어 공장의 가시성이 확보되며 제품 생산 이력정보를 관리할 수 있게 된다. 이로 인해 제품의 불량이 발생하였을 경우 그 원인 추적이 가능해지며 불량의 원인에 대한 규명이 제조공정에서만으로 한정되는 것이 아니라 원자재 자체뿐만 아니라 원자재의 배송 상태, 창고에서의 보관 상태까지로 확장되기 때문에 보다 정확하고 근본적인 불량 원인 파악이 가능하다.

넷째, 제품 제조가 완료된 이후에 판매처 혹은 소비자에게까지 제품이 어떻게 배송되고 있는지 추적이 가능하다. 이로 인하여 최종 수령자에게 현재의 제품 상태를 가시화하여 보여 줄 수 있으며 중간에 배송 문제가 발생하더라도 적시에 적절한 대처가 가능해진다.

공장과 제품의 연결

가치사슬과 공급사슬의 유기적 연결은 제조 환경의 혁신을 가능하게 한다. 실제로 미국의 컴퓨터 제조기업인 Dell사는 소비자부터 공급 기업에 이르기까지 하나의 연결된 공급사슬을 구축하였다. 소비자 니즈에 맞춤화된 제품을 주문받고, 주문 정보는 제조공정에 실시간으로 전달된다. 이렇게 전달된 주문 정보는 생산계획을 수립하고 원자재를 조달하거나 재고를 관리하는 데 활용된다. 이처럼 소비자 니즈를 실시간으로 공정에 반영하여 최적화함으로써 소비자 니즈에 민첩하게 대응하면서 비용 절감을 이룰 수 있었다.

가치사슬과 공급사슬이 연결되어 제조 환경의 혁신을 불러오는 가장 큰 원동력은 소비자 니즈나 제품의 상태 데이터를 실시간으로 '제조 현장'에 반영할 수 있다는 점이다. 그렇다면 소비자의 요구사항이나 제품의 상태 데이터를 실시간으로 제조 현장에 반영하기 위해서는 제품이 어떻게 변화해야 할까? 즉, 완제품을 제조 환경의 모든 구성요소와 연결하기 위해서는 제품이 어떤 능력을 갖고 있어야 할까?

냉장고를 예로 들어보자. 1990년대는 '아날로그' 시대이다. 그 시대 냉장고는 본연의 기능인 '냉장'과 '냉동'이라는 음식 보관 기능에 집중된 제품이었다. 당시 소비자들은 냉장고의 성능과 가격을 비교하여 소위 '가성비'에 초점을 맞추어 제품을 구매하였기 때문에, 제조기업들은 더 좋은 성능의 냉장고를 더 싼 값에 생산하는 데 집중하였다. 오늘날, 냉장고 본연의 음식 보관기능에 몇 가지 기능이 추가되어 다양한 역할을 수행할 수 있게 되었다. 그 대표적인 예가 냉장고와 정수기의 결합이다. 이처럼 냉장고와 주변 가전들이 하나로 연결되어 주방 가전 '제품'끼리의 연결이 이루어졌다.

이제는 '스마트 연결' 시대가 되었다. 단순히 주방 가전제품끼리의 연결뿐만 아니라 연결의 범위를 확장하여 냉장고 '제조기업'과의 연결이 이루어진다. 사용자의 사용 패턴이나 냉장고의 상태와 관련된 데이터는 냉장고가 스스로 생각하고 판단하기 위해 활용되거나 냉장고의 제조기업으로 보내져 냉장고의 기술 개발과 가치창출을 위해 활용되고 있다.

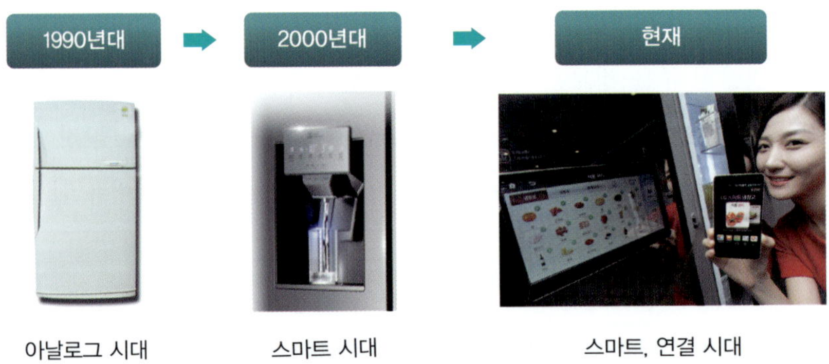

| 그림 71 | 시대별 냉장고의 변화

그렇다면 스마트 연결시대의 제품들은 어떻게 구성되어야 할까? 먼저 스마트 연결 제품이 되기 위해서는 '스마트'를 위한 요소와 '연결'을 위한 요소가 함께 존재해야 한다. 그렇다면 스마트에 관한 요소는 무엇이고 연결에 관한 요소는 무엇일까? 제품이 스마트해지기 위해서는 제품 스스로

최적화가 가능해야 하고 자율적 제어가 가능해야 한다. 이를 위해서는 제품 스스로 데이터를 수집할 수 있어야 하며, 제품 스스로 의사 결정을 내릴 수 있는 두뇌가 있어야 한다. 즉, 데이터와 두뇌가 동시에 존재해야 제품이 '스마트하다'라고 할 수 있다. 그렇다면 제품이 연결되기 위해서는 어떤 것이 가능해야 할까? 제품에서 발생하는 데이터를 다른 구성요소와 연결시켜 주고 실시간으로 주고받을 수 있으면 가능하다.

이와 같은 스마트 연결 제품은 제조 환경의 혁신을 가속화시킬 수 있다. 가치사슬과 공급사슬의 연결로 인해 얻을 수 있는 장점을 그대로 포함하면서 더 넓은 범위에서의 장점을 기대할 수 있다는 의미이다.

첫째, 제조 환경 측면에서는 제품의 초기 사용 여부를 파악하여 제품의 실제 판매 수량을 확인할 수 있다. 이는 Apple이 Apple 계정을 통해 제품을 등록할 때 한 개의 제품이 팔렸다고 판단하는 것과 유사하다. 실제로 제품이 언제 몇 개가 팔렸는지를 알 수 있다면 생산 최적화가 가능하다. 또한 적절한 재고 수량을 유지할 수 있다. 그리고 제품이 언제 고장이 났는지 혹은 현재 어디가 문제인지를 파악할 수 있어 제품의 품질 관리가 매우 용이해진다. 특히 스마트 연결 제품은 스스로 최적화와 제어가 가능하기 때문에 제조기업에서 제품에 대한 연결을 '원격'으로도 제어할 수도 있는 장점이 있다.

둘째, 제품수명주기 관리 측면에서 보면 제품으로부터 수집되는 데이터를 활용하여 소비자가 언제 제품을 켰는지 혹은 사용했는지, 사용했다면 얼마만큼 사용했는지와 같은 소비자의 사용 패턴 파악이 가능하다. 이런 결과는 신규 제품 개발에 도움을 줄 수 있으며 제품의 수명 예측이나 제품의 유지/보수에 활용될 수 있다. 어느 제품이 언제, 어떻게 판매되었느냐를 파악할 수 있었던 장점보다 한 걸음 더 진보된 형태의 제품수명주기 관리가 가능해지는 셈이다.

셋째, 비즈니스 측면에서 어떤 소비자가 어떤 제품을 주로 사용하는지,

어느 시간대에 얼마만큼 사용하는지를 파악하여 새로운 서비스를 창출하거나 현재의 비즈니스 모델을 수정하는 데 활용할 수 있다. 특히 제품과 연결된 서비스의 발굴은 제조기업으로서는 새로운 비즈니스의 영역을 창출할 수 있는 기회로 활용할 수 있다. 기존 제조기업의 비즈니스 확장에 획기적인 변화를 꾀할 수 있는 것이다.

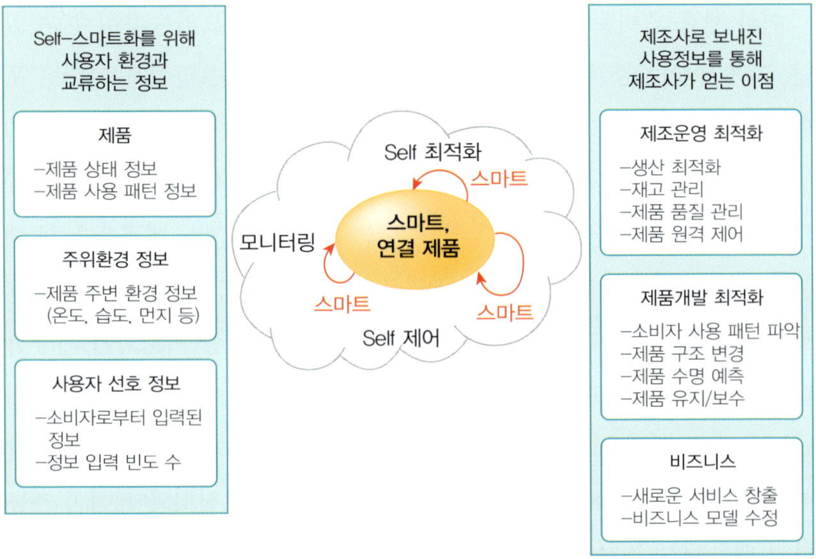

| 그림 72 | 스마트 연결 제품

모든 것이 연결된 제조 환경

'공정과 공정'과의 연결, 가치사슬과 공급사슬의 연결을 위한 '공장과 공장'과의 연결, '공장과 제품'과의 연결, 이 모든 것이 이루어진다면 초연결 사회처럼 모든 것이 연결된 제조 환경을 갖출 수 있게 될 것이다. 원자재에서부터 시작하여 중간 조립 부품을 거쳐 완제품까지 연결되며, 이로 인해 제품 제조를 위한 모든 과정에서 데이터가 수집되기 시작한다. 이렇게 수집된 데이터가 다양한 곳에 활용되어, 다양한 가치들이 실현될 수 있는 것이다. 소비자로부터 수집된 데이터를 활용하여 제품을 디자인하고 개발하는 데 반영될 수 있으며, 소비자가 언제 제품을 구입했는지를 파악할 수 있어 보다 정확한 수요예측 기반의 생산계획을 수립할 수 있다. 또한 기온, 압력, 습도 등의 공장 조건을 확인하여 품질 최적화를 위한 공정을 설정할 수도 있다.

사이버–물리 시스템의 개념을 도입하여 사이버 세계에서 실제 세계를 미리 경험하고 테스트하여 최적의 의사 결정을 내릴 수 있다. 이 모든 것이 가능해지려면 제품에서도 데이터가 수집되어야 하기 때문에 제품 스스로 스마트해져야 하며, 공정설비들도 데이터기반의 의사 결정을 내림과 동시에 상호 연결되어 있는 '소셜 기계'가 되어야 한다. 마지막으로 이

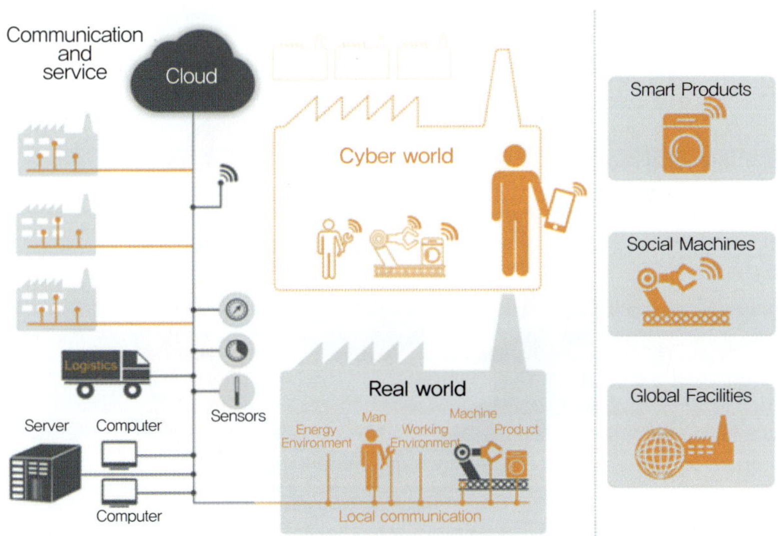

| 그림 73 | 모든 것이 연결된 궁극적인 제조 환경

출처: Digital Technology Poland (2015, December).

모든 것이 가능해지면 전세계에 위치한 모든 공장과 제조 환경이 하나로 연결될 수 있어 진정한 '글로벌' 공장을 구축할 수 있을 것이다.

모든 제조 환경이 연결된다는 것은 기업 경쟁력의 발판이 된다. 스마트공장과 사이버-물리 시스템의 개념을 도입함으로써 연결된 제조 환경이 마련되고 최적의 의사 결정이 가능해지기 때문이다. 또한, 제조공정과 제품을 포함하여 모든 것이 연결된 궁극의 제조 환경이 갖추어진다. 기술, 가치, 비용, 품질 등의 분야에서 경쟁 우위를 점할 수 있게 되며, 더 적은 비용으로 높은 가치의 제품이나 서비스를 소비자에게 제공할 수 있게 되는 것이다.

그러나 모든 제조 환경의 구성원이 참여하지 못하고 일부만 연결된다면 위에서 언급한 궁극적인 가치를 창출하는 것은 매우 어렵다. 몇 대기업들이 재고관리와 물류, 유통의 효율화를 목표로 RFID 사업을 활발하게

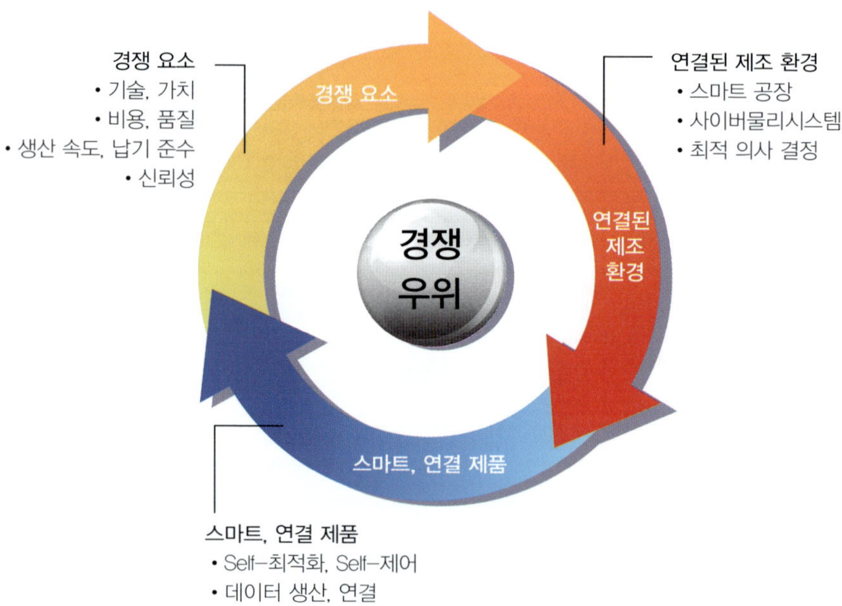

| 그림 74 | 제조 환경 연결로 인한 궁극적 가치

추진했지만 협력사를 포함한 전 공급사슬에 적용되지 못했던 이유로 당초에 기대했던 혁신의 효과를 이루지 못했던 경우가 대표적이다. 입출고, 검수 자동화를 위한 유통기업과의 협업체계는 구축했지만, 중소 협력 기업으로의 확산이 미흡해서 혁신의 속도가 지연되던 사례도 있다. 많은 협력사를 포함하고 있는 국내 자동차 제조기업 역시 RFID로 통합 공급사슬 관리 시스템을 도입했지만, 50% 정도의 협력사만이 참여하여 아직 충분한 성과를 거두지 못하고 있다. 따라서 모든 제조 환경이 연결되기 위해서는 모두에게 이익이 되는 win-win 시스템이 갖춰줘야 한다.

마무리

모든 것이 연결된 궁극적인 제조 환경은 "4차 산업혁명" 개념으로 우리에게 다가오고 있다. 이 흐름은 인터넷이 세상에 보급된 후 SNS나 메신저를 통해 사람과 사람이 연결되고 서로의 생각이 공유되는 것처럼 자연스럽게 우리에게 스며들 수 있다. 물론, 현재까지 개발된 기술력으로는 지금까지 언급한 제조 환경을 구축하기는 당장 쉽지 않다. 그러나 소비자 니즈가 다변화되고 소품종 대량생산 시대에서 다품종 소량생산 시대로 전환한 지금, 실질적으로 기업들에게 꼭 필요한 기술인 것만은 확실하다.

오늘날 제조 환경을 연결하기 위해서 수많은 기업과 정부가 노력하고 있다. 남들보다 빠르게 더 좋은 제조 환경을 구축하기 위해 노력 중에 있으며, 부족한 부분은 상호 협력하여 해결해야 할 것이다. 이렇듯, 접근 방법은 조금씩 차이가 있을 수 있지만 하나의 목표를 향하여 나아가고 있기 때문에 모든 제조 환경이 하나로 연결되는 시대가 멀지 않은 것 같다.

3/

같은 악보를 보고 연주해야 한다: 표준의 역할

3

같은 악보를 보고 연주해야 한다: 표준의 역할

표준의 개요

부산에 사는 대학생 지나는 여름 방학 때 친구들과 일본 여행을 계획하여 이번 학기가 빨리 끝나 방학이 오길 기다리고 있다. 학기 중에 과제와 시험에 시달리면서 열심히 견뎌온 것도 여행을 생각하면 힘이 났기 때문이었다. 마지막 시험을 앞두고 지나는 일본 여행에 필요한 것들이 무엇이 있는지 찾기 시작했다. 일본 여행에 관한 각종 블로그 후기와 여행 책자들을 참고하여 필요한 것들을 정리하면서 지나는 몇 가지 일본어는 알아야 겠다는 결론에 다다랐다. 간단하게 숫자를 세는 방법, 길을 묻는 방법이나 인사 등, 일본 사람들과 간단한 의사소통을 하기 위해 알아두어야 할 일본어들을 외우기 시작했다. 특히 쇼핑에 관심이 많은 지나는 '유행하는 옷과 잘 어울리냐?'는 질문 등 한국에서 자주 했던 말들을 외워 일본어를 잘하는 친구 창학이에게 번역과 발음이 제대로 되었는지 물어보았다. 평소 일본을 자주 왕래하는 창학이는 일본어뿐만 아니라 처음 갔을 때의 경험을 살려 몇 가지 조언을 해주었다. 일본과 한국은 콘센트의 모양과 전압이 다르기 때문에 변환어댑터를 챙겨 갈 것, 자동차를 렌트하게 되면 운전석 위치가 왼쪽이 아닌 오른쪽이어서 불편하다는 이야기, 그리고 도로를 건널 때 한국처럼 왼쪽을 보고 건넜다가 오른쪽에서 차가 와서 놀랐다는 이야기 등등이었다. 자신은 일본에 자주 가기 때문에 익숙하지만 처음에는 낯설고 적응이 안 되었다는 이야기도 덧붙였다.

	한국	일본
언어	ㅏㅗㅠㅑㅛㅡ ㅓㅜㅣㅕㄱㅂ ㅋㄴㅅㅌㄷㅇ ㅍㄹㅈㅎㅁㅊ	アイウエオ　あいうえお カキクケコ　かきくけこ サシスセソ　さしすせそ タチツテト　たちつてと ナニヌネノ　なにぬねの ハヒフヘホ　はひふへほ マミムメモ　まみむめも ヤ ユ ヨ　や ゆ よ ラリルレロ　らりるれろ ワ ン ヲ　わ ん を
콘센트	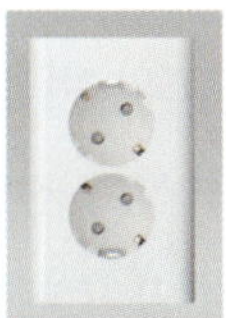	
자동차 운전석		
도로 방향		

| 그림 75 | 한국과 일본 비교: 언어, 콘센트, 자동차, 도로

부산에 사는 지나에게는 서울이나 일본이나 거리 면에서는 그다지 차이가 나지 않는다. 하지만 서울에 갈 때와 일본에 갈 때는 준비해야 할 물건이나 염두해야 할 사항 등에서 많은 차이가 있었다. 어째서일까?

위의 이야기에서 말했던 대로 우선 언어의 차이가 있다. 서울에서는 한국어를 사용하고 일본에서는 일본어를 사용하는 것이 가장 큰 차이를 야기한다. 또한 콘센트의 전압과 모양, 자동차 운전석의 위치, 도로 진행 방향 등의 차이가 있는데 만약 이런 모든 것들이 한국과 똑같았다면 지나는 일본어를 공부하는 수고를 하지 않아도 됐을 것이며, 변환어댑터를 준비하거나 정 반대의 운전석과 도로 진행 방향을 걱정하지 않아도 됐을 것이다.

반대로 서울과 부산 사이에 언어가 다르고, 서울에서는 동그란 모양의 콘센트를, 부산에서는 별 모양의 콘센트를 사용했다면 어땠을까? 서울에서 부산으로 오는 사람, 부산에서 서울로 가는 사람들 모두 추가적인 수고와 비용이 들었을 것이다. 이러한 수고와 비용이 발생하지 않는 이유는 우리나라에서는 한국어를 사용하고, 콘센트 전압과 모양은 220V의 동그란 모양을 사용하도록 표준으로 정해져 있기 때문이다.

우리 일상에는 알게 모르게 지켜지는 표준이 많이 존재한다. 대표적인 것이 '프로토콜'인데, 우리 생활에서 사용되는 프로토콜에 대해 알아보면서 스마트제조에서 표준이라는 개념에 좀 더 다가가 보자. 프로토콜이라는 단어의 유래는 외교에서 시작되었다. 외교에서는 조약의 원안, 의정서 그리고 국가 간의 원활한 교류를 위한 의례, 약속 등을 뜻하는 용어이지만, 현재의 프로토콜은 더 이상 외교 분야에서의 의미에만 국한되지 않고 통신이 원활하게 진행되기 위해 송·수신자들 사이에 지켜야 하는 약속을 의미한다. 더 정확하게 말하자면 네트워크에 연결된 컴퓨터 혹은 기기들끼리 데이터를 주고받을 수 있도록 한 통신규칙을 말하는 것이다.

예를 들어 데이터를 어떤 속도로, 어떤 크기로 보내고 받을지, 통신 도중 잡음이 발생하여 해석이 불가능할 때 정보 전송을 다시 요청하는 방법과 같이 프로토콜은 정상적인 상황에 대한 규칙과 예외상황에 대한 규칙을 모두 포함한다. 인터넷 브라우저에서 홈페이지를 열 때 주소창에 보이는 http는 우리가 가장 빈번하게 사용하고 있는 프로토콜의 한 예이다.

표준이라는 것이 왜 중요할까? 일본으로 여행을 가는 지나의 이야기를 통해 표준이 없거나 혹은 표준화가 안 되어 있는 경우들을 생각해 보면 표준의 중요성에 대해 느낄 수 있다. 표준의 사전적 정의는 '일반적인 것, 또는 평균적인 것', '사물의 정도나 성격 따위를 알기 위한 근거나 기준'을 뜻하는데 스마트제조라는 새로운 패러다임 내에서 표준도 이와 같은 의미로 쓰이다. 사전적 정의와 마찬가지로 두 가지 의미로 사용되는데 우선 첫 번째, '일반적인 것, 또는 평균적인 것'의 의미로 쓰이는 표준은 스마트 제조를 위한 각종 프로토콜들을, 그리고 두 번째 의미인 '사물의 정도나 성격 따위를 알기 위한 근거나 기준'은 스마트공장으로 나아가기 위한 표준 참조 모델로 사용된다.

제조시스템 표준

그러면 일반 제조시스템의 표준은 왜 필요할까? 만약 종이비행기 하나를 접기 위해서는 손만 사용하면 될 테지만 공장에서 복잡한 제품을 만들기 위해서는 장소, 기계, 사람, 에너지, 소프트웨어 등과 같은 다양한 자원이 필요하다. 기계 표면의 온도가 만들고자 하는 제품의 품질에 크게 영향을 미친다면 온도센서를 통해 온도를 측정하여 불량을 야기하는 온도인지 모니터링할 필요도 생긴다.

제조기업이 온도센서를 만들어 기계에 추가로 부착해야 한다고 가정해 보자. 센서를 부착하기 위해서는 기계에 온도센서 부착을 위한 공간이 마련되어 있어야 한다. 기계와 부착물 사이의 연계를 통해 원하는 로그 데이터를 측정할 수 있는 하드웨어 인터페이스 표준이 필요하다는 것이다.

측정한 온도를 컴퓨터로 전달하기 위해서는 컴퓨터에 연결하는 하드웨어 표준뿐만 아니라 온도의 형식이나(섭씨 또는 화씨), 숫자 길이, 측정 간격 등의 소프트웨어 표준도 필요하다. 기계 장치로부터 얻을 수 있는 데이터가 온도만 있는 것은 아니다. 공기 중 습도, 기계 떨림, 윤활유 점성 점도가 만들고자 하는 제품의 품질에 영향을 준다면 이 또한 측정되어 관리되어야 할 것이다. 무엇을 측정하든지 상관없이 어떻게 측정하여 어떻게 저장하고 어떻게 활용할 것인지에 대한 표준이 필요하다는 것이다. 그래야만 같은 공장 안의 다른 기계에도 센서, 하드웨어, 소프트웨어를 설치할 수 있을 것이다. 이런 소프트웨어의 역할은 기계에 부착되어 있는 모터의 속도를 측정하기도 하고 역으로 이를 제어하기도 하는 것이다. 이처럼, 공장 내 기계에 온도센서를 부착하고 관련 소프트웨어를 설치하여 원하는 제품을 만들기 위해서는 기계, 센서, 소프프웨어 사이에 원활한 연동을 위한 표준이 필요하다. 만일 공장 내에 여러 대의 기계들이 있다면 각 기계마다 센서와 소프트웨어가 필요하게 될 것이다.

이제 공장 내 모든 기계가 생산할 준비가 되었다고 가정하자. 가공 중에 원하는 데이터도 모니터링할 수 있고, 소프트웨어를 통해서 기계를 제어할 수도 있게 되었다. 조금 더 복잡한 상황을 상상해 보자. 많은 소비자들이 각자가 원하는 규격의 제품을 서로 다른 납기일까지 만들어 달라고 요구하기 시작한다. 소비자의 주문에 따라 어떤 제품은 여러 기계를 거쳐야 하고, 어떤 제품은 하나의 기계에서 완성되기도 한다. 각 제품에 필요한 원재료도 적절한 시기에 공장으로 도착해야 한다. 간혹 고장난 기계 때문에 제조가 중단되기도 한다. 이와 같은 다양한 소비자 니즈와 공장 상황을 고려해서 어느 소비자 주문부터 처리할지를 결정한 후 원재료 투입의 적절한 시기를 결정해야 한다. 정리하면, 공장 내에서 발생하는 모든 문제를 해결해야 한다는 의미이다.

이제 공장 내 기계들 사이의 다양한 교호작용이 해결되었다고 가정하자. 공장을 운영한다는 것은 공장 내부의 이슈만 다루는 것이 아니다. 소비자로부터 언제 얼마만큼 배송해 달라고 요청받는다. 소비자는 제품을 사용하는 최종 소비자일 수도 있지만 간혹 중간 도매상이나 소매상일 수도 있다. 소비자가 주문한 제품을 만들기 위해서는 필요한 원재료를 필요한 양만큼 필요한 시간에 배송받아야 한다. 때로는 원재료의 준비시간을 고려하여 미리 배송 받아 재고로 보유해야 할 필요도 있다. 이처럼 제조기업과 원재료 공급기업과의 효과적인 연계를 계획해야 한다. 이 계획이 실행되는 과정을 물류라고 한다. 계획도 중요하지만 실제로 해당 원재료의 원하는 양을 원하는 시간에, 원하는 장소에 배송해야 하기 때문이다.

이처럼 제조기업을 운영하기 위해서는 공장, 사람, 기계, 도구, 에너지 등과 같은 기본적인 인프라와, 이들의 상황변화를 다양한 측면에서 측정하는 센서들, 센서들로부터 값을 모니터링하여 상황을 인지하고 제어하는 소프트웨어, 다양한 소비자주문을 효율적으로 처리하여 공장 내부 인프라의 활용도를 높이는 소프트웨어, 기업 간 원재료나 완성품의 흐름을 통제하는 소프트웨어 등이 필요하게 된다.

이들을 계층적으로 체계화시켜 계층 내의 기능과 계층별 인터페이스를 정의한 표준이 ISA-95이다. ISA-95는 이들의 각 계층을 아래로부터 Level 0, Level 1, Level 2, Level 3, Level 4로 정의하였다. 각 Level에 해당하는 기능은 |그림 76|과 같다. Level 4에 해당하는 기업자원 관리는 제조관리, 인적자원 관리, 기업 서비스 관리, 공급사슬 관리, 소비자 · 제품 관리, 재무관리와 같이 기업 전반에 관련된 기능을 수행하며, Level 3에 해당하는 제조실행시스템은 자원 관리, 작업 일정 관리, 데이터 집계, 유지

보수 관리, 생산 이력 관리 등을 수행한다. Level 2는 일반적으로 데이터 취득 및 기계단위제어를 수행한다. 한두 개의 기계 장치만을 보유한 중소기업은 Level 3에 적합한 모니터링 소프트웨어만 필요할 것이다. 그러나 Level 3과 Level 4에 해당하는 소프트웨어가 필요하지 않은 것은 아니다. 단지 해당하는 활동이 그렇게 중요하지 않기 때문에 보통 수작업으로 처리해도 무방하기 때문이다. 공장 내의 원재료 흐름이 복잡하고 그런 공장을 다수 보유한 기업은 Level 3과 Level 4의 역할이 필요하다.

이와 같은 각 Level의 기능을 바탕으로 ISA-95는 Level 3과 Level 4 사이의 정보 교환에 관한 표준(Part 1, Part 2, Part 5), Level 3 내의 기능에 관한 표준(Part 3), Level 3 내의 정보 교환에 관한 표준(Part 4, Part 6)을 포함하고 있다. Part 1은 기업자원 관리 및 MES 등 시스템 통합 운영을 위한 용어의 정의와 기본 모형, Part 2는 기업자원 관리와 MES 간 표준화된 정보흐름을 표현하기 위한 객체모형과 그 속성에 관한 모델, Part 3은 Level

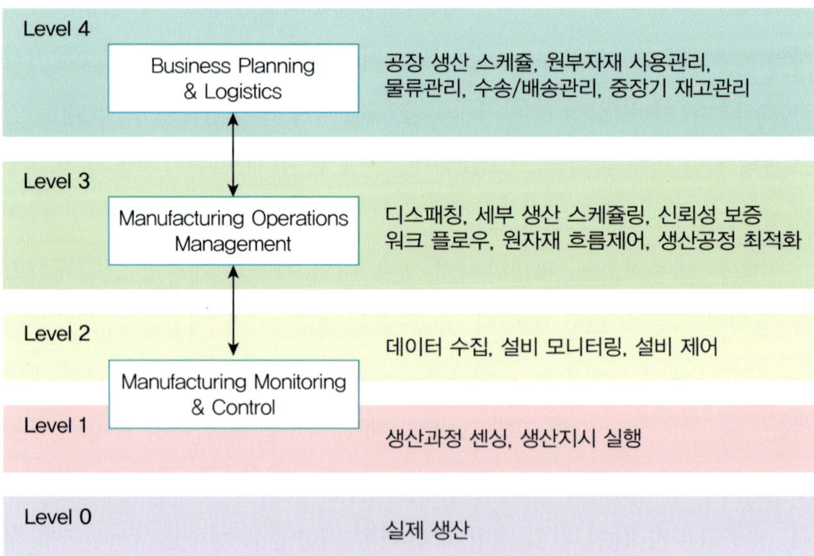

| 그림 76 | ISA-95의 4가지 Level

3의 기능을 정의한다. Part 4는 Level 3의 객체모형과 그 속성들을 제시하며, Part 5는 기업용 솔류션과 생산시스템 사이의 정보 흐름을 정의한다.

스마트제조 표준

그렇다면 스마트제조의 표준에는 무엇이 있을까? 스마트제조의 핵심은 '독립적으로 존재했던 센서, 설비 등 여러 기기, 장비를 네트워크를 통해 연결하고 데이터와 정보가 실시간으로 공유되어 최적화된 제조를 실행하는 것'이다. 이러한 특성상 통신에서 차지하는 프로토콜의 역할과 표준에 대한 고려가 필요하다. 데이터의 원활한 전송을 위한 데이터 형식, 데이터 크기, 그리고 데이터 전송 속도, 보안 형식 등을 생각할 수 있을 것이다.

그러나 안타깝게도 스마트제조에서의 표준은 아직 명확하게 정의되어 있지 않다. 이는 스마트제조, 스마트공장, 인더스트리 4.0과 같은 개념이 등장한 지 얼마 되지 않았을 뿐더러 표준에 대한 충분한 논의가 아직 진행되지 않았기 때문이다. 표준을 만든다는 것이 단순히 규칙을 정하면 될 것 같지만 그렇게 쉬운 일이 아니다. 우선 많은 이들이 표준에 대해 동의하여야 하는데 몇몇 기업들이 자신들끼리 표준을 정할 수는 없기 때문이다. 따라서 정부는 조정능력을 발휘하고, 산업계와 협력하여 공통의 표준을 제정하려는 노력이 필요하다.

독일은 이미 스마트제조에서 필요로 하는 다양한 표준화 작업을 진행 중인데 독일 정부가 주도하고 산학연이 적극적으로 참여하는 방식으로 정부가 표준화에 앞장서고 있다. IoT 통신 표준, 스마트 메모리, 생산 기기 연결 표준화를 통해 'Plug and Play'라는 유명한 컴퓨팅 개념을 벤치마킹한 'Plug and Produce'를 추구하고 있다. 'Plug and produce'는 컴퓨터

| 표 6 | 스마트공장 표준 라이브러리(예시)

영역	관련표준	표준설명
산업구조	IEC 62264	기업에서의 시스템 통합 구조
제조공정 관리	IEC 62264-6	제조공정 관리를 위한 업무스케줄 교환
공정 장비 자동화 및 제어	ISO 18435, ISO 13374 ISO 15746, IEC 61131-3 IEC 31131-3 IEC 61360, ISO 22745, ISO 15926 EtherNET/IP, IEC 61987, IEC 62683	공장 모니터링/진단 공장최적화 공정 및 제어 시뮬레이션 공정자동화를 위한 CAD 데이터 교환 기기 관리
원재료 및 에너지 수급	ISO 22745, IEC 61360 IEC 61850M ISO 20140	공급 기업 카탈로그 공정 최적화 (공정 및 제어 시뮬레이션)
통신	IEC 61158 IEC 61784 IEC 62591	측정 및 제어를 위한 디지털데이터 산업용 통신네트워크-프로파일 산업용 통신네트워크-무선통신 프로파일
기능안정성	IEC 61508 IEC 61511	전기전자안정과 관련된 시스템 공정산업용 안정성 기능이 구현된 시스템
정보보안	IEC 62443	자동화 정보보안

를 사용할 때 USB 메모리를 꽂거나 이어폰 등을 꽂아서 바로 사용하듯이 사용자가 기기를 추가하기만 하면 바로 사용할 수 있다는 개념이다. 표준이 명확하게 수립되어야 함과 동시에 스마트제조에 관여하는 모두가 이 표준을 준수할 때 가능한 개념이다.

표준은 국가 내에 한정되는 것이 아니기에 독일이나 여타 선진국들에게 표준을 선점당할 경우, 후발 기업들은 독일이나 선진국들이 정한 기술을 따라야 한다. 실제로 PLC 프로그램 언어의 국제 표준인 IEC 61131-3은 독일 솔루션이 주류를 이룬다. 따라서, 중장기적 관점에서 글로벌 산업 기술의 동향을 파악하고 표준화와 관련된 협의에 적극적으로 의견을 개진할 필요가 있다.

표준참조모델

표준의 또 다른 사전적 의미는 '사물의 정도나 성격 따위를 알기 위한 근거나 기준'이다. 이를 표준참조모델Reference Model이라고도 한다. 스마트공장은 센서, 빅데이터, 사이버-물리 시스템 등의 최신기술로 무장한 최첨단 공장으로 정의된다. 이와 같은 첨단기술이 적용될 수 있는 중소기업이 몇 개나 될까? 꿈에나 그릴만 한 스마트공장 기술을 당장에 도입할 준비가 되어 있지 않다는 뜻이다. 이때 필요한 것이 표준참조모델이다.

표준참조모델이란 스마트공장을 평가하고 발전시켜 나가기 위해 사용되는 평가표이자 가이드라인으로써, 스마트공장의 기능별 수준을 판단하고 다음 단계의 스마트공장으로 나아가기 위한 구체적인 방법을 제시하는 역할을 한다. 설명을 돕기 위해 태권도의 '단'을 생각해 보자. 태권도에서 1단을 따기 위해서는 품새 중 태극 8장을 필수로 익혀야 하며 태극 1~7장 중 하나를 임의로 지정받아 시험을 보게 된다. 2단을 따기 위해서는 품새 중 고려는 필수, 태극 1~8장 중 1개를 지정받아 시험을 보게 된다. 3단을 따기 위해서는 품새 중 금강은 필수, 태극 1~8장, 고려 중 하나를 임의로 지정받아 시험을 보게 된다. 즉, 1단을 딴 사람이 2단을 따기 위해서는 추가적으로 고려를 익혀야 하며 2단을 딴 사람이 3단을 따기 위해서는 금강을 추가적으로 익혀야 한다. 즉, 단을 통해 현재 품새를 얼마나 익혔고, 다음 단을 따기 위해서 어떠한 품새를 익혀야 하는지에 대한 것을 명확하게 정의해 두었다. 스마트제조에도 동일한 원리가 적용될 수 있다. 우선 |그림 77|을 보자.

구분	현장자동화	공장운영	기업자원관리	제품개발	공급사슬관리
고도화	IoT/IoS(Internrt of Services)기반의 CPS화				인터넷 공간 상의 비즈니스 CPS 네트워크 협업
	IoT/IoS화	IoT/IoS(모듈)화 빅데이터 기반의 진단 및 운영		빅데이터/설계-개발 가상시뮬레이션/3D프린팅	
중간수준 2	설비제어 자동화	실시간 공장제어	공장운영 통합	기준정보/기술 정보 생성 및 연결 자동화	다품종 개발 협업
중간수준 1	설비데이터 자동집계	실시간 의사결정	기능간 통합	기준정보/기술 정보 개발 운영	다품종 생산협업
기초수준	실적집계 자동화	공정물류 관리(POP)	관리 기능 중심 기능 개별 운용	CAD 사용 프로젝트 관리	IoT/IoS화
ICT 미적용	수작업	수작업	수작업	수작업	전화와 이메일 협업

| 그림 77 | 스마트공장 표준 참조 모델 수준 총괄표

|그림 77|에 따르면 스마트공장의 현재 수준에 대한 평가가 가능할뿐더러 더 높은 수준으로 가기 위해서는 어떠한 노력이, 어떠한 발전이 이뤄져야 하는지 알 수 있게 된다. 기초수준은 기초적인 ICTInformation and Communications Technologies를 활용하여 생산 일부 분야의 정보를 수집·활용하고, 모기업 인프라 활용 등을 통하여 최소비용으로 자사의 정보시스템을 구축한 수준, 중간수준 1은 설비 정보를 최대한 자동으로 획득하고 기업 운영의 자동화를 지향하는 수준, 중간수준 2는 모기업과 공급사슬 관련 정보와 엔지니어링 정보를 공유하며, 수급 계획 최적화와 제어자동화를 기반으로 실시간 회사운영이 가능한 수준, 그리고 마지막으로 고도화 수준은 IoT, 사이버-물리 시스템 등의 기술이 구현된 이상적인, 궁극적인 수준의 스마트공장을 의미한다.

예를 들어서, 현장 자동화의 경우 설비제어 자동화, 공장운영의 경우 실시간 의사 결정, 기업자원 관리의 경우 관리 기능 중심 개별 운용, 제품개발의 경우는 기준 정보, 기술 정보 생성과 연결 자동화, 그리고 공급사슬 관리는 인터넷 공간상의 사이버-물리 시스템 네트워크 협업 수준이

라고 한다면, 각기 현장자동화는 중간수준 2, 공장운영은 중간수준 1, 기업자원 관리는 기초수준, 제품 개발은 중간수준 2, 공급사슬은 고도화 수준이라는 것을 알 수 있다.

또한 이러한 수준을 바탕으로 수준이 가장 떨어지는 부분인 기업자원 관리 부분을 중점적으로 개선할 수 있는 것이다. 또한 표준을 준수하고 신뢰성 있는 인증을 받을 수 있는 기업의 업무 체계를 확립해서 품질 경쟁력 확보, 경영자원 효율적 이용, 기업의 신뢰성 향상, 대외 이미지 향상, 입찰 계약 시 경쟁력 확보와 같은 효과도 기대할 수 있게 된다.

물론 산업별로 제조공정이 각기 다르고, 이 특성을 반영하기 위한 참조 모델이 여럿 존재해야 될 수도 있다. 전자부품 조립 산업과 프레스 산업을 비교해 보자. 전자부품 조립산업은 원재료나 부품을 공급받아 이들을 조립하고, 조립된 후 조립품을 검사하는 공정으로 구성된다. 이러한 공정의 대부분은 노동집약적 특성을 지닌다. 또한 제품 불량 시 원재료 불량과 작업불량을 구분하는 것이 중요한데, 이 구분에 따라 원재료 공급기업이나 작업현장의 개선이 결정되며, 원재료에 대한 추적성도 중요한 요소로 고려된다.

반면, 프레스 산업은 각종 성형물을 만드는 설비 중심의 산업이다. 전자부품 조립산업과는 달리, 소비자에게 직접 판매되기보다는 반제품으로 협력기업에 납품되어 완제품 조립에 투입되는 경우가 많다. 프레스 공정에서 가공 중 발생하는 스크랩Scrap이나 불량품은 재활용이 가능하기 때문에 매각하여 현금화할 수 있는 특성도 지닌다.

표준화, 미리 준비하는 자가 승리한다

표준이 왜 중요할까? 기업들은 시장에서 경쟁우위를 유지하기 위해 표준을 어떻게 활용할 수 있을까? 구글의 사례를 통해 알아보자. 이미 잘 알려져 있듯이 구글은 막강한 검색엔진을 통해 수많은 사람들이 무엇을 검색했는지, 검색된 결과에 어떻게 반응했는지에 대한 방대한 양의 데이터를 축적하고 있다. 이러한 데이터를 기반으로 사용자 맞춤형 광고 서비스를 제공하며, 이를 통해 막대한 광고 수입을 얻고 있다. 검색창에서 "동남아 여행"이라는 검색어를 입력하면, 이와 관련된 각종 여행사, 항공권 판매와 같은 광고가 뜨는 것은 이러한 연관 검색어에 대한 처리가 이루어지기 때문이다.

마치 내가 알고 싶어 하는 것을 미리 알고 있기라도 한 것처럼, 내가 찾고자 하는 내용과 관련된 내용의 웹페이지를 찾아주고, 유튜브를 통해서는 관련된 영상도 보여 주고, 심지어 검색어에 실수로 오타를 치더라도 이를 자동적으로 고쳐주거나, 찾고자 하는 검색어를 제시해 주기도 한다. 이것은 머신러닝을 이용한 결과이다. 이러한 기술의 활용을 위해 그 동안 구글은 뛰어난 전문 기술자들로 구성된 "구글 브레인Google Brain"이라는 팀에 오랫동안 투자해 왔고 해당 기술은 철저하게 기업비밀로 유지되어 왔다.

그런데 최근 들어 아주 놀라운 사건이 벌어졌다. 기술적으로 독보적이고, 자기 기업의 무궁한 가치를 제공하고 있는 비밀기술이라고 할 수 있는 텐서플로우Tensor Flow라는 기술을 전격적으로 일반에 공개했다. 왜 자사의 비밀이고 재산인 핵심기술을 공개하였을까?

표면적으로는 기술의 기부와 공유라는 가치를 내세웠지만, 이면에는 머신러닝이라는 기술의 표준을 선점하려는 의도로 파악하는 관점도 있다. 여러 기업에서 머신러닝과 관련된 다양한 기술을 개발하고 활용하려는 움직임을 파악하고 자신들이 이미 보유하고 있는 기반기술을 공개함으로써 여러 기업이 개별적으로 개발하려는 기술의 중심점 역할을 차지하려는 시도라는 해석이다. 구글이 머신러닝을 개발하려는 기업들에게

"그럴 필요가 있느냐? 우리가 그냥 줄게."라는 의미 있는 메시지를 던진 것이다.

진부한 예이지만, 아프리카 지역에 신발을 신지 않고 맨발로 사는 부족이 있다고 생각해 보자. 그들 중 일부 몇몇 사람들이 신발의 필요성을 느끼고 신발을 만들기 위한 기술을 개발하고 있다. 아마도 신발이 만들어지게 되면 이는 매력적인 시장을 선점할 수 있는 절호의 기회가 될 것이다. 그런데 만약 그들에게 멋진 "나이키 에어"라는 충격흡수 밑창 기술을 무료로 체험하는 기회를 주고, 더 나아가 이 기술을 사용할 수 있는 허가를 준다면, 아마도 그 부족에서 신발을 개발하고 있는 사람들은 "나이키 에어"라는 기술을 기본으로 받아들일 것이고, 이 부족에서 만들어지는 신발은 모두 그 밑창을 사용할 것이다. 이후 "나이키 에어" 기술을 무료로 제공했던 기업은 개발자들에게 막강한 영향을 미칠 수 있을 것이다.

표준은 우리의 일상 곳곳에 존재하며, 예전부터 있어왔던, 앞으로도 같이 존재할 것이다. 스마트제조를 위한 표준이라는 다소 생소한, 하지만 꼭 필요한 주제에 대해 알아보았다. 앞으로 몇 년간은 표준을 위한 논의가 계속될 것이고, 언젠가는 스마트제조의 표준이 확립되어, 한국 사람이 한국어를 쓰는 것을 당연하게 생각하고 자동차의 운전석이 왼쪽에 있는 것을 당연하게 생각하는 것처럼, 스마트제조의 표준도 처음부터 있었던 것처럼 당연하게 받아들여질 날이 올 것이라 예상된다.

또 언젠간 우리가 흔히 보는 KS 마크처럼 공장마다 SM-1 Smart Manufacturing Level 1, SM-2와 같은 인증 마크가 붙어있을지도 모른다.

4

제조 데이터 분석으로 가치창출

4

제조 데이터 분석으로 가치창출

스마트 장비

19세기의 제조업은 증기를 주요 동력원으로 사용하였다. 20세기는 전기로 바뀌었지만 21세기는 데이터가 제조업의 가치창출을 위한 근간이 되었다. 기계, 설비, 로봇, 컨베이어, 물류 박스 등에 부착된 센서는 엄청난 양의 데이터를 생성한다. 전기, 가스, 공조, 상하수 설비 등 유틸리티에서도 데이터 수집이 가능하다. 뿐만 아니라 공정을 따라 흐르는 부품/반제품의 상태가 어떻게 변하는지를 나타내는 특성 데이터도 측정이 가능해졌다. 또한 협력업체에서 만든 부품을 생산되는 당시의 공정 조건과 함께 전달받는다면 다음 공정에서 품질 확보에 도움이 될 것이다.

데이터 확보가 가능해진 주된 요인은 |그림 78|에 보이는 바와 같이 공장 현장의 스마트 장비때문이다. 여기서 장비는 기계, 설비, 로봇, 컨베이어, 물류 박스, 전기, 가스, 공조, 상하수 설비 등을 포함한다. 생산을 위한

기본적인 기능을 보유한 장비를 물리적 장비라고 칭한다. 과거에는 작업자가 원하는 작업을 수행하기 위해 물리적 장비를 수동으로 작동시켰다. 작업자가 모든 동작을 직접 제어해야 했다.

작업자의 직접 제어를 줄이기 위해 장비의 작동상태를 감지하거나 제어할 수 하는 장치가 필요하게 되었다. 이 장치를 디바이스라고 말한다. 감지하는 디바이스를 센서, 제어하는 디바이스를 액추에이터라고 칭한다. 센서의 종류는 접촉 센서, 온도 센서, 진동 센서, 전류 센서 등 다양하다. 카메라와 스캐너도 센서 종류로 간주할 수 있다. 액추에이터는 에너지를 운동으로 바꾸는 디바이스를 의미한다.

센서 디바이스를 통해 수집된 데이터는 목적에 따라 통신 모듈을 통해 PLC나 데이터 서버로 보내진다. 보통 PLC와 연결은 유선이지만, 데이터 확보가 목적일 경우에는 무선을 활용하는 편이다.

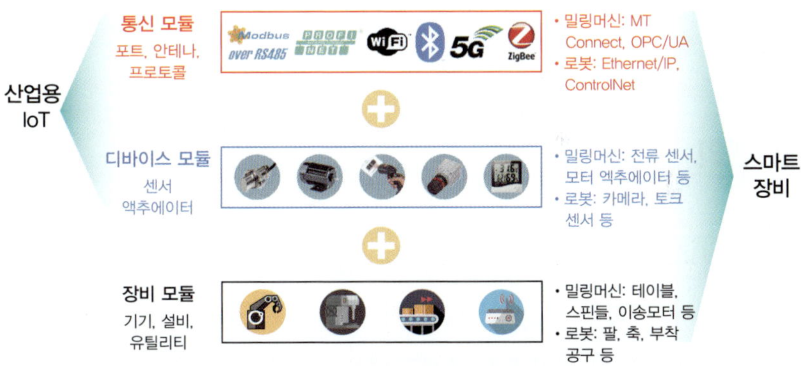

| 그림 78 | 스마트장비의 개념도

통신 기능을 가진 디바이스는 산업용 IoT가 된다. 이와 같은 산업용 IoT가 부착된 물리적 장비를 스마트 장비라고 일컫는다. 다시 말해서, 스마트 장비는 일반 장비가 데이터 수집이 가능하게 된 디지털 장비를 의미한다. |그림 79|에 보이는 바와 같이 스마트 장비의 주요 특징은 물리적 장

비로부터 센서에 의해 많은 데이터가 수집된다는 것이다. 일부는 PLC로 전달되어 장비를 제어하기 위해 사용된다. PLC로 전달되는 정형 데이터와 이미지, 영상 등의 비정형 데이터는 통신 모듈을 따라 데이터 서버DAS: Data Acquisition System에 쌓일 것이다. 많은 종류의 대규모 데이터가 빠르게 생성 된다면 빅데이터라고 칭한다.

| 그림 79 | 스마트 장비의 역할

운영관리

스마트 장비와 PLC는 어떤 제품을 어떤 방식으로 생산할 지를 결정한다. 다시 말해서, 원하는 제품을 생산하기 위해 필요한 장비를 배열하고, 이들 장비를 제어하기 위한 PLC 프로그램을 만든다. 생산하고자 하는 제품과 생산을 위한 공정이 완성된 것이다. 이제 남은 것은 여러 고객으로부터 받은 주문을 어떤 순서로 생산할지를 결정해야 한다. 생산 순서에 따라 필요한 자재의 수량과 납기일을 협력업체에 전달한다. 자재가 제시간에 도착한다는 기대를 갖고 생산을 지시한다. 정해진 생산을 마무리 한 후, 생산 실적과 불량 데이터를 기록한다. 이와 같은 활동을 운영관리라

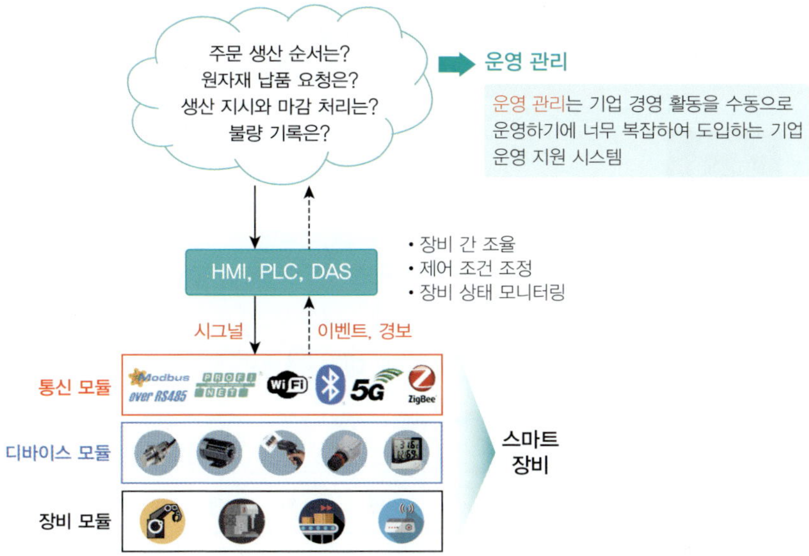

| 그림 80 | 스마트 장비와 운영관리의 관계

고 한다. 이와 같은 운영관리는 소규모 공장에서는 사람에 의해 수행된다. 공장의 규모가 커지면서 운영관리 시스템을 도입하게 된다.

|그림 81|은 기능 중심의 시각으로 바라본 운영관리의 계층적 구조이다. 공장의 규모가 커질수록 고객 주문 처리를 효율적으로 하기 위해 몇 개의 운영관리 시스템이 필요하다. Level 4에 위치한 ERP는 주문 접수, 원가 관리, 수익관리 등을 수행한다. SCM은 원자재 수량과 도착 일정을 조정한다. APS[Advanced Planning and Scheduling]은 고객 주문의 리드타임을 준수하는 생산계획을 만들고, 생산계획에 맞추어 원자재 조달 계획을 만들어 협력업체와 공유한다. Level 3에 위치한 MES는 전달 받은 생산계획을 작게 쪼개어 Level 2에게 생산지시를 내린다. QMS는 Level 2에서 올려주는 생산 실적 데이터 중에 불량 관련 데이터를 관리한다.

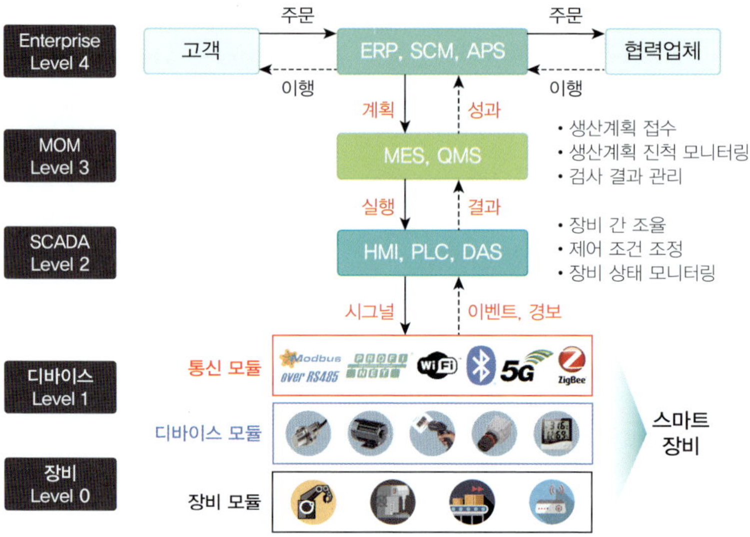

| 그림 81 | 운영관리의 계층적 구조

데이터가 모이는 위치

운영관리의 계층적 구조를 기능 중심의 시각보다 데이터 중심의 시각에서 바라 보자. |그림 82|에 보는 바와 같이, 각 컴포넌트 사이의 인터페이스에서는 데이터가 흐른다. 각 컴포넌트의 기능과 성능에만 집중하면 컴포넌트로 들어 오고 컴포넌트에서 나가는 데이터의 중요성을 잊기 쉽다. 그러나 주문과 주문 처리 데이터로부터 주문 특성을 파악하여 과거 주문 처리 내역 분석, 수익을 내지 못한 주문의 원인 분석, 주문 예측 및 주문 별 수익성 예측, 수익이 낮게 예측된 주문에 대한 대책 등을 수행할 수 있다. 마찬가지로 협력업체에게 보낸 자재 주문과 납품결과 데이터로부터 협력업체 별 생산 능력, 납기 실적, 불량 자재 납품의 예측을 통해 밸류체인의 고도화가 가능해진다. 공장 내에서는 Level 4, Level 3, Level 2 사이 흘러 다니는 데이터를 확보하여 고객으로 받은 주문을 품질, 납기, 수량

측면에서 제대로 처리하는 지를 분석하여 원인을 파악하고, 미래를 예측하고, 필요 시 조치를 취하는 가치를 만들 수 있다. 이와 같이 각 컴포넌트의 기능 향상은 컴포넌트 자체의 성능을 개선하는 목적이지만, 컴포넌트 사이에서 확보하는 데이터의 분석은 기업 경영에 필요한 가치, 즉 생산성 향상, 품질 개선, 납기 준수 등을 달성하는 데 도움이 된다.

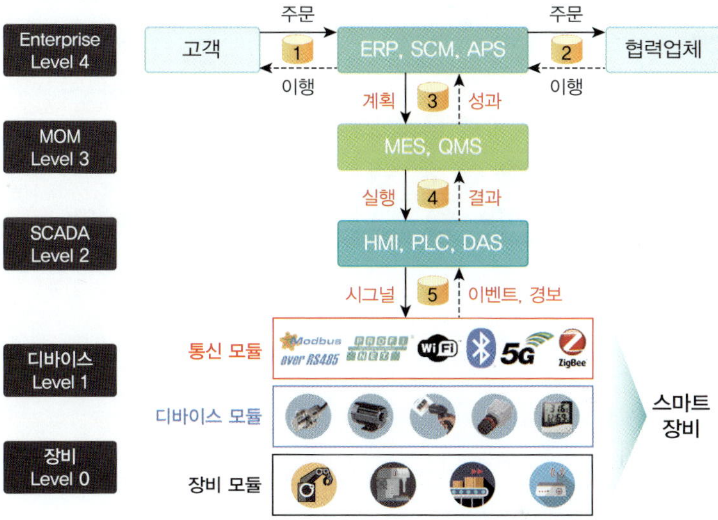

| 그림 82 | 운영관리 컴포넌트 사이에 모이는 데이터

|그림 83|과 같이 컴포넌트 사이의 데이터를 구체적으로 정의해 보자. 고객과 ERP/SCM/APS 컴포넌트 사이에 흐르는 데이터는 고객 주문 정보(주문량, 주문 내 제품 종류, 주문 날짜, 납기일 등), 고객 생산계획, 출고 처리 결과(출고 날짜, 출고 검사 결과, 출고 Lot 사진 등) 등을 포함한다. 이 데이터로부터 고객의 주문과 불량 반품에 패턴이 있는지의 분석이 가능하다. 만일 고객으로부터 접수한 주문에 특정 패턴을 알 수 있다면 적절한 자재 재고를 유지하여 자재 품절 상태를 막을 수 있을 것이다. 고객으로부터 받는 불량 반품의 패턴은 공장 내 불량 발생의 원인이나 출고 검사의 문

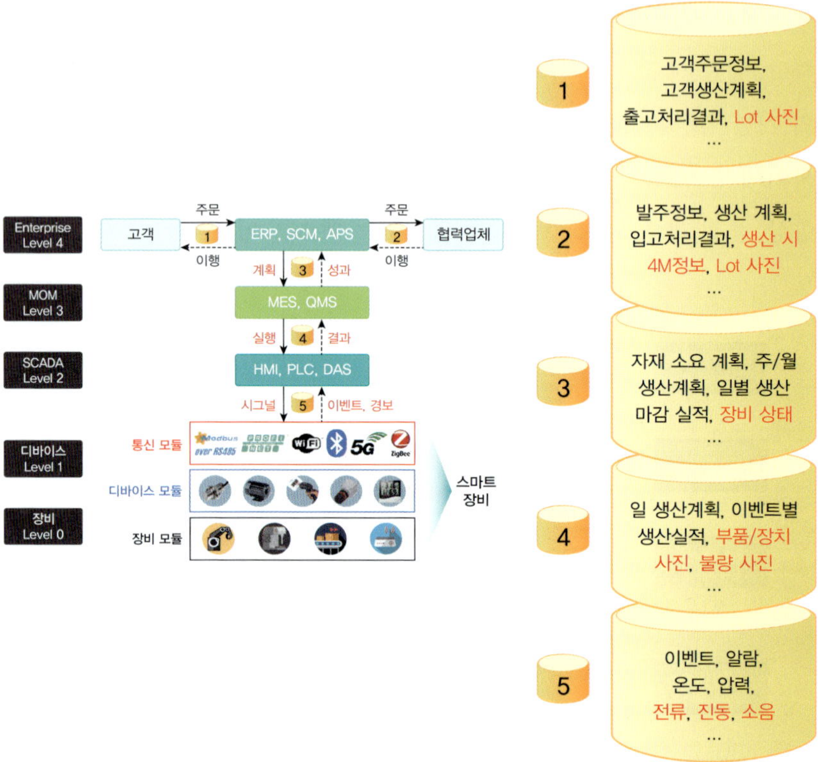

| 그림 83 | 컴포넌트 사이에 흐르는 데이터의 사례

제점을 파악할 수 있게 된다.

협력업체와 ERP/SCM/APS 컴포넌트 사이에 흐르는 데이터는 발주 정보(발주량, 발주 내 제품 종류, 발주 날짜, 납기일 등), 생산 계획, 입고 처리 결과(입고 날짜, 입고 검사 결과 등), 출고 처리 결과(검사 결과, 생산 당시의 4M 정보, 출고 Lot 사진 등)을 포함한다. 협력업체로부터 받은 데이터와 공장에서 생산하면서 확보한 데이터의 융합을 통해 자재의 불량 특성을 찾을 수도 있다. 예를 들어서, 협력업체로부터 입고된 Lot가 조립 불량이 확인되면 협력업체에서 생산 시 사용한 기계의 이상을 신속하게 감지하여 협력업체에게 통보할 수 있다. 부품의 종류에 따라 협력업체로부터 부품 이미지 데이터를 요구할 수도 있다. 만약 고유식별번호를 가진 부품의 이미지가 있다면 조립 공차를 최소화하기 위한 선별작업을 수행할 수 있게 된다. Deep Learning 기술을 이용하면 될 것이다.

ERP/SCM/APS 컴포넌트에서 MES/QMS 컴포넌트로 흐르는 데이터는 주/월 생산 계획, 자재 소요 계획 등을 포함하며, 역으로 흐르는 데이터는 생산 장비나 라인의 상태, 일별 마감 실적, 불량 정보 등을 포함한다. 이 데이터로부터 무슨 가치를 만들어 낼 수 있을까? 생산 계획이 도중에 변경되지 않았다면, 생산계획과 실적의 비교 분석을 통해 생산계획대로 생산이 되었는지를 분석할 수 있다. 생산계획 대비 벗어나게 생산되었다면 원인분석 후, 패턴을 찾아서 생산계획대로 생산될 지에 대한 미래를 예측하는데 사용할 수 있다.

MES/QMS 컴포넌트에서 HMI/PLC/DAS 컴포넌트로 흐르는 데이터는 일 생산 계획, 자재 재고 수량 등을 포함하며, 역으로 흐르는 데이터는 미리 정해진 시점마다 업로드 되는 생산실적, 반제품 이미지, 불량품 이미지, 장비 부품 이미지 등을 포함한다. 참고로 이미지 데이터는 장비에 부착된 카메라나 스캐너에 의해 수집되어 DAS에 저장된다고 가정하자. 여기에 쌓인 데이터로부터 불량 발생 패턴이나 트렌드를 분석하고, 발생 원인을 파악한다면 미래의 품질 상태를 예측할 수 있게 된다. 또한 이미지 데이터를 이용하여 불량의 형태나 모양 관련 트렌드나 패턴을 찾기 위해 Deep Learning을 활용할 수 있다.

HMI/PLC/DAS 컴포넌트에서 스마트 장비로 흐르는 데이터는 액츄에이터으로 보내는 시그널이며, 역으로 흐르는 데이터는 기계나 장비에 부착된 센서로부터 수집된 이벤트나 알람, 온도, 압력, 전류, 진동, 소음 등을 포함한다. 이 데이터를 이용하여 기계나 장비의 상태가 정상인지 이상인지를 판단할 수 있다. 이상 행동을 보이는 기계나 장비는 반제품의 품질에 영향을 주기 때문에 감시해야 하는 대상이 된다.

각 컴포넌트 사이에 흐르는 데이터는 정형 데이터와 비정형 데이터로 나뉘어진다. ERP나 MES가 관리하는 데이터는 주로 정형 데이터이다. 오늘날 스마트폰이나 스캐너의 발달로 인해 비정형 데이터 확보가 쉬워졌기 때문에 이미지, 오디오, 비디오 등으로부터 패턴이나 트렌드를 찾아내는 기술이 급속하게 발전하고 있다. 기능 중심 시각에서 데이터 중심 시각으로 바뀌면서 데이터 분석이나 인공지능으로 얻을 수 있는 기업의 가치는 무궁무진하게 되었다.

데이터 분석 목적

기업에서 가장 중요한 성능 지표는 품질Quality, 비용Cost, 그리고 납기Delivery이다. 품질 측면에서는 생산 중에 발생하는 생산 불량, 출고된 양품이 고객에 의해 반품되는 시장 불량이 발생한다. 비용 측면에서는 작업자의 생산 능률이나 기계의 OEEOverall Equipment Effectiveness가 떨어지기도 한다. 또한 투입된 원자재의 회수율이 떨어져서 비용이 증가하기도 한다. 납기 측면에서는 고객으로부터 주문을 접수한 날로부터 납기가 이루어질 때까지의 리드타임을 줄여야 한다. 신규 제품일 경우에는 계획된 양산 속도가 나오기까지의 기간을 줄여야 한다. |그림 84|는 데이터와 데이터 분석의 목표를 나타낸다.

각 운영관리의 성능이 우수하면 QCDQuality, Cost, Delivery의 가치를 높이는데 어느 정도 기여하게 된다. 그러나 운영관리에 의해 만들어진 계획은 생산 현장서 어느 정도 어긋나게 된다. 4M(작업자, 원자재, 장비, 레시피)이 정상 상황이 아닐 수 있기때문이다. 즉, 자재 투입 전에 갑자기 불량으로 판정되거나 작업자가 갑자기 출근하지 않는 이벤트가 발생하기 때문이다. 기계나 장비의 순간 정지도 이에 해당한다. 이와 같은 상황이 발생할

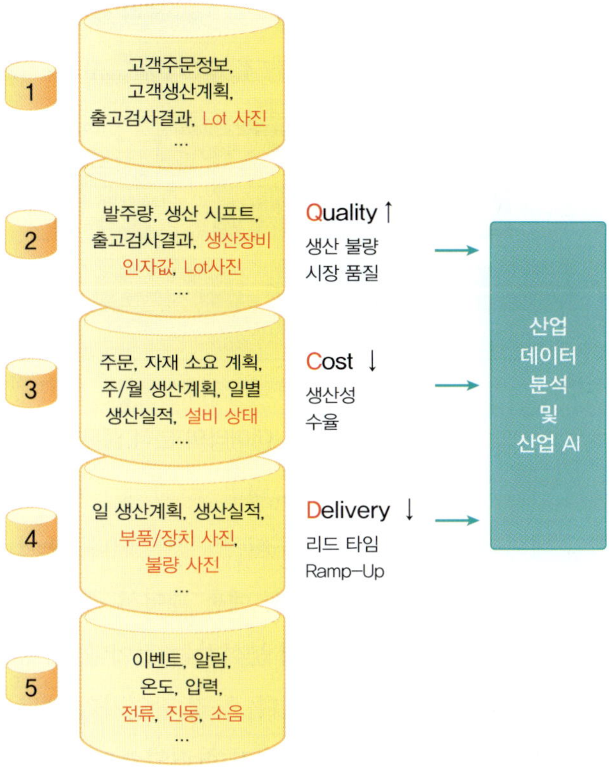

| 그림 84 | 스마트 제조 데이터로부터 분석하는 목적과 방법론

때, 기업의 성능지표를 개선하기 위해서는 산업 데이터 분석이나 인공지능의 활용이 필요하게 된다.

산업 데이터 분석에서는 |그림 85|에 나타난 분석이 이루어져야 한다. 첫째, 과거 데이터로부터 성과 분석Descriptive Analytics이다. 가장 유명한 성과 분석은 벤치마크 대상을 발견하는 것이다. 예를 들어서, 공장 내 여러 대의 기계 중에 성능이 가장 좋은 기계를 찾는 것이다. 또는 OEE가 장 큰 것을 찾을 수도 있다. 또 다른 성과 분석 사례는 시간이 가면서 특정 불량이 증가하는지 감소하는지에 대한 경향성을 분석하는 것이다.

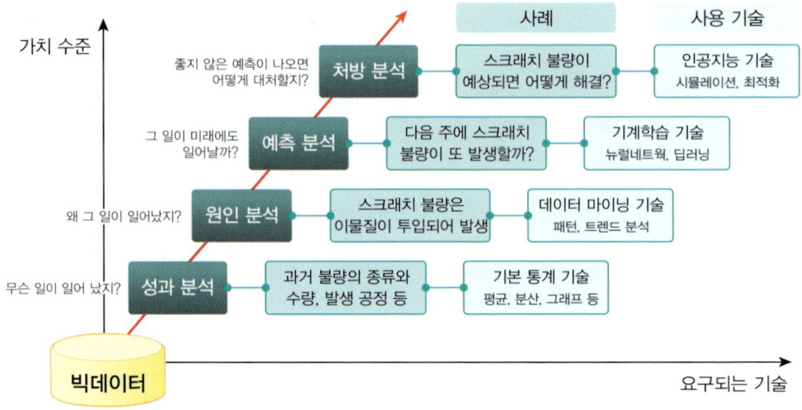

| 그림 85 | 스마트 제조 데이터의 분석 종류

둘째, 과거 데이터로부터 원인 분석Diagnostic Analytics이다. 주어진 과거 상황이 왜 발생했는지를 분석하는 것이다. 예를 들어서, 특정 기계가 왜 벤치마크 대상인지를 데이터를 이용하여 분석하는 것이다. 특정 제품을 만들 때만 성능이 좋을 수도 있기 때문이다. 특정 작업자가 해당 기계에 할당될 때 성능이 좋을 수도 있다. 또는 특정 협력업체의 원자재를 이용하기 때문일 수도 있다. 또한 특정 불량이 왜 많이 나오는지도 데이터 분석을 통해 밝혀 낼 수 있다.

셋째, 예측 분석Predictive Analytics을 수행한다. 과거 데이터로부터 기계학습 기술을 통해 예측모델을 만든다. 예를 들어서, 기계에 부착된 진동 센서나 전류 센서 등을 통해 기계 고장을 사전에 예측할 수 있다. 때로는 기계에 부착된 공구나 지그류의 마모나 고장을 예측하기도 한다.

또한 생산 중인 반제품이 공정을 지나감에 따라 이전 공정에서 반제품에 가해진 세팅값으로 다음 공정에서 불량으로 진행될 가능성을 예측할 수 있다.

마지막으로 가장 어려운 분석은 처방 분석Prescriptive Analytics이다. 예를 들어서, 기계 고장이 예측되면 처방 분석은 선제적 유지보수를 언제 할지를 결정한다. 반제품의 불량이 예측되면 어느 기계의 세팅값을 어떤 값으로 변경할 지를 결정한다.

Dataware 정의와 의미

지금까지 설명한 네 종류의 분석은 기본적으로 데이터를 분석하거나 데이터로부터 인공지능을 만드는 것이다. 특히, 예측 분석의 결과는 학습모델이다. 이처럼 데이터 기반으로 만들어진 제품을 Dataware라고 칭한다. 참고로, Dataware는 Hardware나 Software와 다른 특성을 가진다. |그림 86|는 스마트 팩토리의 데이터로부터 Dataware를 만드는 개념을 나타낸다.

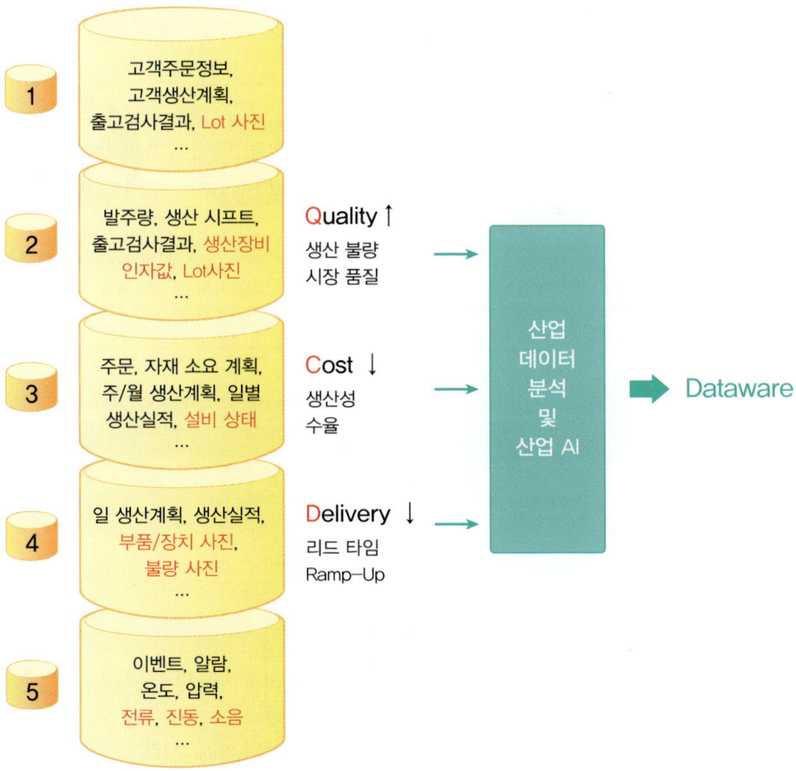

| 그림 86 | 스마트 팩토리 데이터로부터 만들어지는 Dataware 개념도

|그림 87|은 전형적인 Dataware 사례를 보여준다. 생수를 생산하는 기업의 최종 검사 시나리오라고 가정하자. 최종 검사에서 생수병 내의 이물질, 생수량, 생수병 자체의 흠집 등을 불량으로 처리해야 한다. 예측 분석을 통해 기계학습이나 딥러닝으로 불량을 발견하는 방법을 사용할 수 있다. 문제가 정의된 후, 데이터를 수집한다. 양품 이미지와 불량품 이미지를 모아서 초기 Dataware를 만든다. 수집된 과거 데이터가 충분한지 모르기 때문에 초기 Dataware를 설치한 후, 검증과정을 거쳐야 한다. 이때, 도메인 전문가의 역할이 중요하다. Dataware가 만들어 내는 결과에 대해 가부 검증을 해 주어야 한다. 과거 데이터가 충분하다면 초기 Dataware의 신뢰가 높겠지만 그렇지 않을 경우 도메인 전무가는 Dataware의 결과를 수정하여 다시 과거 데이터에 추가해 주어야 한다. 과거 데이터가 쌓이면

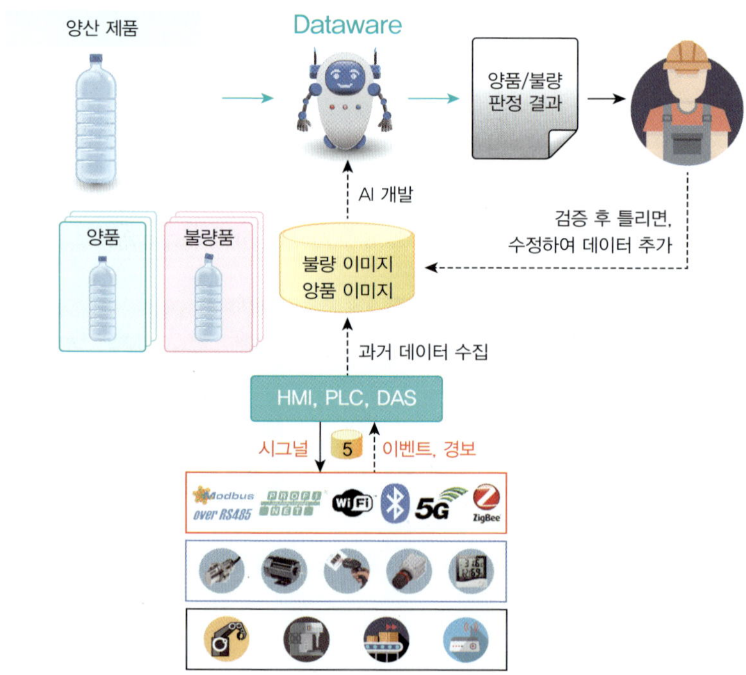

| 그림 87 | 생수병 불량을 처리하는 Dataware 사례

서 필요 시 재학습을 통해 Dataware를 다시 만들 수도 있다. |그림 88|과 |그림 89|는 추가 Dataware 사례이다.

이 Dataware는 다음과 같은 특징을 가지고 있다.

① 기존 Software와 달리 사용할 수록 더욱 스마트해진다. 과거 데이터를 이용해서 개발한 초기 인공지능은 완벽한 기능을 발휘하지 못한다. 생산 현장의 동적인 특성이 과거 데이터에 녹아 있지 않을 수 있기 때문이다. 과거 데이터를 얼마나 모아야 충분한 지가 분명하지 않다. 따라서, 초기 인공지능이 성숙해질 때까지 도메인 전문가가 잘 키워 나가야 한다. 그 방법 중의 하나로, 도메인 전문가는 인공지능이 출력하는 결과를 검증한 후, 오류를 발견하면 수정 후 과거 데

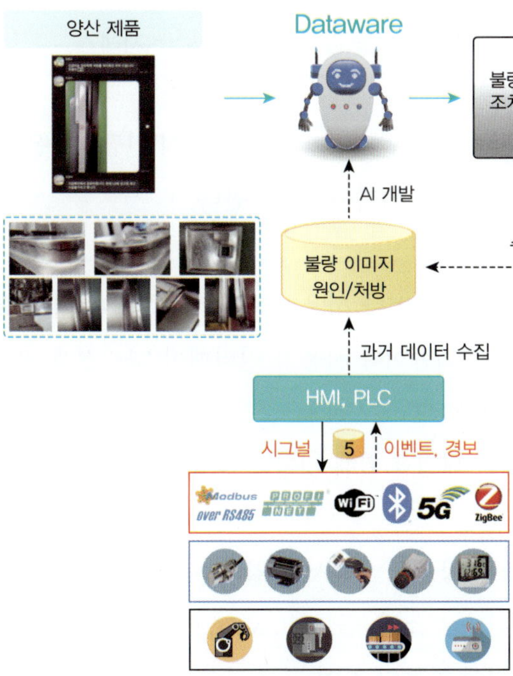

|그림 88| 표면 불량을 감지하는 Dataware 사례

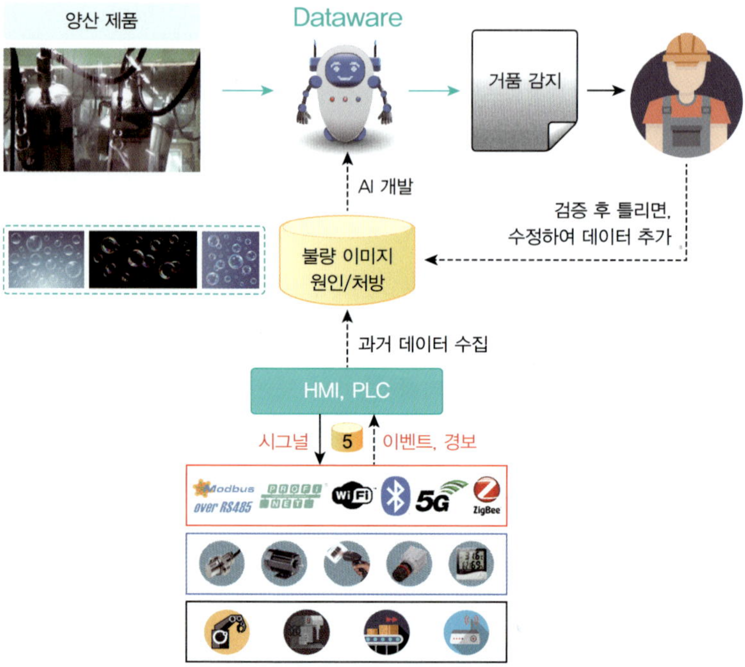

| 그림 89 | 컴프레서 누설을 감지하는 Dataware 사례

이터에 추가한다. 이렇게 모인 데이터를 이용하여 인공지능을 다시 만든다. 성숙한 인공지능이 되기까지 반복한다.

② Dataware 내부의 알고리즘이나 사용자 인터페이스보다 더 중요한 것은 데이터이다. 알고리즘이나 사용자 인터페이스는 경쟁 기업에 노출될지라도 데이터가 없다면 Dataware를 만들 수 없기 때문이다. 따라서 정의된 문제의 해결을 위해 데이터 확보는 매우 중요하다.

③ 데이터 기반으로 가치 창출을 위해서는 일하는 방식의 변화가 필요하다. 운영관리를 위한 시스템, 즉 ERP, MES, QMS 등의 역할은 계획된 생산을 오류 없이 마무리 하여 그 결과를 데이터로 만들어 관

리하는 기능을 수행한다. 하지만, 이렇게 쌓여 있는 데이터를 분석하거나 인공지능을 만들어서 품질, 비용, 및 납기 개선을 통한 가치 확보는 운영관리가 수행하지 못한다. 따라서 운영관리에 익숙해 있는 조직은 데이터 시각에서 제조 가치를 만드는 데 역량이 부족하기 쉽다. 데이터 기반 의사결정이 익숙해지기까지는 시간이 많이 걸린다. 임직원은 충분한 교육과 공유를 통해 데이터로부터 나오는 가치를 경험해야 한다.

④ 제조기업이 Dataware 개발을 서두르지 않으면, 구글이나 아마존 같은 제 3의 ICT 기업이 제조업 관련 Dataware를 만들지 모른다. 구글이 개발 중인 자율주행 솔루션이 바로 Dataware이다. 자동차 제조기업이 잠시 머뭇거리고 있을 때, 구글은 이미 데이터를 모으고 있었다. 언젠가는 제조업으로 확대될 가능성도 배제 못한다. 따라서 제조업이라도 제품 생산뿐만 아니라 제조로부터 생성되는 데이터를 이용하여 Dataware를 만드는 노력을 기울여야 한다.

Dataware를 만드는 절차

제조업 데이터를 이용해서 만들어지는 Dataware는 사용하기가 매우 까다롭다. 제조 공장 내의 상황이 매우 동적이기 때문이다. 또한 공장 내 다양한 공정은 도메인 전문가에 의해 운영되므로 데이터 분석 전문가가 접근하기에는 쉽지 않다. 따라서 Dataware를 만들기 위해 신중한 접근이 필요하다. |그림 90|은 Dataware 개발 절차를 나타내고 |그림 91|은 생수병 불량을 감지하는 Dataware 개발 사례를 나타낸다.

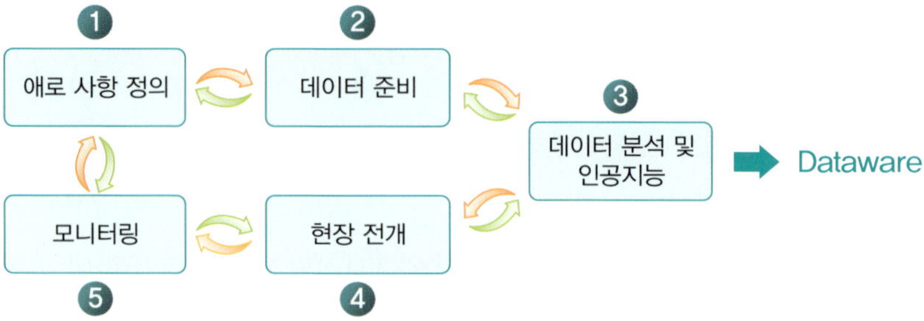

| 그림 90 | Dataware 개발 절차

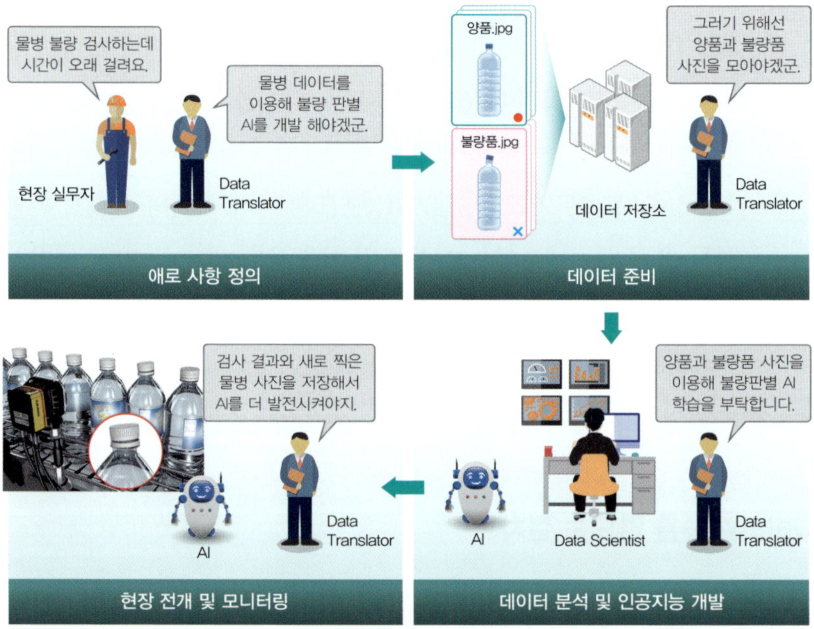

| 그림 91 | 생수병 불량 감지를 위한 개발 사례

① 애로사항 정의

데이터 분석을 통해 해결해야 할 애로사항은 도메인 전문가인 현장 실무자에 의해 정의되어야 한다. 도메인 전문가는 애로사항이 무엇인지는 알지만 그 문제가 데이터 분석에 의해 해결이 가능한지는 모를 수 있다. 이 때 도움을 주는 전문가가 Data Translator이다. 그는 현장 실무자와 데이터 분석가를 이어 주는 가교 역할을 수행한다. 주로 현장 경험이 풍부한 사람이 데이터 분석의 기초 교육을 이수하여 이런 역량을 확보한다. 여기서 주의해야 할 점은 데이터를 먼저 모으지 말고 애로사항을 먼저 정의해야 한다는 것이다.

② 제조 데이터 준비

애로사항 해결을 위한 데이터를 준비하고, 필요 시 전처리를 수행한다. 만일 원하는 데이터가 없다면 필요한 데이터를 모으기 시작해야 한다. 데이터 모으기가 여의치 않으면, 가용한 데이터만으로 해결할 수 있는 애로사항을 다시 정의할 수도 있다. 이때, 이전 단계로 돌아가서 애로사항 문제를 재정의 한다. 데이터 준비 단계에서 몇 가지 사항을 주의해야 한다. 첫째, 제조 데이터는 융합되어야 한다. 예를 들어서, 제품의 품질 수준을 파악하기 위해서는 제조 시 수집되는 데이터, 협력업체가 원자재를 생산하면서 생성한 데이터, 시장에서 고객에 의해 생성되는 사용 데이터 등을 융합해야 한다. 둘째, 제조 데이터는 서로 연결되어야 한다. 예를 들어서, 보통 제품은 설계, 개발, 자재구매, 램프업, 생산, 물류 등을 거쳐 고객에게 전달된다. 따라서 제품 데이터 라이프 사이클에서 발생하는 불량 데이터나 생산 공정에서 발생하는 다양한 이슈들을 모두 담고 있다면 불량 원인을 파악하고자 할 때 매우 유용하게 된다. 셋째, 빅데이터와 인공지능 개발을 위한 데이터를 구별하여 수집해야 한다. 인공지능 개발을 위한 데이터는 인공지능의 목적, 범위, Viewpoint 등에 부합해야 한다. 예를 들어서, 서울 지역의 기온을 예측하는 인공지능은 히말라야 산맥의 꼭대기 기온을 예측하는 데 사용할 수 없을지 모른다. 한편 빅데이터는 어떤 특정 데이터의 양이 매우 많고 수집 속도가 빠르다는 특징을 가진다. 그래서 단순히 빅데이터를 이용하여 인공지능을 만들기 어려울수 있다.

③ 데이터 분석 및 인공지능 개발

데이터 준비가 마무리 되면 애로사항의 정의에 따라 성과분석, 원인분석, 예측분석, 처방분석을 수행한다. 이 분석은 단타로 이루어질 수도 있지만 필요 시 변경되는 데이터를 받아들여 결과를 만들어 내는 Dataware로 만들 수 있다. 이 단계에서 데이터 분석가는 Data Translator의 의견을 들어서 애로사항 및 데이터 수집에 관한 전후 맥락을 파악해야 한다. 간혹, 데이터가 부족하거나 데이터 사이에 균형이 깨져 있으면 이전 단계로 돌아가 데이터를 다시 수집해야 한다.

④ 현장 전개

만들어진 Dataware를 현장에 배치하여 활용하는 단계이다. 보통 Dataware는 이미 개발되어 운영 중인 시스템과 독립적으로 수행되지 않는다. 예를 들어서, Dataware로 입력되는 데이터를 MES로부터 만들어 내야 하거나, Dataware로부터 나오는 결과를 기존의 대쉬보드에 출력해야 하기도 한다. 이때 Dataware와 기존 시스템 사이의 인터페이스가 끊김없이 유연하게 만들어져 있어야 한다. 현장 전개가 어려운 Dataware는 이전 단계로 되돌아 가서 재설계해야 할 수도 있다.

⑤ 모니터링

현장에 설치된 Dataware가 제조 현장의 애로사항을 지속적으로 해결하고 있는지 모니터링 해야 한다. 제조 현장은 매우 동적이기 때문이다. 데이터를 만들어 내는 센서는 점차 노후화 되어 간다. 원자재를 공급하는 협력업체를 갑자기 변경하기도 한다. 특정 기계를 운영하는 작업자가 바뀌면 출력되는 데이터의 특성도 바뀔 수 있다. Dataware는 이와 같은 동

적인 상황을 충분히 고려해서 만들었지만, 제어할 수 없는 현장 상황을 모두 반영하지는 못한다. 전개 후 Dataware의 성능이 떨어지는 시점을 Concept Drift가 일어 났다고 칭한다. 이 시점에서 기존 Dataware를 재학습 시켜야 할 수도 있다. 애로 사항의 특성에 따라 재학습을 자동화 시킬 수도 있다. 예를 들어서, | 그림 92 |에 나타난 바와 같이, 사출 부품의 불량을 예측하는 Dataware에 대해 실제 불량 여부를 측정할 수 있다면, 예측 값과 실제 값의 차이를 지속적으로 모니터링 할 수 있다. 다음 주의 수주량을 예측하는 Dataware도 스스로 예측 값과 실제 값의 차이를 파악할 수 있다. 다음 주가 되면 실제 수주량을 알 수 있기 때문이다.

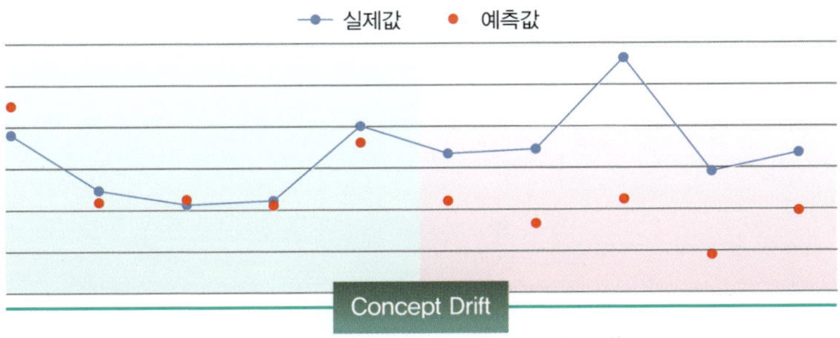

원인

1. 4M 변경: 신규설비, 신규부품, 신규직원 등
2. 센싱도구 변경: 센서 Calibration 후, 신규 센서, 등
3. 점진적 변화: 설비/공장/센서의 노후화, 계절효과 등

| 그림 92 | 사출 부품의 불량 예측 Dataware의 정확도

PART 5

좋은 무대

스마트제조를 적용할 수 있는 분야

1

스마트제조의 좋은 무대 1: 스마트패션

1

스마트제조의 좋은 무대 1:
스마트패션

응답하라 2010!

사람은 각자 자신의 개성을 표출하고 싶어 한다. 일반적으로 이런 개성은 사람의 옷을 통해서 표출된다. "소비자맞춤형"이라는 단어가 가장 잘 어울리는 제품이 의류제품일 것 같다. 길에서 나와 똑같은 옷을 입고 지나가는 사람을 볼 경우 유쾌하지 않은 이유도 자신만의 독특한 개성이 남들과 다르기를 원하기 때문일 수도 있다. 이렇듯 패션은 자신을 표현할 수 있는 우리 곁에 가장 가까이에 있는 아이템이다.

나는 집안 테이블 위에서 딸에게 받은 사진 몇 장을 찾았다. 지난주 부모님께서 노인센터로 가시기로 결정한 후 짐을 싸고 남아있는 오래된 가구들은 모두 버렸다. 그러다 옷장 뒤에 떨어져 있는 책 한 권을 발견했는데 딸아이는 종이로 된 책은 처음 본다며 친구들에게 자랑하겠다고 우겨 결국 집으로 가지고 오게 되었다. 돌아오는 길에 딸에게 책 사이에 꽂혀 있던 사진을 건네받았다.

사진은 엄마 아빠의 젊은 시절 사진. 인화된 사진을 만져 보는 게 얼마 만인지 모른다. 사진을 데이터로 저장하기로 했다. 거실 쇼파에 앉아 '대쉬보드'를 바라봤다.

"시작. 앨범."

'시작'이라는 내 목소리가 들리자 투명했던 대쉬보드가 화면으로 바뀌며 지금까지 저장된 사진들이 요약되어 보였다.

"인식."

한 번 더 말하자 화면이 바뀌며 내가 들고 있는 사진을 인식하는 과정이 보였다. 사진 속에는 노란 은행잎이 쌓인 길 위의 벤치에 나란히 앉은 엄마 아빠의 젊은 시절 모습이 담겨 있다. 움직이지 않는 사진을 손으로 직접 들고 있자니 오래 전에 찍은 사진이라는 게 새삼 느껴졌다. 사진을 한참 들여다보다 엄마가 입은 카멜 색 코트에 눈길이 갔다. 그래. 옛날엔 만들어진 옷을 입어보고 사던 때가 있었지. 내 체형에 맞지도 않는 옷을 불편해도 그땐 당연했던 것이라 그냥 입고 다녔었다.

'오랜만에 옷 하나 만들까?'

사진 속 엄마가 입고 있는 건 내가 좋아하는 2010년쯤의 옷이다. 게다가 가을. 요즘 옷들은 날씨에 상관없이 내 몸에 맞는 온도와 습도를 알아서 유지해 주기 때문에 특별히 계절에 구애받지 않고 디자인할 수 있어서 훨씬 자유롭다.

"원피스 검색."

말하자마자 대쉬보드에서 사진 속 옷을 인식하고 옷의 모양과 색, 질감을 분석하는 과정이 보였다. 분석 결과를 보니 내가 기억한 대로 2010년에서 2011년 사이에 만들어진 옷이었다. 100% 일치하는 옷이 없는 것으로 미루어 엄마의 옷은 카피 제품일지도 모르겠다. 지금과 다르게 유명한 브랜드가 아니면 옷 정보를 입력해 두지 않던 시절이니까. 일치율 89%로 가장 유사한 항목인 A브랜드의 옷을 골랐다.

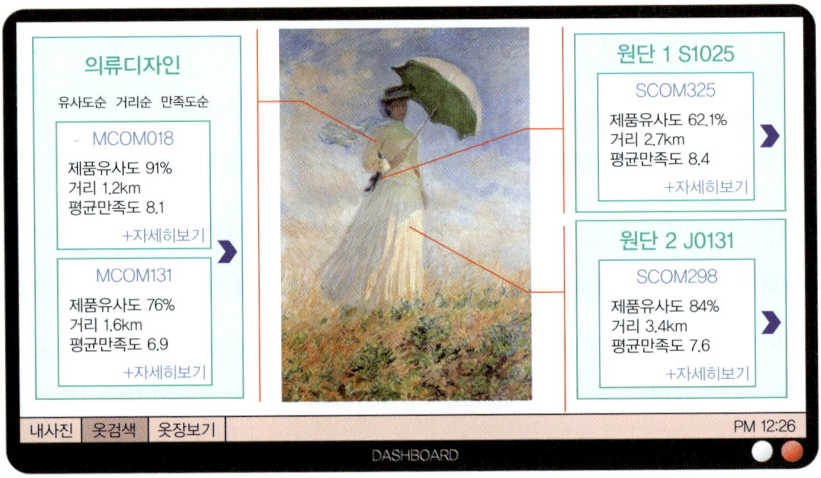

| 그림 93 | 개인화 맞춤형 의류 대쉬보드 예

이제 내 몸에 맞게 옷을 바꾸기 위해 대쉬보드 앞에 서서 간단히 몇 가지 동작으로 내 움직임을 3D 정보로 인식하여 몸의 형태와 자세를 분석했다. 예전에는 옷을 입는 사람이 특별히 요구했을 때만 '기능성' 의류를 입곤 했는데, 요즘 옷은 개인의 몸에 맞게 만들어지기 시작한 뒤로는 모든 옷에 하나 이상의 기능이 들어 있는 것이 당연해졌다. 두 달 전 기록과 비교해 보니 몸을 교정해 주는 옷 덕분에 거북목이 눈에 띄게 교정되었고 양 어깨의 균형이 맞춰진 것이 보였다. 덕분에 허리 통증도 거의 사라졌다.

대쉬보드는 내가 고른 옷을 입은 내 모습과 몇 가지 추가 가능한 옵션을 보여 준다. 어깨 장식은 과하지 않게 바꾸고 치마 길이는 무릎 선으로 바꾸는 것이 좋겠다. 원단은 내가 가진 단말기에서 전송된 신체정보를 바탕으로 추천된 몇 가지 후보 중 하나를 골랐다. 마지막으로 체온, 맥박 등 신체 정보를 수집하는 기기 중에서 내 옷 모양에 어울릴 브로치 모양의 기기를 골랐다.

새로운 옷을 만들기 위해 내가 만든 정보는 다 입력했다. 대쉬보드에는 입력된 정보를 토대로 조금 전 내 움직임에 옷이 더해져 새로운 옷을 입은 내 모습이 어떨지 보여 주고 있다. 이제 이 옷을 만드는 데 참여할 주체들을 정할 것이다.

"옷 주문."

내 말이 떨어지자, 대쉬보드에는 새로운 옷을 만드는 데 필요한 과정들이 보여졌다. 새 옷을 기준으로 왼편에는 브로치 생산에 관한 과정이, 오른편에는 원단과 옷 생산에 관한 과정, 양 옆에서 만들어진 옷과 브로치는 화면의 위쪽에 모여 완성된 옷이 되었다. 대쉬보드에 나타난 주요 생산 구성원들은 각자 원단을 만드는 일, 옷을 만드는 일, 브로치 모양의 기기를 만드는 일, 마지막으로 브로치를 옷에 부착하는 일을 하고, 만들어진 것을 다음 단계로 보내는 일을 맡을 것이다.

물론 각 단계를 훨씬 세분화해서 특정 제조기업에게 요청을 보낼 수도 있다. 예를 들면 원단의 소재를 만들고 염색하는 과정을 구분해서 각각 다른 기업에게 맡기는 것인데, 그렇게 복잡하게 생각하고 싶지 않으니 대쉬보드는 주요 단계만 보여 준다.

원단 제조기업을 고를 때는 내 피부에 알레르기 반응이 있는 소재를 사용하지는 않는지 파악하는 것도 중요했다. 첫 번째로 추천된 제조기업은 이에 해당사항이 없으니 좋아보였다. 위치도 멀지 않았다. 두 번째로 추천된 제조기업에 비해 생산 가격이 조금 비싼 편이지만 평가 점수가 높으니 이 정도면 합리적인 가격이라고 생각했다.

이번에 추천된 옷 제조기업은 일 년 전 모임에서 알게 된 사람으로, 이후 내 옷을 만드는 데 종종 참여했고 늘 만족스런 옷을 만들었기 때문에 추천된 것이리라. 대쉬보드의 정보에 따르면 내 생산 요청 우선순위를 반영하여 빨리 만들 수 있다고 하니 이번에도 이 제조기업에게 부탁하기로 했다.

브로치 제조기업의 브로치센서와 내가 가진 다른 단말기의 통신 프로토콜이 일치하는 것이 가장 중요하다. 물론 추천된 제조기업은 내 집에 있는 기기들과 내가 가진 단말기 모두와 통신프로토콜이 같은 센서를 생산하고 있고, 두 번째로 추천된 제조기업에 비해 기기의 크기가 작고 정확도가 더 높다고 했다. 게다가 브로치 모양도 썩 마음에 들어서 이 제조기업에게 요청을 보내기로 했다.

마지막 단계에서 옷과 브로치를 합치는 것은 생략하기로 했다.

"요청전송."

라고 말하자 각 제조기업에게 내 옷의 설계 정보와 생산에 필요한 내 정보가 암호화되어 전송되었다. 요청이 전송되고, 커피를 가지고 온 사이에 모든 제조기업들이 수락한 것이 보였다.

생산에 참여한 주체들은 완성된 옷이나 다른 생산 단계에 참여하는 제조기업에 대한 정보도 확인할 수 있어서 실시간으로 생산 일정과 진행 정보를 공유한다. 또한 만들어진 물건을 단계별로 전달하는 방법은 내가 직접 선택하지 않았기 때문에, 제조기업들끼리 정보를 공유하여 적당한 물품 전달 방법을 선택한 것이 보였다. 새 옷이 나에게 도착하기까지 나흘이 걸린다고 했다. 새 옷에 어울릴 신발이 있나 찾아보려 했다.

대쉬보드를 향해 말했다.

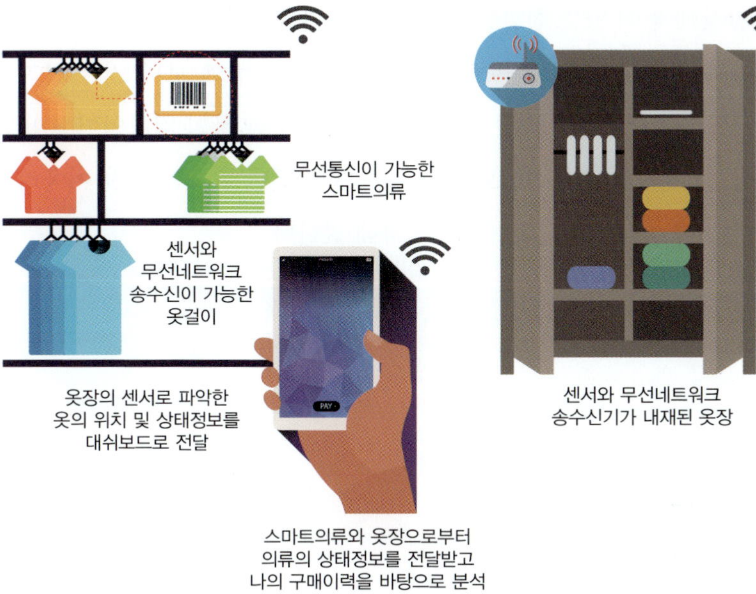

| 그림 94 | 스마트패션 관리시스템

"내 신발."

내가 가지고 있는 신발들이 신발장에 정리된 모습으로 화면에 나타났다. 이것은 집에 있는 신발장의 센서와 각 신발에 들어있는 센서, 그리고 스마트패션 관리시스템에 정리되어 있는 구매이력 정보를 합하여 마치 직접 신발장을 들여다 보는 것처럼 대쉬보드에서 내가 가진 신발들을 볼 수 있게 한다.

스마트패션 관리시스템은 나에 대한 기본적인 정보와 지금까지 내가 구매했던 제품의 정보를 가지고 나에게 유용한 정보를 제공해 준다. 지금 내 옷장 속 옷들의 상태가 어떤지, 만약 옷에 문제가 있다면 어떤 방법으로 A/S를 받을 수 있는지 알려주기도 하고, 내가 좋아하는 스타일을 분석해서 새로운 디자인이나 기존에 내가 가진 옷과 어울릴 아이템들을 제안하기도 한다.

신발장에 놓여 있는 신발들 중에서 새로 만들 옷에 어울릴 만한 신발이 다른것보다 뚜렷하게 화면에 나타났다. 새 옷과 함께 보니 지금 가지고 있는 신발도 나쁘지 않을 것 같지만 이번에 주문한 옷의 디자인이 2010년 유행을 참고한 것이니 신발도 그 시절에 유행했던 디자인이 잘 어울리지 않을까 싶다. 나는 다시 대쉬보드를 향해 말한다.

"신발 주문."

패션 산업의 특성

개인의 일상 패션은 자기표현이다. 개인마다의 패션은 자신의 기술, 지식, 정치성향, 문화적 차이 등을 표현한다. 미래 시장은 갈수록 개별소비자 니즈를 충족시키는 형태로 변화하고 있으며, 패션시장은 이러한 변화

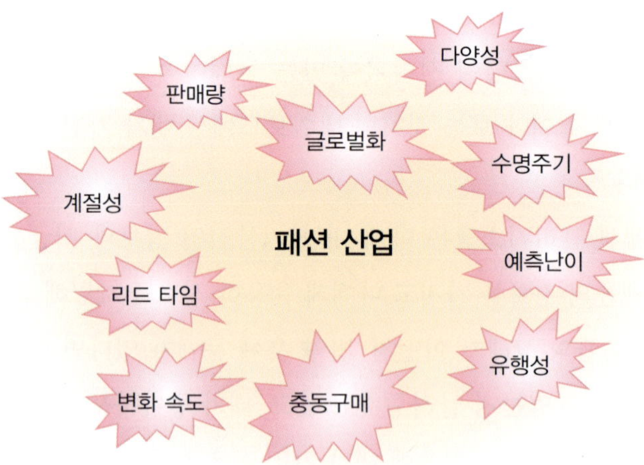

| 그림 95 | 패션 산업의 주요 특성

의 선두에 있다. 우리가 패션 산업에 주목하는 이유는 미래 시장 예측의 단초를 발견할 수 있는 변화의 현장이기 때문이다. 따라서 우리의 관심사인 스마트제조기술이 어떻게 사용되는지, 어떠한 관련 기술이 필요할지, 이러한 기술들이 어떻게 그리고 얼마만큼의 수준으로 우리 사회에 영향을 끼칠지를 패션 산업을 통해 짐작할 수 있을 것이다. 사실 |그림 95|에 열거된 패션 산업의 주요 특성들을 보면 흡사 미래 산업의 주요 특성을 총망라한 것처럼 보인다.

의류패션을 예로 들어보자. 전세계적으로 수만 개의 다양한 디자인이 매년 매철 매주 쏟아져 나오며, 소셜 네트워크 서비스Social Networking Service: SNS를 통해 내가 좋아하는 팝아이콘의 트렌드를 볼 수 있으며, 어느 곳에서나 온라인 쇼핑을 통해 쉽게 주문하고, 심지어 의류제조기업의 독자브랜드 소매점Specialty store retailer of Private label Apparel을 통해 거품을 뺀 저렴한 가격으로 직접 구매하는 것도 가능하다. 패스트패션의 급속한 성장, 온라인 구매의 활성화는 글로벌 경제가 침체기임에도 불구하고 세계 의류 시장이 연평균 약 4~5%의 성장을 가능하게 하는 원동력이 되고 있다. 2012년 약 1400조 원의 시장규모는 2019년 약 2000조 원, 2025년 약 2500여조 원에 달할 것으로 예상된다. 이 중 온라인 쇼핑시장의 성장률은 전체시장 성장률의 3배에 달할 전망이다. 이른바 디지털유통은 패션 산업의 미래를 이끄는 주요 플랫폼이 될 것으로 보인다. 이 플랫폼은 의류제조, 유통, 관련 서비스 제공자들이 소비자에 대한 정보를 보다 적극적으로 수집하고 분석하는 도구와 시스템을 제공할 것이다.

스마트제조의 속성인 '소비자맞춤형Customization'는 패션 산업에서의 디자인에 그대로 반영된다. 색상, 사이즈, 스타일 등 디자인 속성들의 무한대에 가까운 조합의 수는 곧 수많은 종류의 완제품으로 실현되어 소비자의 눈을 사로잡는다. 물론 이점에서 빅데이타 분석은 이러한 소비자맞춤형 의류를 제공하는데 필수불가결한 기술임에 틀림없다.

소비자맞춤형에 따른 의류제품의 다양성Variety은 불확실한 수요의 증가에 따른 수요예측 정확성의 저하, 공급사슬의 변동성 증가로 이어진다. 제조에서부터 유통과정에 이르기까지의 변동성 증가는 계획생산에 의한 생산시스템이 더 이상 작동될 수 없는 환경으로의 변화를 의미하고, 생산시스템에서는 극단적으로 1개의 로트사이즈를 가진 제품 제조가 요구된다는 것이다. 이는 곧 주문횟수의 급격한 증가를 야기할 수밖에 없다. 로트사이즈 1이 가능한 생산시스템은 재고보유에 따른 규모의 경제가 아닌 높은 재고회전율을 가지는 유통시스템을 필요로 하며, 그 결과 우리는 최근 Zara, H&M, Uniqlo 등과 같은 패스트패션의 가파른 성장을 보고 있다. 패스트패션은 주문시점부터 소비자에게 전달되는 시점까지의 리드타임을 단축시키는 결과뿐만 아니라, 더 중요한 변화의 방점은 패션주기를 획기적으로 단축시킨다는 점에 있다. 이제 패션의 주기는 더 이상 일정한 주기를 의미하지 않는다.

일정한 주기가 없는 제품수명주기는 소비자 니즈에 대한 즉각적인 제품제조를 의미한다. 이는 Netflix사가 제공하는 On-demand 영화를 보는 것과 다를 바가 없다. 유일한 차이점은 제품이 물리적이냐 디지털이냐의 속성에만 있고, 제조유통상 메커니즘의 차이는 거의 존재하지 않는다. 결국 On-demand 제품이란 가장 맞춤화된 소비자맞춤형 제품인 것이다. On-demand 제품의 경우, 주문에서 충족에 이르는 전 과정의 편이성 때문에 충동구매의 가능성에 훨씬 많이 노출되어 있다. 특히, 희소성이 있는 의류제품의 경우에는 충동구매의 확률이 매우 높아진다. 이러한 소비자맞춤화의 속성이 패션 산업 변화의 원인이자 결과론적 속성이 되는 과정을 정리하면 다음과 같다.

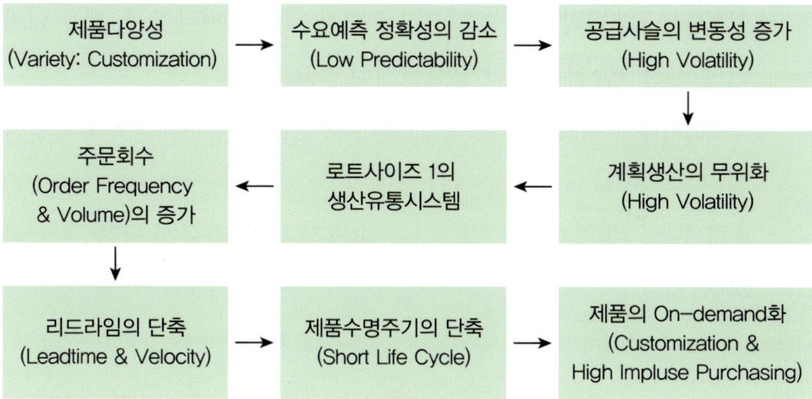

스마트제조의 또 다른 주요 속성인 '연결Connectivity'은 패션 산업에서 디지털유통의 핵심속성이기도 하다. 전세계에 위치한 의류제조기업으로부터 소비자에게 연결되는 공급사슬에서 수많은 데이터가 생성되고 분석, 활용되는데, 이는 패션 산업 공급사슬의 구성원, 즉 직물, 원사 등 원재료 공급기업, 의류제조기업, 유통기업, 소매점, 소비자에 이르는 모든 개별 구성원들이 최적의 의사 결정에 결정적인 도움을 주게 된다. 글로벌화는 곧 연결에 따른 하나의 결과일 뿐이다. 패션 산업의 모든 속성의 기저에는 이처럼 '연결'이 존재한다.

스마트제조의 세 번째 속성인 '협업Collaboration'은 모든 제조업의 운영에 공통된 속성으로서, 디자인에서부터 제조, 유통, 판매, 소비자의 피드백에 이르는 전 공급사슬에서의 모든 활동에서 구성원들이 서로 양방향 정보채널을 통해 정보를 공유하고 분석하여 의사 결정에 효율적인 지원을 하는 것을 의미한다. 패션 산업에 있어서 협업의 속성은 공급사슬 지표중 리드타임Leed time에 가장 큰 영향을 미친다고 할 수 있다. 패션 공급사슬에서의 전통적인 리드타임은 크게 세 가지로 나눌수 있다.

- 시장출시 리드타임Time-to-Market: TTM: 소비자 니즈를 파악한 후 제품 디자인에서 시장출시를 위한 양산까지의 소요시간
- 소매공급 리드타임Time-to-Serve: TTS: 소비자주문 접수 후 소매점 유통까지의 소요시간
- 소비자대응 리드타임Time-to-React: TTR: 소비자 니즈 변경에 따른 대응 소요시간

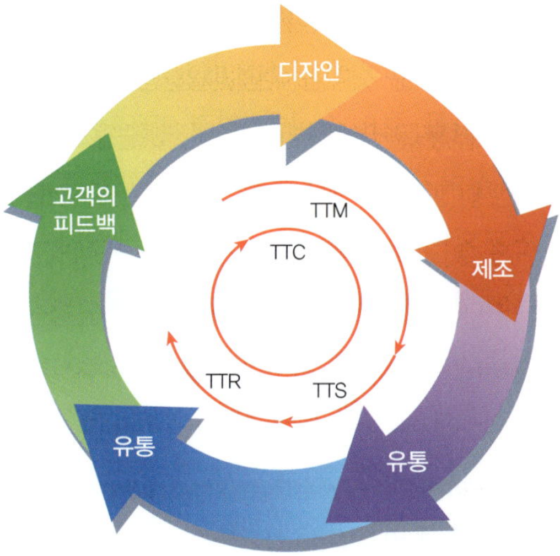

| 그림 96 | TTM vs. 리드타임의 관계도

패스트패션의 등장은 TTM을 신제품의 디자인에서 제조, 유통을 거쳐 소비자의 옷장까지 전달하는 리드타임Time-to-Customer으로 개념을 바꾸게 만들었다. 한마디로 리드타임는 신제품 개발에서 소비자의 구매까지 이르는 전체 공급사슬의 리드타임을 의미한다.

이 과정에서 협업은 제조기업 내에서의 디자인, 생산, 마케팅 부서 간의 내부 협업에서 직물 및 원사 공급기업, 유통기업, 판매기업, 나아가 소비자과의 실시간 협업으로까지 확대되고 있다. 브랜드 충성도가 높은 소

비자가 이제는 맞춤형 디자인과 낮은 가격을 원하는 충성도 낮은 소비자로 대체되고 있다. 공급사슬의 주도권은 과거 패션 산업 초기의 원재료 공급기업으로부터 단계적으로 제조기업, 브랜드 소유기업, 유통기업, 그리고 이제 마지막 단계인 소비자로 완전히 넘어가고 있다. 철저히 소비자 주도의 시장Demand-driven Market 환경에서 소비자를 제외한 공급사슬상의 모든 구성원들은 브랜드 충성도가 현저히 낮아진 소비자의 목소리에 모든 채널을 열어놓아야 하며, 그들이 원하는 제품을 충분히 낮은 가격에 제공해야 한다. 그렇지 않을 경우, 실시간 모바일 SNS 소통에 익숙한, 그래서 기동성이 뛰어나게 학습된 우리의 소비자들은 실시간으로 가격할인 기간을 검색하여 구매를 미루거나, 더 싼 가격의 다른 브랜드로 옮기는 등의 다른 대안을 무기로 휘두를 것이다.

패션 산업의 미래

앞서 우리는 패션 산업의 특성과 스마트제조의 속성 간에 밀접한 관계가 있다는 것을 알 수 있었다. 또한 '응답하라 2010'의 시나리오와 같이 미래에 우리의 일상생활에서 패션 산업에 스마트제조기술이 어떻게 적용되는지를 그려 보았다. 그러나 미래를 예측하는 일은 어떻게 보면 결과에 책임질 필요가 없을 때 아주 즐거운 일일 수도 있지만, 그렇지 않을 경우, 특히 전문가에게는 이보다 더 스트레스를 주는 작업도 없을 것이다. 대부분의 경우 미래를 잘 예측했을 때, 운도 어느 정도 따라야 하지만, 그 전문가는 전문성에 대중성까지 확보하여 마치 모든 분야에 권위를 부여받는 사회적 신드롬을 형성한다. 그러나 다행인 것은 틀렸을 경우 대부분의 사람들은 과거의 틀린 예측에 더 이상 흥미가 없으므로(왜냐하면 현재 이미 일어난 일들이 나에게 훨씬 영향이 크므로), 누구도 묻거나 따지지 않는다는 점이다. 주식시장 예측의 정확도에 대한 한 조사기관의 조사결과를 보면 평균 예측 정확도는 50% 미만이었다고 한다. 쉽게 말해, 동전이나 주사위 던지기 같은 무작위 예측과도 유사한 결과라는 것이다. 따라서 저명한 경제학자인 Steven Levitt과 Stephen Dubner의 독특한 주장대로 미래를 예측하는 것은 내가 모르고 있거나, 모를 수밖에 없는 속성들이 너무 많다는 것을 스스로 인정하는 것으로부터 시작하는 것이 옳다.

미래를 예측하는 것이 부담스러울 때, 우리는 시나리오 분석이라는 도구를 끄집어낸다. 일어날 법한 시나리오를 상정하여 그 결과를 기술하면 되는 것이다! 우리는 이 책을 통해 패션 산업의 미래를 정확히 예측할 생각은 추호도 없다. 다만 스마트제조가 패션 산업에도 영향을 끼칠 것이라는 사실은 분명하며, 어떠한 시나리오가 전개되든 그 영향의 정도는 마찬가지일 것이라는 생각이다. 청바지 브랜드로 유명한 Levi Strauss사는 최근 미래포럼Forum for Future과 함께 2025년 패션 산업의 미래에 대한 통찰력 있는 시나리오를 발표하였다. 40여 명의 전문가그룹의 의견을 반영하여 지속가능한 패션 산업을 위한 시나리오 분석을 수행한 것이다. 다분히 패션 산업의 지속가능성에 초점을 맞추었지만 사용된 방법론과 결과는 매우 흥미롭다.

우선 어느 정도 의견일치가 된 확실성 높은 미래상황과 매우 불확실하다고 생각되는 상황을 나누었다.

- 확실한 미래상황
  - 기후변화(예: 지구온난화)
  - 자원부족(예: 물 부족)
  - 인구변화(예: 고령화)
- 불확실한 미래상황: 매우 중요하지만 불확실성이 큰 두 가지 축
  - X축: 사회와 패션의 변화속도 – 급속한 변화 vs. 점진적 변화
  - Y축: 세계의 연결 – 연결 vs. 분할

불확실한 미래상황은 X축과 Y축의 속성의 조합에 따라 다음과 같은 4가지 시나리오를 만들 수 있다.

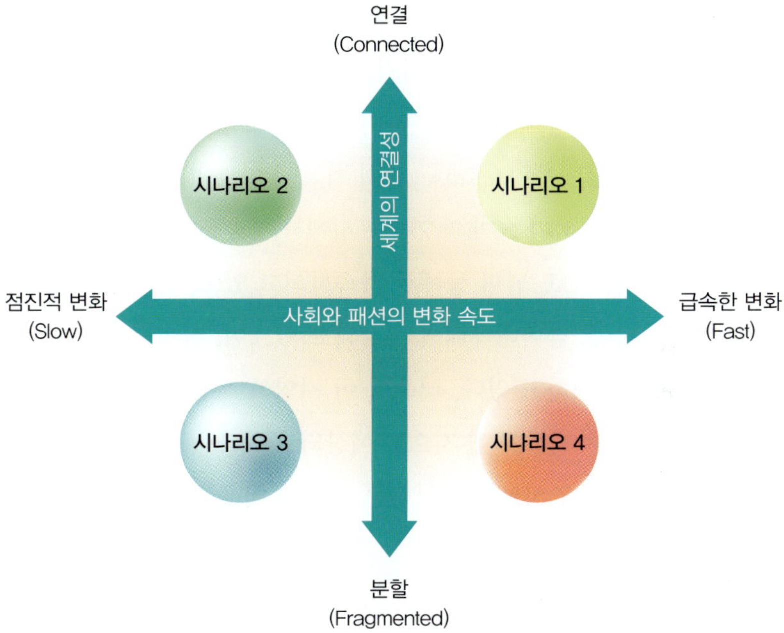

| 그림 97 | 패션 산업의 미래 2025 시나리오

즉 이 시나리오들은 기술뿐만 아니라, 사회, 경제, 기후조건의 변화를 함께 고려할 경우 가능한 미래상황인 것이다. 기술의 발전은 때로는 독립적인 기술자체의 영역에서, 또는 많은 경우 사회가 필요로 하는 영역에서 지속적이면서 획기적으로 이루어진다. 어느 경우의 시나리오나 신기술에 의한 새로운 시스템의 영향을 받을 수밖에 없으며, 기술은 그 시나리오를 더욱 진화시키는 역할을 수행한다.

스마트제조기술 또한 각 시나리오에 걸맞는 방향으로 개발되고 진화할 것으로 보인다. 예를 들어, 시나리오 1에서는 세계가 더욱 효율적으로 연결될 수 있는 사물인터넷과 같은 정보통신기술이 공급사슬에 활용될 것이며, 3D 프린팅 기술이 매우 보편화될 것이다. 한편, 시나리오 2 상황에서는 패션 산업에 대한 친환경적 요구가 많아져 에너지 효율성 제고를 통한 이산화탄소 배출량 감소 기술, 재활용 및 재제조를 독려하는 폐쇄형 공급사슬Closed-loop Supply Chain의 가속화가 진행될 것으로 보인다.

패션 산업에서 가장 주목해야 할 미래 트렌드 중의 하나는 거대도시Mega-city 집중화 현상이다. McKinsey사의 자료에 따르면, 머지않은 2020년에는 전세계 부의 25%가 60개의 거대도시에서 창출된다고 한다. 특히 거대도시화는 중국, 인도, 남미 등에서 가속화되고 있고, 실제로 새로운 패션시장이 동아시아, 남미대륙에서 형성되고 있으며, 전세계 여성의류 시장의 3분의 1을 차지하고 있다. 더욱이 이 지역의 시장이 향후 20년 이내에 전세계의 반을 차지하게 될 것으로 예상되고 있다.

인구나 부가 거대도시로 이동한다는 것은 무엇을 의미할까? 패션제조업의 지리적 이동이라는 것은 자명할 것이다. 예전 교통수단의 발달, 저임금, 대량생산방식에서는 수요지와 생산지가 가까운 곳에 위치할 필요가 없었을 것이다. 그러나 맞춤형 생산체제를 가능케 하는 스마트제조기술의 발달은 도시 한가운데에서 생산과 소비가 동시에 이루어지는 제조-소비 환경의 변화를 가져올 것이다. 스마트제조기술이 가지는 연결 및 협업은 패션 산업에서는 생산지역과 소비지역을 더 이상 분리시킬 필요가 없는 공간적 재구성을 가져오게 될 것이다. 섬유공단, 의류공단과 같은 단어들은 이제 서서히 그 막을 내리고 있는지도 모른다.

스마트패션 플랫폼

만약 패션 산업이 앞서 소개한 네 가지 시나리오 중 시나리오 1과 같은(세

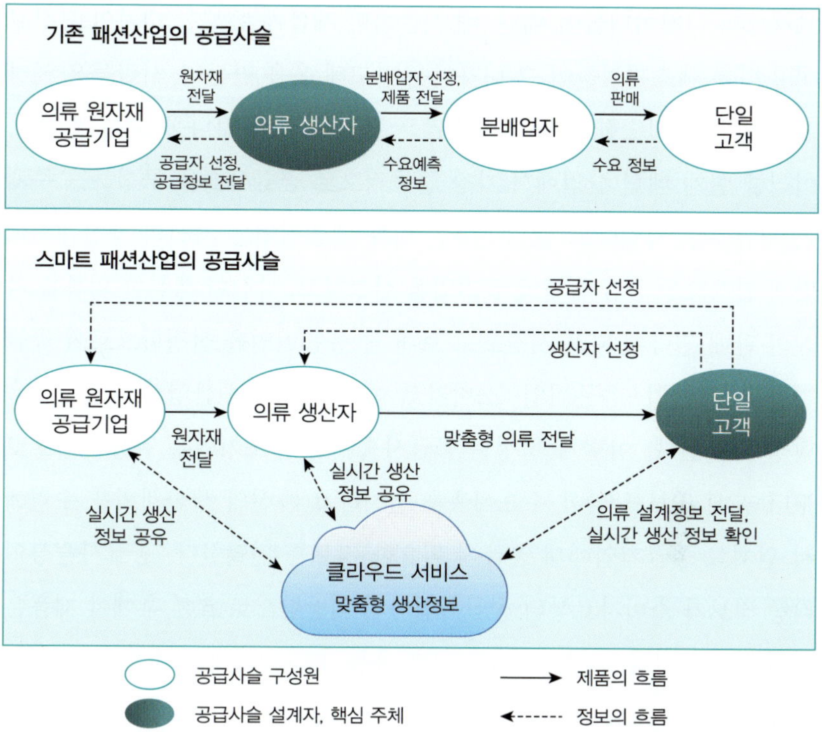

| 그림 98 | 기존 패션 공급사슬 vs. 스마트패션 공급사슬

계가 긴밀하게 연결되고 사회와 패션의 변화속도가 빠른) 환경에 처하면 어떻게 될까? 긴밀하게 연결된 초연결 사회가 패션 산업 속 구성원들이 연결되는 방식을 변화시키고, 사회와 패션의 변화속도가 가속화될수록 패션 산업에 적용되는 스마트제조 기술은 훨씬 더 다양해질 것이다. 이 두 가지 큰 변화는 패션 산업의 공간적, 물리적 재구성을 넘어서 패션 산업의 형태를 보다 높은 차원에서 변화시킬 수 있다. 우리는 이처럼 탈 정형화된, 극도로 다양화된 연결망을 가지는 패션 산업의 모습을 플랫폼Platform의 개념으로 조명하고자 한다.

현재 패션 산업에 속한 구성원들이 어떻게 연결되어있는지는 머릿속으로 어렵지 않게 그려볼 수 있다. 현재 패션 산업에서는 인기 있는 주요 브랜드의 디자이너들이 매년, 매 시즌마다 새롭게 유행할 디자인을 선보이고 다른 제조기업들이 그 디자인을 참고해 옷을 만들며, 사람들은 시장에 나와있는 비슷한 디자인의 수많은 옷들 중에서 하나를 고를 뿐이다. 이러한 현재 패션 산업에서 가장 능동적으로 공급사슬을 구성하는 주체는 의류 제조기업라고 할 수 있다. 의류 제조기업은 자신의 생산계획에 맞게 원재료를 공급해 줄 공급기업을 선정하고, 자신이 생산한 의류를 자신의 판매 전략에 따라 시장으로 보내 줄 유통기업을 선정함으로써 공급기업-제조기업-유통기업-소비자로 이어지는 패션 산업의 공급사슬을 형성하게 된다. 이렇게 형성된 공급사슬에서 제조기업은 유통기업으로부터 판매 정보를 받아 수요예측을 실시하고 자신의 생산계획을 수립해서 원재료 공급기업에게 공급에 필요한 정보를 전달한다. 공급사슬상의 각종 정보가 소비자로부터 공급기업까지 역방향으로 흐른 후에야 제품은 원재료 공급기업으로부터 제조기업, 유통기업을 거쳐 소비자까지, 공급사슬의 정방향으로 전달되는 것이다.

반면 세계가 긴밀하게 연결된다는 것은 소비자가 원하는 제품을 만드는 과정에서 다양한 주체들이 자유롭게 연결될 수 있는 환경이 조성된다는 것을 의미한다. 이러한 환경에서 소비자는 자신이 원하는 디자인을 만들고, 그에 어울리는 원단을 고르고, 필요로 하는 기능을 '스마트'하고 쉽게 추가할 수 있다. 따라서 이러한 환경에서는 제조기업이 아닌 소비자가 가장 능동적이고 자유롭게 공급사슬을 형성시킨다.

처음에 소개된 김미래 씨의 사례를 기억하는가? 소비자는 옷을 만들어 줄 제조기업과 공급기업을 선정하여 옷의 디자인, 소재, 구현되어야 할 스마트한 기능, 제품을 전달받을 방법 등 맞춤형 의류를 만드는 데 필요한 정보들을 클라우드를 통해 공급사슬 구성원들과 공유한다. 공급기업과 제조기업은 맞춤형 의류 정보를 토대로 자신에게 주어진 역할에 맞게 원재료를 만들어 제조기업에게 전달하거나 옷을 생산해 소비자에게 전달한다. 이때 공급기업과 제조기업은 클라우드에서 각자 자신의 진행 상황에 대한 정보를 공유함으로써 다른 구성원들과 상호 협력할 수 있는데, 이는 기존 패션 산업 공급사슬에서 정보가 단방향으로 전달되었던 것과 대비된다.

시나리오 1의 두 번째 특징인 빠른 변화속도는 소비자가 패션에 바라는 것이 훨씬 다양해지고 빠르게 변화한다는 것을 의미한다. 이러한 환경에서 소비자가 바라는 다양한 니즈를 충족하기 위해서는 지금까지 패션 산업에 적용되지 않았던 다양한 요소 기술이 새롭게 사용될 것이다. 이미 혁신적인 일부 디자이너들은 새로운 기술을 사용해 보다 아름답고, 더욱 편리하며, 소비자의 몸을 잘 이해하는 옷을 만들기 시작했다.

예를 들어, 독일 의류 브랜드 Moon Berlin사는 옷의 특정 부분을 빛나게 하기 위해 섬유에 전기 회로를 넣는 기술을 사용했으며, Rainbow Winters사의 디자이너 Amy Winters는 소리에 반응하는 홀로그래픽 기술로 주변 소리가 커지면 빛을 내는 드레스를 만들기도 했다. 한편 DIY 전자제품을 판매하는 회사인 Adafruit사에서 개발한 헬멧은 네비게이션 시스템이 탑재되어 자전거를 타는 사람이 스마트폰을 볼 필요 없이 자전거를 타며 자유롭게 길을 찾아갈 수 있게 도와준다. 또한 신생기업 Wearable Solar사는 자신들의 기술을 이용해 옷을 입은 사람이 태양광으로부터 전력을 모아 무선으로 스마트폰 배터리를 충전할 수 있는 섬유를 개발해 착용자의 편리함을 한 차원 높였다.

새로운 기술은 아름다움과 편리함을 넘어 옷을 통해 소비자의 몸, 건강에 대한 정보를 모아 전달하기도 한다. Heapsylon사에서 개발한 발찌에는 착용자의 움직임을 감지하고 앱으로 정보를 전달해 자세가 올바른지, 위험한 점은 없는지 알려 주는 기술이 탑재되어 있다. 또한 Textronics사에서 개발한 스포츠브라에는 착용자의 심박수를 파악하고 정보를 전달하는 송신 기술이 포함되어 있다.

이처럼 시나리오 1과 같은 상황은 전자, 통신 등 전혀 다른 분야의 기술이 의류 생산에 접목되고, 원하는 기능을 갖춘 옷을 사기 위해서 소비자이 직접 패션 산업과 그외에 다양한 산업에 속한 주체들을 자유롭게 연결할 수 있게 된다. 따라서 공급사슬은 생산되는 옷에 따라 무수히 많이 만들어졌다가 옷이 생산된 후에 사라지고, 새로운 옷을 만들기 위해 새로운 사슬이 형성되기를 반복할 것이다. 이는 마치 일시적이고 비정형화된 모습으로 연결된 패션 산업 내외의(어쩌면 산업의 경계를 구분하는 것이 무의미할지도 모른다.) 주체들을 포함하는 하나의 거대한 플랫폼의 존재를 떠오르게 한다.

풀어야 할 과제

스마트패션이 나에게 주는 이점은 내 자신만의 스타일의 옷을 쉽게, 그리고 싸게 구입하는 것이다. 이는 현재의 패스트패션이 나에게 주는 이점과 거의 같다. 다만, 패스트패션은 나만의 맞춤형이 아닌 3주만에 새로운 유행으로 바뀌는 최신 트렌드의 옷을 주로 제공한다. 모바일로 쉽게 주문하거나, 쉽게 접근 가능한 매장에서, 양념소스 한 병을 구입하는 가격으로 그럴듯한 옷 한 벌을 구매할 수 있다는 것이다. 2013년 한 해 동안 미국인들은 평균 64벌의 옷을 구입하였고, 현재 영국에서는 매년 약 35만 톤의 쓰던 옷이 매립된다.

이처럼 소비자가 쉽게 버리고 부담 없이 살 수 있을 정도의 저렴한 가격 경쟁력은 지구상에서 가장 싼 노동력을 이용한 덕분이다. 엄청난 규모의 생산량은 규모의 경제를 이루기에 충분할 정도이며, 공급사슬은 재고를 낮추고 대응력이 뛰어나게 만들었다. 따라서 저렴한 인건비는 가격 구조를 경쟁력 있게 만드는 가장 중요한 요인이 된다. 상대적으로 경제적 열세인 개발도상국들에서 제공되는 패스트패션을 위한 노동력은 소위 'Sweat Shop'(단어 그대로 땀 흘리는 소규모 공장)에서 국제기준이하의 노동임금과 가혹한 노동조건하에서 나온 것이다. 패션 산업의 도덕성에 대한 인식이 점차 증가되고 있지만, 이를 무색케 하는 패션시장의 양적 증가는 값싼 노동력을 더욱 많이 필요로 하고 있으며 패션 산업에서 노동시장의 불균형은 더 심화되고 있는 추세이다. 국제자선단체로 기부된 재사용 의류들이 저개발국가로 유입된 결과, 그 나라의 기존 의류산업이 자생력을 갖기도 전에 황폐화를 가져오고 있다.

싼 가격의 의류들은 재수리 또는 재사용하는 경우보다 새로운 제품으로 대체되는 경우가 대부분이다. 지속적으로 새로운 제품을 사는 소비자가 대부분일 경우 불가피하게 발생하는 문제는 원재료의 사용량 또한 많아진다는 것이다. 예를 들어 목화Cotton는 의류 제품의 주요 원료 중 하나인데, 목화재배를 위해 필요한 살충제는 전세계 사용량의 11~12%에 달한다고 한다. 이는 폐기 또는 매립에 따른 환경문제와 더불어 자연환경에 매우 심각한 손상을 주는 문제이다.

스마트제조기술에 의한 패션 산업의 변화는 매우 긍정적인 면이 있는 반면, 지속가능성장에 대한 커다란 숙제를 안겨주고 있다. 값싼 노동력은 제조기술의 획기적 발전으로 인해 3D 프린팅 기술 기반의 비용 효율성이 뛰어난 생산시스템으로 대체되므로 Sweat Shop은 사라지게 될 것이다. 따라서 저개발 국가에서는 패션 산업으로부터의 유휴노동력을 흡수할 새로운 산업 창출이 필요하다. 또한, 스마트패션에서는 패션 산업의 특성상 발생하는 환경문제들을 에너지 효율성 제고, 재생에너지 사용 제고, 친환경 공급사슬의 구축 등, 다양한 지속 가능형 산업으로의 전환하는 패러다임이 필요할 것이다.

2/

스마트제조의 좋은 무대 2: 스마트쿠킹

2

스마트제조의 좋은 무대 2: 스마트쿠킹

스마트쿠킹

앞서 P모델의 자동차를 원했던 김미래 씨는 자신만이 원하는 자동차를 갖기를 원했고, 제조기업들은 스마트제조라는 패러다임에 맞춰 김미래 씨의 욕망에 부응하고자 했다. 그들은 김미래 씨가 원하는 제품을 만들어 주었다. 즉 "제조"해 주었다. 그렇다면 과연 "제조"라는 것은 물건을 만드는 활동에만 국한되어 있는 것일까?

2020년 12월 25일, 크리스마스를 맞이하여 두 연인 박현섭과 이하정은 즐거운 시간을 보내고 있다. 저녁 시간에 스파게티가 맛있다는 레스토랑에 가려했지만 예약이 가득 찬 것을 알고 현섭의 집에서 직접 스파게티를 만들어서 식사하기로 하였다. 현섭이는 스마트폰으로 레시피 사이트에 접속하여 H호텔 양식 조리사가 올려놓은 스파이시 치킨 파스타 레시피를 유료로 구매하였다. 그러자 스마트폰에 '스파이시 치킨 파스타 레시피를 구매해 주셔서 감사합니다.'라는 문구와 더불어 필요한 재료와 조리법이 표시되었다.

물이 끓으면 스파게티 면과 소금을 약간 넣고 6분 정도 더 끓이면 된다는 조리법을 확인한 현섭이는 곧이어 스마트 요리도구들을 꺼내 조리하기 시작하였다. 냄비에 물을 붓자, 스마트폰은 몇 인분을 요리할 계획인지 물었다. 한 두번 스마트폰과 대화를 나눈 후, 스마트폰은 물의 양이 2인분에 비해 50g 초과하였으나 양념 양을 조절하여 맛을 내라는 메시지를 보여 주었다. 시간이 지나 물 온도를 계속 모니터링하고 있던 스마트폰에 메시지가 떴다. '아직 물의 온도가 100℃에 이르지 않았습니다. 잠시만 기다려주세요. 현재 온도 87℃…' 스마트 냄비에 온도센서가 설치되어 있어, 스마트폰과 스마트 냄비가 서로 통신하면서 물의 상태를 실시간으로 알려 주고 있었다.

현섭이는 실수 없이 충분한 온도가 되었을 때 면을 넣었다. 면을 넣자 냄비에 장착된 무게 센서를 통해 스파게티 투입량이 측정되었다. 스마트폰에는 '면이 212g 투입되었습니다. 1인분에 100g입니다. 2인분으로 충분합니다. 물 양 50g 초과, 스파게티 양 12g 초과되었지만 양념 양으로 조절하겠습니다. 투입된 지 30초가 지났습니다. 남은 시간 6분'이라고 표시되었다. 잠시 뒤 스마트폰 알람과 함께 '소금과 올리브 오일 6g을 넣어 주세요' 라는 문구가 뜨자 스마트 스푼을 이용하여 소금을 넣었다. 시간이 다 되자 스마트폰 알람이 울렸고, 현섭이는 면 삶기를 끝냈다. 물 양과 스파게티 양에 따라 양념의 양을 계산하여 알려줌으로써 일반인도 맛있는 스파게티를 만들 수 있게 도와준 스마트 기기들 덕분에 현섭과 하정 커플은 멋진 저녁 식사를 즐길수 있었다.

이처럼 스마트 요리도구와 스마트폰의 도움을 받아 요리할 수 있는 날이 현실화되기까지는 머지않았다. 사물인터넷, 센서기술 등의 기술혁신이 실현을 앞당길 것이 분명하다. 오래 기다리지 않더라도 이미 다양한 스타트업 기업들이 스마트 요리도구를 개발하고 있으며, 그 발전속도는 점차 빨라질 것이다.

팬텔리전트Pantelligent라는 스타트업 기업은 세계 최초의 스마트 요리 프라이팬을 개발하였다. 프라이팬 철판 내부에 심어 넣은 온도감지 센서와 무게감지 센서는 식재료의 온도와 무게를 실시간으로 감지하고 측정한다. 이렇게 측정된 각종 센서 데이터는 손잡이 내부에 장착되어 있는 블루투스를 통해 스마트폰으로 전송된다. 프라이팬은 온도와 무게만 감지하지만 스마트폰에 설치된 앱은 요리 메뉴, 해당 레시피, 요리 진행 시간 등을 알 수 있기 때문에, 언제 음식을 뒤집어야 하는지, 언제 별도의 다른 식자재를 추가해야 하는지, 언제 양념을 넣어야 하는지, 음식이 잘 익었는지를 알려 준다.

스마트쿠킹을 가능하게 하는 요소 기술은 센서가 부착된 하드웨어, 인공지능 기반의 운영 소프트웨어, 소프트웨어를 실행하는 스마트폰, 하드웨어와 스마트폰을 연결하는 무선 통신이다. 스마트폰 속의 소프트웨어 앱은 외부와 연결되어 레시피를 다운로드할 수도 있고, 맛있게 요리된 음식 사진이나 개인 레시피를 페이스북에 업로드할 수 있다. 스마트폰이 외부와 소통하는 도구 역할을 하는 셈이다. 옛날 어머니들의 손맛은 사라질지 모르지만 스마트제조처럼 데이터 기반의 스마트쿠킹이 가능하게 되었다. 이를 "스마트쿠킹 에코시스템"이라고 부르기로 하자.

기존의 음식 요리도구는 음식 요리 과정에서 피드백을 주지 못한다. 레시피를 참고해서 요리를 하지만 진행 중인 요리가 레시피에 명시된 기준대로 정확하게 만들어지고 있는지 확인이 불가능하다. 그래서 같은 레시피대로 요리를 하더라도 요리 경험이나 솜씨에 따라 서로 다른 맛을 내게 된다. 이는 요리 관련 정보가 양방향으로 흐르지 못하고 단방향으로 흐르기 때문이다. 요리사는 조리도구에게 명령(제어)을 내릴 수 있지만 요리도구로부터는 정보를 받지 못하는 것이다.

스마트쿠킹 에코시스템은 요리사와 조리도구 사이에 양방향 정보를

| 그림 99 | 스마트 후라이팬의 손잡이와 해당 스마트폰 앱

출처: Pantelligent (2015, December).

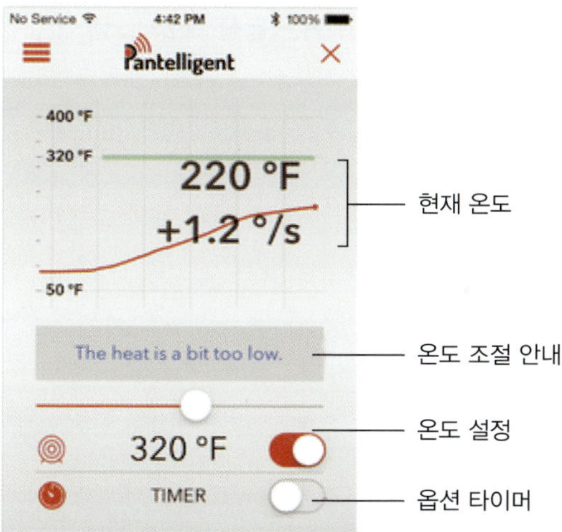

| 그림 100 | 요리가 진행되는 동안 앱을 통한 쿠킹 모니터링 화면

출처: Pantelligent (2015, December).

흐르게 한다. 요리전문가 홈페이지에서 제공하는 레시피를 다운로드한 후, 레시피와 스마트 조리 기구들이 사물인터넷 기술로 연동되어 음식 조리상태를 실시간으로 피드백해 준다. 그러면 요리 경험이 없는 사람이라

| 그림 101 | 기존 음식 제조시스템

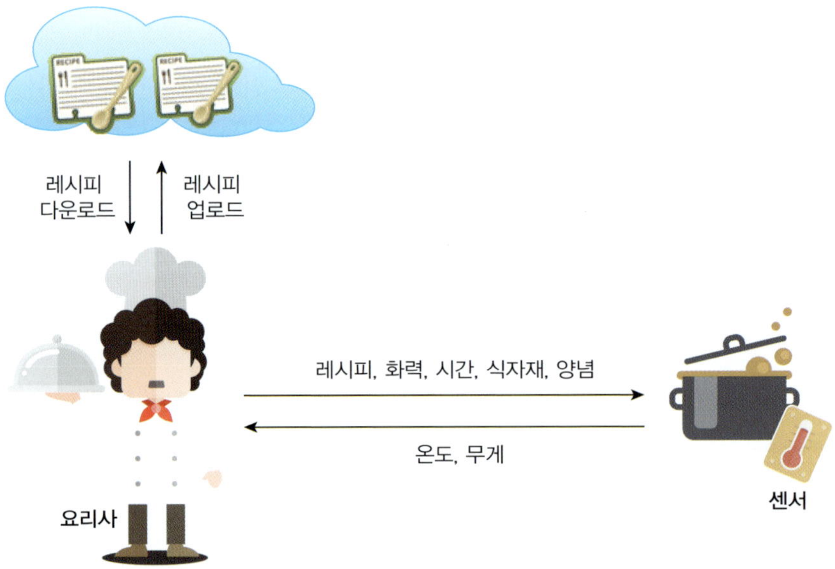

| 그림 102 | 스마트 음식 제조시스템

도 정확한 요리 정보의 실시간 피드백을 통해 레시피 그대로의 맛을 낼 수 있게 되고, 누구나 맛있는 요리를 직접 만들 수 있다. 뿐만 아니라, 전 세계의 누구나 레시피를 업로드하고 다운로드할 수 있어서 처음 접하는 외국의 요리도 손쉽게 조리해서 새로운 맛을 즐길 수 있게 된다.

앞에서 이야기한 스마트쿠킹 에피소드는 스마트제조 개념과 매우 유사하다. 스마트쿠킹도 무엇인가를 '만드는' 활동이기 때문이다. 스마트제조는 제조 현장의 모든 상황을 각종 센서를 통해 모니터링하여 데이터 기반의 의사 결정을 지원함과 동시에 실행된 작업이 계획대로 진행되고 있는지를 점검한다. 스마트제조의 가장 중요한 부분은 제조 현장의 실시간 데이터 수집과 데이터 기반의 의사 결정이다. 제조장비에 부착된 다양한 센서로부터 온도, 습도, 윤활유 농도, 재공품 품질 상태 등을 센서를 통해 측정할 수 있기 때문에 가능한 것이다. 마치 스마트쿠킹에서 프라이팬의 온도나 무게, 요리의 진행 상태를 측정하고, 이렇게 측정된 데이터를 기반으로 불의 세기, 요리 시간 등에 대한 의사 결정을 도와주는 것과 유사하다. 앞으로도 스마트쿠킹의 지속적인 혁신은 분명하다. 프라이팬에 올려진 식자재의 두께, 크기 등을 측정하는 센서가 부착된다면 요리의 완성도를 더 정확하게 예측할 수 있을 것이다. 마치 스마트제조에서 가공 중에 발생하는 데이터를 기반으로 완제품의 품질을 미리 예측할 수 있는 것처럼….

스마트 식당과 소비자

2015년 크리마스 이틀 전에 홍미 있는 뉴스가 떴다.

소비자가 주문해서 배달받은 치킨과 한 잔의 맥주로 즐거운 저녁을 보내려고 하던 차에 치킨 속에서 비닐 이물질이 나온 것이다. 물론 이 사건에 대응했던 점주의 태도가 더욱 논란을 가중시킨 것도 있다. 이날 신문에 실린 기사를 읽고 한 가지 생각이 떠오른다. 사실, 그동안 배송 음식이 어떤 환경에서 어떻게 만들어지는 지를 거의 알 수가 없었다. 소비자가 식당으로 주문을 하는 정보의 흐름만 있을 뿐, 역방향으로 식당의 조리정보가 소비자에게 흐르지 않다는 것이다. 여기에 스마트제조의 개념을 도입하면 어떨까? 제조기업는 음식점으로, 제품 소비자는 음식 주문자로 생각하면 된다. 제조기업와 제품 소비자 간 높은 정보 가시성을 요구하듯이 음식점과 소비자 사이에도 정보의 가시성을 높이는 방안이 없을까?

현섭에게 맛있는 식사를 대접받은 하정이는 다음 날 현섭을 집으로 초대하여 맛있는 배송음식을 주문해서 같이 먹기로 하였다. YY설렁탕집에 설렁탕을 주문하기로 하고 현섭과 하정은 해당 홈페이지에 접속하여 본인들의 스마트폰을 식당의 컴퓨터에 연동하기 시작하였다. 곧, 각자의 스마트폰 화면에서는 '박현섭(0860) 손님: 3회 방문, 싱거운 맛 선호', '이하정(7241) 손님: 12회 방문, 짠 맛 선호'라는 문구가 표시되었다. 소비자의 입맛 선호 데이터가 스마트폰과 가게의 컴퓨터의 연동으로 표시된 것이었다. 식당의 메뉴가 스마트폰 화면으로 디스플레이 되기 시작하였다. 각 메뉴를 터치할 때마다 각 메뉴의 요리에 사용되는 식자재의 원산지, 신선도, 소요시간, 예상 도착 시간 등이 자세히 공유된다. 음식점에서 소비자로 정보가 역방향으로 흐르는 것이다.

설렁탕을 주문한 후 얼마 지나지 않아 스마트폰 앱을 통해 음식 요리하는 과정이 상세하게 중계되기 시작한다. 스마트폰 스크린에는 조리용 도구의 온도, 식자재의 생산, 공급 이력, 익은 정도, 열량, 요리사 이력 등이 중계 화면 위로 겹쳐져 보인다. 소비자가 먹을 음식이 어떻게 준비되는지를 투명하게 공유하는 활동은 식당에 대한 신뢰를 높일 수 있는 기회가 된다. 한편, 음식 준비가 진행되는 중에 소비자의 선호도를 지원하기 위해 몇 가지 입력 데이터를 요구하기도 한다.

음식 정보를 확인하던 현섭이가 한때 위생적이지 못한 식당의 음식 때

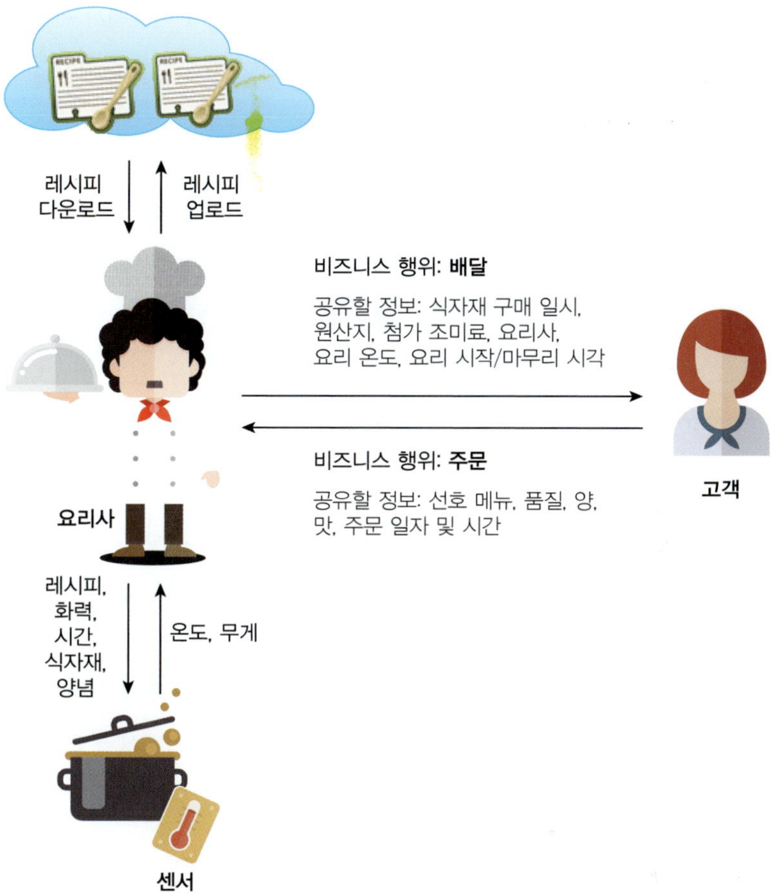

| 그림 103 | 스마트쿠킹에서의 양방향 정보 흐름

문에 식중독이 걸린 기억을 떠올렸다. 몇 년 전만 하더라도 원산지가 진짜 국내산인지, 음식의 조리 과정은 위생적인지 궁금해도 알 수가 없었는데 이제는 스마트폰 하나로 다 확인이 가능하게 되었다. 식당의 친절한 서비스에 고마움을 느낀 현섭이는 어떻게 식당 소유주에게 보답할 수 있을지 고민하였다. 단순하게 "맛있어요"나 "좋아요"라는 평가에 참여하는 것은 당연지만, 음식 맛이나 품질, 스타일 등의 실질적인 개선에 도움을 주기로 했다. 그러기 위해서 음식의 맛이 짜거나 매운지, 품질 측면에서 배송 시 음식이 식어 맛이 떨어졌는지, 함께 배송된 반찬의 상태는 어떤지 등을 식당

으로 피드백을 해주기로 했다. 물론 현섭이의 스마트폰을 이용해서 측정한 객관적인 데이터를 보내면서 말이다. 이제 식당과 소비자는 서로 윈윈하는 관계를 만들어 가고 있다.

이처럼 스마트제조 개념을 요식업에도 도입하는 것이 가능하게 되었다. 스마트제조에서 공장 내 생산 설비에 설치된 다양한 센서로부터 데이터를 수집하는 것은 제품의 품질과 생산성을 향상시킬 수 있으며 이와 동시에 소비자에게 생산진행 상황을 실시간으로 전달할 수 있게 해준다. 이를 바탕으로 소비자는 원하는 제품을 자신의 기호에 맞게 맞춤 제작하도록 의뢰할 수도 있고, 누가 언제 어떻게 만드는지에 대한 이력을 투명하게 파악할 수도 있으므로 제품에 대한 신뢰를 높일 수 있다.

물론 반대로 완성된 제품에 심어져 있는 다양한 스마트 센서를 통해 소비자의 제품에 대한 사용환경이나 사용패턴, 제품 상태 등이 스마트공장으로 전달되기도 한다. 스마트공장은 이를 받아 기존 제품의 사양 변경을 통해 개선을 꾀할 수도 있고 구매 후에 사용빈도가 작은 제품의 사양은

비닐치킨 사건 논란, 피해 보상은? "소비자가 직접 피해를 밝히는 것이 원칙"

비닐치킨 사건 녹취록이 공개되며 프랜차이즈 업체 A 치킨에서 이물질이 발견돼 논란이 가중되고 있는 가운데 그에 따른 피해보상 규정에 대해 관심이 쏠리고 있다. 식품에서 이물질이 나왔을 때 소비자의 대부분은 피해액에 정신적 보상까지를 포함한 금전 보상을 받기 원하지만 실제로 금전 보상으로 이어진 경우는 소수에 불과한 것으로 나타났다. 현재 공정거래위원회가 고시한 소비자분쟁해결기준은 이물질이 들어있는 제품을 구입한 소비자에 1:1 교환 또는 구입가 환급을 원칙으로 하고 있다. 만약 해당 식품 섭취로 문제가 생기면 추가 보상이 가능하지만 제품을 구입하기 위해 소요된 시간과 비용, 의도치 않게 이물질을 먹게 된 피해에 대해서는 구제받을 수 없다. 또 현행법상 식품에서 이물질이 발견돼서 피해가 났을 경우에는 그 피해를 소비자가 직접 밝히는 게 원칙이다. 그렇다면 식품 속에서 이물질을 발견하게 되면 대응 방법으로는 어떤 것이 있을까? 식품의약품안전처에서 운영하고 있는 불량식품신고 전화가 있다. 소비자는 이물질을 손상이 없도록

조기 중단시킬 수도 있을 것이다. 또한 소비자 개인별 특화가 가능한 제품의 특성을 새롭게 파악할 수도 있을 것이다. 이와 같이 양방향 정보 전달은 공장과 소비자가 서로를 모니터링하면서 반사이익을 누릴 수 있게 한다.

자신이 집에서 직접 요리할 때 스마트 요리도구의 도움으로 음식의 조리 상황과 열량 등의 정보를 실시간으로 확인할 수 있었는데, 이제는 식당의 스마트 요리도구와 소비자와의 연결고리가 형성된 것이다. 이는 공정과 공정, 공장과 공장, 제품과 공장 간의 연결이라는 스마트제조의 개념을 스마트쿠킹에서는 소비자와 식당 간의 상호작용에 적용할 수 있다는 의미이다. 스마트쿠킹에서의 '연결'은 식당에서 어떻게 음식이 만들어지는지, 식자재 종류가 무엇인지, 영영소의 함유량은 어떻게 되는지, 조리사는 누구인지, 맵기와 짜기는 어느 정도인지를 소비자에게 투명하게 전달될 수 있도록 한다. 또한 소비자가 품질 불량 음식을 발견하게 되면 그 원인을 신속하고 정확하게 진단할 수 있게 되었다.

보관을 한 이후에 식약처나 소비자원에 제출하면 된다.

한편, 지난 21일 유튜브에는 6분 16초 분량의 전화 녹취록이 공개되었다. 소비자 B씨는 비닐이 나왔으니 환불해 달라고 요청했고, 통화중이었던 업주가 한 차례 그냥 끊어버린 상태여서 녹취를 시작했다. 하지만 치킨집 점주 C씨는 "그 정도 가지고 환불해 주기는 좀 그렇다. 아예 박혀있는 것도 아니고 그 정도는 이해해 달라"며 "노블레스 오블리주 정신이 좀 약하신 게 아니냐. 우리도 일부러 넣은 건 아니지 않냐"고 말했다. 해당 점주는 "죄송하다고 사과하고 저희가 잘못한 건 맞는 데 그 점은 이해해 주셔야 한다. 저희가 했던 정성이 있다"며 환불을 거듭 거부했다. 결국 해당 업체는 환불을 해주기로 했지만 해당 업체와의 소비자 간의 언쟁 녹취록이 SNS에 퍼지면서 논란이 커졌다. 이에 프랜차이즈 본사는 페이스북을 통해 "가맹점주의 소비자 클레임에 대한 적절치 못한 응대에 대해서 피해를 입은 해당 소비자님뿐 아니라 애용해 주시는 많은 소비자님들께 심려를 끼쳐드린 점 진심으로 사과의 말씀 드립니다"는 사과문을 게재했다.

출처: 서울경제(2015. 12. 23.).

원재료 원산지와 소비자와의 연계

2015년 가을 아이폰 6S가 출시된 이후 소비자들 사이에서 흥미있는 사건이 벌어졌다. 스마트폰을 구동하는 주요 부품 중의 하나인 앱 프로세스 Application Processor: AP의 원산지에 대한 논쟁이 바로 그것이다. 대만의 A기업이 공급했는지, 한국의 S전자가 공급했는지에 대한 이슈였다. 어떤 똑똑한 개발자 한 명이 해당 부품의 원산지를 알아내는 앱을 사용설명서와 함께 인터넷 상에 공유한 뒤로 환호와 탄식이 회자되었다.

사실 어떤 종류의 완제품을 만들기 위해서는 적게는 수십 개에서 많게는 수만 개에 이르는 부품을 여러 협력사로부터 공급받아 조립하는 과정을 거쳐야 한다. 또한 이러한 공급 관계는 여러 단계를 거치게 되는데, 일반적으로 1차 공급기업은 2차 공급기업으로부터 더 근원적인 원재료를 공급받아야 한다. 이렇게 원재료가 여러 단계를 거쳐 사슬을 따라서 움직인다고 하여 공급사슬이라고 하는 것이다. 이때 어떤 부품을 어느 기업으로부터 공급받아 조립했는지에 대한 공급사슬 정보를 투명하게 관리하는 것이 매우 중요한데, 그 이유 중의 하나가 자신의 제품에 대한 부품 정

아이폰6S에 제조기업 다른 AP 탑재…소비자는 '복불복'?

애플이 25~27일 내놓은 아이폰6S와 아이폰6S 플러스에 다른 회사에서 다른 공정으로 만든 앱 프로세서AP가 장착돼 판매 중이라는 의혹이 제기됐다. AP는 스마트폰에 들어가는 시스템 반도체로, 그래픽 처리 속도는 물론 전력 소모량을 결정하는 핵심 부품이다. 최근 대만의 개발자 히라쿠 왕은 자신의 누리집에 아이폰6S 시리즈에 사용된 AP를 확인할 수 있는 앱을 공개했다. 이 앱은 테스트 결과를 아이폰 사용자에게 보여 주는 동시에 AP 정보를 왕의 누리집에 전송한다. 30일 오후 3시 현재 왕의 누리집에 수집된 테스트 결과를 보면 실험에 참여한 아이폰6S 시리즈는 6,500여 대며, 그중 4,000여 대가 대만의 반도체 제조기업 A기업이 생산한 AP를, 2,500여 대는 S전자 AP를 사용하고 있었다. 분석 결과, 아이폰6S 플러스는 두 회사의 AP를 엇비슷하게 사용하고 있는 반면 상대적으로 가격이 낮은 아이폰6S은 A기업 AP의 사용 비율이 4배나 높았다.

보를 궁금해 하는 소비자에게 적절한 정보를 제공할 수 있기 위해서이다. 바로 아이폰의 앱 프로세서의 원산지에 대한 논란이 바로 이런 점을 보여주는 단적인 예라고 할 수 있다.

이는 비단 공산품만의 문제가 아니다. 식자재의 원산지 문제는 더 심각하다. 공산품 제조과정에서 필수적으로 발생하는 공급사슬이 음식을 만드는 과정에도 필요한 식자재의 흐름으로 볼 수 있다. 최종 단계의 소비자가 원하는 것은 바로 전단계의 요리뿐만 아니라 그 식당에 납품하는 공급업체들의 투명한 식자재 이력관리인 것이다. 이처럼 소비자는 음식의 맛 뿐만 아니라 그 음식에 들어가는 식자재의 프로필을 기준으로 음식을 선택하는 시대가 된 것이다.

아래의 기사는 식자재 공급사슬의 투명성이 부족할 때 무슨 상황이 벌어질지를 보여주는 기사이다. 우리가 직접 요리해서 먹는 음식이든 배송 음식이든 혹은 외식으로 식당에 가서 먹는 음식이든 모든 음식이 완성된 공산품과 유사한 공급사슬을 따른다. 그러나 최근까지 소비자들은 이러한 음식의 원산지와 흐름에 대한 상세한 정보를 알 수 없었다. 웰빙, 건강식에 대한 관심의 증가로 인해 음식 재료에 대한 보다 자세하고 정확한

아이폰6S 시리즈에 들어간 S전자 AP는 14㎚, A기업 AP는 16㎚ 공정으로 제작됐고, 모두 애플이 요구하는 성능을 충족하는 것으로 알려졌다. 그러나 '체감은 어렵더라도 반도체 공정이 정밀(14㎚)할수록 발열과 전력 소모가 적다. 성능 차이가 날 수밖에 없다'는 주장도 만만치 않다.
클리앙 등 국내 대형 IT 커뮤니티에서는 "같은 돈을 주고 성능이 떨어지는 제품을 구입할 수도 있다"고 우려하는 목소리와 "두 부품 사이에 유의미한 성능 차이가 없다"는 주장이 종일 맞섰다. "구매 예정자인데 S전자 AP 장착 제품이 아니면 교환을 요청하겠다"며 적극 대응 방침을 밝힌 누리꾼들도 있었다.

출처: 한겨레(2015. 09. 30.).

정보를 알고 싶지만, 식당에서 제공하는 간략한 정보만을 일방적으로 믿는 수밖에 없었던 것이다. 현재 완전하지는 않지만 식당에서는 몇몇 식자재의 원산지를 표기한다. 그러나 언제 누구로부터 무엇을 공급 받았는지, 얼마동안 보관되었는지, 어떻게 세척되었는지 등의 궁금한 점이 너무 많다.

이제는 스마트쿠킹 분야에 스마트제조의 개념이 도입됨에 따라 모든 농수산물의 생산 · 유통 정보는 RFID 등의 기술로 추적되고 클라우드 서버에 저장되어 소비자는 자신의 스마트폰으로 언제 어디서나 음식점의 원산지 정보를 확인할 수 있게 변하고 있다. 더 나아가서는 음식점의 스마트 기기들과 연동하여 음식의 조리 상황, 음식 열량 등의 음식 정보도 실시간으로 확인할 수 있게 될 것이다. 안심하고 안전한 식사를 '스마트'하게 즐길 수 있게 되는 것이다.

현섭이 여자 친구 하정이는 음식에 들어가는 식자재의 이력을 아는 것뿐만 아니라 음식을 주문할 때 음식에 들어갈 식자재의 선택권까지 가지기를 원한다. 현섭이가 스마트폰을 통해 지금 막 주문한 음식에 들어가는 고춧가루의 공급 이력을 보여 주자 매운 음식을 좋아하는 하정이는 9월달의 햇살에 말려서 만든 청양산 고춧가루를 선택한다. 이렇듯 현재는 음식에 들어간 식자재의 이력만 보여 주어도 충분하다고 생각할 수 있지만, '개인맞춤형'과 '연결'이라는 스마트제조의 개념을 스마트쿠킹 환경에 적

값싼 젖소 육우로 속여 납품한 축산 판매업자 적발

값싼 젖소 고기를 육우 고기로 속여 식당에 납품한 축산업자가 덜미를 잡혔다. 식품의약품안전처는 22일 젖소를 육우로 표시해 뷔페 식당 등에 납품한 혐의(축산물위생관리법 위반)로 축산물 판매업체 우리축산(인천 서구) 대표 박모(47)씨 등 3명을 적발해 검찰에 송치했다고 밝혔다.

식약처에 따르면 박씨 등은 작년 5월부터 올해 8월까지 젖소 고기에 지방을 주입해 만든 저가의 소고기 양념육을 스테이크 형태로 재가공한 뒤 원료를 '육우소, 채끝 100%'로 허위 표시해 5억6천만 원어치를 판매한 혐의를 받고 있다. 박씨 등은 또 축산물가공업 허가

용하여 소비자로 하여금 원하는 식자재를 선택하고 이 선택을 음식을 조리하는 곳에 반영할 수 있는 새로운 변화가 오고 있다.

지금까지의 이야기를 통해 스마트제조가 기존의 제조업 공정뿐만 아니라 다양한 서비스 분야에도 적용될 수 있음을 생각해 볼 수 있다. 음식점, 요리사 등을 하나의 공장이라고 생각하고, 소비자의 음식 기호에 대한 데이터를 수집하고 분석하여 새로운 가치를 창출한다면 전통적인 제조업에 국한된 좁은 시야에서 벗어나 요리, 미용, 패션 등 다양한 산업에도 스마트제조의 개념을 적용할 수 있다. 모든 데이터가 수집되고 전달되어 새로운 가치를 창출할 수 있는 미래 산업의 핵심 아이디어를 스마트제조의 개념에서 찾아볼 수 있는 것이다.

를 받지 않은 상태에서 소고기를 가공하고 유통기한이 1년인 제품을 2년으로 표시해 판매한 혐의도 받고 있다.

젖소는 육우와 달리 우유 제조가 목적이어서 고기의 품질이 육우나 한우에 비해 현저히 떨어져 통상 육우의 50% 수준 가격으로 거래된다. 축산물 판매업체는 축산물을 공급할 때 원료와 함께 원산지 등의 실시간 조회가 가능하도록 개체식별번호를 적어야 하는데, 박씨 등은 다른 육우의 식별번호를 기재해 단속을 피한 것으로 나타났다.

출처: 연합뉴스(2015. 10. 22.).

3

좋은 공연을 관객에게 전달한다: 스마트로지스틱스

3
좋은 공연을 관객에게 전달한다: 스마트로지스틱스

로지스틱스, 무엇이 변하고 있나

지금 여러분이 읽고 있는 이 책은 어떤 과정을 거쳐 여러분의 손에 들어오게 되었을까? 여러분이 읽고 있는 것이 종이책이라는 가정하에 이 책이 만들어진 주요 과정을 개략적으로 살펴보자. 가장 먼저 산림지역에서 벌목을 통해 목재원료가 생산되고, 목재원료에서 펄프가 제조되고, 펄프가 가공되어 종이가 만들어진다. 이렇게 준비된 종이 위에 원고가 인쇄되고, 제본을 거쳐 책이 만들어지면 출판사 창고 또는 유통기업 창고에 잠시 머물렀다가 오프라인 서점으로 발송되고 그 뒤에(인터넷 서점으로 구매했다면 이 단계는 생략되었을 것이다.) 여러분의 구매를 통해 손에 들어왔을 것이다. 물론 여기에 저자의 집필 과정, 출판사의 편집 과정, 그리고 각 단계별 자세한 제조 프로세스를 포함해야 한다고 생각할지도 모르겠다. 하지만 그보다 훨씬 중요한 것이 빠져있다. 이 모든 과정은 결코 한 장소에서 이루어지지 않았다.

이 책이 우리 손에 오기까지 각 단계에서 생산된 원재료, 제품들은 셀 수 없이 많은 장소를 이동한다. 목재는 벌목장에서 펄프 생산장으로, 여기서 생산된 펄프는 제지공장으로, 다시 종이는 인쇄소로 이동되며 마지막으로 만들어진 책이 서점으로 이동하기까지 각 단계 사이의 '이동'은 짧게는 몇 시간, 길게는 몇 달에 걸쳐 이루어지며 공급사슬이 시작되는 지점부터 마지막 소비자에게까지 사슬 전체를 연결해 주는 중요한 역할을 한다.

로지스틱스 산업은 이 '연결'을 효율적이고 효과적으로 관리하는 것을 목표로 하기 때문에 공급사슬 전체에서 생산 못지않게 중요한 자리를 차지한다. 만약 각 단계에서 제조가 빨리 되더라도 다음 단계로 이동하는데 쓸데없이 많은 시간을 허비하거나, 비효율적인 운송수단을 이용한다면 제조기업과 소비자 모두에게 손해를 끼치게 된다. 따라서 로지스틱스 산업에서 해결하고자 하는 문제는 '어떻게 하면 빠른 시간 안에 원하는 곳으로 제품을 이동시킬 수 있을까, 혹은 시간이 조금 더 걸리더라도 다른 지역에 머물렀다가 한 번에 이동하는 것이 좋지 않을까'와 같은 기본적인 질문에 여러 이해관계자들의 요구사항이 반영되어 더 복잡해지고 있다.

|그림 104|는 기존 로지스틱스 환경에서 해결하고자 했던 문제와 스마트로지스틱스 환경에서 나타난 새로운 문제들을 다섯 가지 키워드인 누가Who, 언제When, 어디서Where, 무엇을What, 어떻게How를 중심으로 비교하고 있다.

	기존 로지스틱스 환경에서 해결하고자 했던 문제들		스마트 로지스틱스 환경에서 나타난 새로운 문제들
WHO	• 생산자가 직접 운송 할 것인가? • 아니면 전문 로지스틱스 업체에게 맡길 것인가?	➡	• 제품 이동에 여러 업체가 동시에 관여하는가? • 업체 간 실시간 정보 공유는 어떻게 이루어지나?
WHEN	• 운송 시간은 얼마나 걸리는가? • 운송 시간을 더 단축할 수 있는 방법은 없을까?	➡	• 맞춤형 제품의 주문이 발생하고 제품이 고객에게 도달하기까지 걸리는 총 시간을 최소화할 수 있는 다른 방법은 없을까?
WHERE	• 어디에서부터(from) 어디로(to) 가는가? • 제품들이 거쳐가야 하는 거점이 있는가? • 거점은 어디에 위치해야 할까?	➡	• 동일한 제품을 대량 운반하는 것이 아니기 때문에 고객맞춤형 제품마다 이동 경로가 다르지 않을까? • 제품마다 다른 이동경로를 어떻게 관리할까?
WHAT	• 무엇을 운반할 것인가? • 운송 시 고려해야 할 제품 고유의 특성은 없는가?	➡	• 운송중인 제품의 상태를 알 수 있을까? • 고객맞춤형 제품 정보를 자동으로 얻을 수 있을까?
HOW	• 어떤 운송수단을 사용할까? • 운송 수단 별 장점과 단점은 무엇인가?	➡	• 고객이 원하는 운송수단은 무엇인가? • 새로운 운송수단은 없을까?

| 그림 104 | 로지스틱스 관리를 통해 해결하고자 하는 문제들의 변화

소비자맞춤형 제품 생산과 초연결은 로지스틱스 산업 역시 스마트로지스틱스 환경으로 변화시킨다. 앞으로 로지스틱스 관리의 다섯 가지 키워드를 중심으로 스마트로지스틱스 환경에서 새로이 떠오르는 문제들은 무엇이고, 어떤 방법으로 해결할 수 있을지 이야기해 보고자 한다.

Who: 맞춤형 제품은 맞춤형 운송으로

기존 로지스틱스 환경에서 제품을 운송하는 주체는 주로 제조기업이나 판매기업이었다. 제품 제조기업은 자신의 생산 일정에 맞게 원재료가 도착해 있기를 바라며, 생산된 제품을 다음 단계인 판매장소로 전달하고자 한다. 판매기업 역시 자신이 가지고 있는 제품들이 다 팔리고 바닥나서 다음 소비자가 제품을 구입하지 못해 되돌아가지 않도록 빨리 제품을 받고 싶어 한다. 하지만 이런 상황은 비슷한 제품을 많이 생산하고 판매하는 대량생산Mass production 환경에서 주로 일어나는 일이다.

맞춤형 제품은 제품 각각이 다른 특성을 가지고 다른 생산 과정을 거쳐 소비자에게 도달하기 때문에 소비자가 확정된 후에야 소비자가 원하는 제품의 모습이 구체화된다. 이는 제조가 먼저 이루어지는 대량생산 환경에서 제품의 특성이 먼저 정해지고, 이 제품을 가져가는 소비자는 판매 후에 알 수 있는 것과 대조된다. 따라서 맞춤형 제품 제조가 보편화된 환경에서 가장 먼저 확정되는 것은 제품이 아닌 소비자이고, 맞춤형 제품과 마찬가지로 운송 역시 소비자가 직접 설계할 수 있다. 내가 가지고 싶은 제품을 잘 생산할 수 있는 제조기업을 고르는 것처럼 만들어진 제품을 잘 운송해 줄 배송기업을 선택하는 것이다.

소비자가 맞춤형 제품을 설계하는 것 외에 맞춤형 운송을 선택해야 할 필요가 있을까? 종종 온라인에서 제품을 구매했는데 배송된 상자를 열어보니 제품이 파손되었거나 상태가 변질되어 사용할 수 없게 된 것을 발견하기도 한다. 현재 제품을 전달해 줄 배송기업은 소비자가 아닌 제조기업(혹은 판매기업)이 선택하기 때문에 그들의 편익에 맞는 기업이 운송을 맡게 되고, 대개 운송계약은 제품 단위로 이루어지지 않기 때문에 운송을 맡은 기업은 제품 종류에 상관없이 계약된 제조기업(혹은 판매기업)이 전달하고자 하는 모든 제품을 운송하게 된다. 그런데 만약 우리가 주문하는 제품의 종류에 맞게 특화된 배송기업을 선택할 수 있다면 주의가 필요한 제품은 해당 제품 전문 배송기업이 맡아 파손의 우려가 크게 줄어들 것이다.

그렇다면 내가 주문한 맞춤형 제품을 누가 가장 안전하고 빠르게 배송해줄 수 있을까? 현재는 맞춤형 운송이 보편화되어 있지 않기 때문에 우리는 운송자 선택에 필요한 정보를 얻는 데 어려움을 겪고 있다. 여러분 대부분은 이사를 할 때 이삿짐센터를 불러 본 적이 있을 것이다. 이때 어떤 기준으로 옛 집에서 새 집까지 내 짐을 안전하게 옮겨 줄 이삿짐센터를 선택했는가? 사실 우리가 얻을 수 있는 정보는 많지 않다. 우연히 현관문 구석에 붙어 있는 이삿짐센터 광고 스티커를 발견했거나, 언제 받았는지 기억이 나지 않는 명함, 혹은 몇 년 전 내 이사를 도와줬던 이삿짐센터 전화번호가 남아있었을 것이다. 물론 요즘은 인터넷으로 가까운 이삿짐센터가 어디인지 검색해 볼 수도 있다. 하지만 이런 방법으로 우리가 이삿짐센터 후보들에 대해 얻을 수 있는 정보는 무척 제한적이어서, 종종 이렇게 한정된 정보를 토대로 선택한 이삿짐센터의 도움을 받아 이사를 마친 후 내가 아끼는 물건에 흠집이 난 것을 발견하거나 소중한 물건이 분실되는 일이 벌어지기도 한다.

스마트로지스틱스 환경의 초연결적인 특성은 모든 제조기업, 판매기업, 소비자와 더불어 배송기업까지 자유롭게 연결할 수 있게 도와준다. 정보 공유를 바탕으로 하는 초연결 환경은 맞춤형 제품과 비슷한 유형의 제품을 많이 운송해 본 경험이 있거나, 각 생산 단계와 거리가 가깝거나, 내 주문을 많이 운송해 준 배송기업을 선택할 수 있도록 관련된 정보를 제공해줄 것이다. 이는 맞춤형 제품 생산에 관여할 제조기업을 선정하는 것과 마찬가지로 맞춤형 주문에서 중요한 단계를 차지할 것이다.

When: 생산, 스마트로지스틱스의 품으로

로지스틱스 산업에서의 주요한 질문 중 두 번째는 시간에 관한 것이다. 로지스틱스 산업에서는 빠른 배송을 원하는 소비자들을 위해 어떻게 하면 제품을 운송하는 데 걸리는 시간을 줄일 수 있을지 늘 고민하고 있다. 물론 운송 시간을 줄이는 것은 나머지 다섯 가지 질문을 함께 생각해야 하지만 여기서는 공급사슬 측면에서 로지스틱스 산업의 영역을 바탕으로 이야기를 전개해 나가려고 한다.

현재 로지스틱스 산업은 제품의 전달만을 목적으로 운영되기보다 공급, 판매와 같이 공급사슬의 다른 단계를 통합적으로 다룸으로써 시간을 효율적으로 관리하고자 한다.

먼저 로지스틱스 산업에 공급 과정이 통합되는 예를 생각해 보자. 한 배송기업은 제조기업과 계약을 맺고 공급기업으로부터 원재료를 전달받아 제조기업에게 전달하고 있다. 이때 만약 원재료 공급기업과 제조기업과의 거리가 너무 멀어서 원재료를 가져오는 데 매우 오랜 시간이 걸린다고 생각해 보자. 더욱이 제조기업의 생산 일정에 변동이 심해서 매번 생산 일정에 맞춰 원재료를 전달하기가 더 어렵다고 가정한다면 이런 상황에서의 한 해결책으로서 배송기업은 공급기업으로부터 원재료를 받아 자신이 보유한 중간 거점에서 원재료를 보관하고 있다가 제조기업의 일정에 맞게 안정적으로 원재료를 전달해 줄 수 있을 것이다. 이 경우 배송기업은 전달과 공급의 역할을 함께하고 있다고 말할 수 있다.

로지스틱스 산업에 판매 과정이 통합된 사례는 주변에서 쉽게 찾아볼 수 있다. 어느 동네에서건 흔히 접할 수 있는 편의점은 소비자가 24시간 접근할 수 있고 여러 제품들을 살 수 있도록 진열해 놓고 판매한다. 편의점은 제품이 판매되는 장소임과 동시에 여러 제조기업으로부터 제품을 공급받는 장소이기도 하다.

따라서 로지스틱스 산업에서는 기본 목표인 '전달'을 바탕으로 시간을 효율적으로 관리하기 위해 '판매'와 '공급'을 동시에 담당하므로 종종 산업 영역의 경계가 다소 모호해지기도 한다. 그런데 맞춤형 제품 제조가 활성화되면서 제품의 생산과 전달을 동시에 진행하여 시간을 단축하기 위한 시도가 이루어지고 있다. 이로써 스마트로지스틱스 산업은 판매와 공급에 이어 '생산'까지 산업의 영역으로 확장될 가능성을 보이기 시작했다.

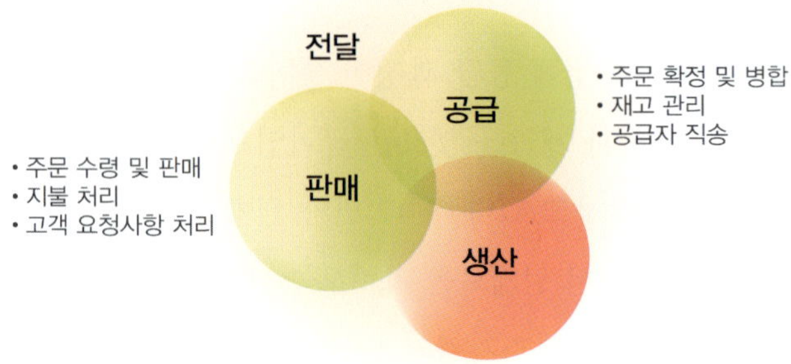

| 그림 105 | 로지스틱스 산업의 분류

최근 세계적인 배송기업 UPS는 미리 만들어진Pre-manufactured 반제품 제품을 운송하는 중에 3D 프린터를 통해 나머지 부분을 생산하고 제품을 완성하는 새로운 모델을 구축하고 있다고 한다. 맞춤형 제품에 대한 소비자의 수요는 늘어나고 있는 반면, 자유자재로 제품을 만들 수 있는 3D 프린터의 보급 속도는 아직 느리다는 점에 착안한 것이다. 따라서 UPS의 대형 물류센터에 다수의 3D 프린터를 두고, 소비자 니즈가 반영되기 이전 단계까지 진행된 반제품을 둠으로써 맞춤형 제품 생산 시대로 이끌어 나가기 시작했다.

| 그림 106 | UPS의 물류센터에 대기하고 있는 3D 프린터들

출처: Franklin Jr., C. (2016, January 13).

3D 프린터 기술의 발달은 맞춤형 제품 생산에 매우 큰 기여를 할 것이다. 3D 프린터는 제조기업이 가지고 있을 때보다 소비자가 가지고 있을 때 가장 자유롭게 자신이 원하는 바를 구현할 수 있겠으나, 소비자가 직접 제품 생산에 필요한 원재료를 구매하고 전달받아야 하며 제품 전체를 설계하고 만들기에는 아직 한계가 있다. 또한 개인의 공간적 제약으로 인해 커다란 크기의 3D 프린터는 보유하는 데 어려움이 있어서 스마트 제품 생산 환경에서 소비자가 직접 만들 수 있는 제품의 크기는 다소 작을 것이다.

반면 제조기업이 3D 프린터를 가지고 맞춤형 제품을 생산할 경우 소비자의 설계 정보를 받아 제조를 시작하고 완성된 제품을 소비자에게 전달하기까지 걸리는 시간은 이미 만들어진 것을 바로 판매하는 대량생산 제품의 전달 시간에 비해 다소 길어질 우려가 있다. 따라서 생산자와 소비자의 중간 지점을 연결해 주는 로지스틱스 산업에서는 일부 부품을 미리 가진 채로 소비자의 맞춤형 제품 주문이 들어오면 배송을 시작함과 동시에 3D 프린터를 통해 제품의 나머지 부분을 생산하고, 목적지에 도착하기까지 제품을 완성하여 소비자에게 전달하는 방법으로 맞춤형 제품의 주문으로부터 제품 수령까지 걸리는 시간을 줄일 수 있을 것이다.

Where: 복잡하지만 유연해진 경로

맞춤형 제품은 제조 프로세스를 복잡하게 만드는 동시에 전달 과정 또한 복잡하게 만든다. 이전 로지스틱스 산업의 주요 질문 중 위치에 관한 것은 '이것들은 어디로부터 어디를 거쳐 어디로 가는가'였으며, 몇 가지 제품 종류에 따라 경로의 수는 한정적이었다(물론 한정적이라 해도 결코 적은 수를 의미하는 것은 아니다). 하지만 맞춤형 제품은 투입되는 원재료의 종류와 공급기업, 제조기업에 따라 제품 별로 달라진다. 또한 이 사이를 연결할 로지스틱스 주체 역시 소비자가 선택할 수 있다. 따라서 맞춤형 제품별로 이동할 수 있는 경로가 각각 존재하며, 이 모든 경로를 생각해 보면 스마트로지스틱스에서 다루게 될 경로는 대량생산 환경의 배송경로보다 훨씬 많은 수, 가히 무한대로 늘어날 것이다.

그렇다면 이렇게 셀 수 없이 많고 다양한 경로를 가진 제품들을 어떻게 관리해야 할까? 아무리 개별 제품의 경로가 모두 다르다고 해도 그 경로 중 일부는 조금씩 겹칠 것이기 때문에, 제품들의 다양하고 복잡한 경로를 모두 이해하고 세부 단계로 구체화한 후 통합하여 관리할 수 있는 시스템이 필수적이다.

1990년대까지 택시 기사는 손님을 태우고 가다가 비슷한 방향으로 가는 다른 손님을 함께 태우는 합승을 하기도 했다. 현재는 택시 요금 정산의 복잡함, 예상치 못한 위험 등 여러 문제로 합승이 불법이 되었지만 로지스틱스 입장만 놓고 보자면 이미 운송하는 중에 비슷한 목적지로 가는 제품을 발견해 더 싣고 가는 것은 충분히 합리적인 결정일 수 있다. 예를 들어, 차량공유서비스인 우버Uber는 요금분담이 가능한 우버풀UberPOOL을 도입함으로써 합승 서비스를 제공하고 있다.

| 그림 107 | 우버택시에서 제공하는 합승서비스 UberPOOL 기업자원 관리

출처: Billy (2016, May 2).

What: 운송 중인 제품과의 정보교류

스마트로지스틱스 환경에서는 한 묶음을 기준으로 운송정보를 가지는 것이 아니라, 그 속에 담긴 제품 하나마다 운송정보를 가지고 있어야 한다. 예를 들자면 한 트럭 안에 담겨있는 제품들 중에서 제품 1은 거점 A에서 거점 B를 지나 거점 C로 가지만, 제품 2는 거점 A'에서 거점 B로 와서 내려진 뒤 다시 거점 C로 가기 위해 이 트럭에 담긴 것일 수 있다. 따라서 이 두 제품을 운송하는 트럭 자체의 배송정보는 단지 거점 B에서 C로 가는 것뿐이며, 실질적으로 이 모든 제품들의 효율적인 경로를 파악하기 위해서는 개별 제품마다 운송정보를 지니고, 거점마다 정보 교류를 통해 다른 트럭에 옮겨 싣고 제품 별로 다음 목적지로 보내야 한다.

이렇게 제품 자체가 운송정보를 가지도록 변화시키는 데에는 맞춤형 제품 제조 환경 외에 또 다른 것, 바로 역-로지스틱스Reverse logistics의 영향도 존재한다. 역-로지스틱스는 로지스틱스에서 공급기업으로부터 제조기업를 거쳐 소비자에게 이르는 제품의 전달 방향이 바뀌어서, 소비자에서부터 제조기업으로, 다시 공급기업으로 전달되는 것을 의미한다. 이러한 역-로지스틱스에는 소비자가 사용을 마친 제품을 회수해 가는 것도 있지만, 소비자가 제조기업으로부터 제품을 수령 후 여러 이유로 인해(맞지 않는 규격, 제품의 결손, 또는 소비자의 단순 변심 등) 제품을 사용하지 않고 환불하거나 다른 제품으로 교체하고자 제조기업에게 되돌려 보내는 것을 의미한다.

대표적인 예로, 11월부터 12월까지 여러 온라인 쇼핑몰에서 연말 할인을 시행하며 제품 판매가 급속히 늘어난 뒤, 이듬 해 1월이 되면 판매된 제품 중 상당량은 다시 제조기업으로 반송되는데 이러한 요인에 의해 배송기업들은 1월까지 복잡하고 바쁜 일정을 보내야 한다. 만약 맞춤형 제품 판매가 활성화된다면, 소비자 니즈는 갈수록 정교해지고 이를 잘 구현하지 못한 결품의 발생량도 함께 증가하게 될 것이다. 따라서 맞춤형 제품의 정방향 운송이 늘어남과 동시에 역방향 운송량도 증가하여 스마트 배송기업은 훨씬 더 복잡한 경로들을 관리해야 한다.

복잡한 제품경로로 대표되는 스마트로지스틱스 환경에서는 이동 단계마다 함께 이동한 제품에 대한 정보를 빠르게 파악할 필요가 있다. 이를 실현시켜 줄 기술이 사물인터넷이다. 지금까지 로지스틱스 환경에서는 주로 바코드나 RFID를 이용해 단순히 제품의 종류와 개수를 파악하는 정도였다면 앞으로는 사물인터넷을 통해 스마트로지스틱스에서 이동하는 모든 제품의 위치정보를 얻거나 무선으로 새로운 정보를 입력할 수 있게 될 것이다.

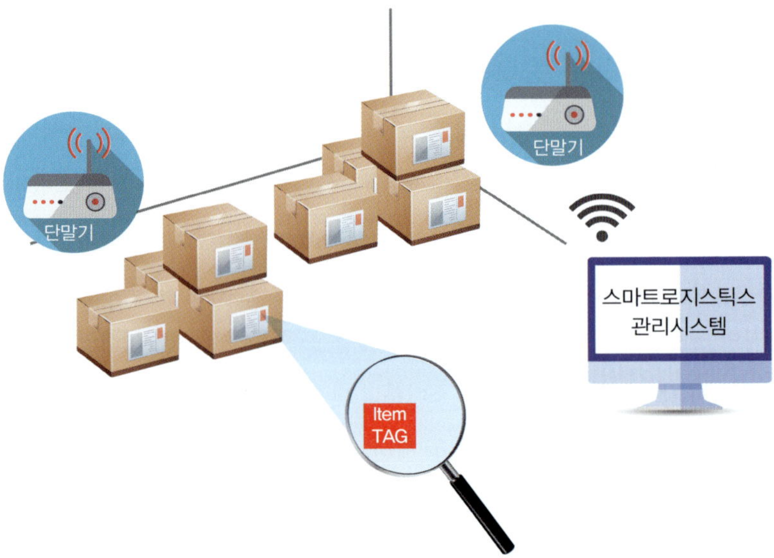

| 그림 108 | 스마트로지스틱스: 무선네트워크로 정보가 전달되는 모습

사물인터넷의 대표적인 차세대 무선 네트워크 기술로는 비콘Beacon과 NFC를 꼽는다. 블루투스 저전력 기술을 바탕으로 개발된 비콘은 통신 범

위가 최대 50m로 NFC에 비해 상대적으로 넓으며, 제품과 단말기 사이에 직접적인 접촉이 필요하지 않아서 관리자가 추가적으로 행동을 하지 않아도 된다. 비콘은 통신 범위가 넓기 때문에 주로 일대다, 다대다 서비스가 필요한 곳에 적용되기 시작했다. 예를 들어, 뉴욕 메츠 구장에서 시행하는 iBeacon 서비스는 스마트폰 사용자가 메이저리그 앱을 설치하고 구장을 방문했을 때 이를 자동으로 인식하여 앱을 통해 오늘의 경기와 구장 내 각종 정보를 제공한다.

반면 NFC는 RFID 기반기술이며 적용범위는 20cm로 비콘에 비해 훨씬 짧은 거리에서만 정보 전달이 가능하다. 또한 NFC는 제품과 단말기 사이에 직접적인 접촉이 있어야 하기 때문에 물류 관리자의 추가적인 행위가 필요하다. 비콘에서는 정보의 읽기만 가능하지만 NFC는 양방향 통신으로 정보를 읽고 쓰는 것 모두 가능하므로 정보 교환 시에 제품에 로지스틱스와 관련된 정보를 새로 입력할 수 있다. 따라서 제품의 배송경로와 시간에 대한 정보가 제품 자체에 누적되어 있기 때문에 맞춤형 생산으로 인해 제품별로 이동 경로가 다양해질 경우 복잡하게 이동하는 제품들을 더욱 효과적으로 관리할 수 있을 것이다.

| 표 7 | 비콘과 NFC기술의 비교

구분	Beacon	NFC
기반기술	블루투스 저전력 기술(BLE)	RFID
정보교환거리	원거리(최대 50m)	근거리(최대 20cm)
직접적인 접촉 필요여부	필요 없음	필요함
안정성	취약함	안전함
적용가능 서비스	공공서비스에 적합함	일대일 서비스에 적합함

출처: 이슈퀘스트 편집부 (2015).

현재 비콘과 NFC 두 기술 모두 상용화되기 시작했지만, 로지스틱스 산업에서는 시스템 구축에 필요한 비용, 표준화 문제 등으로 널리 사용되지 않고 있다. 또한 아직까지 주로 운송되는 제품들은 종류별로 이동 경로가 비슷하기 때문에 개별 제품의 복잡한 정보를 파악할 필요가 없는 이유도 있다. 하지만 맞춤형 제품 제조가 보편화되고 그에 따라 로지스틱스 산업도 스마트로지스틱스로 진화하게 되면 무선네트워크를 이용한 개별제품과의 정보공유는 불가피할 것이다.

How: 또 다른 운송수단

로지스틱스 산업에서 제품을 운송하는 수단을 결정하는 것은 상당히 복잡한 양상을 띤다. 먼저 운송 주체가 누구냐에 따라 배송수단은 그가 다룰 수 있는 범위로 제한된다. 로지스틱스 분야를 전문으로 하는 기업일지라도 기업의 규모, 위치에 따라 배송수단은 육상, 해상, 항공 중에서 몇 가지에만 집중하고 있다. 일부 범세계적인 배송기업들은 다양한 운송수단을 모두 활용할 수 있도록 시스템이 구축되어 있지만 규모가 작은 지역적인 기업들은 일반적으로 하나의 운송수단에만 특화되어 있기도 하다. 제품의 출발지와 도착지가 가까운 거리를 이동할 때는 주로 육상 이동을, 먼 거리를 이동할 때는 해상 또는 항공으로 제품을 운송한다.

그리고 여기에 추가로 이동 시간을 고려해야 하기 때문에 이동 거리가 멀더라도 빠른 시일 내에 운송이 이루어져야 할 때는 해상보다 항공 수단을 선택한다. 반면 거리가 가까울지라도 이동 시간이 중요하지 않을 때는 (유행에 민감하지 않은 제품일 때) 선박으로 운반하기도 하는데, 이는 제품이 가진 특성에 따라 이동 시간이 달라지고, 그 결과 배송수단이 결정되는 것을 알 수 있다. 그외에도 배송수단은 운송에 드는 비용이나 계약관계, 혹은 관습적인 요인에 의해 달리 결정되고 있으며, 최근에는 에너지 소비 및 온실가스 배출과 같은 환경적 요인까지 고려되기 시작했다.

로지스틱스 산업에서 '어떤 방법으로 제품을 운송할것인가'는 중요한 질문이지만, 질문의 무게에 비해 답할 수 있는 후보, 배송수단의 종류는 크게 다양하지 않다. 배송수단은 크게 육상, 해상, 항공으로 구분할 수 있으며, 그중 육상 운송은 다시 철도 운송과 도로 운송으로 나뉜다.

해상 이동은 국가 간 이동과 같이 아주 먼 장거리 이동에 대해 효율적인 수단이다. 한 번에 운송할 수 있는 양이 아주 많다는 장점이 있지만, 운송 시간이 길고 해상 상황에 따라 운송 시간의 변동이 다소 존재한다. 항공 이동은 해상 이동과 마찬가지로 장거리 이동이 가능한데다가 운송 시간이 짧다는 큰 장점이 있으나 비용이 매우 비싸서 항공 운송이 포함될 경우 운임 비용이 크게 증가한다. 일반적으로 가장 많이 사용하는 것은 육상 이동이며, 합리적인 비용과 시간으로 단거리 이동을 할 수 있다.

|그림 109|를 보면 우리나라는 2011년 이후 도로를 이용한 운송이 급격히 늘어난 것을 알 수 있다. 그렇다면 앞으로 변화할 스마트로지스틱스 환경은 배송수단을 선택하는 데 어떻게 영향을 미칠까?

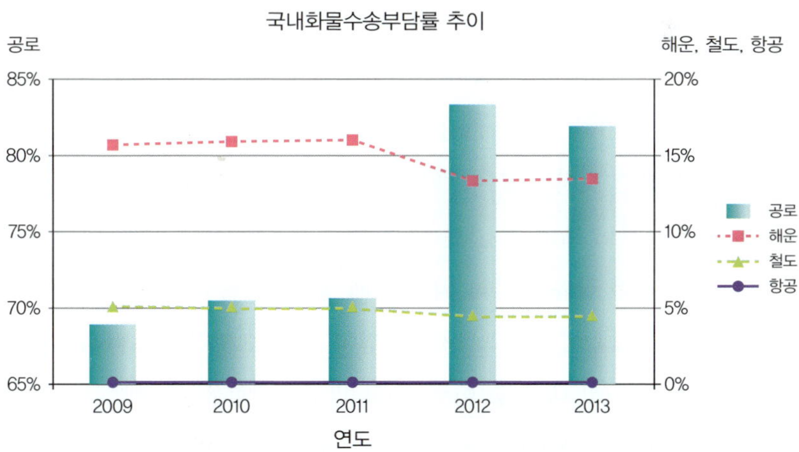

| 그림 109 | 운송수단 별 국내화물수송분담률 추이

출처: 국토교통부 (2015).

앞서 스마트제조를 이야기하며 언급했듯이 새로운 3D 프린터를 통한 맞춤형 제품이 생산되는 위치는 소비자에게 가까운 곳으로 이동할 것이다. 따라서 생산에 필요한 초기 원재료는 여전히 몇 군데의 공급지로부터 시장까지 멀리 이동하는 데 적합한 배송수단이 사용될 것이다. 하지만 본격적으로 제조가 이루어지고 소비자에게 전달되기까지의 운송들은 원재료 공급과 비교해 봤을 때 매우 가까운 거리만 이동하면 될 것이고, 따라서 철도보다는 트럭이나 오토바이와 같은 차량을 사용한 운송 방법이 대두될 것이다.

최근 로지스틱스 산업에는 '드론'을 새로운 운송수단으로 사용하기 위한 기술 개발이 활발히 이루어지고 있다. 드론은 군사적인 목적으로 개발되었지만 시장에서 상용화되면서 다양한 목적으로 활용되기 시작하였다. 로지스틱스 산업에서 드론이 운송수단의 역할을 수행하게 된다면 현재까지의 운송수단 중에서 가장 빠르게 제품을 수송할 수 있으며, 다른 방법으로 접근하기 어려운 곳까지 자유롭게 날아갈 수 있다는 가능성을 가지고 있다. 아직 드론을 조정하는 것에는 여러 규제가 얽혀 있고, 배송수단으로서 드론에 물건을 안전히 싣는 것, 목적지까지 안전히 이동하는 것은 더 많이 향상된 기술을 필요로 한다. 하지만 분명히 드론이 가진 장점들은 스마트로지스틱스 환경에서 새로운 배송수단의 하나로 자리매김할 것이다.

그 외에 또 다른 운송수단은 없을까? 어쩌면 개인이 3D 프린터를 사용해 직접 생산하는 것처럼 로지스틱스 산업도 '개인화'되어 작은 단위의 제품들을 운송할지도 모른다. 앞서 택시 합승 사례와 같이, 내가 마침 다른 지역에 있는 친척 집까지 가게 되었을 때 집 앞 편의점에 나와 도착 목표 지점이 비슷한 제품이 있다는 정보를 얻고 운송 요청자에게 나의 이동수단과 목적지, 그리고 내 운송 이력(경력이라고 해야할까)에 대한 정보를 공유함으로써 개인이 스마트로지스틱스의 역할을 수행할 수 있는 시대가 올지도 모르겠다.

4

디지털 전환 (Digital Transformation): 스마트제조를 넘어서

4

디지털 전환(Digital Transformation): 스마트제조를 넘어서

어디서 가치(Value)를 창출할 수 있을까?

매일 아침 우리는 일어나자마자 오늘의 날씨를 본다. 오늘 낮 기온, 비 올 확률, 미세먼지 농도 등을 확인하고 이에 맞는 옷을 입거나 우산, 마스크를 챙겨 출근한다. 아마 날씨 데이터는 우리 일상생활에서 가장 자주 쓰거나 중요한 정보이므로, 대부분 사람들에게 가치 있는 정보인 것이다. 이러한 데이터를 눈여겨 본 회사가 있었다.

미국의 TWC The Weather Company라는 회사는 1982년 일기 예보 채널인 The Weather Channel을 만들며 설립된 회사이다. 그 후 일기 예보 관련 웹사이트, 모바일 앱 등의 서비스를 제공하는 자회사들을 만들었다. 대부분의 케이블 방송 회사들이 그렇듯이 TWC도 시청률을 높이는 콘텐츠를 만들고, 광고를 많이 유치하며 수익을 올리고자 노력하였다. 데이터는 항상 TWC 비즈니스 모델의 핵심 요소이었다. 매일 방대한 양의 날씨 데이터를 수집하고 분석하여, 이를 다양한 통계 차트나 애니메이션 그래픽으로 만들어 시청자에게 신뢰할 만한 일기 예보 정보를 전달하는 것이 핵심 업무이었기 때문이다.

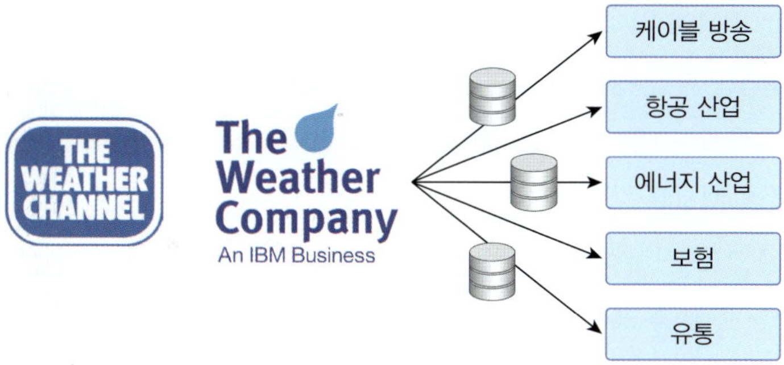

| 그림 110 | The Weather Company: 데이터 서비스

그러나 TWC는 자기들이 취급하고 있는 원천 데이터가 제조 회사의 생산제품에서 필요한 원자재 이상의 의미가 있다는 것을 깨달았다. 사실 날씨는 우리의 일상생활뿐만 아니라 대부분의 비즈니스에 매우 큰 영향을 미치고 있다. 미국 경제의 1/3이 날씨 변동에 영향을 받고 있다는 통계도 있다. 가령 월마트는 각 매장의 판매 예측을 하는 데 가장 중요한 요인이 그 지역의 날씨라고 한다. TWC의 데이터 분석가들은 이제 월마트와 같은 대형 유통 소매점들과 같이 판매 예측을 하고 그들이 언제 판촉 활동을 하여야 좋을지를 결정한다. 뿐만 아니라 TWC는 광고 회사들과도 긴밀하게 협력을 한다. 계절성 엘러지 약품, 방한 재킷, 스노우 타이어 등 상품들의 광고 시점을 결정하여 판매량을 증가시키는 것이다.

또한 TWC는 데이터의 양과 품질을 높이기 위해 고객 커뮤니티를 활용하여 클라우드 소싱을 통한 다양한 종류의 데이터를 수집한다. TWC는 약 25,000명의 구독자를 가진 The Weather Ground라는 커뮤니티를 운영하며, 고객들이 직접 측정한 전국의 각 지역의 날씨 데이터를 수집하여 데이터 자산의 품질을 개선하는 것이다. TWC는 케이블 방송 미디어 회사에서 시작하여 이제는 데이터라는 자산을 이용하여 혁신과 새로운 비즈니스의 창출, 그리고 전략적 전환을 하는 데 성공한 것이다. 2016년 TWC는 IBM에 인수되어 이제는 날씨 예보뿐만 아니라 클라우드 플랫폼 비즈니스를 하는 정보기술 회사로 변신하였다.

TWC사례는 데이터라는 것이 이제 각 기업의 업무나 비즈니스 운영 과정에서 발생하는 정보로서의 개념 보다는 가치를 창출하는 비즈니스 자산Asset으로 인식하여야 된다는 것을 보여준다. 이는 기업이 디지털 전환Digital Transformation을 해야 하는 가장 중요한 이유 중의 하나가 된다.

디지털 전환(Digital Transformation)

4차 산업혁명이라는 환경을 말할 때 우리는 디지털 환경으로의 변화를 감지할 수 있다. 이는 소위 4차 산업혁명을 가능하게 하는 모든 핵심 기술들이 디지털 정보를 산출하거나 사용하기 때문이다. 그렇다면 디지털 환경에서는 구글이나 아마존 같은 디지털 기반 기업들이 승자가 되고, 그렇지 않은 소위 기존의 굴뚝 산업의 기업들은 도태될 수밖에 없는 것인가?

영국의 브리태니커 백과사전은 1768년에 처음 출판된 이후에 사실상 수백 년 동안 영어권 문화에서 절대적인 참고 도서로서의 위치를 지켜왔다. 그러나 인터넷의 발명은 브리태니커의 지위를 위키피디아와 같은 인터넷 사전들에게 넘겨주게 만들었다. 2013년 브리태니커는 15번째 판을 마지막으로 종이 인쇄본의 출판을 중단하였다.

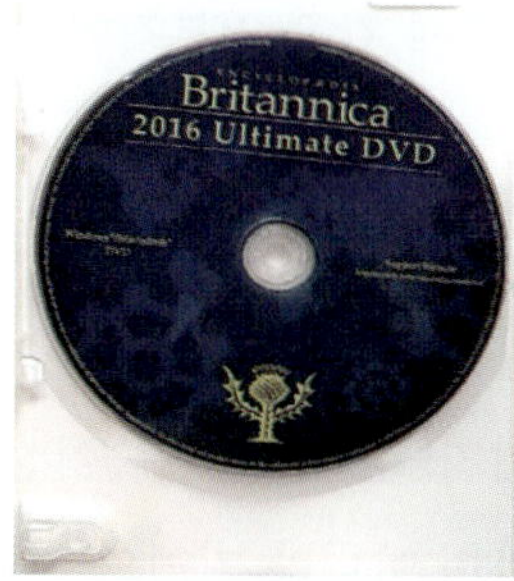

AP Photo/Encycloaedia Britanica Inc.　　　출처: www.indiamart.com

| 그림 111 | 브리태니커 백과사전의 마지막 인쇄본(2010)

흡사 노도와 같이 밀려오는 디지털 시대에 또 하나의 굴뚝 산업의 대표적인 기업이 그들의 핵심적인 비즈니스를 철수한 것이고 이는 브리태니커의 명백한 패배를 의미하였다. 그러나 이는 사실과 달랐다. 놀랍게도 브리태니커는 20여 년 전부터 CD 버전을 출시하였고, 1999년에는 DVD 버전을 선보였다. 이미 1994년에 최초의 인터넷 백과사전을 출시하였다. 즉 위키피디아가 최초의 디지털 백과사전의 선구자가 아닌 것이다. 이러한 혁신과 변신에도 불구하고 브리태니커의 CD 버전 백과사전은 마이크로소프트사에서 OS와 함께 무료로 제공하는 Encarta와 경쟁하여야 했고, 인터넷 버전은 위키피디아와 힘겨운 싸움을 해야만 했다. 그러나 브리태니커가 이러한 경쟁환경에서 깨달은 것은 기술의 변화에 맞춰 따라가는 것만으로는 생존할 수 없다는 것이었다. 즉, 새로운 기술의 등장은 고객 니즈의 급격한 변화를 가져온다는 것이다. 이에 브리태니커는 타깃 고객군을 가정과 학교로 정하고 특히 대학입시를 앞둔 고등학생군을 핵심 고객군으로 선정하였다. 또한 내용의 품질과 교육적인 서비스에 초점을 맞추었다. 결과적으로 브리태니커는 종이 인쇄본을 포기하였으나 전략적 혁신과 변화로 지속적인 성장을 유지하고 있는 것이다.

브리태니커 백과사전의 사례를 통해 우리는 디지털 전환을 정의하기 전에 다음과 같은 기본적인 사실을 먼저 염두에 두어야 한다.

- 디지털 전환은 불가피하다: 우리가 좋든 싫든 변화는 이미 시작되었다. 이에 대응하든가 아니면 뒤쳐지는 수 밖에 없는 것이다.
- 디지털 전환은 기술이상의 무엇이다: 디지털 전환은 기술에 대한 것만이 아니라 기업의 전략, 조직 문화, 행동 양식, 그리고 사람에 대한 것이다.
- 디지털 전환은 근본적이고 포괄적인 변화를 수반한다: 이는 기업이 운영되는 방식들에 대한 재정의가 필요하며 재개발되어야 하는 것을 말한다. 조직의 역량은 크게 자원Resources, 우선순위Priorities, 프로세스Processes의 세 부문에서 규정되고 발휘될 수 있다. 세 가지 부문은 서로 배타적이면서 합쳐지게 되면 완전체가 되어 기업의 모든 업무들을 포함하게 된다.

위의 세 가지 사실을 기반으로 우리는 디지털 전환에 대한 정의를 자연스럽게 이끌어 낼 수 있다.

> 디지털 전환Digital Transformation이란 '기업의 자원, 우선순위, 프로세스들을 디지털 절대 우위의 환경에 맞게 전환하고 재개발'하는 것을 말한다.

디지털 전환은 단순한 기술의 적용 문제가 아니라, 기업에게 근본적인 변화를 요구한다. 즉 성공적인 디지털 전환이 되기 위해서는 전략적 접근이 필요하다는 의미이다. 왜냐하면 디지털 기술의 도입으로 변화되는 영역은 기업의 부분 영역이 아닌 모든 비즈니스 영역을 포함하기 때문이다. 이러한 영역은 크게 다섯 가지로 나누어 볼 수 있다. 바로 고객, 경쟁, 데이터, 혁신, 가치 영역이다. 이 다섯 가지 영역의 변화는 기업의 모든 기본적인 업무 프로세스에 영향을 미치고 나아가 지속적인 생존을 할 수 있느냐를 가늠해 볼 수 있는 분야들이다. 아날로그 환경에서 디지털 환경으로 변화할 때, 각 영역은 어떻게 변화하는지 그리고 이에 따른 핵심 전략은 무엇인지 알아보기로 하자.

영역	아날로그 시대		디지털 시대	디지털 전환 전략
고객	단일 대량 시장	➡	Influencer 주도	고객네트워크 이용
경쟁	산업 내	➡	산업 간	플랫폼 구축
데이터	정형화, 고비용	➡	비정형, 가치창출	데이터는 자산
혁신	경험, 연륜	➡	빠른 실행, 검증	신속한 시행
가치	기업이 정함	➡	고객 수요가 정함	유연한 기업가치

| 그림 112 | 디지털 전환의 전략 영역

출처: adapted from David L. Rogers (2016), The digital transformation playbook.

먼저 고객 영역은 기업이 제공하는 상품이나 서비스에 직접적인 영향을 미친다는 점에서 가장 민감하게 대응해야 하는 영역이다. 아날로그 환경에서 고객은 하나의 성격을 가진 대규모 집단 고객을 가정한다. 이에 따라 생산방식도 규모의 경제를 달성하기 위한 소품종 대량생산이 가장 효율적일 것이다. 디지털 시대에서 고객은 서로 연결되어 있는 고객 네트워크를 의미한다. 현재 고객은 지속적으로 서로 소통하며 상품을 평가하고 분석하는 네크워크상의 고객이다. 따라서 매일 변화하는 동적인 네트워크상의 고객의 니즈를 만족해야 하는 디지털 전환 전략이 필요하다.

경쟁 환경 영역에서는 경쟁 환경의 경계가 산업 내가 아닌 산업 간 경계를 가로지르는 광범위한 영역에서 전혀 새로운 상대의 경쟁 기업들을 상대해야 한다. 브리태니커 백과사전은 동종의 출판산업의 기업이 아닌 정보기술 기업인 마이크로소프트사가 경쟁사가 되는 것이다. 이러한 경쟁 산업의 범위의 확대는 디지털 전환을 해야 하는 기업의 비즈니스 영역을 넓히는 전략을 요구하는 것이다.

데이터 영역에서는 아날로그 시대의 데이터와 디지털 시대의 데이터의 속성 변화를 통해 전략의 변화 방향을 파악할 수 있다. 아날로그 환경의 데이터는 정형화되고, 서로 독립적이며, 또한 확보하기 위한 계획과 시스템 투자 등 높은 비용을 지불하였다. 그리고 이러한 데이터는 업무를 보완 또는 지원하는 역할이었다. 디지털 시대에는 엄청난 양의 데이터가 면밀하게 수립된 계획 없이도 끊임없이 생성되고, 실시간으로 주고받으며, 데이터의 가치가 매우 중요하게 되었다. 빅데이터 자체가 자산이며 숨겨진 가치를 발굴하는 것이 비즈니스의 성공을 좌우하게 되었다.

혁신영역에서 디지털 시대는 매우 빠른 피드백과 실험으로 인해 저비용 고효율의 혁신이 가능하게 만들었다. 아날로그 시대의 혁신은 체계적이고 조직적으로 이루어져야 했으며 이에 대한 검증은 시간과 비용이 많이 들어, 실패에 대한 손해는 막대한 경우가 많아 매우 신중할 수밖에 없는 일이었다. 반면에 디지털 기술로 인해 혁신의 아이디어를 검증하는 것이 훨씬 용이해졌고 즉각적인 검증 결과를 확인할 수 있게 된 것이다. 여러분이 구글에서 검색을 할 때마다 구글은 다양한 형태의 혁신적인 아이디어를 실현해 볼 수 있다. 검색 패턴과 내용에 따라 어떠한 연관 검색어를 제공할 것인지, 어떤 순서로 제시할 것인지, 어떤 광고를 보여줄 것인지 등등, 거의 실시간 결과와 피드백으로 인해 다양한 아이디어를 시험해 보고 검증할 수 있는 것이다. 이는 아날로그 시대보다 훨씬 혁신의 효율성이 높아졌다는 것을 의미한다.

| 그림 113 | 구글 배너 광고의 설계

이미지 출처: https://www.fivesquid.com

마지막으로 가치의 영역이다. 아날로그 시대에서 기업이 제안한 제품/서비스의 가치는 다분히 상수의 가치Constant Value이었다. 왜냐하면 제품 자체가 가진 기본 기능의 가치에 충실하였으므로 그 기능이 근본적으로 변하지 않은 한 가치의 속성과 크기도 많이 변할 수 없었다. 예를 들어 자동차의 가치는 수송수단으로서의 기본 기능에 대한 가치이지 다른 속성의 기능이 대체할 수는 없는 것이다. 마케팅은 기본 가치의 변화가 아닌 가격, 품질, 디자인 등 부가가치를 높일 수 있는 것을 홍보하는 것이었다. 그러나 자율주행 자동차의 경우 수송수단으로서의 기능뿐만 아니라 모바일 오피스의 기능이 더욱 큰 비중으로 포함될 것이다. 이는 제품 가치의 속성이 변한 것이다. 디지털 시대의 기업은 제품의 새로운 가치를 계속 제안하여야 생존할 가능성이 높아질 것이다.

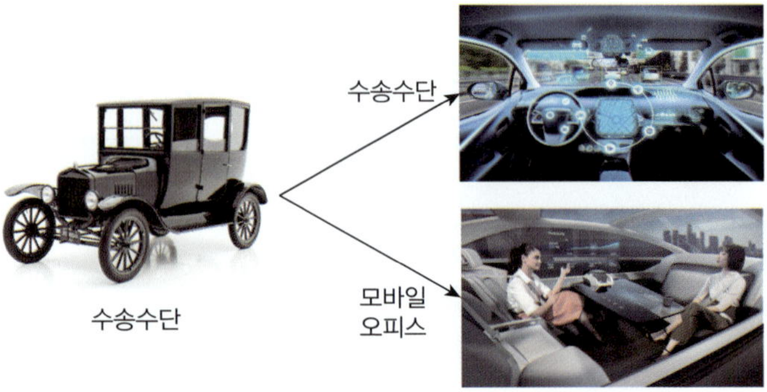

| 그림 114 | 제품 가치의 속성 변화: 기존 자동차 vs. 자율주행차

디지털 전환은 이상의 다섯 영역에서의 변화를 가져오며 이에 따라 기업은 각 영역에서의 전략적 변화를 모색해야만 한다. 여기서는 이 중 고객, 경쟁, 데이터의 영역을 중심으로 기업에게 필요한 전략이 무엇인지 살펴보기로 한다.

고객 네트워크를 활용하라

디지털 전환은 고객의 영역에서 가장 큰 변화를 가져 왔다. 이제 고객은 같은 종류의 상품을 사용하는 같은 종류의 대규모 그룹이 아니라 서로가 끊임없이 실시간으로 소통하는 네트워크로 연결된 구조를 가진다. 이는 기업이 고객과 끊임없이 소통하며 그들의 니즈를 파악해야 하고, 때로는 협력하여 새로운 상품을 같이 설계하거나, 영향력 있는 파워 인플루언서들이 다른 고객들을 설득하게 하는 등의 일을 지속적으로 해야 한다는 것을 의미한다. 즉, 고객 네트워크를 최대한 활용하여야 한다. 디지털 네트워크 환경에서 고객은 단순한 구매활동이 아닌 매우 다양한 방식으로 가치를 창출한다. 이러한 가치는 사실상 눈에 보이는 것들이 아닌 무형의 가치들이지만 기업의 가치를 높이는 데 기여한다. 페이스북이나 링크드인LinkedIn은 등록자 수, 즉 고객의 참여 자체가 가장 주식 가치에 영향을 준다. 구글이 11억 달러에 네비개이션앱 웨이즈Waze를 인수했을 때 기술의 가치보다는 웨이즈의 고객 네트워크에 가치를 둔 것이다.

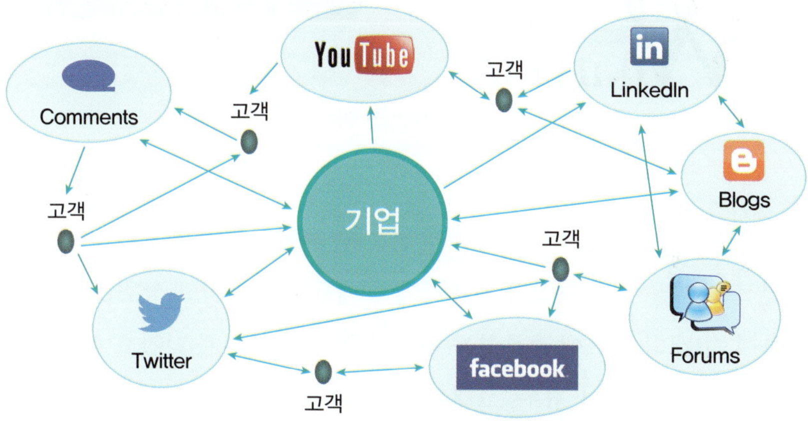

| 그림 115 | 디지털 고객 네트워크 모델

그렇다면 하나의 중요한 질문이 떠오른다. 고객을 어떻게 네트워크에 참여케 할 수 있을까? 크게 다섯 가지의 고객 참여 유형이 존재하다. 접속Acess, 참여Engage, 맞춤화Customize, 연결Connect, 그리고 협업Collaborate하는 것이다. 이러한 참여 유형별로 고객의 참여 동기가 다르고 이에 따라 기업의 고객을 참여시키는 전략이 달라지는 것이다. 접속형의 경우, 고객들은 가능한 빨리, 쉽게, 그리고 유연하게 데이터나 콘텐츠에 접속하고 상호 통신하려고 한다. 예를 들어 초기 스마트 폰의 문자 전송 기능은 고객들로 하여금 언제 어디서나 즉각적이고 쉽게 송수신을 할 수 있게 하여 기업 및 고객들 간의 양방향 소통의 혁명을 가져다 준 것이다. 참여형의 경우, 디지털 콘텐츠에 대한 관심과 열망이 있는 고객 유형이다. 아날로그 시대

| 그림 116 | 고객 협업을 위한 오픈 플랫폼

와 달리 디지털 콘텐츠의 급속한 발전은 웹 포탈에서의 정보 수준에서 온라인 스트리밍, 가상현실에 이르기까지 매우 감각적이고 상호 소통이 가능하며, 고객의 니즈에 충족하는 내용과 형식을 갖추게 되었고 여전히 진행 중이다. 맞춤형의 경우, 고객은 이제 예전보다 상상을 초월할 정도의 다양한 선택의 경험을 가지게 되었다. 단순히 몇 종류의 텔레비전 채널을 선택하는 시대에서 20억 개에 달하는 웹사이트를 선택할 수 있는 환경으로의 변화로 고객은 그들이 경험하는 세계를 통해 자신들의 성향에 맞는 정보, 제품, 서비스를 요구하게 되는 것이다. 기업은 보다 맞춤화된 상품과 서비스를 제공할 능력을 갖추어야 시장에서 생존할 가능성이 높아진다. 연결형의 경우, 고객은 디지털 네트워크로 연결된 다른 사람들과 소통함으로써 사회적 공감대를 형성하고 사회속의 존재감을 느낀다. 이는 소셜 미디어 플랫폼의 폭발적인 성장을 가져왔고 이러한 고객 네트워크는 그들이 참여하는 시장에 지대한 영향력을 미치게 된다. 마지막으로 협업형의 경우, 고객은 사회의 구성원으로서 많은 종류의 일에 서로 협력하는 속성을 지닐 수 밖에 없다. 이는 주로 오픈 플랫폼상에서 이루어지며 고객과 협업을 통해서 기업은 상품이나 서비스를 개선, 발전시켜 나갈 수 있다. 위키피디아는 이러한 디지털 협업의 효시라고 할 수 있다.

제품이 아닌 플랫폼을 구축하라

세계 최대의 호텔 체인중의 하나인 힐튼 호텔에 가장 위협이 되는 경쟁자는 메리엇이나 인터컨티넨털 호텔이 아닌 Airbnb이다. Airbnb는 단 하나의 룸도 소유하고 있지 않지만 세계 최대 숙박시설 제공업체이다. 2020년 12월 Airbnb가 나스닥에 상장되었을 때 회사 가치는 865억 달러로서 이는 세계 빅 3호텔 체인(힐튼, 메리엇, 인터컨티넨털)을 합친 가치보다 컸다. Airbnb는 제품이 아닌 플랫폼을 구축한 것이다.

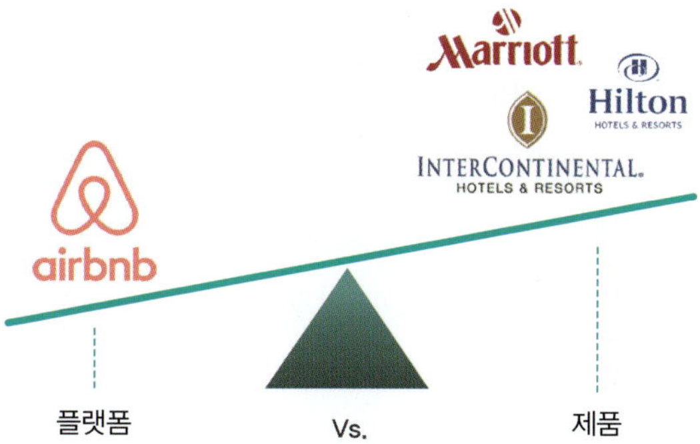

| 그림 117 | Airbnb의 가치

디지털 시대에서 경쟁 환경은 예전처럼 동종업계에서의 라이벌과는 다른 양상을 보인다. 디지털 정보의 특성으로 산업 간의 경계가 없어지기 시작하고 핵심 비즈니스 영역이 변해가고 있기 때문이다. 즉, 이제는 이종 산업의 기업이 위협이 될 수도 있고 동시에 파트너십이 형성될 수도 있는 것이다. 디지털 시대에서 기업 간의 관계는 경쟁과 협력의 끊임없는 변화 속에 놓여있다. HBO와 같은 케이블 네트워크는 Showtime과 같은 기존의 동종업계 라이벌이 아닌 전혀 다른 플랫폼을 가진 넷플릭스가 더욱 위협적인 존재가 되었다. 넷플릭스는 인터넷 쇼핑의 대명사인 아마존

| 표 8 | 주요 산업의 플랫폼 비즈니스

산업	대표 플랫폼	참여자
수송	Uber	운전자, 승객
숙박	Airbnb	호스트, 숙박고객
금융	Paypal	판매자, 은행, 계좌주
미디어	YouTube	유튜버, 시청자, 광고주
교육	Coursea	강사, 수강생
유통	eBay	판매자, 구매자, 배송자
모바일	Android	스마트폰 소유자 및 제조사, 앱 개발자, 광고주

출처: adapted from David L. Rogers (2016), The digital transformation playbook.

이 제공하는 스트리밍 서비스인 Prime Video와 치열한 선두 경쟁을 하고 있다. ABC, NBC, Fox와 같은 미국의 전통적인 공중파 방송사들은 경쟁 관계에 있으나, 이제 협력하여 스트리밍 서비스 Hulu를 만들어 넷플릭스에 공동으로 대항하고 있다. 협력과 경쟁이 이제는 동종업계보다는 산업 간 경계를 넘나들면서 더욱 빈번히 발생하고 있는 것이다. 즉, 경쟁의 패러다임이 바뀌었다는 것이다.

한마디로 디지털 시대에서 경쟁의 패러다임은 제품/서비스에서 플랫폼 비즈니스로 바뀌고 있다. 플랫폼 비스니스에서는 하나의 제품/서비스로부터만 가치를 창출하는 것이 아니라 복수개의 파트너들이 공동으로 가치를 창출하고 서로 교환하는 것이다. 따라서 플랫폼 비즈니스란 '서로 다른 유형의 파트너들을 서로 연결시켜 주는 비즈니스'라고 정의할 수 있다. 가령 이베이는 구매자와 판매자들을 플랫폼으로 불러들여 가치를 창출하고 교환하게 하는 것이다. 우버는 운송서비스를 직접 제공하는 것이 아니라 자동차를 소유한 운전자와 필요한 승객들을 연결시키는 플랫폼으로 불러들여 가치를 창출하고 교환하는 것이다.

디지털 기술의 발전으로 플랫폼 비즈니스는 모든 산업의 영역에서 급속도로 생겨나고 있다. 인터넷, 클라우드 컴퓨팅, API Application Program Interfaces, 소셜미디어, 모바일 컴퓨팅 등의 기술들로 인해 거대한 기업으로부터 고객 네트워크상의 개별 고객에 이르기까지 다양한 규모의 플랫폼 비즈니스가 더욱 활발하게 탄생하고 있다.

데이터를 가치로 변환하라

앞서 TWC의 사례에서 볼 수 있듯이 디지털 시대에서 데이터는 모든 비즈니스의 가치와 혁신의 원천이라고 할 수 있다. 디지털 전환은 궁극적으로는 정보통신기술을 이용하면 현실 세계가 디지털 세계로 완전히 투영될 수 있다는 가정을 전제로 한다. 가장 큰 변화는 시간적 공간적 제약에서 벗어날 수 있다는 것이다. 이로 인해 매우 저렴한 비용으로 대안에 대한 검증을 빠르게 해 볼 수 있게 되었다. 아날로그 환경에서는 새로운 아이디어의 구현은 무모하리만큼 큰 실패 비용을 감수하여야 하기 때문에 쉽사리 시도할 수 없었다. 디지털 전환의 환경에서는 예전에는 생각해 볼 수 없었던 전혀 다른 종류의 비즈니스 데이터들도 쉽게 접근하고 이용할 수 있게 되어 가치 창출의 기회가 거의 무한대로 늘어났다고 해도 과장이 아니다. 데이터가 가치를 창출하는 시대가 된 것이다.

구글은 검색 엔진의 대명사이지만 구글의 가치는 전 세계 이용자가 단어를 검색할 때마다 익명의 고객 성향이 업데이트되는 동적 데이터를 가지고 있다는 데 있다. 이러한 데이터들의 잠재적 미래 가치는 어디에 이용되느냐에 따라 가늠할 수 없을 것이다. Airbnb의 가치는 플랫폼이 제공하는 데이터의 가치이다. 숙박 호스트는 플랫폼이 제공하는 고객의 수요시장 데이터를, 잠재 고객은 숙박 호스트의 공급시장 데이터를 제공받고 데이터 가치에 대해 지불하는 것이다.

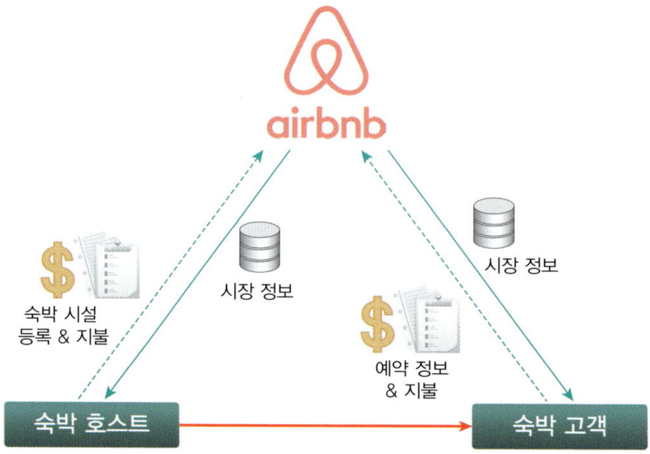

| 그림 118 | 데이터의 가치(Airbnb 플랫폼)

데이터의 가치는 소위 빅데이터를 이용할 수 있는 환경에서 더욱 진가를 발휘한다. 빅데이터는 소리, 영상 등 비정형 데이터까지 포함하므로 고객 네트워크를 비롯하여 공급사슬, 제품/서비스상의 발생하는 모든 형태의 데이터를 효율적으로 이용하는 것이 곧 가치의 창출이다. 이는 클라우드 컴퓨팅 기술에 의해 다양한 규모의 비즈니스 주체−개인에서 거대기업까지−도 자신들 소유의 슈퍼컴퓨터나 대용량 저장 장치가 없이 손쉽게 자신들의 비즈니스에 이용할 수 있게 된 것이다.

스마트 제조를 하는 스마트 팩토리 또한 디지털 전환의 가장 큰 혜택을 누릴 수 있다. 스마트 팩토리의 디지털 전환후의 최종 모습은 사이버−물리 제조시스템이 될 것이다. 이는 제조환경에 대한 예측 가능한 모델을 만들고, 최종 제품의 품질을 예측하고, 고객 주문에 대한 납기를 맞추기 위한 선제 조치를 할 수 있을 것이다. 제품이 소비자에게 팔린 후에는 고객 네트워크에서 피드백되는 빅데이터를 이용하여 제품 개선과 공정 개선을 지속적으로 할 수 있을 것이다. 만일 제품이 정보를 포함하고 외부 시스템과 서로 통신할 수 있는 성격의 스마트 연결형 제품Smart Connected

Product이라면 고객 네트워크를 중심으로 한 플랫폼 비즈니스를 창출할 수 있는 환경이 될 것이다. 즉, 스마트 제조는 디지털 전환의 가장 큰 수혜자가 될 것이다.

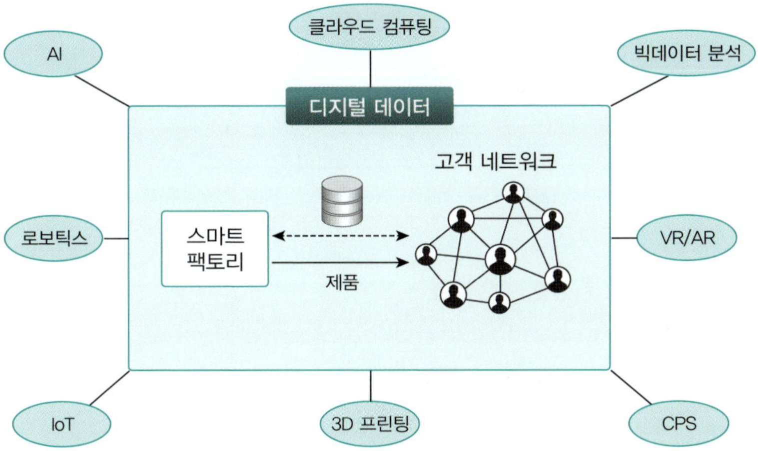

| 그림 119 | 스마트 팩토리의 디지털 전환

PART 6

좋은 예술

스마트제조와 3C

1

스마트제조와 3C (Customization, Connectivity and Collaboration)

1

스마트제조와 3C

제조업, 위기인가 기회인가?

다음은 최근 하루 동안의(2016년 3월 21일) 제조업 관련 뉴스 헤드라인들이다.

"한국경제, 가마솥 개구리가 서서히 죽어가는 꼴"(해럴드경제)
"수출주력산업 기업 80%가 늙어간다"(해럴드경제)
"제조업의 기둥, 전국산업단지 생산액 600조 이하로 추락"(조선비즈)

위 기사 제목은 현재 우리나라의 경제 및 제조업의 위기를 여실히 반영하고 있는 듯하다. 내용을 살펴보자. 실제로 우리나라의 국내 총생산(GDP) 대비 수출비중은 56.6%로, 미국(13.5%), 일본(17.7%), 영국(28.4%), 독일(46.9%) 등 선진국에 비해 월등히 높은데, 최근의 수출 감소는 국내 경제 전체에 심각한 타격을 주고 있다. 무엇보다 수출감소에 따른 누적 재고의 증가와 함께 제조업 평균가동률은 2010년 이후 지속적으로 가파르게 감소하고 있다. 최근 통계에 따르면 국내기업의 80%가 쇠퇴기 또는 정체기에 접어들고 있으며, 신사업을 추진하는 기업들은 아직 초기단계에 불과하다는 조사가 나왔다. 컴퓨터, 섬유, 평판디스플레이, 무선통신기기는 이미 성숙기에 접어들었다는 의견이 지배적이며, 자동차, 반도체는 의견이 갈리지만 최근의 추세로 볼 때 낙관적인 상황만은 아닌 것으로 보인다. 특히, 선박, 섬유, 평판디스플레이 산업은 쇠퇴기라고 생각하는 의견들도 상당히 많다는 조사결과가 나왔다.

우리나라 경제발전의 견인차 역할을 했던 전국산업단지는 전통적인 제조업의 기둥임에도 산업단지 내 입주기업의 총생산액 및 가동율이 2012년 680조 원, 84.7%에서 2015년 594조 원, 81%로 지속적인 하락세를 보이고 있다. 특히, 산업단지의 경우 2015년 기준으로 우리나라 수출의 78%를 담당하고 있다는 점에서 한국경제에 미치는 영향은 직접적이고 지대하다. 또한 우리나라의 최근 2010년~2016년 동안의 제조업 평균 가동률은 계속 하향세를 보여 주고 있다.

그러나 위기가 오히려 새로운 기회의 원동력이 될 수도 있다. 뒤집어 보면 수출의 비중이 크다는 것은 우리나라의 무역규모로 볼때 세계 시장에서의 점유율 또한 높다는 것이며, 이는 적어도 시장기반이 큰 기술들을 가지고 있다는 의미이다. 2015년 기준 우리나라의 글로벌 제조업 경쟁력 지수는 일본에 이어 세계 5위를 기록하고 있고, WTO발표에 따른 수출액 규모는 5269억 달러로 세계 6위를 차지하면서, 2008년 12위에서 꾸준히 상승하였다. 한편 OECD보고서에 따르면 2013년 기준 우리나라 전체 부가 가치에서 ICT Information and Communication Technology 분야의 부가 가치가 차지하는 비중은 10.7%로 29개국 중 1위를 차지하였고, ICT 분야의 고용 비중은 4.32%로 2위로서 ICT 분야에서 선두주자로 자리매김하고 있다. 비록 컴퓨터 및 전자, 광학기기에 집중되어 있지만, 우리나라 ICT산업의 부가 가치 및 고용효과는 세계적으로 선두에 있어, ICT기술이 제조업 경쟁력과 결합될 때 그 시너지효과는 매우 클 것으로 예상된다. 따라서 우리나라 제조업의 미래는 기존 제조업의 기반 기술과 시장력을 바탕으로 ICT산업과의 혁신적인 접목을 통해 새로운 기술 및 제품 시장의 개척에 대한 새로운 기회를 창출할 수 있는 것이다.

스마트제조 속성: 3C

앞서 우리나라 제조업의 미래방향을 ICT산업과의 융합을 통한 신기술과 제품 시장의 개척이라고 보았다. 그러면 미래제조의 속성은 무엇일까? 제조에서 정보의 역할은 인체에 흐르는 혈액과 같다. 혈액이 운반기능(산소, 영양분, 노폐물 등), 균형기능, 보호기능을 수행하므로써 인체의 생명을 유지시키고 활동케 하는 것과 같이, 제조에서 정보의 역할 또한 필요한 정보를 생성, 전달하고, 제조의 각 요소들의 기능을 균형 있게 맞추고, 외부 환경의 변화에 따른 위험을 최소화하는 기능을 수행한다. 쉽게 말해서 제조의 스마트화란 혈액처럼 흐르는 제조관련 정보가 훨씬 스마트해진다는 것이다. ICT기술들은 제조에서 필요한 많은 양질의 정보들을 보다 빠르게, 보다 적재적소에, 보다 안전하게 활용하도록 해주는 기술을 의미한다. 스마트제조에 융합되는 스마트기술들은 비단 사물인터넷, 클라우드 컴퓨팅 등의 ICT기술뿐만 아니라, 인공지능, 3D 프린팅 기술, 빅데이터 분석, 사이버-물리 시스템 등 제조의 스마트화를 가져오는 모든 기술들을 포함하게 된다.

제조의 스마트화에 따르는 변화는 단순히 정보에 국한되어 일어나지 않는다. 그 변화의 폭은 제조업의 경계를 뛰어 넘을 정도로 넓은데, 요구되는 기술의 변화 또한 매우 다양한 영역에서 일어난다. 즉, 제조 패러다임 자체의 변화를 가져온다. 새로운 제조 패러다임에 따른 스마트제조의 속성은 3C로 일컬어지는 개인맞춤Customization, 연결Connectivity, 협업Collaboration으로 정의할 수 있다. 이 중 개인맞춤은 시장 또는 수요측면의 속성에 해당하고, 연결과 협업은 공급측면의 속성을 대변한다.

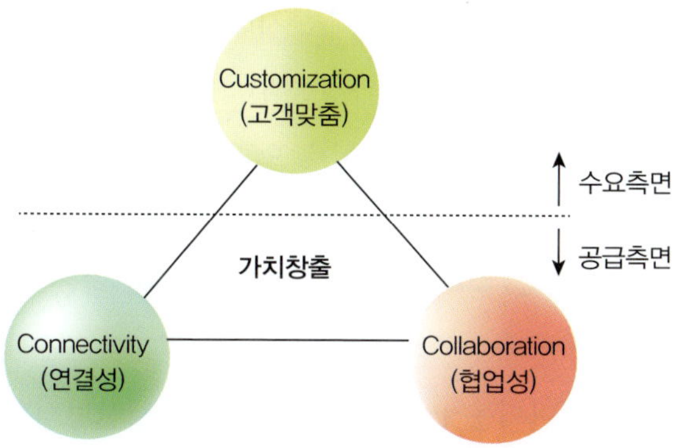

| 그림 120 | 스마트제조의 속성: 3C

3C 속성으로 투영되는 스마트제조의 모습은 곧 가치사슬상의 모든 구성요소와 구성원(원재료, 제품, 기계, 사람 등)들이 서로 실시간으로 연결되어 협업을 통해 고부가 가치의 소비자 맞춤형 제품 및 관련 서비스를 창출하는 제조플랫폼의 모습이다.

스마트제조의 3C 속성은 궁극적으로 제조기반 공급사슬의 유연성을 극대화시키는 결과를 낳는다. 즉, 제품기능 및 종류의 증가, 제조공정의 변경, 유통채널의 변경, 시장수요의 변화, 갑작스런 장애요인 발생 등에 따른 시스템 대응의 유연성을 혁신적으로 높일 수 있는 효과를 가져온다.

스마트제조: 미래 제조를 위한 패러다임

앞서 정의한 스마트제조의 3C 속성를 통해 미래 제조의 모습을 그려볼 수 없을까? 즉 제조 패러다임의 변화를 예측할 수 없을까? 먼저 개인맞춤은 시장에서, 연결과 협업은 공급측면에서의 제조 생태계가 어떻게 진화할 지를 예측가능케 한다. 우리는 스마트제조 속성인 3C가 없는 시대의 제조 모습을 통해 보다 쉽게 스마트제조 시대의 모습을 그려볼 수 있을 것이다. |표 9|는 제조시스템의 발전과정을 일목요연하게 보여 주고 있다.

제조기업들이 좋은 물건을 만들어 놓으면 잘 팔린다는 사고방식의 시대는 이미 지나갔다. 즉, 좋은 제품을 만드는 것만으로 제조기업의 경쟁력을 확보할 수 없다. 그렇다면 "좋은" 제품을 뛰어 넘는 제품이란 어떤 것일까?

규모의 경제로 대변되는 1980년대까지의 '대량생산방식', 유연성이 필요한 1990년대의 '대량 맞춤형 생산방식'을 거쳐, 이제 소비자 맞춤형 제품이 지배적인 시장을 대상으로 하는 '개인화 생산방식'으로 접어들었다.

| 표 9 | 제조시스템의 발전과정

	1980년대	1990년대	2000년대 이후
제조방식	대량생산	대량맞춤 생산	개인화 생산
경쟁력	비용 및 품질	유연성, 친환경, 서비스	지식정보
필요기술	JIT(Just-in-Time), GT(Group Technology), TQM(Total Quality Management)	기업자원 관리, SCM(Supply Chain Management)	클라우드컴퓨팅, IoT, 인공지능, 3D 프린팅 기술, 빅데이터분석
제조 시스템	CIM(Computer Integated Manufacturing)	FMS(Flexible Manufacturing System), Lean & Agile Concurrent, Green	Service-oriented Crowd-sourcing Product-service Social Manufacturing

| 표 10 | 전통적 제조 vs. 스마트제조 패러다임 비교

	전통적 제조	스마트제조
경제 환경	고성장	저성장
비즈니스 환경	경쟁적	협업적
경제성	규모의 경제	범위의 경제
기업 성격	설비기반	스타트업
지리적 특성	공단형 군집	도심형 분산
자원 소유	소유	공유
의사 결정 문제	반복 & 유사	일회성 & 신규
의사 결정 주기	주기적	실시간
의사 결정 속성	계획기반	상황기반
의사 결정 해법	규칙기반	데이터기반
제조 경쟁력	비용 & 품질	가치창출
제조 전략	변동 최소화	유연성 최대화
공급사슬 구조	중앙집중	분산
관리 대상	프로세스	사물
작업자 역할	실행자	의사 결정자
작업자 요구기술	규칙적	창의적
작업자 근무방식	출퇴근	원격근무
제품 속성	비용 & 기능성	맞춤형 & 연결
제품정보 성격	기능성	수명주기
제품정보 관리	MRP기반	자체내장
데이터 소스	설비기반	사물기반
데이터 수집	통계적 표본	빅데이터 & 실시간
데이터 활용	진단 & 유지보수	예측 & 실시간 제어

제조업의 서비스화는 개인화 제조방식의 불가피한 산물이며, 사실상 제조업의 패러다임 변화의 가장 큰 축이라고 할 수 있다. 제품자체가 가지고 있는 정보의 다양성은 이를 이용한 서비스 가치를 창출하고 있으며,

산업과 산업 간의 융합을 유도하고 있다. 또한 모든 사물과 사람들이 연결되고 협업하는 제조생태계는 정보의 품질과 적시성이 기업의 성패를 좌우하게 되며, 상상을 초월할 정도의 많은 양의 정보를 실시간으로 처리하고 분류하고 선택하여 효율적인 의사 결정마저 실시간으로 내려야 하는 환경으로 변화하고 있다.

스마트제조 환경에서 제조 패러다임의 변화 또한 기존 제조 환경과 비교함으로써 쉽게 이해할 수 있을 것이다. |표 10|은 기존 제조 환경과 스마트제조 환경의 차이를 주요 기준에서 비교한 표이다. 스마트제조 패러다임은 소비자 맞춤형시장의 니즈(제품 또는 관련서비스)를 충족하기 위해 스마트기술이 융합된 공급사슬상의 모든 구성원(소비자를 포함한)들이 설비 및 정보를 서로 공유하고 협업하여 실시간으로 신속한 의사 결정을 내리며 운영할 수 있는 플랫폼을 의미하는 것이다.

2

스마트제조와 Customization

2

스마트제조와 Customization

스마트제조와 시장의 변화

스마트제조의 세 가지 속성을 소비자측면과 공급기업 측면으로 나누어 보면, '개인맞춤Customization'은 소비자 측면, 즉 시장 속성에 해당된다. 스마트제조 환경에서의 시장은 표준 제품과 소비자 맞춤형 제품이 공존하는 매우 이질적인 환경이다. 예를 들어, 자동차를 구매하려는 소비자가 자동차 대리점에서 전시된 제품 중 하나를 고르는 시장과 소비자가 직접 디자인한 유일한 자동차를 만들어 줄 수 있는 시장은 매우 성격이 다를 것이다. 따라서 스마트제조 환경에서의 시장은 맞춤화 수준Customization Level에 의해서 세분화될 수 있다. 왜냐하면 시장에는 차별화된 자기만의 고유한 제품을 원하는 소비자만 존재하는 것이 아니라 여전히 표준형 제품을 원하는 소비자도 존재하기 때문이다. |그림 121|은 자동차 산업에서 소비자의 소비자 맞춤형 수준에 따른 시장의 진화를 보여 주고 있다.

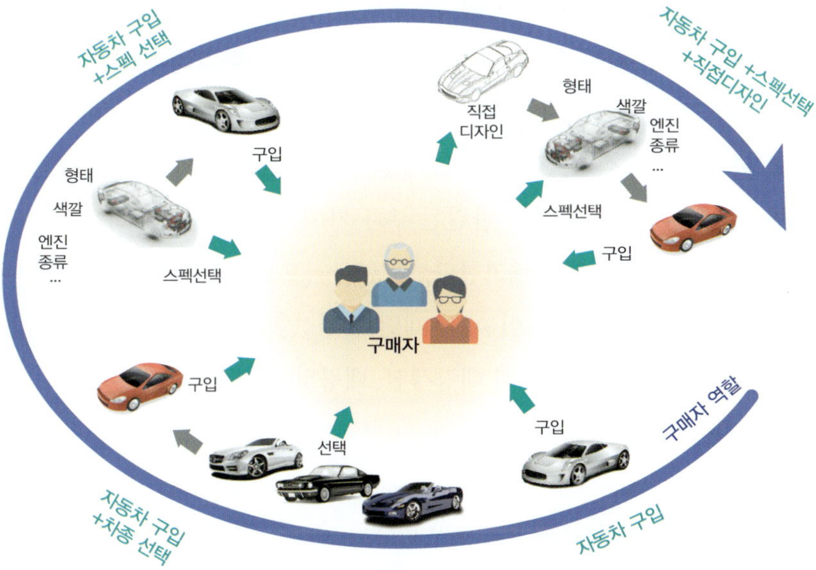

| 그림 121 | 자동차 제조에서의 소비자의 역할 진화

소비자 맞춤형은 제품을 다양화시키고 시장을 세분화한다. 제품의 다양화는 파생제품의 등장을 유도하여 흡사 생물체의 번식과 진화 메커니즘과 같이 신산업의 진화를 유도한다. 또한 시장의 세분화는 개별적으로 독립적인 시장들 간의 경쟁을 야기시키고, 경쟁은 다시 개별 시장의 성장을 유도하는 긍정적인 선순환적 효과를 가져온다.

스마트제조와 개인화 생산(Personalized Production)

소비자 기호의 다양화 추세는 미래 시장의 예측에서 빼놓지 않고 등장하는데, 이는 제조업에서의 여러가지 변화를 야기한다. 먼저 짧아지는 제품 수명주기와 보다 다양해지고 세분화된 제품의 등장으로 기존 제조방식에 기반한 효율성 위주의 공급사슬Efficient Supply Chain로는 소비자의 니즈를 충분히 만족시킬 수 없게 된다. 따라서 소비자에 매우 빠르게 대응하는 공급사슬Responsive Supply Chain로의 전환이 불가피하게 되며 동시에 저비용의 효율성을 확보해야만 한다. 또한 소비자맞춤 생산은 소비자에 대한 제품 공급뿐만 아니라 제품와 제조에 관련된 부가 가치 서비스를 제공하는 제조-서비스 플랫폼의 등장을 예고한다. 즉 궁극적으로 소비자맞춤 생산은 대량맞춤 생산Mass Customization이 아닌 개인화 생산Personalized Production을 의미하는 것이다. 아래의 표를 보면 대량생산, 대량맞춤 생산, 개인화 생산의 특성에 대한 차이점을 볼 수 있다.

| 표 11 | 제조방식의 진화에 따른 특성 비교

	대량생산 (Mass production)	대량맞춤 생산 (Mass customization)	개인화 생산 (Personalized production)
조직의 활동	• 기업 내	• 기업 내 • 기업 간 협력	• 기업 내 • 기업 간 협력 • 산업 간 협력
제조목표	• 규모의 경제	• 규모의 경제 • 범위의 경제	• 규모의 경제 • 범위의 경제 • 서비스가치 창출 • 서비스 차별화
바람직한 특성	• 고품질 • 저비용	• 고품질 • 저비용 • 제품다양성	• 고품질 • 저비용 • 제품다양성 • 서비스 효용성
소비자 역할	• 구매	• 구매 • 선택	• 구매 • 선택 • 디자인, 모니터링

개인화 생산의 특성을 살펴보면 제품자체의 기능적 효용성보다는 제품에 수반되는 서비스의 가치창출에 초점이 맞추어져 있다는 것을 알 수

있다. 스마트제조의 개인맞춤은 제조업의 형태를 제조시스템 자체의 운영에서 '제조의 서비스화'로 진화하게 만든다. 예를 들어, 스마트폰을 구매하는 소비자는 제품의 구매와 동시에 수반되는 각종 앱을 함께 구매하여 이용하는 것을 의미한다. 이는 비단 제조업뿐만 아니라 '모든 사물의 서비스화Everything as a Service: EaaS'라는 미래산업의 특성변화를 가져온다. 물리적인 제품과 무형 서비스의 결합은 곧 산업 간 경계를 무너뜨리고 산업 간 협력을 강화하는 변화를 가져올 것이다. 이러한 제품의 특성을 '산업 경계 파괴형' 제품이라 불러도 좋을 것이다.

Customization을 위한 기술

3D 프린팅 기술로 통용되는 적층제조방식은 소비자 맞춤형을 견인하는 가장 중요한 기술로 보인다. 이를 통해 기존 공급사슬 참가자의 고정적 역할에 대한 벽을 허물고, 구성원들 간의 직접적이고 다양한 유통채널을 형성하며, 분산화된 생산방식을 가속화시키고, 소비자와의 접근성에 가치를 두어 결국 이종산업 간의 융합으로까지 이어질 것이다. 3D 프린팅 기술은 제품의 복잡성에 영향을 받지 않고, 조립작업을 감소시킴으로써 제조비용 절감을 가져오며, 제품의 다양성에 따른 비용이 사실상 없어져, 소비자 기호에 맞는 다양한 제품 제조를 가능케 하는 혁신적인 제조방식으로 볼 수 있다. 그러나 맞춤형 제품 자체가 대규모 시장이 될 경우 생산성 문제가 발생할 수밖에 없는 한계점을 가지고 있다. 또한 다양한 소재의 개발이 선행되어야 하며, 생산방식의 특성상 품질의 한계를 극복해야 하는 숙제도 안고 있다. 그럼에도 불구하고, 현재의 기술 발전 속도로 볼 때 이러한 대부분의 단점들이 보완되어 머지 않아 3D 프린팅 기술이 생산방식의 주류로 자리 잡게 될 것으로 보인다.

빅데이터 분석기술은 소비자 맞춤형 시장환경을 더욱 더 성장케 하는 원천기술이 될 것이다. 무엇보다 개별 소비자의 일상생활에서 자연스럽게 얻어지는 데이터Life Log를 분석하여 소비자가 원하는 바를 매우 효율적으로 파악하고, 이를 제품이나 서비스로 구현하여 제공할 수 있는 맞춤형 시장이 창출될 수 있다. 앞서 언급한 소비자에게 빠르게 대응하는 공급사슬의 구현도 이와 같은 방식으로 소비자의 성향과 기호를 빠르고 정확하게 분석함으로써 가능해지는 것이다.

스마트제조 환경에서의 'Customization'은 시장을 정의하는 속성이지만, 이러한 속성을 지닌 시장에 효율적으로 대응하기 위해서는 소비자와 소비자, 소비자와 공급기업(제조기업), 제조기업과 제조기업 간의 연결과 협업이 필수불가결하다. 결국 개별 소비자의 기호를 얼마나 정확하고 신속하게 파악하여, 생산하고 공급하느냐에 따라 스마트제조의 성패가 달려있다고 볼 수 있다. 이것이 스마트제조의 또 다른 속성인 '연결Connectivity'과 '협업Collaboration'이 반드시 구현되어야 하는 이유이다.

3

스마트제조와 Connectivity

3

스마트제조와 Connectivity

스마트제조 탄생배경 돌아보기

제조의 역사는 돌을 깨거나 갈아서 농기구나 무기를 만들었던 신석기 인간의 문명과 함께 시작되었다고 볼 수 있다. 그후 물물교환이 발달하면서 분업의 개념이 생겼고 만드는 것만을 전문으로 하는 제조기업이 등장했다. 그러나 이러한 제조업이 산업혁명 이전까지는 가내수공업 수준에 머물러 있었다.

현대적인 산업으로서의 제조업은 산업혁명 때부터 시작되었다. 유럽의 열강들이 전 세계에 많은 식민지를 거느리면서 이전보다 넓어진 시장에서 급증하는 수요에 대응하기 위해 제조 현장에 기계가 본격 도입되기 시작했고, 이러한 기계의 도입은 제조 생산성의 향상으로 이어졌으며 단위 시간에 얼마나 많이 생산할 수 있느냐, 즉 양적 생산성이 유일한 제조 경쟁력의 지표로 인식되었다. 산업혁명 이후 계속된 제조기업들의 생산성 향상 노력은 테일러의 과학적 관리법에 집대성되어 현대 제조 관리의 기틀이 되었다.

생산성 향상을 위한 지속적인 노력으로 20세기 초, 컨베이어벨트로 대표되는 포드주의Fordism 개념이 생겨났고, 이는 소품종 대량생산방식의 시작이었다. 당시의 소비자들은 가격 비교를 통해 더 저렴한 제품을 구매하였으므로 기업들은 '가격 절감'의 압력을 받아야만 했다. 가격의 절감은 마진의 하락을 불러왔고 마진의 하락을 최소화하기 위해서는 규모의 경제를 통한 비용절감이 필요했다. 이러한 현상은 소품종 대량생산방식의 가속화를 유도했다. 그러나 이러한 소품종 대량생산방식은 품질을 관리하기 어려워 대량의 불량이 발생하기도 했다.

20세기 말에 들어서 소비자들은 이제 품질 문제에 민감해지기 시작했다. 어느 정도의 가격 수준 내에서 품질 비교를 통해 더 좋은 품질의 제품을 구매하기 시작했고 이에 따라 기업은 '품질 혁신'에 노력을 쏟아부었다. 그 과정에서 Just-in-Time으로 대표되는 Lean 제조방식의 개념이 생겨났다. 약간의 가격 상승에도 불구하고 소비자가 원하는 품질 수준을 만족 시키기 위해 Lean 제조방식이 자리 잡기 시작한 것이다. Toyota는 이 개념을 성공적으로 도입한 대표적인 회사이다.

이제 현대에 이르러 개인의 개성이 부각되는 시대에 접어들면서 제품의 품질뿐 아니라 개개인의 니즈에 부응할 필요성이 증가하고 있다. 소비자는 제품별로 어떤 가치를 제공하는지 비교하여 자신에게 맞춤화된 가치를 제공하는 제품을 구매하기 시작했고, 기업 또한 이러한 새로운 시대에 발맞춰 센서 데이터 기반의 스마트 제품, 개인에 특화된 맞춤형 제품, 제품 사이의 원활한 연결 가치 제공을 통한 '가치혁신'을 추구하기 시작했다. 이러한 배경에서 '제조업에 ICT 기술을 융합'하는 스마트제조의 개념이 탄생하게 된 것이다. 이후, 전세계적으로 스마트제조의 개념에 대한 중요성과 시급성을 인식하기 시작하여 독일의 4차 산업혁명, 미국의 Advanced Manufacturing Technology 경쟁력 강화 정책, 일본의 산업재흥플랜, 중국의 중국제조 2025, 한국의 제4차 산업혁명 등을 통해 정부 차원의 스마트제조 지원 및 보급을 꾀하고 있다.

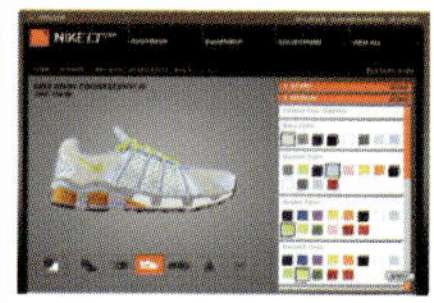

제조방식	대량 제조	린 제조	스마트 제조
주요 목표	비용 최소화	품질 극대화	가치 극대화
기간	과거~1980	1980~2000	2000~미래
주요 활용 도구	규모경제, Push policy 라인방식 생산, 재고관리	Just-in time, 칸반 방식 생산, 소규모 로트, 주문형 생산	맞춤형 제품, 스마트 제품, 연결 제품, IoT, 사이버물리 시스템, 빅데이터

| 그림 122 | 제조방식의 변화

연결(Connectivity)과 시스템 오브 시스템즈(System of Systems)

오늘날 초연결 사회가 도래하면서 연결과 데이터를 활용한 가치창조를 통해 제품과 생산 모두 스마트해지고 있고 이를 스마트제조라 한다는 것을 알아보았다. 독자들의 기억을 되살리기 위해 간단히 정리를 하면 |그림 123|과 같다. 이 그림은 제품과 생산 모두 기본적인 기능만 제공하던 아날로그 형태에서 출발하여 사용자가 원하는 것을 제한적인 형태이긴 하지만 어느 정도 반영할 수 있는 학습기능을 갖춘 스마트 제품과 생산, 여기에서 한 단계 발전한 형태인 제품과 생산 설비와 연결하여 더 큰 가치를

창출하는 스마트 & 커넥티드Smart & Connected 제품과 생산, 그리고 연결된 스마트 제품과 생산 설비들이 모여 하나의 시스템을 이루어 새로운 부가 가치를 창출하는 시스템으로의 진화과정을 보여 주는 것이다.

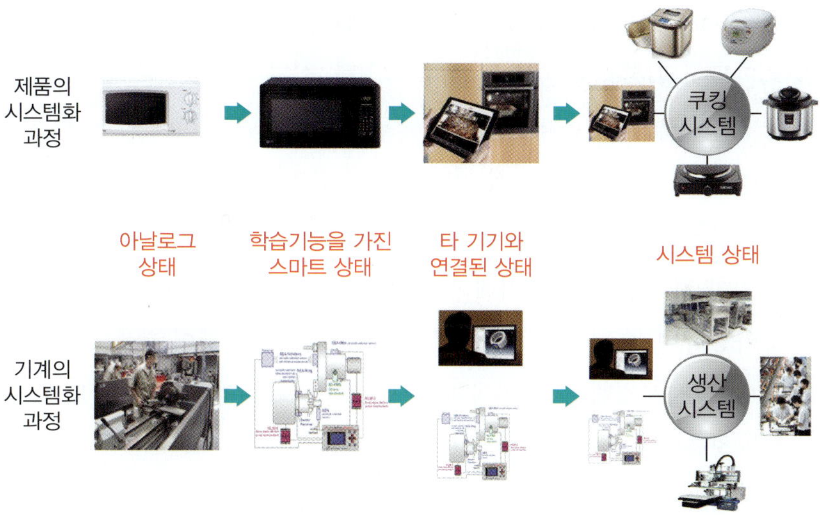

| 그림 123 | 제품과 제조의 스마트화

그렇다면 가치혁신을 실현할 수 있는 스마트제조를 위해서는 스마트 제품 시스템과, 스마트공장만으로 충분할까? 누군가에게는 그럴 수 있지만, 이러한 시스템들이 모여 더 큰 단위의 시스템을 만듦으로써 또 한 번의 가치 창출을 이룰 수 있다는 것을 깨달은 기업들은 더 큰 단위의 시스템, 즉 '시스템 오브 시스템즈System of Systems: SoS'를 구축하고 있다.

시스템 오브 시스템즈란 기능적 독립성operational independence과 관리적 독립성managerial independence을 가지는 시스템들의 집합이며, 시스템 오브 시스템즈 레벨 관리자의 지시에 따르거나 혹은 스스로의 판단에 따라 행동함으로써 개별 시스템의 목표보다 더 높은 가치를 달성하기 위해 조직화된 하나의 거대 시스템이다. 시스템 오브 시스템즈를 스마트제조에 두 가지 측면으로 구분하여 적용하자면, 지금까지와 마찬가지로 제품에 관한 시스템 오브 시스템즈, 그리고 생산에 관한 시스템 오브 시스템즈로 구분할 수 있다.

제품에 관한 시스템 오브 시스템즈를 쿠킹 시스템의 예를 들어 설명해보자. 음식을 요리하는 쿠킹 시스템이 개별적으로 작동하는 것과는 다르게 스마트쿠킹 시스템, 식자재 거래 시스템, 식자재 제조 시스템, 식자재 보관 시스템을 묶어 음식관리 시스템을 구축한다면 기존에 개별 시스템들의 기능뿐만이 아니라 음식 전반에 걸쳐 관리할 수 있는 시스템으로의 확장이 가능하다. 식자재 보관 시스템이 자재의 부족을 알리고 필요에 따라 부족한 자재를 식자재 거래 시스템을 통해 주문하고, 때에 맞춰 식자재를 가공하여, 요리하는 쿠킹 시스템까지, 개별 시스템이 창출하는 가치뿐만 아니라, 시스템 간의 연계를 통해 기존 시스템의 가치 외의 또 다른 가치를 창출할 수 있게 되는 것이다.

이는 생산에도 마찬가지로 적용될 수 있다. 생산 시스템이 물류 시스템, 공급기업 시스템, 소매점 시스템과 함께 하나의 커다란 공급사슬 시스템을 갖춘다면, 음식관리 시스템과 마찬가지로 시스템들 간의 유기적인 연결을 통해서 생산 시스템이라는 단일 시스템으로만 존재할 때보다 더 높은 가치를 창출할 수 있게 된다. 예를 들면, 공급기업과의 연결뿐만 아니라 소매점 시스템, 물류 시스템과의 연결을 통해 실시간으로 필요한 생산량을 예측하고 결정할 수 있으므로 필요한 제품의 필요한 양을 필요한 때에 생산할 수 있게 되는 것이다.

이러한 시스템 오브 시스템즈를 실현하기 위해서 제품 시스템은 제품 간의 연결로부터의 데이터 수집, 생산시스템은 단위설비, 공장 내, 공장 간, 기업 간의 연결을 통한 데이터 수집이 선행되어야 한다. 또한 이 데이터들을 어떻게 활용해야할 지에 대한 구상 없이 단순한 연결과 데이터 공유를 통해서는 소비자의 가치를 제고할 방안을 찾을 수 없기 때문에 소비자의 가치를 제고할 방안에 대한 고민도 병행되어야 한다.

그렇다면 제품, 공장 데이터의 수집과 활용은 어떻게 이루어져야 할까? 제품 시스템의 경우 제품에 대한 사용 전·후 및 시장환경에 대한 정보를 수집하고 빅데이터 분석 기술을 통해 지식화하여 제품 개발, 예지보전, 기존제품 개선 및 확장 등에 활용할 수 있을 것이다. 생산 시스템에서는 4M1E^Man, Machine, Material, Method, Environment^에 대한 정보를 스마트 기기를 통해 수집하여 제조 프로세스를 모니터링하고 컨트롤할 수 있으며, 빅데이터 분석을 통해 일정계획 수립, 생산성 최적화, 설비 이상 사전감지, 품질 최적화, 설비예지보전, 에너지 절약 등에 활용할 수 있다. 더 나아가서는 기업 내 경영 활동 프로세스까지도 활용 가능할 것이다.

광의의 스마트제조

지금까지 스마트제조의 탄생 배경, 스마트제조를 위한 시스템 오브 시스템즈, 그리고 연결을 통한 데이터의 수집과 활용에 대해 알아보았다. 이러한 범위는 데이터 수집은 그렇다 쳐도 독자들이 생각해 왔던 스마트제조보다 조금 더 넓은 범위라는 생각이 들 수도 있다. 그렇다면 제대로 이해한 것이다! 논의를 조금 더 진행시켜 광의의 스마트제조를 정의해 보자. 광의의 스마트제조는 |그림 124|와 같은 형태가 될 것이다.

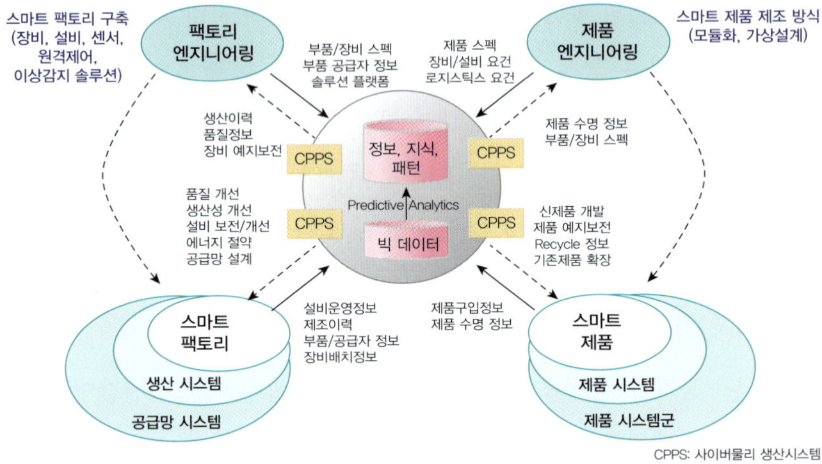

| 그림 124 | 광의의 스마트제조 개념

위의 그림을 보면 스마트 & 커넥티드 공장과 제품은 시스템 오브 시스템즈의 일부로, 이들로부터 수집된 데이터를 사이버-물리 시스템을 통해 리허설을 해볼 수도, 데이터에서 지식을 뽑아낼 수도 있으며, 이는 다시 스마트 & 커넥티드 공장 구축과 스마트 제품 제조방식에 영향을 주는 순환 구조로 구성되어 있다. 다소 복잡할 수 있지만 하나하나 보면, 어려운 내용은 있지 않다.

독자들의 이해를 돕기 위해 간단한 활용 시나리오 예제를 들어보자. 기업의 입장에서는 스마트 & 커넥티드 제품에서의 데이터를 통해 소비자의 가치를 파악할 수 있고, 이 가치를 제품에 반영하기 위해 Product engineering 단계에서 제품설계를 모듈화 형식으로 변경할 수 있으며, Factory engineering 단계에서는 모듈화 형식으로 설계된 제품을 효율적으로 제조하기 위해 공급사슬 설계 · 설비 개선 · 장비개발 제안 등을 하여 스마트 & 커넥티드 공장에 활용할 수 있게 되는 것이다.

이러한 광의의 스마트제조의 핵심은 커넥티드, 즉 '연결'이었음을 다시 한 번 강조하며, 광의의 스마트제조가 자리를 잡게 되어, 비용 등의 문제로 해외로 이전했던 기업들이 다시 본국으로 돌아오는 리쇼어링Reshoring 현상이 일어나고, 이로 인한 더 많은 일자리가 창출되기를 기대한다. 물론 광의의 스마트제조가 아닌 협의의 스마트제조만으로도 현장전문가 제조지식을 시스템화하여 설비 센서 데이터와 함께 품질, 생산성, 맞춤형, 연결, 신속배송 등의 소비자가치를 높이는 방향으로 활용함으로써 기업들의 스마트화를 가속화시킬 수 있을 것이다.

4

스마트제조와 Collaboration

4

스마트제조와 Collaboration

4차 산업혁명

지금까지 다루어 왔던 스마트제조에 관한 이야기들은 '제4차 산업혁명'이라는 커다란 변화의 물결과 맥을 같이하는 것이었다. 이미 '제4차 산업혁명'이라는 단어는 대중들에게도 상당히 많이 알려져 있는 개념이기도 하다. 그동안 우리는 18세기 후반 수력과 증기를 이용한 기계화된 제조의 제1차 산업혁명을 필두로, 전력을 이용한 조립라인을 통해 대량제조가 가능하게 되었던 제2차 산업혁명을 경험하였고, 1970년대 이후 전자, 컴퓨터 기술을 이용한 자동화의 제3차 산업혁명을 지나고 있다. 이제는 정보통신 기술의 진보와 무한한 융합을 통한 새로운 패러다임으로서의 사회적, 산업적 변화를 '제4차 산업혁명'이라는 이름으로 맞이하고 있는 것이다.

스마트제조는 이러한 커다란 패러다임 변화의 물결 속에 정보통신기술과 제조시스템 간의 융합의 개념으로 자리매김하고 있다.

기술과 기업

그렇다면 제4차 산업혁명의 도래와 이로 인한 파급효과에 대한 전망은 어떠할까? 최근 '알파고' 열풍으로 관심이 고조되고 있는 인공지능 기술은 기업에 어떤 영향을 미칠 것인가? 이미 여기저기에서 인공지능 기술이 초래할 기업의 미래상에 대한 장밋빛 청사진들이 제시되고 있다. 그러나 현실의 기업에서 과연 이러한 기술의 혜택을 받고 있는 기업은 얼마나 될까? 미래를 예측하고자 할 때, 지난 시대의 경험과 교훈에 대해 분석해 보는 것이 유용한 경우가 많다. 그렇다면 지난 3차까지의 산업혁명과정에서 우리가 얻을 수 있는 교훈은 무엇일까?

기계화 시대를 열었던 제1차 산업혁명 이후, 2차와 3차 산업혁명을 가능하게 했던 혁신적인 기술의 발전이 인류의 삶의 방식에 많은 변화를 가져온 것은 이미 잘 알려져 있다. 그러나 기업의 생산성이라는 관점에서 살펴보면 이러한 기술의 발전이 삶의 방식을 윤택하게 바꾼 것만큼 노동의 생산성 향상에는 기여하지 못했으며, 심지어는 새로운 기술의 도래가 노동 생산성을 저하시킨 경우도 있다는 사실은 상당히 뜻밖이다. 다음의 |그림 125|에서 보듯이 1970년대 정보기술이 보급된 이후로 거의 20년간 노동 생산성이 오히려 저하되었음을 알 수 있다. 물론 다양한 경제적, 사회적인 요소를 고려할 필요는 있을 수 있으나 혁신적인 기술 확산에 따른 기대에는 미치지 못했다.

새로운 기술의 발전이 항상 기업 생산성의 향상으로 직결되는 것은 아님을 설명하기 위해 Solow라는 학자는 "컴퓨터 발전의 영향은 우리 주변의 모든 곳에서 찾아볼 수 있다. 다만 생산성 지표를 제외하고…"라는 '컴퓨터 패러독스'를 제시한 사례도 있다. 그렇다면 현재 4차 산업혁명의 주요한 축으로 자리 잡고 있는 스마트제조를 가능하게 하는 정보통신기술과 첨단 제조기술도 Solow의 컴퓨터 패러독스처럼 생산성 지표와 동떨어

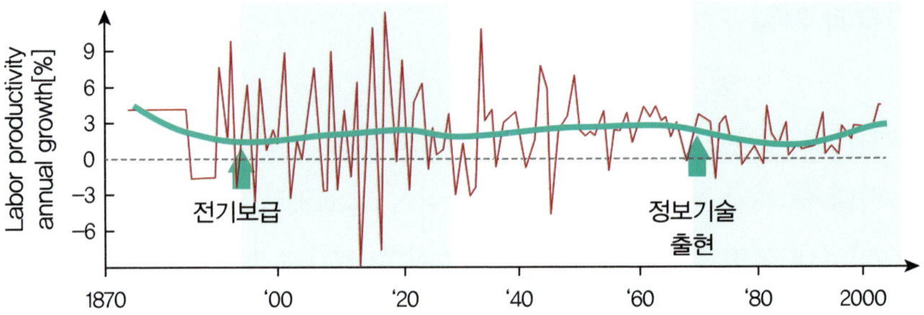

| 그림 125 | 노동 생산성의 연간 성장률 추이(1874년~2003년)

출처: U.S. economy.

지는 것을 방지하려면 어떻게 해야 할까? 다시 말해서 어떻게 하면 새로운 기술적 발전이 기업의 발전과 연결되게 할 수 있을까? 이러한 질문에 대한 해답을 찾기 위하여 고려해야 할 중요한 개념 중의 하나가 바로 '협업Collaboration'이다.

협업이란

'개인화'된 제품과 '연결'로 새롭게 재편되고 있는 제품, 공장, 기업 생태계를 궁극적으로 스마트제조라는 새로운 패러다임으로 실현하고, 제조기업의 재도약을 위한 기회가 될 수 있게 하는 것이 '협업Collaboration'이라 할 수 있다. 이미 '미래의 공장Factory of the Future'을 주창한 유럽의 '유럽제조비젼 2030'에서 협업을 중요한 우선순위에 올려놓은 것도 이와 맥락을 같이 하는 것으로 볼 수 있다. 이는 스마트제조가 개별적 기술의 발전뿐만 아니라, 기계, 개인, 조직 간의 긴밀한 협업을 통해서 실현될 수 있음을 인지한 결과라고 할 수 있다.

그렇다면 협업이란 무엇을 의미할까? 넓은 의미에서 협업은 기업의 중

복투자나, 개발비용을 절감하게 위해서 행해지는 것으로 공동벤처라든지, 기술제휴 등의 형태를 띠었다. 현재 전기자동차를 생산하는 테슬라 모터스는 파나소닉사와 배터리 기술을, 도요타, 다임러 등과 같은 기업과는 자동차 제작 기술을, 에이톤사와는 차량구매와 관련된 금융 서비스를 협업을 통해 해결하고 있는 것이 그 사례 중 하나라고 할 수 있다. 이렇게 기업의 경영과 관련된 다양한 형태의 협업은 오랫동안 중요한 영역으로 다양한 접근이 이루어져 왔다. 협업에 관련된 구성원의 다양한 이해관계, 정보의 접근성 및 보유, 상호 간의 의존관계 등은 협업을 성공적으로 이끄는 데 중요한 고려항목으로 여겨졌다.

앞서, 단순히 첨단기술의 도입만으로는 스마트제조의 성공을 담보할 수 없으며, 협업이라는 요소가 필수적으로 이를 뒷받침해야 한다는 것을 언급하였다. 그렇다면 스마트제조 관점에서의 협업은 어떻게 보아야 할 것인가? 이를 위해서는 협업을 구성하는 요소들과 스마트제조와의 관계를 살펴볼 필요가 있다.

협업은 크게 연동, 협력, 그리고 소통이라는 세 가지의 축으로 구성된다. '연동coordination'이란 협업에 참여하는 참여 주체들의 활동 간에 상호의존관계를 관리하는 것이다. 쉽게 말해서, 출퇴근 시간에 차량이 많이 몰리는 교차로에서 교통경찰이 차량의 흐름을 원활하게 하기 위해서 수행하는 일을 떠올리면 된다. 스마트제조에는 다양한 장비와 인력 등의 원활한 운영은 필수적이다. 따라서 이러한 장비들과 인력들 간의 연동은 협업을 위한 중요한 요소이다.

협업의 두 번째 요소인 '협력cooperation'이란 전체의 목표를 달성하기 위해서 수행하는 공동의 노력이다. 비행기를 타고 여행한 경험이 있는가? 비행기 탑승 후 가장 많이 듣는 말 중의 하나가 "자리에 앉아 안전벨트를 매어 달라"라는 말이다. 이는 승객들의 안전한 여행이라는 목표를 위해서 탑승자 개개인에 대한 공동의 노력을 요청하는 것이다. 이후에 따라오는 말이 바로 "thank you for your cooperation"이란 말이다. 협력cooperation이 이루어지는 것이다.

세 번째로 '소통communication'은 협업의 과정에서 정보의 공유와 상황을 인지하기 위해 필요한 도구이다. 비행기의 사례에서 승무원은 무조건 안전벨트를 매어달라고 하지 않는다. "지금 비행기가 많이 흔들리니…"라는 사전 정보를 제공한다. 협업을 위한 소통인 것이다. 예전 차량 네비게이션이 흔하지 않았던 시절에 자동차의 운전자가 운전을 하는 동안 옆좌석에 앉아 있는 사람은 지도를 보며, 다음에 사거리가 나오면 좌회전, 우회전, 혹은 직진 등과 같은 정보를 제공했었던 것도 이와 유사한 형태의 한 예이다.

그렇다면 스마트제조에서는 위에 언급한 협업의 세 가지 요소가 어떻게 구현될 수 있을까? 스마트제조에 관련된 정보, 장비, 인력들을 적재적소에 할당하고, 이들이 공동의 목표를 함께 인지하고, 서로 필요한 정보를 주고받도록 소통을 가능하게 하는 도구들은 무엇일까? 이런 도구들이 다름아닌 이 책에서 소개한 스마트제조를 가능하게 하는 기술들, 다시 말해 장비의 공유, 정보의 공유를 위한 클라우드, 필요한 데이터를 수집하기 위한 사물인터넷, 이러한 데이터로부터 필요한 정보를 찾아내는 빅데이터 분석 기술, 각종 장비들과 사람, 정보를 연결시켜 주는 사이버-물리 시스템과 같은 것들이다.

협업의 대상

협업이라는 개념 안에는 적어도 두개 이상의 대상들을 내포하고 있다. 그렇다면 스마트제조에서 협업의 대상은 어떤 것들이 있을까? 이상적으로는 제조시스템이라는 생태계에 포함되는 모든 객체들 간의 관계가 그 대상이 될 수 있으나, 개략적으로 크게 기계와 기계 간, 사람과 기계 간, 사람과 사람 간, 이렇게 세 가지로 나누어 볼 수 있다.

스마트제조에서 모든 부품은 사물인터넷이라는 기술을 이용하여 고유의 식별코드를 부여받을 수 있다. 이 식별코드는 어느 정도의 정보를 처리할 수 있는 일종의 임베디드 센서의 형태를 가지고, 자기가 지금까지 어떤 가공, 이동, 검사과정을 거쳤는지, 앞으로 더 필요한 제조공정은 무엇인지, 어느 소비자에게 언제까지 전달되어야 하는지에 대한 정보를 담을 수 있다.

부품과 연결된 작은 센서의 능력이 이럴진대, 제조공정을 수행하는 기계, 로봇과 같은 장비는 어떨 것인가? 부품에 달린 센서보다 더 높은 수준의 정보 처리 능력을 예상하기는 어렵지 않을 것이다. 부품과 기계는 소비자가 원하는 수준의 제품을 원하는 방식대로 만들어서 제공하고자 하는 공동의 목표를 가지고, 서로 가지고 있는 정보를 교환함으로써 자신들이 누가 먼저 무슨 일을 하고, 다음에 누가 무슨 일을 해야 하는지에 대한 작업을 결정하여 수행한다. 부품과 기계 간의 협업이 이루어지는 것이다. 이는 마치 자기의 증상에 대해 알고 있는 환자가 그 증상에 대한 의학 지식을 가진 의사를 만나, 신속하고 정확한 진단과 치료를 위해 문진하고, 진찰하고, 치료하는 과정과 일맥상통한다고 볼 수 있다.

"사람을 향합니다", "사람이 중심이 되는 세상", "인재가 재산입니다" 등과 같은 광고 문구들을 흔히 접할 수 있다. 세상에서 사람의 가치와 역할이 매우 중요함을 거의 모든 사람들이 알고 있고, 동의한다는 점을 생각해서 만든 문구일 것이다. 어느 분야에서와 마찬가지로 스마트제조에서도 사람의 역할과 중요성은 매우 지대하다. 협업의 대상에서도 사람과 기계간의 협업은 스마트제조의 성패를 좌우할 수 있는 중요한 요소이다. 그렇다면 사람과 기계간의 협업이란 어떤 것일까?

우리는 스마트제조가 단순히 제조공정을 자동화시키는 것 이상이라는 것에 대해 이야기하였다. 물론 자동화를 통해서 작업자의 수작업을 감소시킬 수 있고, 작업에 따라서는 보다 정확하고 신속하게 원하는 공정을 수행할 수도 있을 것이다. 그렇다면 자동화가 가능한 작업들을 대상으로 컴퓨터를 도입하여 자동화시키면 될 것 아닐까? 그러나 앞서 지적한대로 사람은 컴퓨터가 도저히 따라 잡을 수 없는 많은 장점들이 있고, 이러한 사람의 장점들을 극대화시킬 수 있는 자동화라야 자동화로서의 가치가 있는 것이다. 물론 사람이기 때문에 범할 수밖에 없는 오류나 판단도 동시에 존재하지만…. 따라서 이런 사람의 특징들은 자동화 도입을 검토하거나 설계할 때에 반드시 고려되어야만 한다.

사람에게는 비교적 단순한 '공손하게 악수하기'라는 동작도 자동화 기계를 통해 수행하는 것은 생각만큼 쉬운 일이 아니라는 이야기를 하였다. 즉, 사람이 가지고 있는 엄청난 수준의 유연성이 발휘될 수 있는 자동화를 원한다면 사람과 기계간의 협업에 대해 깊이 고려할 필요가 있다. 점점 기계화, 컴퓨터화, 자동화가 진행되면서 사람의 역할은 물리적인 작업을 수행하는 역할Operator에서 프로세스를 모니터링하고 통제하고 예상하지 못한 이상상황을 감지하는 감독자 역할Supervisor로 변화되고 있다. 그렇다면 스마트제조에서 이러한 변화에 부합하는 사람과 기계 간의 협업은 어떤 형태로 이루어질까?

협업을 위해서는 서로 간의 대화가 가능한 소통이 이루어져야 한다고 하였다. 기계에 대고 아무리 큰 목소리로 명령을 외쳐도 기계는 전혀 알아듣지 못한다. 반대로 기계는 우리가 알아들을 수 있는 언어로 친절하게 설명해 주지 않는다. 사람과 기계 간의 소통이 이루어질 수 있도록 하는 언어, 전달방법, 표현형식 등이 필요한 이유이다. 기계는 작동의 매 과정으로부터 정확한 수행 데이터를 생성시키지만, 이러한 데이터를 분석하고 변환함으로써 기계의 작동에 대한 메커니즘을 사람이 이해할 수 있는 형태로 변환시켜야만 하는 것이다. 이것은 사람과 기계 간의 공동 목표를 서로 이해하고 협력하기 위해서 반드시 필요한 것이다.

이렇게 사람과 기계가 협업할 수 있도록 하기 위해서 필요한 기술로 사물인터넷과 빅데이터 분석, 그리고 사이버-물리 시스템을 고려해 볼 수 있다. 기계의 작동이나 사람의 움직임을 실시간으로 파악할 수 있는 센서와 이 센서로부터 얻어지는 데이터의 전송은 사물인터넷 기술의 발전과 더불어 더 정교해지고 똑똑해질 것이다. 기계적인 데이터만으로는 그 효용성의 한계가 있으므로 데이터를 통해 어떤 정보를 추출해 낼 수 있을 것인지, 더 나아가서 이를 어떻게 지식으로 변환하고 활용할 수 있을 것인지에 대한 해결방안을 빅데이터 분석이라는 기술에 기대해 볼 수 있다. 사람과 기계 간의 협업이 필요할 때마다 언제든지 이루어지기 위해서는 사람과 기계 간의 시공간적인 제약을 극복할 필요가 있는데, 이점이 바로 사이버-물리 시스템의 활용 장점 중의 하나이다.

아무리 첨단기술이 발전하고, 정교한 기계가 갖추어진다 하더라도 결국 중요한 것은 사람에 대한 깊은 이해와 배려이다. 스마트제조에는 수많은 상황들이 발생할 수 있는데 그때마다 정말 다양한 사람이 관여하게 된다. 경영자, 관리자, 작업자, 판매자는 물론이고, 각각마다 다른 경험, 취향, 선호도, 지식수준 등이 모두 다르다. 현재 인간-기계 시스템이라는 이름으로 이러한 문제 해결을 위한 연구가 활발하게 진행되고 있는데, 향후 이 분야의 연구들이 스마트제조 분야 구현과 발전에 중요한 역할을 담당할 것으로 보인다.

어떻게 협업할 수 있을까?

스마트제조로의 시대변화는 쟁탈, 경쟁의 개념보다는 상호 협력, 보완의 개념으로 바라볼 필요가 있다. 협업의 장과 장치가 마련될 필요가 있다는 것이다. 물론 그동안 협업을 위한 노력이 없었던 것은 아니다. 다양한 측면에서 기술적 협업, 관리적 협업을 도모하기 위한 시도들이 이루어졌다. 그런데 그 조차도 협업이라는 개념을 새로운 비즈니스의 기회로 생각하고, 협업을 지원하는 도구를 개발하고 판매함으로써 수익을 창출하려는 또 다른 형태의 경쟁, 쟁탈로 변질된 점도 지적하지 않을 수 없다. 이러한 개념으로는 스마트제조의 새로운 패러다임에 적응하는 데에 한계가 있다.

협업의 실질적인 결실을 얻기까지에는 적지 않은 시간, 인내, 투자가 필요하다. 물론 기업의 입장에서는 다소 비현실적인 이야기일 수 있다. 생존과 지속적 성장이 필수적인 기업에게 마냥 투자와 인내만을 요구할 수만은 없기 때문이다.

앞서, 우리는 "나에게는 별 도움이 되지 않는 것이 남에게는 매우 절실한 것이 될 수 있다"는 점을 이야기했다. 그것이 물건이든 아니면 사소한 경험이든, 정보든 간에…. 이러한 점에서 생각해 볼 수 있는 것이 유형적 '자원의 공유'와 무형적 '정보의 공유'이다. 무턱대고 공유할 수는 없다. 현재 기업 내의 자원, 정보에 대한 면밀한 이해와 이들의 쓰임새, 효용에 대한 분석이 선행되어야 한다. 공유할 수 있는 것과 자산이 되어야 하는 것에 대한 구분이 필요한 것이다. 공유하는 것이 오히려 유리한 것까지 보유하고, 관리하는 것은 기업의 암묵적인 자원 낭비로 이어질 수 있다. 따라서 기업의 현재 자원에 대한 객관적이고 체계적인 분석은 공유를 위한 첫번째 실행과제로 볼 수 있다.

제조기업들의 협업을 위해서는 기업들의 협력네트워크를 구축할 필요가 있다. 물론 체계적인 분석을 통한 자원, 정보의 공유가 수반되어야 그 네트워크의 힘이 더 강해질 수 있다. 이러한 점에서 유사한 산업에 있는 기업들의 공영적 '커뮤니티 파워'가 중요하다. 우리가 이용하고 있는 SNS에서 내 정보를 더 많이 공개하면 할수록 더 많은 친구들과 연결되고, 나의 영향력이 더 커지는 것과 같이 각 기업의 자원 공유가 많아지면 많아질수록 그 기업은 스마트제조라는 새로운 시대의 중심점으로 이동할 수 있다. 기업이 자발적으로 정보를 공유하기를 기대할 수는 없다. 이에 대한 마땅한 대가가 지불되어야 한다. 제조데이터를 데이터 거래소에 내놓는 것과 같은 경제적 생태계 구현이 그 한 방안이 될 수 있다. 기업의 자원 분석과 이에 대한 가치 분류, 공유, 피드백의 선순환 사이클 구축에 대한 시간, 인내, 그리고 투자가 필요한 이유이다.

이러한 선순환을 위해서 스마트제조 플랫폼이라는 도구를 고려해 볼 수 있다. 유사 산업 내의 기업들끼리 상호 협업을 위한 커뮤니티를 형성하고 공통의 유사 데이터를 공유하여 기업의 제조 프로세스를 분석해 볼 수도 있고, 그 결과와 효용성을 데이터를 공개한 기업에 한해서 공유하는 것이다. 그러나 기업의 데이터가 생각보다 체계적이지 않고, 상호 호환성이 매우 낮은 경우가 대부분임을 명심해야 한다. 05/07/00과 같이 날짜를 표기하는 경우도, 어떤 기업에게는 2000년 5월 7일일수도 있고 다른 기업에게는 7월 5일, 0시일수도 있다. 간단한 날짜 표기도 이러한데 복잡한 제조데이터의 경우는 어떨까? 매우 어려운 문제임을 예상할 수 있다. 기업들 간의 데이터 공유를 통해 이러한 문제들에 대한 공동의 해결 노력을 기울일 필요가 있다. 이런 과정에서 기업 간의 데이터 체계화와 표준화는 협업을 위한 소통의 시발점이 될 수 있다. 또한 데이터에 기반한 프로세스 분석 과정과 결과의 공유는 개별 기업이 해결하기 어려운 기술적, 운영적 문제에 대한 해법을 찾는 공동의 노력을 추구하는 데에도 기여할 수도 있다.

이렇게 데이터와 정보의 공유에 필요한 투자, 노력 대비 얻어지는 이익에 대한 명확한 분석이 어려운 경우에 대해서는 공동의 테스트베드와 같은 물리적 스마트제조 플랫폼 역시 협업을 도모할 수 있는 방법 중의 하나일 수 있다. 이와 관련해서 독일과 미국에서는 이미 발 빠르게 스마트

마더공장Mother Factory, 혹은 기업역량센터Capability Center라는 이름으로 물리적 데모공장이나 기술센터들이 운영되고 있다. 제조기업들이 스마트제조를 구현하기 위해 사전에 파악이 필요한 기술적, 운영적 문제들과 해법들에 대해 공동으로 고민하는 협업의 도구로 활용하고 있는 것이다.

최근 들어 국내에서도 이러한 노력이 이루어지고 있고, 그 결과로 몇몇 개의 센터들이 구축되어 운영되고는 있다. 그러나 이는 스마트제조를 위한 협업의 장보다는 기술적 측면, 특히 자동화와 관련된 기술들의 집약체로서의 색채가 강한듯하기도 하다. 어떤 특정 기업 주도의 특정 제품 제조프로세스에 국한된 사전 테스트베드는 그 지속성과 효용성에서 한계가 있을 수밖에 없다. 물론 제조기업들의 커뮤니티 형성과 협업의 도모라는 측면에서는 더더욱 아쉬움이 남을 수 있다. 이러한 점에서, 제조데이터에 대한 체계화와 표준화와 같이 제조기업들의 일반적인 공법, 제조프로세스 운영, 장비 활용등과 같은 문제를 반영하여 공동으로 해결책을 모색할 수 있는 협업의 장으로써의 물리적 스마트제조 플랫폼이 필요하다.

맺으면서

지금까지 신기술의 발전이 제조산업 발전에 지대한 기여를 한 것은 부인할 수 없는 사실이다. 앞서 살펴 본대로 새로운 기술의 발전은 3차에 걸친 커다란 산업혁명을 탄생시켰고, 이제 새로운 제4차 산업혁명으로의 전환을 이끌어 내고 있다. 그러나 이러한 기술 발전 자체만으로는 새로운 산업혁명의 시대가 요구하는 스마트제조의 비전을 구현하기는 어렵다. 이러한 점에서 스마트제조와 관련되는 다양한 이해관계자들 간의 능동적인 협업은 궁극적인 스마트제조 비전 실현에 필수적인 요소라 할 수 있을 것이다.

새로운 패러다임의 변화로서 스마트제조를 받아들이고, 이러한 관점에서 자재, 기계, 사람, 작업방식 등을 재조명하고 이들 간의 역할 변화와 새로운 관계 정립에 대한 체계적인 접근이 필요한 시점이다. 전통적인 자재, 기계, 사람, 작업방식들은 최근에 출현하고 있는 센서, 빅데이터, 애널리틱스, 사물인터넷, 3D 프린팅 기술, 사이버-물리 시스템, 인간-기계 시스템, 가상 · 증강 현실 등 제조 분야에 접목될 수 있는 새로운 기술들로 인해 어떠한 변화의 기로에 있는지, 어떤 방향으로 진화될 수 있을 것인지를 고려해서 재편될 필요가 있다.

제조업은 국가의 경쟁력 확보에 중추적인 역할을 차지하고, 한 국가의 경제를 뒷받침할 수 있는 근간이라는 점을 우리는 잘 알고 있다. 최근에 소위 말해서 '잘 나가고 있는' 국가들을 살펴보면 이들의 공통점이 제조업이 강하다는 점과 경제적 침체나 위기를 겪고 있는 국가들은 이와는 반대의 특징을 가지고 있음을 알 수 있다. 제 아무리 정보통신, 금융, 서비스, 관광 산업이 발전한 국가라 하더라도, 제조업은 그 국가의 경제를 지탱하는 기반이다. 이러한 점에서 국내의 제조산업은 우리나라의 지속적인 국제적 경쟁력 확보와 번영을 위해서는 필수적인 분야라 할 수 있다. 이러한 중요성에 걸맞은 자부심과 노력이 그 어느 때보다도 중요하다. "빨리 가려면 혼자 가고, 멀리 가려면 같이 가라"고 했던가? 우리나라의 경제를 지탱하고 있는 제조산업이 지속적으로 성장하고, 더 나아가서는 세계를 선도할 수 있기 위해서는 이러한 협업의 자세와 노력이 필요하다.

/참/고/문/헌/

1부 2장 스마트제조, 어떻게 다른가?

김억, 김승택 (2015). 유연 생산 체계를 구현하는 Smart Factory: 생산 전략의 효과적 운용 방안. *Deloitte Anjin Review*, *4*, 62–68.

박수연 (2013. 6. 4.). 3D 프린터發 '제조혁명'…개인이 총까지 만들어. 조선일보. http://news.chosun.com/site/data /html_dir/2013/06/04/2013060401819.html?Dep0=twitter&d=2013060401819에서 검색.

임상수 (2011. 8.). **화주 · 물류기업 상생을 위한 성공키워드**(SCM CEO Report 제4호). 서울: 대한상공회의소.

3ders.org (2014, July 9). Fairphone launches 3D–printed cases with 3D Hubs. Retrieved from http://www.3ders.org/articles/20140709–fairphone–launches–3d–printed–cases–with–3d–hubs.html.

Golding, I. (2014, April 29). John Lewis's greater challenge–the omni channel customer experience. Retrieved from http://www.ijgolding.com/2014/04/29/john–lewiss–greatest–challenge–the–omni–channel–customer–experience/

Hagel, J., Brown, J. S., Kulasooriya, D., Giffi, C., & Chen, M. (2015). **제조업의 미래–변화하는 세상에서 물건 만들기**. 딜로이트 안진회계법인 역.

2부 1장 스마트제조, 무엇을 어떻게 만든다는 것인가

산업연구원 (2015). 미래 제조혁신에 있어서의 스마트공장 이슈와 과제.

산업통산자원부 (2015). 제조업 혁신 3.0 전략 실행대책. 2015년 제7차 무역투자 진흥회의 발표자료.

2부 2장 스마트제조로 생각하는 대로 만든다

Byer, C. (2014, December 20). Why Personalized Marketing Will Dominate. Marketing Profs. Retrieved from http://www.marketingprofs.com/chirp/2015/26743/why–personalized–marketing–will–dominate–in–2015–infographic

Glannon, W. (2014, July 30). Ethical issues with Brain Compouter Interfaces. *Frontiers in Systems Neuroscience*, *8*. 1662–5137.

Kohler, N. (2015, October 14). Four clever ways to personalize your products. Retrieved from https://www.woothemes.com/2015/10/ideas-personalize-products/

Spaulding, E., & Perry, C. (2013, September 16). Making it personal: Rules for success in product customization. Retrieved from http://www.bain.com/publications/articles/making-it-personal-rules-for-success-in-product-customization.aspx

Wilson, R. L. (2013). Ethical issues of Brain Computer Interfaces (BCI). Online article. Retrieved from http://www.iacap.org/proceedings_IACAP13/paper_41.pdf

2부 3장 스마트제조 미리보기

노규성 (2014). 기업을 바꾼 10대 정보시스템. 서울: 커뮤니케이션북스.

이정아, 김영훈 (2014). 인더스트리 4.0과 제조업 창조경제 전략(IT & Future Strategy 보고서 2호). 서울: 한국정보화진흥원.

European Factories of the Future Research Association (2013). Factories Of The Future Multi-annual Roadmap For The Contractual PPP Under Horizon 2020, European Commission.

Industrie 4.0 Working Group (2013). Recommendations for implementing the strategic initiative Industries 4.0. Retrieved from http://www.acatech.de/fileadmin/user_upload/Baumstruktur_nach_Website/Acatech/root/de/Material_fuer_Sonderseiten/Industrie_4.0/Final_report__Industrie_4.0_accessible.pdf

Pullan, T. T., Bhasi, M., & Madhu, G. (2010). Application of concurrent engineering in manufacturing industry. *International Journal of Computer Integrated Manufacturing*, *23*(5), 425–440.

3부 1장 어떤 장르의 음악도 연주할 수 있다: 3D 프린팅

김준철 (2014). 3D 프린팅산업과 기업의 대응전략. *Deloitte Anjin Review*, *2*, 24–37.

이정아 (2014). 3D 프린팅 기반의 제조 혁명과 창조경제 실현(IT & Future Strategy

보고서 4호). 서울: 한국정보화진흥원.
정선형 (2013. 5. 20.). 3D 프린터 대중화 법적 문제 대두. 세계일보. http://www.segye.com/content/html/2013/05/19/20130519001944.html에서 검색.
캐드앤그래픽스 (2014). **3D 프린팅 가이드**. 서울: 비비미디어.

3부 2장 모든 소리를 담자: 사물인터넷

김민식, 정원준 (2014). 사물인터넷(IoT) 관련 가치사슬 및 시장 구성요소 현황. **정보통신방송정책**, 26(8), 22-27.
미래창조과학부 (2014). 사물인터넷(IoT) 정보보호 로드맵.
민경식 (2012). 사물 인터넷(Internet of Things). NET Term. 서울: 한국인터넷진흥원.
민경식 (2012). 사물인터넷의 시장정책동향 분석. **인터넷 시큐리티 이슈**, 9, 3-33. 서울: 한국인터넷진흥원.
박세환 (2014). 사물인터넷 핵심기술 및 시장성 분석. **주간기술동향**, 1630. 서울: 정보통신산업진흥원.
산업통상자원부 (2014). **사물인터넷을 활용한 제조업 경쟁력 강화방안 연구**. 서울: 진한엠앤비 .
이대성 (2015). 스마트 팩토리의 등장과 IoT 센서의 요구. **월간 계장기술**, 6, 81-85.
정연정 (2015. 5. 19.). '사물'이 '인터넷'에 연결되면 무엇을 할 수 있나요? LG CNS. http://blog.lgcns.com/788에서 검색.
최민석, 하원규 (2013). 초연결 사회로의 전환. **주간기술동향주간기술동향**, 1627, 14-27.
ABI Research (2013). More Than 30 Billion Devices Will Wirelessly Connect to the Internet of Everything in 2020.
Business Insider (2015). INTERNET OF EVERYTHING: 2015.
CISCO (2012). The Internet of Everything: How More Relevant and Valuable Connections Will Change the World.
Gartner (2013). Forecast: The Internet of Things, Worldwide 2013.
IDA (2012). Infocomm Technology Roadmap 2012: Internet of Things.
IDTechEX (2015). Internet of Things.
IEEE (2014). Special Report: The Internet of Things.

ISO 13374-1 (2003). Condition Monitoring and Diagnostics of Machines -Data Processing, Communication and Presentation - Part 1: General Guidelines. Retrieved from https://www.iso.org/obp/ui/#iso:std:21832:en

ITU (2005). ITU Internet Reports - The Internet of Things. International Telecommunication Union(ITU), Geneva.

LG CNS 스마트그린솔루션연구소 (2015. 5. 6.). 사물인터넷(IoT)과 함께 하면 제조산업도 더욱 스마트해집니다. LG CNS. http://blog.lgcns.com/775에서 검색.

Loeb, M. (2015, Oct. 14). Internet of Things Security Issues Require a Rethink on Risk Management. Wall Street Journal. Retrieved from http://blogs.wsj.com/cio/2015/10/14/internet-of-things-security-issues-require-a-rethink-on-risk-management/

PWC (2015). The Internet of Things: The Next Growth Engine for the Semiconductor Industry.

3부 3장 리허설, 리허설: 사이버-물리 시스템(CPS)

한국산업기술진흥원 (2014). **미국 스마트 제조 및 연구 동향**(KIAT 산업기술정책브리프 2014-21). 서울: 한국산업기술진흥원.

3부 4장 공연실황을 녹화하자: 빅데이터 분석

배동민, 박현수, 오기환 (2013). 빅데이터 동향 및 정책 시사점. **방송통신정책, 25**(10).

백인수, 박지혜 (2013). **데이터 시대: 데이터 분석의 중요성**(IT & Future Strategy 보고서 9호). 대구: 한국정보화진흥원.

삼정KPMG 경제연구원 (2012). **빅 데이터 분석을 통한 기업 미래 가치 창출**(Issue Monitor 10월). 서울: 삼정KPMG.

이훈혜 (2014). 제조업 경쟁력 강화를 위한 빅데이터 활용 방안. **KIET산업경제, 184**, 45-54.

정지선 (2011). **신가치창출 엔진, 빅데이터의 새로운 가능성과 대응 전략**(IT & Future Strategy 보고서 18호). 서울: 한국정보화진흥원.

Davis, J. et al. (2012). Smart manufacturing, manufacturing intelligence and demand-dynamic performance. *Computers and Chemical Engineering*, *47*, 145-156.

comScore (2013, February 22). Mobile Future in Focus 2013. Retrieved from http://www.comscore.com/Insights/Presentations-and-Whitepapers/2013/2013-Mobile-Future-in-Focus?cs_edgescape_cc=KR

SCM World (2014). MESA International Survey 2014.

Shaw, J. (2014, March-April). Why Big Data is a Big Deal. *Harvard Magazine*.

4부 1장 좋은 악기만으로 좋은 연주를 할 수 없다: 스마트기술의 활용

조윤정 (2015). 국내 제조업 고도화 방안으로서 스마트공장의 가능성. 산업은행 경제연구소.

한국정보화 진흥원 (2014. 5.). 인더스트리 4.0과 제조업 창조경제 전략.

Rüβmann, M., Lorenz, M., Gerbert, P., Waldner, M., Justus, J., Engel, P., & Harnisch, M. (2015, April 9). Industry 4.0: The future of productivity and growth in manufacturing industries. The Boston Consulting Group.

Zäh, M. F., Beetz, M., Shea, K., et al. (2009). The cognitive factory, In H. A. ElMaraghy (Eds.) *Changeable and reconfigurable manufacturing systems* (pp. 355-371). New York: Springer Verlag.

4부 2장 악기들과 단원들을 연결하자: 연결과 데이터

유영성 (2014). 초연결 사회와 우리의 수준. 이슈 & 진단, 129. 경기: 경기개발연구원.

이정아 (2015). 초연결 사회를 견인할 IoT 데이터화(Datafication) 전략(IT & Future Strategy 보고서 1호). 서울: 한국정보화진흥원.

한국정보화진흥원 (2014). 초연결사회의 공공서비스 진화방향.

Digital Technology Poland. (2015, December). What we do - Industry 4.0. Retrived from http://dtpoland.com/what-we-do/industry-4-0/

Porter, M. E., & Heppelmann, J. E. (2014, November). How Smart, Connected Products Are Transforming Competition. Harvard Business Review. Retrieved from https://hbr.org/2014/11/how-smart-connected-products-are-transforming-competition

Tao, F., Cheng, Y., Zhang, L., & Nee, A. Y. C. (2015). Advanced manufacturing systems: socialization characteristics and trends. *Journal of Intelligent Manufacturing* (Online version), DOI 10.1007/s10845-015-1042-8.

4부 3장 같은 악보를 보고 연주해야 한다: 표준의 역할

이상동 (2015). **스마트공장 기술 및 표준화 동향**(KATS 기술보고서 78). 서울: 국가기술 표준원.

이창수, 최경일 (2007). ISA-95 기반의 제조실행시스템. **한국경영과학회/대한산업공학회 춘계공동학술대회**, 1092-1096.

한국표준협회 (2015). **스마트공장의 글로벌 추진동향과 한국의 표준화 대응전략**(KSA Policy Study 012 Issue 페이퍼 2015-3). 서울: 한국표준협회.

Brand, D. (2008). What is ISA-95? Industrial Best Practices of Manufacturing Information Technologies with ISA-95 Models. Retrieved from http://apsom.org/docs/T061_isa95-04.pdf

VDI (2015). Reference Architecture Model Industries 4.0

5부 1장 스마트제조의 좋은 무대 1: 스마트패션

Bailey, M., Cooke, E., Jahanian, F., Nazario, J., & Watson, D. (2005, Februry 4). The internet motion sensor-a distributed blackhole monitoring system. NDSS Symposium 2005.

Bhardwaj, V., & Fairhurst, A. (2010). Fast fashion: response to changes in the fashion industry. *International Review of Retail, Distribution and Consumer Research*, *20*(1), 165-173.

Christopher, M. et al. (2004). *Creating agile supply chain in the fashion industry*. Emerald Group Publishing Limited.

Han, Y. (2015). 2D-to-3D visual human motion converting system for home optical motion capture tool and 3-D smart TV. *Systems Journal*, *IEEE*, *9*(1), 131-140.

Jacobs, D. L. (2013, JUL 1). Made-To-Order Fashion Goes Mainstream. Forbes. Retrieved from http://www.forbes.com/sites/deborahljacobs/2013/07/01/made-to-order-fashion-goes-mainstream/#81f44add3343

Keller, C., Magnus, K., Hedrich, S., Nava, P., & Tochtermann, T. (2014). Succeeding in tomorrows's global fashion market. McKinsey & Company. Retrieved from http://www.mckinseyonmarketingandsales.com/succeeding-in-tomorrows-global-fashion-market

Last Week Tonight (2015, April 27). Fashion: Last Week Tonight with John Oliver(HBO). Retrieved from https://www.youtube.com/watch?v=VdLf4fi-hP78

LEVI STRAUSS & CO, forum for the future (2012). Wealth of Nations: Fashion future 2025.

McKee, B. (2013, July 09). Shifting Focus from "Time to Market" to "Time to Consumer". apparel. Retrieved from http://apparel.edgl.com/news/Shifting-Focus-from--Time-to-Market--to--Time-to-Consumer-87345

Morrison, Z. (2014, August 13). The problem with fast fashion-and how to fix it. The Guardian. Retrieved from https://www.theguardian.com/lifeandstyle/2014/aug/13/problem-with-fast-fashion-how-to-fix-it

Ramunė, Č., & Milita, V. (2014). Management of contemporary fashion industry: characteristics and challenges. *Procedia Social and Behavioral Sciences*, *156*, 63-68.

Redmond, A., Hore, A., Alshawi, M., & West, R. (2012). Exploring how information exchanges can be enhanced through Cloud BIM. *Automation in Construction*, *24*, 175-183.

Sonka, M., Hlavac, V., & Boyle, R. (2014). *Image processing, analysis, and machine vision*. Cengage Learning.

The Statistics Portal. Global apparel market size projections from 2012 to 2025. Retrieved from http://www.statista.com/statistics/279757/apparel-market-size-projections-by-region/

Verschoor, J. (2013). Future Fashion: 10 Wearable Tech Trends to Watch. CNBC. Retrieved from http://www.cnbc.com/2013/06/28/Future-Fashion:-10-Wearable-Tech-Trends-to-Watch.html?slide=1&__source=yahoo%7Cfinance%7Cinline%7Cstory%7Cstory&doc=101410507%7CWearable+smart+bands+set+&par=yahoo

5부 2장 스마트제조의 좋은 무대 2: 스마트쿠킹

Brandon, J. (2015, February 02). Smart cooking products for tech (and food) lovers. Fox News. Retrieved from http://www.foxnews.com/tech/2015/02/02/smart-cooking-products-for-tech-and-food-lovers.html

Meijers, N. (2015, jan 16). 9 Smart Kitchen Innovations from CES 2015. Food Tech Connect. Retrieved from http://foodtechconnect.com/2015/01/16/smart-kitchen-innovations-ces-2015/

Pantelligent (2015, December). How It Works. Retrieved from https://www.pantelligent.com/how-it-works/

S. Li (2014, October 10). Food-delivery start-ups are fattening up on technology. Los Angeles Times. Retrieved from http://www.latimes.com/business/la-fi-food-start-ups-20141010-story.html

Wolf, M. (2014, Nov 19). In The Smart Home, The 'Smart Kitchen' May Be Biggest Opportunity Of All. Forbes. Retrieved from http://www.forbes.com/sites/michaelwolf/2014/11/19/in-the-smart-home-the-smart-kitchen-may-be-biggest-opportunity-of-all/#32ee2ca73dca

5부 3장 좋은 공연을 관객에게 전달한다: 스마트로지스틱스

국토교통부 (2015). **국토교통통계연보**. 세종: 국토교통부.

김찬성, 이정윤, 정경훈 (2008). **화물특성에 따른 국내 운송수단 선택모형 구축 연구**(연구총서 2008-02). 고양: 한국교통연구원.

이슈퀘스트 편집부 (2015). **IOT와 "IOT+홈" 시장동향과 기술개발 전략**. 서울: 이슈퀘스트.

Bell, T. (2016, January 21). Drones could be driving force in future logistic operations, DVIDS. Retrieved from https://www.dvidshub.net/news/186701/drones-could-driving-force-future-logistic-operations

Billy (2016, May 2). South Florida - uberPOOL is arriving now!. Uber Newsroom. Retrieved from https://newsroom.uber.com/us-florida/south-florida-uberpool-is-arriving-now/

Chao, L. (2016, January 12). Tech Partnership Looks Beyond the Bar Code With Digital Watermarks, The Wall Street Journal. Retrieved from http://www.wsj.com/articles/tech-partnership-looks-beyond-the-bar-code-with-digital-watermarks-1452623450

Franklin Jr., C. (2016, January 13). UPS: 3D Printing Maps Out a New Future. Information Week. Retrieved from http://www.informationweek.com/

iot/ups-3d-printing-maps-out-a-new-future/a/d-id/1323851

Moore, T. (2016, January 27). Reverse Logistics: The Biggest Retail Problem Technology Has Yet To Solve. MultiChannelMerchant. Retrieved from http://multichannelmerchant.com/opsandfulfillment/reverse-logistics-biggest-retail-problem-technology-yet-solve-27012016/

Nabben, H. (2014, September 16). 12 Trends that are Shaping the Future of Logistics. Supply Chain Digital. Retrieved from http://www.supplychaindigital.com/logistics/3610/12-Trends-that-are-Shaping-the-Future-of-Logistics

Rabinovich, E., & Knemeyer, A. M. (2006). Logistics Service Providers in Internet Supply Chains. *California Management Review*, *48*(4), 84-108.

Vince, T. (2016, January 27). Technology takes logistics to the next level. Laundry and Cleaning News International. Retrieved from http://www.laundryandcleaningnews.com/features/featuretechnology-takes-logistics-to-the-next-level-4794794/

5부 4장 디지털 전환(Digital Transformation): 스마트제조를 넘어서

Keister, J. (2021, April 8). IBM's Weather Company Has A Path To Billions In New Revenue, Thanks To The Rise Of The Subscription Economy. Forbes. Retrieved from https://www.forbes.com/sites/johnkoetsier.

Perkin, N., & Abraham, P. (2017). *Building the Agile Business through Digital Transformation*. Kogan Page Ltd.

Rogers, D. L. (2016). *The Digital Transformation Handbook: Rethink Your Business for the Digital Age*. Columbia Business School Publishing.

6부 1장 스마트제조와 3C(Customization, Connectivity and Collaboration)

박영석 (2016. 2. 17.). 한, 세계 6위 수출대국 됐다. 7년전보다 6단계 상승. 연합뉴스. http://www.yonhapnews.co.kr/economy/2016/02/17/0301000000AKR20160217198900009.HTML?template=2087에서 검색

정봉주, 조현보, 신동민 (2016). 스마트제조와 3C. 2016 대한산업공학회 춘계공동학술대회집: 튜토리얼.

김문관 (2016. 3. 21.). '제조기업의 기둥' 전국 산업단지 생산액 600조 이

하로 '추락'. 조선비즈. http://biz.chosun.com/site/data/html_dir/2016/03/21/2016032100596.html에서 검색

이해준 (2016. 3. 21.). [정쟁늪에 빠진 한국수출] 한국경제, 가마솥 개구리가 서서히 죽어가는 꼴. 헤럴드경제. http://news.heraldcorp.com/view.php?ud=20160321000543에서 검색.

김영상 (2016. 3. 21.). [정쟁늪에 빠진 한국수출] 수출주력산업 기업 80% '늙어간다'. 헤럴드경제. http://news.heraldcorp.com/view.php?ud=20160321000545에서 검색.

Deloitte and US Council on Competitiveness. 2015, 2016 Global Manufacturing Competitive Index.

OECD. (2015). OECD Digital Economy Outlook 2015, OECD Publishing, Paris.

6부 2장 스마트제조와 Customization

정봉주 (2016). 스마트 제조와 Customization. 2016 대한산업공학회 춘계공동학술대회, 특별세션-스마트제조.

주재욱 (2015). 한국 ICT 제조업 동향 및 국제 비교. KISDI STAT REPORT, 15(7).

6부 3장 스마트제조와 Connectivity

조현보 (2016). 스마트 제조와 Connectivity. 2016 대한산업공학회 춘계공동학술대회, 특별세션-스마트제조.

Maier, M. W. (1998). Architecting Principles for Systems-of-Systems. *Systems Engineering, 1*(4), 267-284.

6부4장 스마트제조와 Collaboration

신동민 (2016). 스마트 제조와 Collaboration. 2016 대한산업공학회 춘계공동학술대회, 특별세션-스마트제조.

Lu, S.C-Y., Elmaraghy, W., Schuh, G., & Wilhelm, R. (2007). A scientific foundation of collaborative engineering. *CIRP Annals - Manufacturing Technology, 56*(2), 605-634.

Mas, F., Menéndez, J. L., Oliva, M., & Ríos, J. (2013). Collaborative Engineering: an Airbus case study. *Procedia Engineering, 63*, 336-345.

Schuh, G., Potente, T., Varandani, R., Hausberg, C., & Fränken, B. (2014). Collaboration Moves Productivity To The Next Level. *Procedia CIRP 17*, 3–8.

Schuh, G., Potente, T., Wesch–Potente, C., Weber, A. R., & Prote, J. (2014). Collaboration Mechanisms to Increase Productivity in the Context of Industrie 4.0. *Procedia CIRP 19*, 51–56.

/저/자/소/개/

신동민

한양대학교에서 학사, 포항공과대학교(POSTECH)에서 석사 학위를 받았고, 현대자동차 남양연구소에서 근무하였다. 미국 펜실베이니아 주립대학교에서 산업공학 박사학위를 받았으며, 현재 한양대학교(ERICA) 산업경영공학과 교수로 재직하고 있다. 주요 연구 분야로는 인간-자동화 시스템, 시뮬레이션 기반 디지털 트윈, 제조 데이터과학, 제어 이론 등이다.

정봉주

서울대학교에서 학사, 석사학위를 받았고, 앤더슨 컨설팅과 삼성전자에서 근무하였다. 미국 펜실베이니아 주립대학교에서 산업공학 박사학위를 받았으며, 현재 연세대학교 산업공학과 교수로 재직하고 있다. 주요 연구 분야로는 제조 시스템 모델링 및 분석, 지속가능 공급사슬경영, 혁신 공학, 프로세스 공학 및 경영, 에너지 사슬 관리 등이다.

조현보

서울대학교에서 학사, 석사학위를 받았고, 미국 텍사스 A&M 대학교에서 산업공학 박사학위를 받았으며, 현재 포항공과대학교(POSTECH) 산업경영공학과 교수로 재직하고 있다. 주요 연구 분야로는 제조-서비스 시스템 설계 및 분석, 비즈니스 시스템 분석 및 혁신, 공급 사슬 관리 등이다.

스마트제조(2판)

초판발행 2017년 3월 10일 **1판 1쇄 발행** | 2019년 9월 10일 **1판 2쇄 발행**
2판발행 2022년 3월 5일 **2판 1쇄 인쇄** | 2022년 3월 10일 **2판 1쇄 발행**

지은이 신동민 정봉주 조현보
펴낸이 최용구 | **펴낸곳** 도서출판 **이프레스**
주소 (04316) 서울시 용산구 원효로 89길 19(원효로1가)
전화 02) 537-1720(영업부), 537-1721(편집부), 537-1711(팩스)
이메일 epress01@naver.com | **홈페이지** www.epress1.com
등록 2009년 12월 10일 제16-2710호
기획마케팅 최용구 장만동 최충구 진소희 | **책임편집** 석기은 황가연

ISBN 979-11-91348-15-6 03320
정가 26,000원